高等院校旅游专业系列教材

世界旅游地理

尹德涛　编著

南开大学出版社
天津

图书在版编目(CIP)数据

世界旅游地理 / 尹德涛编著. —天津：南开大学出版社，2007.11（2016.12重印）

（高等院校旅游专业系列教材）

ISBN 978-7-310-02778-1

Ⅰ.世… Ⅱ.尹… Ⅲ.旅游地理学—世界—高等学校—教材 Ⅳ.F591.99

中国版本图书馆 CIP 数据核字(2007)第 157715 号

南开大学出版社出版发行

出版人:刘立松

地址:天津市南开区卫津路 94 号　　邮政编码:300071

营销部电话:(022)23508339　23500755

营销部传真:(022)23508542　　邮购部电话:(022)23502200

*

天津泰宇印务有限公司印刷

全国各地新华书店经销

*

2007 年 11 月第 1 版　　2016 年 12 月第 3 次印刷

880×1230 毫米　32 开本　14.5 印张　2 插页　415 千字

定价:27.00 元

如遇图书印装质量问题,请与本社营销部联系调换,电话:(022)23507125

前 言

世界各地地理环境千差万别，旅游景观丰富多彩，各种独特的自然景观和人文胜迹，永远是众多旅游者向往的地方，也是广大民众喜闻乐见的。

随着中国大陆经济社会的发展，出境旅游也日渐发展，世界旅游地理知识已成为出境旅游者和相关旅游从业人员的必备知识，因此，近年来国内介绍世界旅游目的地的相关读物大量出版，同时世界旅游地理教材的种类也在不断增加，内容也不尽相同。

考虑到世界地理基础知识的普及和旅游管理专业高年级学生对旅游基本知识的掌握，本书舍弃了世界地理总论和世界旅游发展、旅游市场、旅游资源分类等方面的内容，各章分别介绍各大洲的基本地理知识和各国的旅游地理知识。

鉴于中国大陆居民的出境旅游目的地不断增多，本书全面介绍了中国公民可能到达的全球所有国家和大多数地区，内容包括除南极洲以外的各大洲的自然环境特点、居民构成、地理区域划分；各国、各地区的概况、自然地理、经济、文化、旅游业基本状况，以及主要旅游城市和主要旅游景区（点）。

书中有关世界各国知识的内容，主要参考了中华人民共和国外交部网站的相关内容。

本书编写过程中，得到宋丽娜、汤蕾、许东、曲洪波、刘丽华、何军等老师的帮助，在此表示衷心感谢！

作　者

2007 年 6 月

目　录

第一章　亚洲

学习目的

通过本章的学习，了解亚洲的整体地理环境特点，了解各国的概况、自然与人文环境，熟悉各国主要旅游城市、主要旅游景区或景点的基本情况。

主要内容

- **亚洲地理概况**

  自然环境特点

  居民构成

  地理区域划分

- **亚洲各国的概况**

  国名　面积　人口　民族　语言　宗教信仰

  首都　行政区划　重要节日

- **亚洲各国的自然与人文环境**

  自然地理　文化　经济　旅游业

- **亚洲各国的主要旅游地**

  主要旅游城市　主要旅游景区(点)

第一节 亚洲概况

亚洲是亚细亚洲(Asia)的简称。“亚细亚”源于古代的亚述(Assyria),意为日出之地或东方。亚洲位于东半球的东北部,东濒太平洋,南临印度洋,北滨北冰洋,西达地中海和黑海。亚洲大陆的最东点是楚科奇半岛的杰日尼奥夫角(西经 169°40′,北纬 60°05′),最南点是马来半岛的皮艾角(东经 103°30′,北纬 1°17′),最西点是小亚细亚半岛的巴巴角(东经 26°03′,北纬 39°27′),最北点是太梅尔半岛的切柳斯金角(东经 104°18′,北纬 77°43′)。海洋上岛屿的最北点是北地群岛(北纬 81°),最南点是努沙登加拉群岛的罗地岛(南纬 11°03′)。

在各洲中,亚洲所跨纬度最广,南北跨纬度约 90°,具有从赤道带到北极带几乎所有的气候带和自然带。亚洲所跨经度也最广,东西跨经度达 164°,东西时差达 11 小时。西北部以乌拉尔山脉、乌拉尔河、里海、高加索山脉、博斯普鲁斯海峡、马尔马拉海、达达尼尔海峡同欧洲分界;西南部隔苏伊士运河、红海与非洲相邻;东南面隔海与大洋洲相望;东北部隔白令海峡(宽仅 86 公里)与北美洲相对。亚洲面积 4400 万平方公里(包括岛屿),约占世界陆地总面积的29.4%,是世界上最大的一个洲。亚洲大陆与欧洲大陆毗连,形成全球最大的陆块——亚欧大陆,总面积约 5071 万平方公里,其中亚洲大陆约占 4/5,是全球陆地总面积的 1/3。

(一)自然环境

亚洲大陆的海岸线绵长而曲折,总长为6.99万公里,是世界上海岸线最长的一个洲。亚洲的海岸类型复杂,多半岛和岛屿,是半岛面积最大的一个洲。阿拉伯半岛为世界上最大的半岛,加里曼丹岛为世界第三大岛。

亚洲的地表起伏很大,山地、高原和丘陵约占全洲面积的 3/4。全洲平均海拔 950 米,是世界上除南极洲外地势最高的一个洲。亚洲中部汇集了众多崇山峻岭，大致以帕米尔高原为中心，向四方伸出一系列高大的山脉，其中最高大的是喜马拉雅山脉。在各高大山脉之间有许多面积广大的高原和盆地。在山地、高原的外侧还分布着广阔的平原。亚洲有许多著名的高峰，世界上海拔 8000 米以上的高峰，全部分布在喀喇昆仑山脉和喜马拉雅山脉地带，其中有世界最高峰珠穆朗玛峰，海拔 8844.43米。亚洲的青藏高原被称为“世界屋脊”，湖面低于地中海海面 592 米的死海，是世界陆地上最低的洼地和湖泊。亚洲是世界上火山最多的洲，东部边缘海外围的岛群是世界上火山最多的地区。东部沿海岛屿、中亚和西亚北部地震频繁。

亚洲的许多大河发源于中部山地，分别注入太平洋、印度洋和北冰洋，内流区主要分布在亚洲中部和西部。亚洲最长的河流是长江，长 6300 公里；其次是黄河，长 5464 公里；湄公河长 4500 公里。最长的内流河是锡尔河，其次是阿姆河和塔里木河。贝加尔湖是亚洲最大的淡水湖和世界最深的湖泊。

亚洲地跨寒、温、热三带，具有强烈的大陆性气候和典型的季风性气候，气候类型复杂。北部沿海地区属寒带苔原气候，西伯利亚大部分地区属温带针叶林气候，西伯利亚东部的上扬斯克和奥伊米亚康极端最低气温曾达－71℃，是北半球气温最低的地方。东部靠太平洋的中纬度地区属季风气候，向南过渡到亚热带森林气候。东南亚和南亚属热带草原气候，赤道附近多属热带雨林气候。中亚和西亚大部分地区属沙漠和草原气候，西亚地中海沿岸地区属亚热带地中海式气候。

（二）居民

亚洲的种族、民族构成非常复杂，尤以南亚为甚。黄种人（又称蒙古利亚人种）为主体种族，约占全洲人口的 60%，其余为白种人、棕色人种及各人种的混合类型。全洲约有大小民族、种族 1000 个，约占全世界民族、种族总数的一半，其中汉族人数最多，有十几亿人口。还有人数仅为几百人的民族或部族。

亚洲居民的语言分属汉藏语系、南亚语系、阿尔泰语系、朝鲜语和日本语（有人认为这两种语言的语系未定）、马来—波利尼西亚语系、达罗毗荼语系、闪米特—含米特语系、印欧语系等。

亚洲是佛教、伊斯兰教和基督教三大宗教的发源地。

(三)地理区域

在地理上习惯将亚洲分为东亚、东南亚、南亚、西亚、中亚和北亚。东亚指亚洲东部,包括中国、朝鲜、韩国、蒙古和日本,面积约 1170 万平方公里。

东南亚指亚洲东南部地区,包括越南、老挝、柬埔寨、缅甸、泰国、马来西亚、新加坡、印度尼西亚、菲律宾、文莱、东帝汶等国家和地区,面积约 448 万平方公里,地理上包括中南半岛和南洋群岛两大部分。

南亚指亚洲南部地区,包括斯里兰卡、马尔代夫、巴基斯坦、印度、孟加拉国、尼泊尔和不丹,面积约 437 万平方公里。

西亚也叫西南亚,指亚洲西部,包括阿富汗、伊朗、土耳其的亚洲部分、塞浦路斯、叙利亚、黎巴嫩、巴勒斯坦、约旦、伊拉克、科威特、沙特阿拉伯、也门、阿曼、阿拉伯联合酋长国、卡塔尔和巴林,面积约七百多万平方公里。

中亚全称中亚细亚。广义的中亚指亚洲中部,包括蒙古西部、土库曼斯坦、乌兹别克斯坦、吉尔吉斯斯坦、塔吉克斯坦和哈萨克斯坦南部。狭义的中亚只包括土库曼斯坦、乌兹别克斯坦、吉尔吉斯斯坦、塔吉克斯坦四国的全部和哈萨克斯坦的南部。

北亚指俄罗斯亚洲部分的西伯利亚地区。

第二节 东亚

一、韩国

(一)概况

大韩民国(Republic of Korea),面积9.96万平方公里。全国人口 4725.4 万(2005 年),为单一的朝鲜族,通用韩国(朝鲜)语,居民 50% 以上信奉佛教、基督教等宗教。首都首尔(Seoul),旧译“汉城”,人口

979.6 万(2005 年)。

行政区划：有 1 个特别市(首尔)、9 个道、6 个广域市，下辖 137 个郡，69 个区。重要节日：国庆日是 8 月 15 日(1945 年，1948 年)[①]，开天节是 10 月 3 日[②]。

(二)自然与人文环境

1. 自然地理

韩国位于亚洲大陆东北、朝鲜半岛的南半部，北部以军事分界线与朝鲜民主主义人民共和国相邻，东、南、西三面濒黄海、朝鲜海峡和日本海。地势东北高、西南低，多丘陵和平原，山区面积约占 70%，丘陵大多位于南部和西部，西海岸河流沿岸有辽阔的平原。韩国属温带季风气候，冬季平均气温在0℃以下。夏季 8 月份最热，平均气温为25℃。降水量由南向北逐渐减少，年平均降水量南部地区为 1500 毫米，中部地区为 1300 毫米左右。6～9 月的降雨量占全年的 70%，3～4 月和夏初时易受台风侵袭。

2. 文化

韩国具有悠久的历史和灿烂的文化，在文学艺术等方面都有自己的特色。美术主要包括绘画、书法、版画、工艺、装饰等，在继承了民族传统的同时，也吸收了外国美术的特长。其中绘画分东洋画和西洋画，还有各类华丽的风俗画，东洋画类似于中国的国画，用笔、墨、纸、砚表现各种题材。在韩国，书法是一种高雅的艺术形式。

韩国人素以喜爱音乐和舞蹈而著称。韩国现代音乐大致可分为民族音乐和西洋音乐两种。民族音乐又可分为雅乐和民俗乐两种。雅乐是韩国历代封建王朝在宫廷举行祭祀、宴会等各种仪式时由专业乐队演奏的音乐，通称正乐或宫廷乐。民俗乐中有杂歌、民谣、农乐等。乐器常用玄琴、伽耶琴、杖鼓、笛等。韩国民俗乐的特色之一是配上舞蹈。韩国舞蹈非常重视舞者肩膀、胳膊的韵律。道具有扇、花冠、鼓。韩国的舞蹈以民族舞和宫廷舞为中心，丰富多彩。

---

① 纪念 1945 年从日本殖民统治下光复和 1948 年大韩民国建国。

② 传说中的古朝鲜建国日。

韩国的戏剧起源于史前时期的宗教仪式，主要包括假面剧、木偶剧、曲艺、唱剧、话剧等5类。其中假面剧又称假面舞，为韩国文化象征，在韩国传统戏剧中占有极为重要的地位。

韩国人民十分喜欢运动，尤其爱好参加民间游戏。主要民间游戏有荡秋千、踩跷跷板、放风筝、踏地神等。韩国的民间体育活动种类颇多，主要有围棋、象棋、掷棋、摔跤、跆拳道、滑雪等。

韩食以泡菜文化为特色，一日三餐都离不开泡菜。韩国传统名菜烧肉、泡菜、冷面已经成了世界名菜。

3.经济与旅游业

韩国经济实力雄厚，但自然资源匮乏，主要工业原料均依赖进口。支柱产业有钢铁、汽车、造船、电子、纺织等。农业在经济中所占的比例越来越小，需要进口农产品。

韩国风景优美，有许多文化和历史遗产，旅游业较发达。2005年接待海外游客602.2万人次，其中日本人244.0万人次、中国人71.0万人次、美国人53.1万人次，旅游外汇收入56.5亿美元。全国有四十多家饭店达到国际标准，部分加入国际饭店预订系列。首尔有多家超豪华饭店。韩国的主要旅游点有：景福宫、德寿宫、昌庆宫、昌德宫、国立博物馆、国立国乐院、世宗文化会馆、湖岩美术馆、南山塔、国立现代美术馆、民俗村、江华岛、板门店、庆州、济州岛、雪岳山等，还有以滑雪、温泉、乐园为代表的现代旅游设施。

（三）主要旅游地

1.旅游城市

（1）首尔　旧译汉城，朝鲜语意为首都，是韩国政治、经济、文化和教育的中心，也是全国陆、海、空交通枢纽。位于朝鲜半岛中部的汉江两岸，距朝鲜半岛西海岸约30公里，距东海岸约185公里，北距平壤约260公里。

首尔历史悠久，古时因位于汉江之北，得名汉阳。14世纪末朝鲜王朝定都汉阳后，改名为汉城。近代朝鲜半岛受日本殖民统治期间，汉城改称京城。1945年朝鲜半岛光复后，更名为朝鲜语固有词，罗马字母标记为Seoul，意为首都。

首尔市区周围环绕着海拔 500 米左右的山地和丘陵，北部地势较高，有北汉山、道峰山、鹰峰，东北部有水落山、龙马峰，南部有官岳山、三圣山、牛眠山等，东南部和西部是海拔百米左右的丘陵，西南部为金浦平原。城中部是由北岳山、仁旺山、鞍山等环绕为盆地。

韩国第一大河汉江自东向西把首尔分为南、北两部分，江中的汝矣岛上有汝矣岛公园和国会议事堂。

首尔市内有许多名胜古迹，主要包括景福宫、昌德宫、昌庆宫、德寿宫和秘苑(御花园)等。

景福宫位于首尔市钟路区，是一座著名的古代宫殿，始建于李朝始祖太祖李成桂时期的 1394 年。借中国古代《诗经》中"君子万年，介尔景福"的诗句而得名。宫苑正殿为勤政殿，是景福宫的中心建筑，为李朝的各代国王处理国事之处，此外还有思政殿、乾清殿、康宁殿、交泰殿等建筑。宫苑还建有一个 10 层高的敬天夺石塔，其造型典雅，是韩国的国宝之一。

景福宫宫外的围墙长 3626 米，高6.7米。王宫的南面有光化门，东边有建春门，西边有迎秋门，朝北的是神武门。光化门里有兴礼门，兴礼门外有一条东西向的运河，河上有造型精巧的锦川桥。在宫苑莲池的中央有一石舫，即庆会楼，曾是当年国王大宴宾客的楼阁。

昌德宫又名乐宫，是韩国的"故宫"，位于首尔市院西洞，是李朝王宫里保存得最完整的一座宫殿，作为王宫长达 300 年。整座宫殿内为中国式的建筑，入正门后是处理朝政的仁政殿，宫殿高大庄严，殿内装饰华丽，设有帝王御座。殿前为花岗石铺地，三面环廊。殿后的东南部分以乐善斋等建筑为主，是王妃居住的地方。寝宫乐善斋是一座典型的朝鲜式木质建筑，殿内陈列着王冠、王服、墨宝、武器和其他手工艺品。院内陈列着王室使用过的轿、马车和末代国王所使用的早期汽车等。还有大造殿、宣政殿和仁政殿等建筑。仁政殿后的秘苑建于 17 世纪，面积约 20 万平方米，是一座依山而建的御花园。秘苑内有亭台楼阁和天然的峡谷溪流，还有科举时代作为考场的映花堂，在荷池旁有供君王垂钓的鱼水亭、钓鱼台和池中的芙蓉亭等。

青瓦台是韩国总统官邸，位于首尔市钟路区世宗路一号，原是高丽王朝的离宫。1426 年朝鲜王朝建都首尔后，这里成为景福宫后园，增建了隆武堂、庆农斋、练武场等建筑物，开辟了一块国王的"亲耕地"。1948 年 8 月大韩民国成立时，成为总统官邸并改名为景武台。1960 年 4 月 19 日李承晚政权被推翻后，尹谱善当选总统并入主景武台。因为尹谱善忌"武"字并为了同美国白宫相对应，给白墙蓝瓦的这群建筑起名为青瓦台，所以也有人称其为"蓝宫"(Blue House)。青瓦台主楼为总统官邸，有总统办公室、接见厅、会议室、居室，配楼有秘书室、警护室和迎宾楼等建筑。

(2)釜山　位于朝鲜半岛东南端，是韩国南端的门户，与日本的对马岛隔海相望，是韩国最大的港口城市，人口约 400 万，也是韩国第二大城市。市中心在中区，中央洞、光复洞最为繁华，郊区古刹众多，还有多处海滨度假圣地。港口市场海鲜琳琅满目。主要的名胜有东莱梵鱼寺、太宗台。这里有韩国最大的海水浴场——海云台、和松岛、多大浦，以及东莱、海云台温泉等，为疗养胜地。每年举办釜山国际电影节。

(3)庆州　位于庆尚北道东南，自公元前 57 年起约 1000 年的时间为新罗王朝的首都。整座城市好似一个博物馆，有丰富的遗物和遗址，街中随处可见众多世界级的文物，其中石窟庵与佛国寺被列入《世界遗产名录》。庆州素有"韩国文化发源地"的美称，是世界十大古都之一，以韩国第一旅游之地而闻名。

(4)光州　位于全罗南道中北部，是韩国六大城市之一。光州是有着传统文化历史的城市。现代工业发达，以汽车生产为主。光州四季分明，有丰富的旅游资源，其中以无等山最著名。文化活动有光州泡菜节、光州国际美术博览会等。光州还以丰富的物产、美食闻名，有春雪茶、尢籽山西瓜、Jindari 笔、陶器与螺钿工艺品等传统特产。

无等山位于光州市东，海拔 1187 米，风景秀丽，可俯瞰光州市区全景。有奇岩怪石的瑞石台、立石台等绝景，还有历史悠久的寺庙及佛教遗迹、祖先之艺术遗产等，自古以来被认为是光州的守护神。三座高度几乎相同的岩峰并肩而立，因而有"无等级之分的山"之名。由山麓乘巴士 30 分钟左右可到达顶峰。这里四季鲜花盛开，如春天的金达莱、夏天的山百合、秋天的红叶和山梁上的紫芒、冬天树枝上纯白的雪花。夏天纯净的水和瀑布、冬天的雪景都令人神往。

2.旅游景区、景点

(1)广寒楼 位于全罗北道南原郡邑川渠里，是韩国的著名古迹，传说为李朝初期宰相黄喜所建，原名广通楼，1434年(李朝世宗16年)重建后才改称现名。广寒楼是韩国庭院的代表，包括三座小岛、石像、鹊桥，其整体构造象征着宇宙。相传，著名传奇故事《春香传》就发生在这里。楼北侧的春香阁是1931年建立的春香祠堂，堂内供有春香的肖像。每年阴历四月初八人们都在这里举行春香祭。

(2)济州岛 是韩国第一大岛，又名耽罗岛、蜜月之岛、浪漫之岛，位于朝鲜半岛的南端，隔济州海峡与朝鲜半岛相望，北距韩国南部海岸九十多公里，东与日本的九州岛隔海相望，是扼朝鲜海峡的门户。岛上的汉拿山海拔1950米，是韩国最高的山，由1007年火山喷发所形成的火山锥雄奇壮观。

济州岛总面积1826平方公里，包括牛岛、卧岛、兄弟岛、遮归岛、蚊岛、虎岛等34个属岛。济州岛名胜古迹和自然景观皆备，可以开展登山、骑马、兜风、狩猎、冲浪和打高尔夫球等旅游活动，是理想的旅游和垂钓胜地。济州岛地广人稀，多高山森林和农田村舍景观，有稻米、蔬菜、水果等农田景色，其中以春季遍地金黄的油菜花最为壮观。济州岛是韩国主要的渔业基地，附近海域内既有温带海洋渔类，也有热带及亚热带渔类。

济州岛地处北纬33°线附近，是韩国平均气温最高、降水最多的地方。地貌奇特，遍布岩浆凝石，有千奇百怪的熔洞、熔柱等景观。

济州岛有“三多三宝”之说。“三多”是风多、石多、果树多，“三宝”是指海产、植物和方言。济州岛的东部是大片适合于放牧的草地，一直是韩国的主要牧场，历史上曾以饲养马匹闻名。岛上气候温和，适宜种植柑橘、葡萄柚和红橘，岛上的西归浦是全国的柑橘生产中心。为了保护果树不受强劲海风的侵袭，果园的四周建起了高高的石墙。

济州岛西南部的中文，南邻湛蓝的大海，又有白色的沙滩，背傍天池渊瀑布，是一著名的旅游和休养胜地。

济州岛仍在流传一些原始习俗，还可以看到母系社会的痕迹，当家、谋生主要靠妇女，如“海女”常要沿峻峭的礁石潜入水下采集贝类、鲍鱼、海参和海螺等海产品，而男人们却留在家里照料家务。

(3)韩国民俗村　位于京畿道首府水原市附近，占地66公顷，有韩国各地的农家民宅、寺院、贵族宅邸及官府等各式建筑，再现朝鲜半岛五百多年前李朝时期的人文景观和地域风情。村内有240座传统的建筑物，有李王朝时的衙门、监狱、达官贵族的宅邸、百姓的简陋房屋、店铺作坊、儿童乐园等。民俗村内的店铺和露天集市上的商品，大都是当地传统手工制品和别具风味的食品，有木质雕刻、彩绘纸扇、民族服装、彩色瓷器等。瓷器是这里的特产。民俗村内的食品种类繁多，最受游客喜欢的是菜饼和米酒。露天场地上每日定时都有民俗舞蹈、杂技、鼓乐等表演。这里的村民仿照李朝时代的模样，穿着古代李朝时的衣着，演绎着古代村民的风俗，举行迎娶新娘、送亡人入土等礼仪。

(4)板门店　位于朝鲜半岛中西部、北纬38°线以南5公里处。1953年7月27日，朝鲜停战协定在这里签字，使板门店扬名于世。

朝鲜停战谈判最初在北方控制的开城市郊来风庄进行，1951年10月10日移到军事分界线的板门店，以一些临时搭起的军用帐篷作为谈判会场。停战协定签字的前一天晚上，朝中方面的工程技术人员奇迹般地建起了一座有朝鲜民族特色的木结构大厅。这座签字大厅连同当年谈判的会场已成为具有历史意义的纪念场所。在朝鲜停战后的一段时间内，板门店仍作为停战委员会开会的场所。

朝鲜停战后，朝鲜北南双方在横跨南北军事分界线、直径约800米的“联合安全区”内，建起了24座建筑物。北方建有板门阁、统一阁，南侧建有自由之家、和平之家，分别作为北、南双方联络机构所在地和对话场所。不少朝鲜北南双方的会谈也都曾在这里举行。

在军事分界线上，还有根据停战协定建成的7幢天蓝色的简易木板房，是军事停战委员会的会议厅和中立国监察委员会的工作场所。在军事停战委员会的会议厅内，一条长桌位居正中，也坐落在分界线的正中，开会时双方代表各坐一侧。房子外面，朝鲜与美国、韩国警卫人员隔一条50厘米高的水泥线——军事分界线相视而立，双方均不得越过一步。

南北军事分界线全长241公里，共有1291个黄色的界标，向着韩国的一面用英文和韩文书写；向着朝鲜的一面用朝文和中文书写。根据规定，军事分界线两边各2000米为非军事区，以避免双方发生摩擦。

到板门店的游客不准穿牛仔裤、凉鞋、短裤或者运动服等，头发也必须整齐，也不准随意走动。乘坐的车辆要在外围的波尼法斯军营换乘“联合安全区”的专车，经过两道宪兵哨卡检查后，方可进入板门店。

板门店的另一个独特的景观是南北两方各自竖起的旗塔。韩国一边的高100米，而朝鲜一方的则高160米，旗的长度达30米，号称世界第一。

在朝鲜军事管制区一侧，有一个由若干规划整齐的小楼构成的村庄，据称没有真正的村民居住，常年居民只有若干负责升旗降旗的工作人员和维修房屋的工人。

韩国一侧的军事管制区内，有两个村庄，其中一个是受“联合安全区”管辖的大成洞(也称自由村)。大成洞居民约二百多人，世代居此。观光者一般不允许到大成洞参观。由于处于一个特殊的环境，大成洞的居民白天下地劳作，天黑时必须回家，并且要求在晚上11时前关好自己的门窗。

(5)雪岳山　意为雪与岳之山，位于韩国东北部江原道麟蹄郡、襄阳郡、束草市和固城郡交界处，海拔1708米，是韩国第三高山。雪岳山是滑雪的胜地，秋天还可以观赏漫山的枫叶。雪岳山分为南北两部分，以恐龙岭为分界，称为内雪岳和外雪岳。以大青峰—恐龙岭—马登岭的棱线为基准，靠近海边的一面称为外雪岳，靠近内陆的一面称为内雪岳。雪岳山约174平方公里的中心地带为国家公园。

雪岳山国家公园龙平度假村位于海拔700～1500米的地带，年平均降雪量达250毫米，具备天然滑雪条件，被称为“韩国的阿尔卑斯”，曾举办过两次世界杯滑雪大赛和冬季亚运会等国际重要冰雪赛事。龙平滑雪场拥有世界一流的滑雪设备，共有18条1720米长的滑雪道，16座升降缆车，晚间灯光设备齐全。滑雪场设有31面滑雪坡，其中6面滑雪坡得到了国际滑雪联盟(FIS)的认可，有夜间滑雪道8条。

此外，游客还可以乘坐全长3.7公里的观光缆车到达海拔1458米的八王山，欣赏一望无际的雪景，远眺蓝色浩瀚的大海。

二、日本

（一）概况

日本国(Japan)，意为日出之国，誉称樱花之国。陆地面积37.788万平方公里，领海面积 31 万平方公里，人口1.2774亿人(2006 年 2 月)，主要民族为大和族，北海道地区约有2.4万阿伊努族人。通用日语，北海道地区有少量人会阿伊努语。居民约49.6%信奉神道教，44.8%信奉佛教。首都东京(Tokyo)，人口约 1256 万(2006 年 1 月)。

行政区划：分为 1 都(东京都)、1 道(北海道)、2 府(大阪府、京都府)和 43 县(省)，下设市、町、村。重要节日：天皇诞辰日是 12 月 23 日①，相当于国庆节；建国纪念日是 2 月 11 日②；宪法纪念日是 5 月 3 日(1947 年)。

（二）自然与人文环境

1. 自然地理

日本位于太平洋西岸，是一个由东北向西南延伸的弧形岛国，包括北海道、本州、四国、九州四个大岛和其他六千八百多个小岛屿，西和西北隔东海、黄海、朝鲜海峡、日本海与中国、朝鲜、韩国、俄罗斯相望。山地和丘陵占日本国土总面积的 71%，富士山是日本的最高峰，海拔 3776 米。日本是世界著名的地震区，有一百六十多座火山，其中五十多座是活火山，温泉遍布全国各地。日本属温带海洋性季风气候，终年温和湿润，冬无严寒，夏无酷暑。1 月平均气温北部－6℃，南部16℃；7 月北部17℃，南部28℃。年降水量 700～3500 毫米，最高达 4000 毫米以上。6 月份多梅雨，夏秋两季多台风。境内河流流程短，最长的信浓川长约 367 公里。最大的湖泊是琵琶湖，面积672.8平方公里。

2. 文化

日本文化丰富多彩，体现在樱花、和服、俳句与武士、清酒、神道教、

① 日本明仁天皇生于 1933 年 12 月 23 日。

② 按阳历推算出的公元前 7 世纪日本第一代天皇神武天皇元年的元旦。

艺伎等方面。日本民间的茶道、花道、书道，是著名的“三道”。

茶道也叫作茶汤（品茗会），自古就作为一种美感仪式受到日本上流阶层的无比喜爱。现在，茶道被用来训练集中精神、培养礼仪举止。日本有许多传授茶道各流派技法的学校，不少宾馆也设有茶室，可以欣赏茶道表演。

花道源于在茶室内再现野外盛开的鲜花的技法，依据展示的规则和方法分成二十多种流派，日本也有许多传授花道各流派技法的学校。在宾馆、百货商店、公共设施的大厅等各种场所，可以欣赏到装饰优美的插花艺术。

相扑源于日本神道的宗教仪式，人们在神殿为丰收之神举行比赛，盼望能带来好的收成。在奈良和平安时期，相扑是一种宫廷观赏运动，而到了镰仓战国时期，相扑成为武士训练的一部分。18世纪兴起了职业相扑运动。

和服是日本传统民族服装的统称，也称“着物”。和服是仿照中国隋唐服式改制的。公元8～9世纪，日本一度盛行过“唐风”服装。日本妇女和服的款式和花色的差别是区别年龄和结婚与否的标志。例如，未婚的姑娘穿紧袖外服，已婚妇女穿宽袖外服；梳钵状“岛田”式发型，穿红领衬衣的是姑娘，梳圆发髻，穿素色衬衣的是主妇。和服不用钮扣，只用一条打结的腰带。腰带的种类很多，打结的方法也有多种，其中“太鼓结”是比较广泛使用的一种，即在后腰打结处的腰带内垫有一个纸或布做的芯子，看去像个方盒。在婚礼、庆典、传统花道、茶道以及其他隆重的社交场合，和服是公认的必穿礼服。

柔道的基本原理不是攻击，而是一种利用对方的力量的护身之术。柔道者的级别用腰带的颜色来表示，如初级为白色，高级为黑色。

剑道是指从武士的重要武艺——剑术中派生而出的日本击剑运动。比赛者身着专用防护具，用一把竹刀互刺对方的头、躯体以及手指尖。

空手道是从中国经琉球王国（现在的冲绳群岛）传入日本的格斗运动。空手道不使用任何武器，仅使用拳和脚。

合气道源于一种用于练习“形式”的运动，其基本理念是对于力量不采用力量进行对抗。与柔道和空手道等运动相比没有粗野感的合气道作为一种精神锻炼和健身运动，很受老年人和女性的欢迎。

能剧是日本的传统戏剧，也是世界上现存的最古老的戏剧之一。能剧源于古代舞蹈戏剧形式和12世纪或13世纪在日本的神社和寺院举行的各种节庆戏剧。“能”具有才能或技能的意义，演员通过面部表情和形体动作暗示故事的本质。

寿司是以生鱼片、生虾、生鱼粉等为原料，配以精白米饭、醋、海鲜、辣根等，捏成饭团后食用的一种食物。寿司的种类有数百种，各地区的寿司也有不同的特点。大多数是先用米饭加醋调制，再包卷鱼、肉、蛋类，加上紫菜或豆皮。吃生鱼寿司时，饮一些日本绿茶或清酒，别有一番风味。

3.经济与旅游业

日本是一个经济强国，但矿产资源贫乏；森林覆盖率虽达66.6%，但木材55%依赖进口，是世界上进口木材最多的国家；水力资源和近海渔业资源丰富。日本工业高度发达，是国民经济的主要支柱，主要集中在太平洋沿岸地区，京浜、阪神、中京和北九州为四大传统工业区，而北关东、千叶、濑户内海及骏河湾等是新兴工业地带。

日本旅游业发达，主要旅游服务设施有各种规模的和式、西式及中式餐馆、温泉旅馆等，主要旅游地有富士山、东京、迪斯尼乐园、箱根、大阪、京都、奈良、冲绳、北海道等。2005年接待海外游客673万人次。

（三）主要旅游地

1.旅游城市

（1）东京　位于本州岛关东平原南端，下辖23个特别区、27个市、5个町、8个村以及伊豆群岛和小笠原群岛，是世界上人口最多的大城市之一。

五百多年前，东京还是一个人口稀少，叫做“江户”的小渔镇。1457年，武将太田道灌在此构筑江户城，此后便成了关东地区的商业中心。在17世纪的德川幕府时期，江户成为全国的政治中心。19世纪初，江户的人口已超过百万。1868年日本“明治维新”后，天皇由京都迁居至此，改江户为东京，成为日本国的首都。1943年，东京市改为东京都，扩大了管辖范围。

东京是日本全国的政治中心，行政、立法、司法等国家机关都集中在这里，被称为“官厅街”的霞关一带聚集着国会议事堂、最高裁判所和外务省、通产省、文部省等内阁所属政府机关。过去的江户城已成为天皇居住的宫城。

东京也是日本的经济中心，日本的主要公司都集中于此，金融业和商业发达。银座素有“东京心脏”之称，是东京最繁华的商业区。

东京还是日本的文化教育中心，各种文化机构密集，有全国80％的出版社、国立博物馆、西洋美术馆、国立图书馆等。东京的大学占日本大学总数的1/3，其学生占全国大学生总数的一半以上。东京经常举办各种国际文化交流活动，如东京音乐节和东京国际电影节等。

东京塔位于东京市内，建成于1958年，塔高333米，是日本最高的独立铁塔，上部装有电视台、电视中转台和广播台等的无线电发射天线。在100米高处是二层楼高的展望台，在250米高处是一个特别展望台，可俯瞰东京市容景观。塔的下部为铁塔大楼，一楼有休息厅，二楼有商场，三楼有蜡像馆，四楼有近代科学馆和电视摄影棚，五楼有电台发射台。

(2)京都　京都府位于本州岛的中西部，东邻三重县和滋贺县，西邻兵库县，南邻大阪府和奈良县，东北邻福井县，面积为4613平方公里，人口260万。

京都四周为东山、北山、西山山脉环绕，地势由北向南倾斜，鸭川和桂川两条河流穿城而过。京都于公元794年被定为日本首都，历经一千多年，逐步发展成为日本的历史和文化的中心。京都拥有丰富的文化遗产，一直是日本历史和文化的重镇。

京都是日本宗教和文化中心，保存有全国最丰富的历史文化遗产，被誉为日本的“文化摇篮”，是日本文化的象征，同时也是日本禅宗的发源地。日本国内将近15％的重要文化遗产都可以在京都找到，并且在质或量上都位居日本全国之冠。

京都是著名的文化古都，市内历史古迹众多，建筑古朴典雅，庭园清新俊秀。全市有列为“国宝”的建筑物38处，定为重要文物的建筑物

199 处。郊外有代表各个时代的建筑和花园。京都是日本佛教的中心，有佛寺一千五百多座，神社两千多座，有“三步一寺庙，七步一神社”之说。

这座千年古都的最初设计是模仿中国隋唐时代的长安和洛阳，整个建筑群呈长方形排列，以贯通南北的朱雀路为轴，分为东西二京，东京仿照洛阳城，西京模仿长安城，中间为皇宫。宫城之外为皇城，皇城之外为都城。城内街道呈棋盘形，东西、南北纵横有秩，布局整齐划一，明确划分为皇宫、官府、居民区和商业区。

京都工业主要以纺织工业为主，是全国最大的纺织工业中心和纺织品集散地。

京都在日本享有“学都”美称，有二十多所高等院校。其中京都大学闻名国内外，日本的诺贝尔奖得主大都毕业于该校。

古京都遗址位于前首都平安京区域，仿效古代中国首都形式，建造于公元 794 年(平安时代开始)，从建立起直到江户时代(1600—1868)一直是日本的首都，跨越了日本木式建筑、精致的宗教建筑和日本花园艺术的发展时期，造就、培育和保留了日本许多杰出的文化，同时还影响了世界园艺艺术的发展。它与当地的清水寺、二条城、金阁寺、银阁寺、天龙寺、龙安寺、延历寺、高山寺、仁和寺、西芳寺、东寺、醍醐寺、西本愿寺、上贺茂神社、下鸭神社、宇治上神社、平等院凤凰堂 17 座历史建筑一起被列入世界遗产名单。

京都御所是日本的旧皇宫，又称故宫。从奈良迁都到明治维新的 1074 年中，一直是历代天皇的住所，后为天皇的行宫。

京都皇宫位于京都上京区，曾 7 次被焚，现在的皇宫为孝明天皇重建，面积 11 万平方米，四周是围墙，内有 9 个名门、10 处大殿、19 处堂所，宫院内松柏相间，梅樱互映。

平安神宫于 1895 年为桓武天皇迁都 1100 年而建，殿堂仿效平安朝皇宫正厅朝堂院建造，建筑宏伟壮丽，为明治时代庭园建筑的代表。大殿上覆琉璃瓦，金碧辉煌。神宫内的回廊庭园，由东南西北四苑组成，中间有白虎池、栖凤池、苍龙池。宫内湖上的亭阁，均仿照中国西安寺庙的结构。

二条城初建于1603年，其富丽堂皇与朴素的故宫形成鲜明比照。城堡以巨石做城垣，周围有东西长500米，南北长300米的护城河，河上有仿唐建筑。二条城初为德川家康到京都的下榻处，后因德川庆喜在此处决议奉还大政而闻名，1886年成为天皇的行宫，1939年归属京都府，主要建筑有本丸御殿、二之丸御殿等。殿内的墙壁和隔扇上有狩野派画师所绘的名画。

金阁寺原为西园寺恭经的别墅，后改为禅寺，又名鹿苑寺。金阁寺为三层，各层都代表着不同时代的风格：第一层是平安时代，第二层是镰仓时代，第三层是禅宗佛殿的风格。第二三层的外墙用金箔贴成，远望金光灿烂。塔顶尾部装饰着一只金铜合铸的凤凰，堪称一绝。

银阁寺位于京都东山麓，1482年由足利义政按金阁寺造型修建，与金阁寺齐名。该寺原来也是别墅，兴建时计划把外壁饰以银箔，但建造完成时未镀上，改名慈照寺，俗称银阁寺。

大德寺建于1319年，后经战乱被焚。其开山祖师为大灯国师，著名的一休大师（“聪明的一休”）历经几十年的漂泊布教后，以80岁的高龄任大德寺的主持，重建大德寺。大德寺还保存有一休大师的遗墨。

清水寺创建于798年，后由德川家康将军于1633年重建，位于音羽山半山腰，依山而建，正殿（本堂）建在悬崖边，前部是悬空的“舞台”，下面由139根高大圆木支撑，高15米。

2.旅游景区、景点

（1）富士山　位于本州岛中南部，山体呈圆锥状，山顶终年积雪，海拔3776米，是日本最高峰，面积为90.76平方公里，跨静冈、山梨两县，东距东京约80公里。富士山四周有剑峰、白山岳、久须志岳、大日岳、伊豆岳、成就岳、驹岳、三岳“富士八峰”。日本人奉之为“圣山”，是日本民族的象征。

富士山是一座休眠火山，自公元781年有文字记载以来，喷发18次，最后一次喷发是1707年。由于火山口的喷发，山麓各处形成无数山洞，有的仍有喷气现象。其中富岳风穴的洞壁上的冰柱，终年不化。山顶上有大小两个火山口，其中大火山口直径约800米、深200米。山顶的圣庙——久须志神社和浅间神社是富士箱根伊豆国立公园的主要风景区，天气晴朗时，在山顶看日出、观云海是各国游客来日本必不可少的游览项目。富士山也称得上是一座天然植物园，山上的各种植物多达两千多种。

富士山北麓从东向西，分别为山中湖、河口湖、西湖、精进湖、本栖湖，即“富士五湖”。山中湖最大，面积为6.75平方公里，湖畔可以打网球、滑水、垂钓、露营和划船等。湖东南的忍野村，有涌池、镜池等8个池塘，总称“忍野八海”，与山中湖相通。

河口湖是五湖中开发最早的，交通便利，是五湖观光的中心。湖中的鹈岛是五湖中唯一的岛屿。岛上有一座专门保佑孕妇安产的神社。湖上还有长达1260米的跨湖大桥。河口湖中所映现的富士山倒影，被称作富士山奇景之一。

西湖又名西海，是五湖中环境最安静的一个湖，岸边有红叶台、青木原树海、鸣泽冰穴、足和田山等景区。

精进湖是富士五湖中最小的一个湖，但却最为独特，湖岸有许多高耸的悬崖，地势复杂。

本栖湖湖水最深，最深处达126米。深蓝色的湖水好似深不可测，终年不结冰。

富士山南麓为一片绿草如茵的辽阔高原地带，是牛羊成群的观光牧场。西南麓有著名的白系瀑布和音止瀑布。白系瀑布落差26米，宽约130米，分成十余条细流。音止瀑布似一根巨柱从高处冲击而下，发出雷鸣之声。

在静冈县裾野市的富士山麓，还辟有富士游猎公园，面积74万平方米，游人可驾驶汽车在公园内观赏放养的各种动物。富士山区有幻想旅行馆、昆虫博物馆、自然科学厅、奇石博物馆、富士博物馆、大型科学馆、植物园、野鸟园、野猴公园和各种体育、游艺场所等。

(2)唐招提寺　位于奈良市，是由中国唐代高僧鉴真和尚兴建的，是日本佛教律宗的总寺院，具有中国盛唐建筑风格，被确定为日本国宝。唐代高僧鉴真(688—763)第六次东渡日本后，于天平宝字三年(759年)开始建造，大约于770年竣工。寺院大门上的红色横额“唐招提寺”，是日本孝谦女皇仿王羲之、王献之的字体所书。寺内松林苍翠，庭院幽静，殿宇重重，有天平时代的讲堂、戒坛，奈良时代(710—789)后期的金堂，镰仓时代(1185—1333)的鼓楼、礼堂及天平以后的佛像、法器和经卷。御影堂前东面有鉴真墓，院中植有来自中国的松树、桂花、牡丹、芍药、孙文莲、唐招提寺莲、唐招提寺青莲、舞妃莲、日中友谊莲和扬州的琼花等名卉异花。

三、朝鲜

（一）概况

朝鲜民主主义人民共和国(The Democratic People's Republic of Korea)，面积12.3万平方公里，人口2314.9万(2001年)，全国为单一的朝鲜族，通用朝鲜语。首都平壤(Pyongyang)，人口200万。

行政区划：全国划分为平壤、开城、南浦3个直辖市，咸镜南道、咸镜北道、两江道、慈江道、平安南道、平安北道、黄海南道、黄海北道、江原道9个道。重要节日：太阳节是4月15日(前国家主席金日成诞辰日)，2月16日是朝鲜最高领导人金正日诞辰日，国庆日是9月9日(1948年)，10月10日是朝鲜劳动党建党纪念日。

（二）自然与人文环境

朝鲜位于亚洲东部，朝鲜半岛北半部。北邻中国，东北邻俄罗斯，南部以军事分界线与韩国相邻。朝鲜半岛三面环海，东为日本海(包括东朝鲜湾)，西南为黄海(包括西朝鲜湾)。山地约占国土面积的80%，平均海拔高度440米。朝鲜属温带季风气候，年平均气温8℃～12℃，年平均降水量为1000～1200毫米。

朝鲜矿产资源丰富，已探明矿产三百多种，其中有开采价值的矿藏二百多种。水力和森林资源也较丰富。工业以采矿、电力、机械、冶金、化工、纺织等为主。农业以种植水稻和玉米为主，产量各占粮食总产量的一半左右。主要港口有清津、南浦、元山、兴南等。主要出口钢铁、有色金属、人参、纺织品和水产品等。

（三）主要旅游地

1. 旅游城市

(1)平壤　意为“平坦土壤”，位于大同江下游平壤平原和丘陵的交接处，东面有瑞气山，西南部有苍光山，北部有锦绣山、牡丹峰，南部是平原。大同江及其支流普通江流经市区，把平壤市区分成东西两部分，江中有绫罗岛、羊角岛、狸岩岛等岛屿，风景优美。

平壤市区建筑物面积占20%，其余80%为公园等绿化用地，是世界上绿化面积比重最大的城市之一。人均绿化面积约50平方米，市内处处是苍松翠柏、花坛草坪，是一座花园城市。

平壤有一千五百多年的历史，早在檀君时代就被定为都城。公元427年，高句丽长寿王建都于此，作为高句丽王朝的首都约有250年。高丽时期，曾在此设大都护府，成为西京，后又改为西都、东宁府、万户府、平壤府，1885年为23个府之一，1886年为平安南道道厅所在地。1946年9月成为平壤特别市，脱离平安南道。1948年9月9月，朝鲜民主主义人民共和国成立，定都平壤。

在万寿台的山岗上，耸立着一座23米高的千里马青铜雕塑，其背后是朝鲜革命博物馆。南山岗上有人民大学习堂，牡丹峰下有金日成体育场，将台岗上有平壤学生少年宫。市内还建有万寿台艺术剧场、朝鲜中央历史博物馆、朝鲜美术博物馆、平壤大剧场等。大同江畔有高170米的主体思想塔，在中心大街上建有凯旋门。

平壤周围的山区多名胜。在城区东北部的大城山上，有高句丽古城和安鹤宫遗址；北部的牡丹峰上也有古迹名胜，其中山北侧由花岗岩砌成的朝中友谊塔，是中国友人经常到访的地方，塔内保存了在抗美援朝战争中牺牲的中国人民志愿军烈士的名册。

平壤栗、德洞枣均是平壤的特产。

(2)开城　在平壤东南约一百九十多公里，曾是高丽国(918—1392)的首都。高丽是朝鲜半岛上第一个统一国家。因这里的松岳山上松林茂密，开城一直被称为“松都”。开城也是高丽人参的产地。开城拥有众多的历史遗迹和文物，最有代表性的是高丽国的王宫“万月台”。市内还有开城南大门、高丽成均馆(高丽博物馆)和善竹桥地区等景区。开城附近有闻名于世的朝鲜半岛军事分界线(北纬38°线)、板门店，还有王建王陵、恭愍王陵、朴渊瀑和混凝土壁障地区等。

高丽博物馆最初为11世纪初叶高丽国的行宫——大明宫，当时曾作为外国来宾的住宿地，称“顺天馆”，后改作宣传儒教的“僧务馆”；1089 年，最高教育机关国子监迁到这里，改称“成均馆”；现为展示朝鲜历史的“高丽博物馆”，内有大量出土文物。

板门店距开城市 8 公里。“板门店”是开城与汉城（今首尔）之间的一座村庄的名字。传说很久以前，为方便来往于开城与汉城之间的过客，曾在这里用木板建过一个小店铺，板门店因此得名。

板门店是朝鲜停战谈判、签字的会场，军事停战委员会会议室、中立国监督委员会会议室也位于此。在板门店军事分界线的两侧，北方和南方各设有自己的岗哨。

2. 旅游景区、景点

（1）妙香山　位于朝鲜西北部的平安南道、平安北道、慈江道的交界处，距平壤 150 公里，是朝鲜五大名山之一，因山势奇妙秀丽，漫山馨香飘溢而得名。妙香山景区面积为 375 平方公里，其第一高峰毗卢峰海拔 1909 米。景区内有普贤寺、石塔等古迹。

妙香山四季景色各异，以秋天红叶满山最为壮观，其中上元洞、万瀑洞、毗卢峰风景最为美妙。妙香山有多条登山路径，其中最短的路径是上元洞线，登山线路全长 55 公里。

妙香山还有龙门大窟，山中苍松翠柏密布，溪流瀑布众多，亭台楼寺庵散落其间。妙香山麓的普贤寺为朝鲜五大寺院之一，是一个占地面积较大的花园式寺院，挺拔的松柏间有若干殿塔。

妙香山麓的国际友谊馆，由金日成国际友谊馆（本馆）和金正日国际友谊馆（别馆）组成，前者比后者大，均为多层大型朝式建筑，远看似木结构，其实为混凝土建筑。国际友谊馆的混凝土电动大门重达数吨。

（2）金刚山　金刚山位于朝鲜半岛中部的太白山脉北部，处于江原道高城郡、金刚郡、通川郡境内，主峰毗卢峰海拔 1639 米。金刚山名胜区南北长约 60 公里，东西宽约 40 公里，面积 530 平方公里。

金刚山的风景随着季节变换，山名也随之变更。春天，百花吐艳，犹如金刚石闪闪发光，故称“金刚山”。夏天，朵朵彩云在绝岩陡壁间飘浮，宛如仙境，故名“蓬莱山”。秋天，漫山枫叶好似铺上艳丽的锦绣，故曰“枫岳山”。冬天，奇岩怪石，树枝桠杈，银光闪闪，故为“皆骨山”。现以

“金刚山”为通名广为流传。

金刚山划分为外金刚、内金刚、海金刚三个地区，又细分为22个区。外金刚有万物相、集仙峰等山岳与无数瀑布和峡谷，景色雄伟壮丽，代表着男性之美。内金刚则有万瀑洞等柔和秀丽的溪谷，代表着女性之美。海金刚以碧波荡漾的海景湖色别具一格。

四、蒙古

（一）概况

蒙古国(Mongolia)，面积156.65万平方公里，人口256万人（2005年），其中喀尔喀蒙古族占总人口的80%，哈萨克族占4.3%，其余为杜尔伯特蒙古族、布里亚特蒙古族和布亚兹蒙古族，主要语言为喀尔喀蒙古语。居民绝大多数信奉藏传佛教，其他信奉伊斯兰教、天主教。首都乌兰巴托(Ulan Bator)，人口约94万（2005年底），约占全国总人口的40%。

行政区划：全国划为21个省和首都乌兰巴托市，下设342个苏木（县）和1681个巴格（乡）。重要节日：独立日是3月13日（1921年），国庆日是7月11日（1921年），宪法纪念日是1月13日（1992年）。

春节蒙语称“白月”，日期与中国藏历新年相同，是蒙古民间最隆重的节日。

蒙语“那达慕”意为“游戏”或者“娱乐”，原指蒙古民族历史悠久的“男子三竞技”（摔跤、赛马和射箭），现指一种按照古老的传统方式举行的集体娱乐活动，富有浓郁的民族特点。从1922年起，“那达慕”定期在每年的7月11日举行，成为蒙古国庆活动的一个主要组成部分。

（二）自然与人文环境

蒙古是亚洲中部的内陆国家，地处蒙古高原。北与俄罗斯为邻，东、南、西三面与中国有长达4670公里的边界线。蒙古地势西高东低，北林南漠，西北部国土以山区和森林为主，东部为草原和沼泽，南部是戈壁荒漠，草原、半荒漠草原占国土面积的大部分。蒙古属典型的大陆性气候，冬季寒冷漫长，春季干燥多风，夏季炎热短促，秋季凉爽宜人。冬季大部分地区的最低气温低至－50℃，夏季戈壁地区的最高气温达40℃

以上。主要河流为色楞格河及其支流鄂尔浑河。境内有大小湖泊三千多个,总面积达1.5万平方公里。

蒙古矿产资源丰富,额尔登特铜钼矿已被列入世界十大铜钼矿之一,位居亚洲同类企业之首。畜牧业是传统的经济部门,是国民经济的基础。工业以轻工、食品、采矿和燃料动力工业为主。

蒙古地域辽阔、人口稀少,许多地区还处于未开发状态,自然风景得以保持原貌,旅游资源比较丰富。全国有旅游基地、大小宾馆、饭店约700家,主要宾馆有乌兰巴托饭店、巴彦高勒饭店、成吉思汗饭店、大陆酒店等,主要旅游地有哈尔和林古都、库苏古尔湖、特列尔吉旅游点、成吉思汗旅游点、南戈壁、东戈壁、阿尔泰狩猎区等。

(三)主要旅游地

1.乌兰巴托

乌兰巴托位于蒙古高原中部,肯特山南端,鄂尔浑河支流图拉河畔,海拔1351米。南、北是连绵起伏的群山,图拉河从城南的博格多山脚下自东向西流过,东、西为广阔的草原。城市主要街区座落在图拉河北岸。因地处内陆,属典型的大陆性气候,冬季最低气温达－40℃,夏季最高气温达35℃。乌兰巴托常住人口94.2万,其中70%的人口是年轻人,是世界上人口最年轻的城市之一。

乌兰巴托始建于1639年,称“乌尔格”,蒙古语意为“宫殿”,为喀尔喀蒙古第一个“活佛”哲布尊巴一世的驻地。“乌尔格”在此后的150年中,游移于附近一带,1778年起逐渐定居于现址附近,并取名“库伦”和“大库伦”,蒙古语意为“大寺院”。1924年蒙古人民共和国成立后,改库伦为乌兰巴托,并定为首都,意思是“红色英雄城”。

乌兰巴托是全国政治、经济和文化中心。城市附近的矿产资源主要是煤。这里集中了全国大部分工厂企业,工业以轻工业和食品工业为主,全市工业总产值约占全国工业总产值的一半以上。著名的工业产品有纯羊毛地毯、裘皮服装、山羊绒和驼绒制品等。

乌兰巴托是全国交通运输的枢纽。这里有通向全国各省市的公路网和飞机航线,有铁路同中国、俄罗斯相衔接。乌兰巴托市区宽广整齐、风景秀丽。在现代化楼群之中,传统的蒙古包仍然可见。

博格达山位于乌兰巴托南图拉河畔，是以蒙古国王博格达汗的名字命名的圣山，是自然保护区和国家公园。这里可以鸟瞰乌兰巴托市全貌及蜿蜒的图拉河。

博格达山三峰并立，拔地而起，陡峭、雄伟，终年冰雪皑皑，世称"雪海"，有天山明珠之称。登博格达峰，难度极大。从博格达山北坡的峡谷攀缘而上，能看到山青水秀的牧场，也可以探寻雪厚冰坚的世界。

博格达汗冬宫是蒙古最后一位国王——博格达汗之冬季居住的宫殿，内有蒙古王公贵族华丽的服饰及生活用品，还有邻国王公贵族送的礼品。

乌兰巴托中心广场矗立着苏和巴托纪念碑、苏和巴托墓及国会大厦，周围有中央政府、大学、邮电局、剧场、影剧院等现代化建筑物，也是举行大型政治活动、三军检阅活动的地方。

甘丹寺位于乌兰巴托市中心，是蒙古宗教的中心，也是蒙古最大的喇嘛召，鼎盛时期曾有一万名喇嘛生活在该寺。乌兰巴托市的前身大库伦是在甘丹寺的基础上逐渐发展成城镇的。寺内的章冉泽大佛，高 28 米，全身镀金，镶嵌大量宝石，气势雄伟，富丽堂皇，是蒙古的国宝。

2.其他旅游景区、景点

(1)特日勒吉　位于乌兰巴托以东 80 公里，肯特山脉中的一处自然保护区。这里群山雄浑、森林茂密、河水潺潺，有三友洞、乌龟石等自然景观。游客可以观赏特日勒吉河岸原始而无污染的迷人景色，晚上在度假村蒙古包过夜。

(2)哈勒和林遗址　位于乌兰巴托以西 365 公里，是 13 世纪蒙古帝国首都遗址。1220 年这里成为成吉思汗蒙古帝国的首都，是当时世界上陆地贸易最发达的国际大都市，1368 年被明朝军队所毁。这里的额尔德尼召始建于 1586 年，是用哈勒和林遗址上的石头筑成的，为蒙古国第一个喇嘛教及佛教中心，鼎盛时在 108 座房屋住有一千多名喇嘛教僧侣，后于 20 世纪 30 年代曾遭受严重破坏。其周围的 108 塔举世闻名。

(3)库苏古尔湖　位于乌兰巴托西北 772 公里，靠近蒙古和俄罗斯边界，是蒙古最大的淡水湖，也是世界第二深淡水湖，其南北长 134 公里，宽 39 公里，水域总面积为 2760 平方公里，一共有大小 96 条河流汇入湖中，湖水储量为 3800 亿立方米，是蒙古重要的淡水储备。该湖是高山湖，湖面海拔 1645 米，湖水经蒙古最大的河流——色楞格河汇入俄罗斯的贝加尔湖。库苏古尔湖的最深处可达262.4米，但湖水清澈。碧蓝的湖水周围有茂密原始森林，森林中有马鹿、梅花鹿、黑熊等野生动物，还有漫山遍野的花草，这里还居住着世界上人口很少的以养训鹿为生的民族——查堂族。

(4)三美山　位于南戈壁省首府达楞扎达嘎德以南 40 公里，距乌兰巴托 593 公里，是戈壁草原上的三处山，其中以大鹰峡谷最有名。这里，每当盛夏季节，山上白雪皑皑，山下冰川融化，绿草如茵，天空中雄鹰在盘旋，地上驼群在安闲地吃草，迷人的戈壁风光令人心旷神怡，耳目一新。

(5)克日伦大草原　位于乌兰巴托以东 240 公里，克日伦河流域的大草原，是成吉思汗的故乡。这里牧草丰盛，牛羊遍地，自古以来就是优良的天然牧场，曾经也是成吉思汗蒙古帝国的首都。据历史记载，举世闻名的《蒙古秘史》是在这里写完的。现在，成吉思汗的八白室矗立在这片草原上，里面供奉着成吉思汗和几位夫人的灵柩以及成吉思汗曾用过的马鞍、弓箭、奶桶等遗物。距呼德阿日勒 164 公里柏日赫附近是“9・13”事件的坠机地点。

第三节　东南亚

一、越南

(一)概况

越南社会主义共和国(The Socialist Republic of Viet Nam)，面积32.9556万平方公里，人口 8312 万(2005 年)，有 54 个民族，京族几乎占总人口的 90%，岱依族、傣族、芒族、华人、侬族人口均超过 50 万，通用越南语。主要宗教有佛教、天主教、和好教和高台教。首都河内(Hanoi),人口400万(2005年)。

行政区划:全国划分为59个省和5个直辖市。重要节日:国庆日暨独立日是9月2日(1945年),越南共产党成立日是2月3日(1930年),越南南方解放日是4月30日(1975年),胡志明诞辰日是5月19日(1890年)。

(二)自然与人文环境

越南位于中南半岛东部,北与中国接壤,西与老挝、柬埔寨交界,东、南濒临南海,海岸线长达3260公里。越南地域狭长,呈"S"形,南北长1600公里,东西最窄处为50公里。地势西高东低,境内3/4为山地和高原。北部和西北部为高山和高原,中部长山山脉纵贯南北。主要河流有北部的红河,南部的湄公河。红河和湄公河三角洲地区为平原。越南全境地处北回归线以南,高温多雨,属热带季风气候,年平均气温24℃左右,年平均降雨量为1500～2000毫米。北方分春、夏、秋、冬四季。南方分雨旱两季,大部分地区5～10月为雨季,11月至次年4月为旱季。

越南经济以农业为主。矿产资源丰富,种类多样。森林、水力和近海渔业资源丰富。越南是传统农业国,粮食作物包括稻米、玉米、马铃薯、番薯和木薯等,经济作物主要有水果、咖啡、橡胶、腰果、茶叶、花生、蚕丝等,是稻米、热带经济作物和热带水果的重要出口国之一。主要工业部门有煤炭、电力、冶金、纺织等。

越南旅游业近年来发展迅速,经济效益显著。2005年全年接待国外游客346万人次,收入19亿美元,其中来自中国大陆的游客75.26万人次、美国33.36万人次、日本32.06万人次、韩国31.72万人次、中国台湾省28.63万人次。越南旅游资源丰富,已有数处风景名胜被联合国教科文组织列为世界文化和自然遗产。主要旅游地有河内市、胡志明市、广宁省的下龙湾,以及顺化市、会安市、大叻市、芽庄市等。

(三)主要旅游地

1.旅游城市

(1)河内　位于红河平原中部,是全国政治、文化中心。河内是一座有着千年悠久历史的古城，原称大罗，曾为越南李、陈、后黎诸封建王朝的京城，被誉为“千年文物之地”。在7世纪初，开始在此构筑城池，时称紫城。1010年，李朝(1009—1225)创建者李公蕴(即李太祖)从华闾迁都至此，定名升龙。在10世纪以前，先后改称宋平、罗城、大罗城，之后又称为中京、东都、东关、东京、北城。阮朝明命十二年(1831年)，因城市被环抱在珥河(红河)大堤之内，定名为河内。在法国殖民者统治时期，曾为“法属印度支那联邦”总督府所在地。1945年越南“八月革命”胜利后，越南民主共和国(今越南社会主义共和国北半部)定都于此。

河内分为内城(市区)和外城(郊区)。内城历史上为禁城、皇城和京城所在地。禁城是皇帝、后妃及其子孙、侍从的住地。皇城在禁城之外，为皇帝和朝臣办事场所。京城环绕皇城，是街坊、集市、居民区。李朝和陈朝时的61条街坊，黎朝和阮朝时的36条街坊，都集中在这里。近千年来，内乱外患使河内城区屡遭破坏，只残留下不到200米长的城垣、正北门和席行街的官掌门。目前，河内的一些街道仍沿用着旧时的称谓，如棉行、麻行、糖行、桃行、皮行、帆行、铜行等，其中多数街道的专业性特点已不存在，有些仍保有专业性的老传统，如皮行街全为皮货，铜行街尽是经营铜器的店铺。

河内是全国的交通枢纽，有机械、化工、纺织、制糖、卷烟等工业，小手工业发达。河内郊区农产丰富，以稻米为主，也盛产各类热带水果。

河内的气候四季分明，1月份最冷，月平均气温15℃；7月最热，月平均气温29℃，具有亚热带城市的特色，树木终年常青，鲜花四季盛开，市区内外湖泊星罗棋布，有“百花春城”之称。河内市名胜古迹很多，除著名的还剑湖、西湖、文庙、独柱寺、二征庙、玉山祠、龟塔、巴亭广场、胡志明陵墓及故居、螺城等外，还有竹帛湖、百草公园、列宁公园、栋多岗、莲派寺、浪寺(昭禅寺)、石夫人寺(灵光寺)、象伏寺、金鼓祠(原同天观)、和风塔、医庙等。

竹帛湖原为西湖的一部分，1620年安阜、安光、竹安三村修筑固御堤(今青年路)，将西湖与竹帛湖分开，竹帛湖处于竹安村域。黎朝权臣郑杠在此修筑别院，作为避暑作乐的场所。之后别院成为行宫，令宫女在此以织绸为业，因其所织之绸美观耐用，故称竹村绸。竹村绸汉字为

“竹帛”,竹帛湖之名也由此而来。

百草公园位于雄王路以西,北面临近西湖,面积约13公顷,内有一百多种树木和许多珍禽异兽。

列宁公园原称统一公园,位于市区南面,面积60公顷,其中七亩湖约占公园的1/3。

莲派寺位于市区南部的白梅街,建于18世纪上半叶,寺内有一释迦牟尼巨像十分有名,寺周围有塔9座,其中寺山门前的一座6棱11层,和风塔靠近还剑湖。

(2)胡志明市　是越南最大的城市和港口,是越南的中央直辖市之一,原名西贡、西贡—嘉定市,1976年正式改称现名。胡志明市位于湄公河三角洲东北侧、西贡河右岸,东南距海口80公里,涨潮时两万吨级轮船可直驶市内。胡志明市是越南的经济中心之一,工业主要有纺织、机械、制糖、碾米、烟草等,工业总产值约占全国工业总产值的1/4。胡志明市也是东南亚最大的米市之一,每年的大米出口量约占越南大米总出口量的1/4。

胡志明市交通运输十分发达。公路通向四面八方,可远达柬埔寨、老挝;铁路可达越南各地,为越南铁路枢纽之一;北郊约6公里处有新山一国际机场。

胡志明市内名胜古迹很多,主要有草禽园、骚坛公园、印光寺、舍利寺、永严寺、天后庙、越南国寺等。草禽园位于市郊东北部,建于1864年,面积32公顷。园内多珍禽异兽及稀见植物,为观赏、游览的好去处。永严寺有重檐殿顶的大殿和7级永严寺塔,显得庄重典雅。

2. 下龙湾

下龙湾是北部湾西部的一个海湾,位于越南北部广宁省下龙市,距河内150公里,是越南最美丽的旅游景点,1994年被列入《世界遗产名录》。下龙市是越南重要的海运港口,有丰富的海产品。

下龙湾分为东、西、南三个小湾。在1500平方公里的海面上,山岛林立,星罗棋布,姿态万千。其中珍贵自然遗产分布面积达434平方公里,包括788个大大小小的石岛和许多奇妙的石洞。

下龙湾各处山石、小岛形状各异,有的如直插水中的筷子,有的如浮在水面的大鼎，有的如奔驰的骏马，有的如争斗的雄鸡。最有名的是蛤蟆岛，其形状犹如一只嘴里衔着青草，端坐在海面上的蛤蟆。

岩岛上有许多岩洞，其中最具特色是木头洞、中门洞等。木头洞位于万景岛海拔 189 米最高峰的半腰，洞口不大，洞内广阔，分为三层，外洞可容数千人，洞壁上的钟乳石形成各种动物形象，栩栩如生。

中门洞分为外、中、内三部分。外洞似高大宽敞的大厅，可容纳数千人。洞底平坦，洞口与海面相接。涨潮时，小游艇可以一直开进洞中。洞口周围长满了榕树、竹子、石松等草木。外洞与中洞之间是一拱形洞口，只容一人通过，旁边有一酷似大象形状的灰白色的大石头，如卫士守卫着洞门。中洞长 8 米，宽 5 米，高 4 米，洞里又似一个精美的艺术馆。中洞和内洞之间是一螺口形洞口，内洞为长方形，长约 60 米，宽约 20 米，四周钟乳石错落有致，有许多小洞和具有生动雕像造型的岩石。

二、老挝

(一)概况

老挝人民民主共和国(The Lao People's Democratic Republic)，面积23.68万平方公里，人口583.6万(2004 年)，有六十多个部族，大致划分为老龙族(约占全国人口的 60%)、老听族、老松族三大民族，华侨华人约 3 万人，通用老挝语。居民多信奉佛教。首都万象(Vientiane)，人口66.9万(2004 年)。

行政区划：全国划分为 16 个省、1 个直辖市(万象市)和 1 个行政特区(赛宋本)。重要节日：独立日是 10 月 12 日(1945 年)，国庆日是 12 月 2 日(1975 年)。老挝新年(宋干节，也叫泼水节)是佛历五月，一般从每年公历 4 月 13 日开始，前后共 3 天。塔銮节是佛历十二月，公历 11 月。

(二)自然与人文环境

老挝是位于中南半岛北部的内陆国家，东邻越南，南邻柬埔寨，西南邻泰国，西北邻缅甸，北邻中国。境内 80%为山地和高原，且多被森林覆盖，有“印度支那屋脊”之称。地势北高南低，北部与中国云南的滇西高原接壤，东部老越边境为长山山脉构成的高原，西部是湄公河谷地和湄公河及其支流沿岸的盆地与小块平原。全国自北向南分为上寮、中寮和下寮。上寮地势最高,川圹高原海拔2000～2800米。最高峰比亚山峰海拔2820米。老挝属热带、亚热带季风气候,分为雨季和旱季。每年5～10月为雨季,11月至来年4月为旱季。年平均气温约26℃,年降水量为1250～3750毫米。湄公河是境内最大河流,流经老挝西部,长1900公里。

老挝水力资源丰富,森林覆盖率约42%,盛产柚木和紫檀等名贵木材。农业是老挝的经济支柱,主要农作物有水稻、玉米、薯类、咖啡、烟叶、花生和棉花等。老挝工业基础薄弱,主要工业企业有发电、锯木、采矿、炼铁、服装和食品等,以及小型修理厂和编织、竹木加工等作坊。

旅游业是老挝的新兴产业。近年来,老挝与超过500家国外旅游公司签署合作协议,开放11个国际旅游口岸,同时采取加大旅游基础设施投入、减少签证费、放宽边境旅游手续等措施,使旅游业得到持续发展。2005年接待外国游客91.69万人次。老挝琅勃拉邦市、巴色瓦普寺已被列入世界文化遗产名册。其他著名景点还有万象塔銮、玉佛寺、占巴色孔埠瀑布、琅勃拉邦光西瀑布等。

(三)万象

万象是一座历史古城,自16世纪中叶塞塔提腊国王从琅勃拉邦迁都于此后,一直是老挝政治、经济和文化中心。万象古名赛丰,16世纪曾名万坎,意为金城。万象之名意为"檀木之城"。万象地处湄公河中游的左岸,隔河与泰国相望,最高气温31.7℃,最低气温22.6℃。

早在17～18世纪,万象已是繁荣的商业中心。目前,万象是老挝最大的工商业城市,工厂、作坊和商店数目居全国之首。主要工业有锯木、水泥、砖瓦、纺织、碾米、卷烟、火柴等,编织及金银首饰工艺亦颇有名。郊区有盐井,盛产食盐。万象还是硬木木材集散地。

万象多寺庙、古塔,其中以市区东北的塔銮最为著名。塔銮坐落在塔銮广场东侧,建于1566年,由群塔组成,塔身高大雄伟,金碧辉煌,在建筑艺术上享有盛誉,是万象市的标志和东南亚重要的名胜古迹之一。塔銮广场是万象最大的广场,其规模仅次于北京的天安门广场。每年11月在此举行盛大的塔銮庙会。

三、柬埔寨

(一)概况

柬埔寨王国(The Kingdom of Cambodia),面积18.1035万平方公里,人口1370万,有20多个民族,高棉族占总人口的80%,还有占族、普农族、老族、泰族、斯丁族等少数民族。高棉语为通用语言,同时英语、法语也均为官方语言。佛教为国教,居民80%以上信奉佛教,占族多信奉伊斯兰教,少数城市居民信奉天主教。首都金边(Phnom Penh),人口约110万。

行政区划:全国分为20个省和4个直辖市。重要节日:独立日暨建军日是11月9日(1953年),国庆日是6月24日(1991年)。国王诞辰是5月14日,全国庆祝3天。佛历新年是4月13～15日。御耕节是佛历六月下弦初四,由国王或其代表在毗邻王宫的王家田举行象征性耕种仪式,祈祷来年风调雨顺,五谷丰登。送水节(也称龙舟节)是11月13～15日,时值雨季结束进入旱季,柬埔寨人民在王宫前洞里萨河上举行龙舟比赛,表达对洞里萨河、湄公河养育之恩的感谢。"太皇"西哈努克生日是10月31日,全国庆祝1天。

(二)自然与人文环境

柬埔寨位于东南亚中南半岛南部,北邻老挝,西北邻泰国,东和东南邻越南,西南濒泰国湾,海岸线长460公里。中部和南部是平原,东部、北部和西部被山地、高原环绕,大部分地区被森林覆盖。豆蔻山脉东段的奥拉山海拔1813米,是柬埔寨的最高峰。沿海多岛屿,主要有戈公岛、隆岛等。柬埔寨属热带季风气候,年平均气温29℃～30℃,5～10月为雨季,11月至次年4月为旱季,受地形和季风影响,各地降水量差异较大,象山南端可达5400毫米,金边以东约1000毫米。湄公河在柬埔寨境内长约500公里,纵贯东部。洞里萨湖是中南半岛的最大湖泊,低水位时面积约2500平方公里,雨季湖面达1万平方公里。

柬埔寨是农业国,属世界上最不发达国家之一。矿藏主要有金、磷酸盐、宝石和石油。林业、渔业、畜牧业资源丰富,盛产贵重的柚木、铁木、紫檀等热带林木,并有多种竹类。柬埔寨水产资源丰富,洞里萨湖是世界上著名的天然淡水渔场，也是东南亚最大的渔场，素有“鱼湖”之称。西南沿海也是重要的渔场，富产鱼虾。

农业在柬埔寨国民经济中占主要地位，主要农产品有稻谷、玉米、薯类、花生、豆类，湄公河流域和洞里萨湖沿岸为著名产米区；经济作物有橡胶、胡椒、棉花、烟草、糖棕、甘蔗、咖啡、椰子。全国有橡胶园10万公顷，橡胶单位面积产量较高。柬埔寨工业基础薄弱，主要有一些食品加工和轻工业企业。

2002年，政府加大了对旅游业的资金投入，加紧修复古迹，开发新景点，改善旅游环境。2005年共接待外国游客140万人次，比上年增加了36%，旅游收入达10.7亿美元。外国游客主要来自美国、中国、法国、日本、韩国等国家以及中国台湾地区。主要旅游地有世界闻名的吴哥古迹、金边和西哈努克港等。

(三)主要旅游地

1.金边

金边是全国最大的城市。“金边”原为柬埔寨高棉语的“百囊奔”。“百囊”之意为“山”，“奔”是人的姓氏，“百囊”和“奔”合在一起，即奔夫人之山，当时华侨称“金奔”。由于中国广东话“奔”和“边”发音十分接近，于是“金奔”在汉语中演变成“金边”。

金边是一座古都。1431年，暹罗入侵高棉，高棉于1434年将首都从吴哥迁往金边。1497年，由于王室闹分裂，当时的国王又迁出金边。1867年，诺罗敦国王再次迁都金边。

塔子山是金边的最高点，山上建有塔寺，入口处有两个七头蛇石雕，还有怪鸟、狮子、佛像等的雕像，登上山巅可俯瞰金边风貌。

金边以王宫和波列莫罗科特佛塔为中心。东边的皇城包括王宫、皇家博物馆、皇家花园和国家博物馆等建筑。

王宫是一组金色屋顶、黄墙环绕的建筑，包括曾查雅殿、金殿、银殿、舞乐殿、宝物殿等大小宫殿二十多座，回廊上是仿吴哥寺的浮雕。曾查雅殿雕梁画栋，琉璃瓦顶。波列莫罗科特佛塔金光闪烁。金殿内有宝物殿，专门陈列珍宝。银宫又称绿玉寺，是王宫中最为华丽的建筑，地面用约4700块镂花银砖铺就。大殿内供奉着高约60厘米，由整块翡翠雕成的佛像，晶莹剔透，是柬埔寨的瑰宝。银宫内还有用纯金铸成的大小两尊佛像。

金边的西部为新区，有现代化的建筑、宽阔的林荫大道和众多的公园、草坪等，公园内花草繁茂。

2. 吴哥古迹

吴哥古迹位于暹粒省境内，距首都金边约 240 公里。吴哥始建于公元 802 年，完成于 1201 年。在 400 年的建造过程中，吴哥三易中心。第一次王都中心建在巴肯寺（耶输跋摩一世时代），第二次王都中心是在巴戎寺（罗因陀罗跋摩二世时代），第三次王朝中心又定在巴芳寺（乌答牙提耶跋摩二世时代）。9 世纪至 15 世纪，吴哥曾是柬埔寨的王都，最盛时人口达数十万。吴哥曾先后两次遭洗劫和破坏，第一次是在 1177 年占婆人侵入柬埔寨时；第二次是 1431 年暹罗军队入侵，攻陷了吴哥，柬埔寨王朝被迫迁都到金边。此后，吴哥被遗弃，逐渐淹没在丛林莽野之中。20 世纪 60 年代法国博物学家亨利·穆奥发现了吴哥古迹。

吴哥古迹现存六百多处，分布在面积 45 平方公里的森林里，大吴哥和小吴哥是其主要组成部分，包括许多精美的佛塔和众多的石刻浮雕，蔚为壮观。佛塔全部用巨大的石块垒砌而成，有些石块重达 8 吨以上。佛塔刻有各种形态的雕像，有的高达数米，生动逼真。

吴哥寺中的五座莲花蓓蕾似的佛塔高耸入云，是高棉民族引以为骄傲的精湛建筑。除大吴哥、小吴哥及三个王都中心外，女王宫和空中宫殿也是吴哥古迹中著名的景点。空中宫殿是一座全石结构建筑，建在一座高 12 米的台上，呈金字塔形，分三层。台中心建有一塔，塔上涂金，光芒四射。高台四周有石砌回廊环绕。由于台高，给人一种悬在空中的感觉，因而得名。

女王宫被誉为吴哥古迹的明珠，位于吴哥城东北约 25 公里处，原名湿婆宫，建成于吴哥王朝（门内加者）耶跋摩五世元年（公元 968 年）。它坐西朝东，长 200 米，宽约 100 米，中心为 3 座并列的塔形神祠和左右对称的配殿。

朱红色的塔祠建在一个一米多高的台基上，居中一座最高，约 10 米。正中的神祠供婆神，南面神祠供梵天神，北面神祠供毗湿奴神。每座塔祠的东、南、北各有一门,门高仅1.2米。每个门前均有守护神石雕一对,两侧墙上有手持长矛的武士及仙女的浮雕。塔祠外围三道围塔,内外围墙之间有拱门、镂花石柱和石碑等。每座塔祠上都刻有各种神鬼罗刹的雕像。塔基及其两侧的神龛和门楼上也是千姿百态的浮雕,内容多是记载古代高棉人民的生活情景和抵御外族侵略的战斗场面。

吴哥的大部分建筑已倒塌成废墟,但吴哥古迹规模之宏伟壮观,建筑艺术之璀璨夺目,依然令人惊叹。考古学家把它与中国的长城、埃及的金字塔和印度尼西亚的婆罗浮屠并称为东方四大奇迹。1992 年,吴哥古迹被列入《世界遗产名录》。

四、缅甸

(一)概况

缅甸联邦(The Union of Myanmar),面积67.6581万平方公里,人口约 5540 万(2006 年 1 月 31 日),有 135 个民族,主要有缅族、克伦族、掸族、克钦族、钦族、克耶族、孟族和若开族等,缅族约占总人口的65%,华人华侨约 250 万。各少数民族均有自己的语言,其中缅、克钦、克伦、掸和孟等族有文字。居民 85%以上信奉佛教,约 8%信奉伊斯兰教。首都仰光(Yangon),人口约 530 万(2004 年)。根据缅甸将实行的新宪法,缅甸新建的行政中心彬马那(Pyinmana)将成为首都,定名为内比都(Nay Pyi Taw)。

行政区划:全国分 7 个省和 7 个邦。省是缅族主要聚居区,邦多为各少数民族聚居地。重要节日:独立日暨国庆日是 1 月 4 日(1948 年),建军节是 3 月 27 日,泼水节(缅历新年)是 4 月 13 日。

(二)自然与人文环境

缅甸位于中南半岛的西部,在青藏高原和马来半岛之间。西北与印度和孟加拉国接壤,东北与中国为邻,东南与老挝、泰国毗邻,西南濒临孟加拉湾和安达曼海,海岸线长 3200 公里。缅甸属热带季风气候,年平均气温27℃。森林覆盖率占总面积的 50%以上。

缅甸是著名的"佛教之国",佛教传入缅甸已有两千五百多年的历史。一千多年前,缅甸人就开始把佛经刻写在一种叫贝多罗树的叶子上，制成贝叶经。李商隐诗中就曾提到“忆奉莲花座，兼闻贝叶经”。在缅甸人口中有 80％以上的人信奉佛教。缅甸的每一个男人在一定时期内都必须削发为僧，否则，就会受到社会的蔑视。佛教徒崇尚建造浮屠，建庙必建塔。缅甸全国到处佛塔林立，因此又被誉为“佛塔之国”。千姿百态、金碧辉煌的佛塔使缅甸成为旅游胜地。

农业是缅甸国民经济的基础，农作物主要有稻谷、小麦、玉米、棉花、甘蔗和黄麻等。缅甸的森林覆盖率为 50％左右，是世界上柚木产量最大的国家。柚木质地坚韧、耐腐蚀，是人类用钢铁造船以前世界上最好的造船材料。缅甸将柚木视为国树，被称为“树木之王”、“缅甸之宝”。缅甸盛产的玉石和宝石在世界上享有盛誉。

从 1993 年起，缅甸政府大力发展旅游业，积极吸引外资建设旅游设施。2005 年缅甸共接待外国游客 66 万人次，旅游收入1.53亿美元，较上年增长12.5％。缅甸风景优美，名胜古迹众多，主要景点有世界闻名的仰光大金塔、文化古都曼德勒、万塔之城蒲甘、额不里海滩等。

（三）主要旅游城市

1.仰光

仰光位于伊洛瓦底江三角洲东部，仰光河与勃生堂溪的汇合处，距安达曼海仅 35 公里，地势低平，海拔低于5.5米。仰光是缅甸的首都和最大城市，为全国政治、经济、文化和交通中心。气候温和潮湿，年平均气温25℃，1 月气温16℃～18℃，4 月气温35℃～38℃；年降水量 2500 毫米。5～10 月为雨季。居民中的 90％为缅甸人，其余为华人、印度人等。仰光港是缅甸最大的港口，也是世界主要的稻米输出港之一。

仰光原称大衮，15 世纪初成为城镇。1755 年，国王雍笈牙征服孟族军队，将大衮建为港口，并改名仰光，意为“争息乱平”。1824 年至 1826 年仰光被英国占领，1852 年成为下缅甸首府。1855 年缅甸成为英国的属地，英国人把缅甸的首都从曼德勒移到了仰光，用来把它作为出口柚木等商品的港口。第二次世界大战期间这里又被日军占领。1948 年缅甸独立后，定都仰光。

仰光是一座充满浓郁东方民族色彩的现代化城市，街道多狭窄；现代化建筑与传统白尖顶、黑柏油漆的木屋交错排列；佛塔、寺庙遍布；

到处是鲜花和常绿植物；市民多着色彩美艳的纱笼和拖鞋；神鸟乌鸦在街上仰首阔步，少有大城市的喧嚣繁闹。旧城建在一道山梁上，新城分布在四周的三角洲冲积地。因少桥梁，城市被限制在河流环绕地区内。

世界闻名的仰光大金塔，始建于约2500年前，位于市北圣山，居全城最高点。高达百米，塔顶镶着四千三百多颗宝石。整个高塔贴有20516张金片，金碧辉煌。

每年4月这里都要举行隆重盛大的泼水节庆典，以期涤旧迎新。

目前缅甸全国30%的产业工人都集中在仰光。工业有碾米、纺织、锯木、肥皂、橡胶、炼铝、食品加工、造船、钢铁、炼油等。仰光兼有海港和河港，港口宽阔，万吨级远洋轮可直抵城下。水运、铁路和公路线连接全国各地。北郊的明加拉顿国际机场通向世界各国主要都市。

2. 彬马那

彬马那是缅甸中部的一个县级城市，位于仰光以北390公里处，距缅北第二大城市曼德勒约300公里，附近有勃固山脉依托。缅甸政府部门已从2005年11月6日起，开始分批迁往缅甸中部城市彬马那。彬马那现有农业、林业和畜牧业三所大学。

五、泰国

(一)概况

泰王国(The Kingdom of Thailand)，面积51.3115万平方公里，人口6283万(2006年12月)，有三十多个民族，其中泰族占人口总数的40%，老族占35%，马来族占3.5%，高棉族占2%等，此外还有苗、瑶、桂、汶、克伦、掸等山地民族，泰语为国语。佛教是泰国的国教，居民90%以上信奉佛教，马来族信奉伊斯兰教，还有少数信奉基督教新教、天主教、印度教和锡克教。首都曼谷(Bangkok)，注册人口584万(2006年12月)。

行政区划：全国分中部、南部、东部、北部和东北部5个地区，有76个府，府下设县、区、村。曼谷是唯一的府级直辖市。重要节日：宋干节是公历4月13～15日，水灯节是泰历12月15日，国庆日暨国王诞辰日是公历 12 月 5 日(1927 年,国王普密蓬·阿杜德诞辰)。

(二)自然与人文环境

泰国位于亚洲中南半岛中南部,东南临泰国湾(太平洋),西南濒安达曼海(印度洋),西和西北邻缅甸,东北邻老挝,东南邻柬埔寨,疆域沿克拉地峡向南延伸至马来半岛,与马来西亚相接,其狭窄部分居印度洋与太平洋之间。泰国属热带季风气候,全年分为热、雨、旱三季。年均气温24℃～30℃。

泰国 90%的人信奉佛教,在风俗习惯、文学、艺术和建筑等各方面,都与佛教有着密切关系。在泰国,凡是信佛教的男孩子,到了一定年龄,都要削发为僧,连王室和贵族也不例外。到泰国旅游,处处可见身披黄色袈裟的僧侣,以及富丽堂皇的寺院。因此,泰国又有"黄袍佛国"之誉。佛教为泰国人塑造了道德标准,使之形成了崇尚忍让、安宁和爱好和平的精神风范。

泰国是传统农业国,农产品是外汇收入的主要来源之一,主要农产品和经济作物有稻米、玉米、木薯、橡胶、甘蔗、绿豆、麻、烟草、咖啡豆、棉花、棕油、椰子果等。泰国是世界著名的大米生产国和出口国,大米出口是泰国外汇收入的主要来源之一,其出口额约占世界市场稻米交易额的 1/3。泰国也是仅次于日本、中国的亚洲第三大海产国,为世界第一产虾大国。

泰国自然资源丰富,其中钾盐的储量居世界首位,锡的储量占世界总储量的 12%。橡胶产量居世界首位,年产达 210 万吨,占世界总产量的 1/3,其中 90%用于出口。全国森林覆盖率为 25%。泰国盛产被誉为"果中之王"的榴莲和"果中之后"的山竹,还有名扬天下的荔枝、龙眼、红毛丹等热带水果。

泰国旅游业比较发达,已成为外汇收入的主要来源。宾馆、饭店、餐饮、购物等配套设施齐全。2006 年接待外国游客 1380 万人次,其中东亚游客占55.2%,欧洲占25.3%,美国占6.7%。全年酒店入住率达63%,旅游收入为 4706 亿铢(约 124 亿美元)。泰国旅游资源丰富,传统的主要旅游地有曼谷、普吉、芭堤雅、清迈、帕塔亚等,新兴的旅游地有清莱、华欣、苏梅岛等。

（三）主要旅游地

1. 旅游城市

（1）曼谷　是东南亚第二大城市，位于湄南河三角洲，距河口约40公里，是全国政治、经济、文化中心和主要港口。曼谷城区跨湄南河两岸，地势低洼，平均海拔不足2米。气候湿热，年平均气温27.5℃，年降水量1500毫米。

曼谷原为渔村，1782年成为暹罗王国都城，国王拉玛一世在此营造宫殿、寺庙，修筑城墙。二世、三世时期城内增加许多佛庙，五世时拆城墙修马路建桥梁，1892年通电车，1900年与其他大城市之间修通铁路。1916年六世建朱拉隆功大学。1937年划分成曼谷和吞武里两市。第二次世界大战后，城市迅速发展。1971年两市合并成曼谷—吞武里都市区。1972年京畿曼谷府和吞武里府合并，组成曼谷吞武里京都，又称大曼谷。

曼谷(Bangkok)是泰国首都的简称，其全称是世界最长的地名，总共由167个字母组成，意为“天人的城市，宏大的城都，佛祖的宝珠，佛祖战争中最和平伟大的地方，有九种宝玉存在的乐都，很多富裕的皇宫，住了权威的神，佛祖以建筑之神再兴建的大都会”。

曼谷的泰国大王宫又称故宫，是泰国曼谷王朝一世王至八世王的王宫，位于首都曼谷市中心湄南河畔，总面积为21.84万平方米，是曼谷市内最为壮观的古建筑群。1782年，曼谷王朝拉玛一世帕普塔育华朱拉洛登开始兴建大王宫。之后历代君主不断扩建大王宫。大王宫四周筑有高约5米、总长度为1900米的白色宫墙。整体建筑以白色为主色调，风格主要为暹罗式。庭园内绿草如茵，鲜花盛开，树影婆娑。大王宫主要包括几个宫殿和玉佛寺。

玉佛寺位于曼谷大王宫的东北角，是泰国最著名的佛寺，也是泰国三大国宝之一。它建于1784年，是泰国大王宫的一部分，面积约占大王宫的1/4。玉佛寺是泰国王族供奉玉佛像和举行宗教仪式的场所，因寺内供奉着玉佛而得名。寺内有玉佛殿、先王殿、佛骨殿、藏经阁、钟楼和金塔。

玉佛殿是玉佛寺的主体建筑，大殿正中的神龛里供奉着被泰国视为国宝的玉佛像。玉佛高 66 厘米，阔 48 厘米，由一整块碧玉雕刻而成。每当换季时节，泰国国王都亲自为玉佛更衣，以保国泰民安。每当泰国内阁更迭之际，新政府的全体阁员都要在玉佛寺向国王宣誓就职。每年 5 月农耕节的时候，国王还要在这里举行宗教仪式，祈祷丰收。寺内四周有长约一公里的壁画长廊，上面绘有 178 幅以印度古典文学《罗摩衍那》史诗为题材的精美彩色连环画，并附有泰文译诗。玉佛寺内的几块大瓷屏风上彩绘着中国《三国演义》的故事。

(2)芭堤雅(Pattaya)　位于首都曼谷东南 154 公里，曼谷湾东岸，素以阳光、沙滩、海鲜闻名，是世界著名的新兴海滨旅游度假胜地，被誉为“东方夏威夷”。这里天蓝水绿，阳光明媚，有长达 40 公里的海滨游泳场，有滑水、冲浪等水上娱乐活动。在海滩南端的可兰岛，可乘透明船欣赏海底珊瑚和热带鱼。离芭堤雅海岸约 10 公里的珊瑚岛，有一弯弯月牙形的沙滩，沙粒洁白松软，洁净美丽。海水清澈，可透视数米之下的海底生物世界。沙滩上排满了沙滩椅和色彩艳丽的太阳伞，沙滩沿岸建有餐馆和有民族特色的旅游商店。

芭堤雅市区面积二十多平方公里，是一个近 10 万人口的旅游不夜城。在芭堤雅附近，还可游览橡胶园、热带植物园、水果市场、宝石采集场等。

芭堤雅全年可分为三个季节：3～5 月为“热季”，气温平均30℃左右，空气干燥；6 月直至 10 月下旬为“雨季”，雨量增多，经常大雨滂沱，气温略有下降，空气潮湿，全年 85%的雨量集中在雨季，平均气温22℃左右；11 月至次年 2 月为“凉季”，是最佳旅游季节，干旱少雨，平均气温15℃～18℃左右。

(3)清迈　是泰国北部政治、经济、文化教育中心，也是泰国第二大城市。距曼谷 700 公里，位于海拔 300 米的高原盆地，四周群山环抱。清迈素以“美女和玫瑰”闻名，手工艺品享誉全国，远销国外，气候凉爽，景色旖旎，古迹众多，是东南亚著名的避暑旅游胜地。

清迈是泰国古都，建于 1296 年，是著名的历史文化古城。清迈府总人口近 150 万，面积 10107 平方公里。清迈古城及其近郊位于清迈府西部，占地 360 平方公里。这里纯朴悠闲，是令游人流连忘返的城市。

2.旅游景区、景点

(1)普吉岛　是泰国最大的海岛,是泰国南部最小的府,也是泰国境内唯一独立设府的岛屿。普吉岛是个由北向南延伸的岛屿,南北长48公里,东西宽21公里,面积543平方公里,与新加坡相近,距曼谷862公里。普吉是马来语,意为山丘。岛上的主要地形是绵延的山丘,其间点缀着盆地,并有39个离岛。

普吉岛的西面、南面是安达曼海,东面是喀比海,北面有长660米的撒拉新桥与陆地相连。岛上分市区、塔朗、卡图三个行政区。岛上居民多数种植橡胶,其余则种植椰子、稻米和水果,或出海捕鱼。橡胶、椰子和稻米为岛上带来丰富的财源。

普吉岛被誉为“泰国的珍珠”,其早期的富裕源于有500年历史的锡矿生产,是泰国最大的锡矿生产地。普吉市内,则到处可见到散发着欧式风格的建筑。

普吉岛是东南亚具有代表性的旅游度假胜地。这里有安达曼海温暖、清澈、湛蓝的海水,美丽、洁净的海滩,奇形怪状的小岛、钟乳石洞、天然洞窟等自然景观。

(2)巴真菩提树　位于巴真府诗马哈菩县鹊毕区万考村,是泰国最老、最大的菩提树。该树主干粗达16米以上,要10人才能合抱,树高约6米,上部的分支高度约为主干的3倍,枝叶茂密,遮荫广袤,树冠周长约52米。据考证,此树是从印度移植来的,已有1100年历史。巴真武里城把此树作为城徽。诗马哈菩县也因此树而得名,“菩”即泰语“菩提”,“诗马哈”是极大极美极崇高的形容词。离树不远有越菩诗马哈菩寺,每年5月都举行礼佛盛会。

(3)古城博物馆　位于泰国北榄府(又译:沙没巴干府)境内,是一座人造古城,被誉为世界最大的露天博物馆。这里荟萃了泰国各地历史上的代表性建筑物,经过仿制或原物搬迁而成。古城始建于1956年,历时20年,占地约80公顷。古城四周围有砖墙,模仿泰国版图的轮廓,故有“小泰国”之称。城内有泰国各地最著名的75处寺庙、佛塔、纪念碑等建筑的仿制品,还有建在湖面上,由高脚木屋组成的小市场。城中的各种景物均按其原有的地理方位布置,其中包括一些已消失的古迹。古城内还有十几组根据佛教和泰国民间传统而建造的大型雕塑群。在城的东北角有热带野生动物园。游客在这里可以了解泰国自1238年建立素可泰王朝以来的历史和艺术概貌。

3. 节庆活动

(1)农耕节　是泰国的重要节日，每年到农耕节时，泰国都要在曼谷大王宫旁边的王家田广场举行大典。农耕节大典始于13世纪的素可泰王朝。节日由占卜师选择在每年5月(泰农历六月)的一个吉日良辰按照婆罗门教的习俗举行。主犁官在号角乐声中扶着由两头白公牛拉的金色木犁耕田6圈，两名挑金担和两名挑银担的少女跟在木犁后面，主犁官不时从金担和银担中抓出一把把谷种，撒在田里。耕田播种仪式后，围在广场四周成千上万的人涌进田中，从土壤中挖出种子，连泥土装进塑料袋中，带回家去。他们相信，这些种子和王家田的"圣土"会带来丰收年和好运。犁田之后，司理官员为两头耕牛送上丰盛的饲料，包括稻谷、玉米、绿豆、芝麻、青草、水和米酒。两头耕牛选择了青草和玉米，占卜师宣布说，牛选吃了两种饲料预示着今年五谷丰登。

(2)鬼节　泰国的鬼节每年6月中旬在黎府举行，非常受当地人民的重视，主要是向上天祈求风调雨顺，希望来年稻米丰收。在黎府地区，鬼其实是天上的神。泰国鬼节不但没半点惊悚，反而洋溢着一份欢乐和热闹。游行途中，"众鬼"不但会向围观的途人扮"鬼脸"，还狂歌热舞一番，其间的歌曲甚至以摇滚音乐为主，有时更有乐队现场伴奏。更有意思的是，众"鬼"在游行途中有时还会手持木制假阳具，因为当地人视假阳具为土地肥沃、产量丰富的象征，寓意来年丰收富足。

"人妖"泰语叫Grateai，英语作Shemale。主要指的是在泰国旅游胜地芭堤雅(Pattaya)专事表演的，从小服用雌性激素而发育变态的男性。其中部分是变性人(切除了男性外生殖器)，而大部分仍然是"男人"，只是胸部隆起，腰肢纤细，完全丧失了生育能力(仍然能够射精)，大多人妖都很漂亮，唯一外表上和女性区别是通常手脚较大，并可通过声音鉴别。与确实有心理变态而要求变性的人不同，人妖是在缺乏内在心理需要的情况下对身体的强制扭曲。这一类人多集中在泰国，由于特殊的社会环境和原因，人妖主要沦为供人欣赏的取乐对象，其生活的辛酸不言而喻。人妖秀的表演内容，含括各国民族舞蹈和代表歌曲，也可看到姿色较平凡的舞者表演笑剧。大部分人妖都活不过40岁。

六、马来西亚

(一)概况

马来西亚(Malaysia)，面积33.0257万平方公里，人口2664万(2006年底)，马来人占61.5%，华人占23.6%，印度人占7.1%。沙捞越州原住居民中以伊班族为主，沙巴州以卡达山族为主。马来语为国语，通用英语，华语使用也较广泛。伊斯兰教为国教，其他宗教有佛教、印度教、基督教、拜物教等。首都吉隆坡(Kuala Lumpur)，人口约150万。新首都(联邦政府行政中心)普特拉贾亚(Putra Jaya)。

行政区划:全国分为13个州，另有首都吉隆坡、纳闽、布特拉加亚三个联邦直辖区。重要节日:国庆日暨独立日是8月31日，元旦、开斋节(穆斯林)、春节(华人)、哈芝节(穆斯林)、屠妖节(印度人)、"五·一"节、圣诞节、卫塞节、现任最高元首诞辰。除少数日期固定外，其余的具体日期由政府在前一年统一公布。

(二)自然与人文环境

马来西亚位于太平洋和印度洋之间，全境被南海分成东马来西亚和西马来西亚两部分。西马来西亚为马来亚地区，位于马来半岛南部，北与泰国接壤，西濒马六甲海峡，东临南海;东马来西亚为沙捞越地区和沙巴地区的合称，位于加里曼丹岛北部。全国海岸线总长4192公里。马来西亚山地多，平地少，70%是未开发的山林地。在已开发的土地中，有60%为绿荫遮天的橡胶园。马来西亚接近赤道，属热带雨林气候，终年高温多雨。内地山区年均气温22℃～28℃，沿海平原为25℃～30℃。

马来西亚是亚洲地区引人注目的新兴工业国之一，曾为世界产锡大国，工业主要有电子、汽车、钢铁、石油化工和纺织品等。矿业以锡、石油和天然气开采为主。农业以经济作物为主，主要有橡胶、油棕、胡椒、可可和热带水果等，其中橡胶、棕油、胡椒的产量和出口量居世界前列。渔业以近海捕捞为主，近年来深海捕捞和养殖业有所发展。

旅游业是马来西亚第三大经济支柱产业，也是第二大外汇收入来源。拥有饭店近2000家。2006年接待外国游客1754万人次,旅游外汇收入360.2亿林吉特。主要旅游地有吉隆坡、云顶、槟城、马六甲、浮罗交怡岛、刁曼岛、热浪岛、邦咯岛等。

(三)旅游城市

1.吉隆坡

吉隆坡是马来西亚的首都,是马来西亚最大的城市,也是东南亚地区最著名的城市之一,被喻为花园城市。吉隆坡位于马来半岛的西南沿海,城市西、北、东三面由丘陵和山地环抱,巴生河及其支流鹅麦河在市内汇合后,从西南流入马六甲海峡。

"吉隆坡"马来语意为"泥泞的河口",1857年华侨来此开采锡矿后,逐步发展为城市,1896年成为行政首府,华人和华侨占总人口的2/3。吉隆坡现代化高楼大厦林立,兼有圆顶阿拉伯式建筑,具有观光和通信两大功能的吉隆坡塔,高达466米,如两柄银色利剑直插云端,是亚洲最高塔之一。吉隆坡还是这个多民族、多宗教国家的缩影,市内清真寺以及佛教、印度教的寺庙随处可见,基督教的教堂也有二十来座。

吉隆坡市内风景秀丽,巴生河以东为商业区和住宅区,以西为政府机关区,城市街道整齐,典型的穆斯林建筑和中国式住宅交相辉映,具有东方城市特色。在现代化的高楼大厦下面的唐人街上,有华人开设的餐馆酒店。吉隆坡地处多洞穴的石灰岩丘陵地带,著名的有黑风洞、热水洞等。昔日郊区的废矿坑蓄水成湖,用以养鱼,或辟为公园。吉隆坡著名建筑和风景点有国会大厦、国家博物馆、吉冷结瀑布、湖滨公园和国家清真寺等。

国家清真寺是东南亚地区最大的清真寺,1965年建成,整个建筑仿照麦加的清真寺,造型优美,祈祷大厅高大宽阔,可同时容纳8000人礼拜。大厅屋顶由49个大小不同的圆拱构成,形成18条放射状光芒,寓意全国13个州和伊斯兰教5墓。大尖塔塔尖呈火箭型,高73米,有电梯直达塔顶。

国家石油公司双塔(俗称"国油双峰塔")是世界名冠第一的超级建筑,其设计是基于伊斯兰建筑典型的几何原理,高度为452米,88层,在第41和42层由一个58米的天桥相联,大楼底部三层是购物商场。

游人可免费坐电梯到达天桥，领略吉隆坡的秀丽景色。

普特拉贾亚(Putra Jaya)是马来西亚新的首都，位于吉隆坡以南35公里处，总理府及部分政府工作人员于1999年6月迁入，2005年前搬迁完毕，人口约7000人。

2. 马六甲

马六甲是马六甲州的首府，也是马六甲州的重要港口，濒临马六甲河口，西北郊还建有深水码头。居民二十多万，为马来西亚的第四大城市。居民有阿拉伯人、马来人、印度人和华人等，是马来西亚华人最早聚居的地方之一。

马六甲是马来西亚一座历史悠久的名城，始建于1403年，曾是满剌加王国的都城。1405年，中国明朝三保太监郑和率领远航西洋船队驶进马六甲港，给这里带来中国的友谊、文化和丝绸等。在当地，至今仍保留着纪念这位中国伟大的航海家的“三保山”，山下还有一口“三保井”。南面还有“三保亭”，亭里供着“三保公”泥塑像。

马六甲州位于西马来西亚西海岸，与林美兰、柔佛两州为邻，大部分是平原，农作物以水稻和橡胶为主，当地的亚沙汉山是马来西亚橡胶种植业的发源地。当地著名手工艺品有手杖、藤器等。

马六甲扼据马六甲海峡东岸，地处海上交通要冲，从16世纪起，曾先后受葡萄牙、荷兰和英国的殖民统治。至今留有殖民时期的遗迹。马六甲博物院是有150年历史的荷兰式建筑，是一座红色围墙的两层楼房。建于1753年的马六甲河畔的教堂钟楼，惹兰叻参的红屋，都是东方最古老的荷兰式建筑。葡萄牙人则修建了圣地亚哥城门和圣保罗教堂。

此外，马六甲还有宜力海滨公园和圣约翰山古堡等旅游胜地以及马来西亚缩影村。

马六甲唐人街坐落在流经市中心的马六甲河北岸。唐人街内街道狭窄，街道两旁的店铺和住宅多为平房和二层小楼，其中许多古朴的建筑已有数百年的历史。保持着中国浓郁传统特色的唐人街目前已经成为马六甲市的一个著名旅游景点。

3. 槟城

槟城包括槟榔屿和马来半岛上的威斯利省，面积为1031平方公里，人口114万。槟榔屿是马来西亚西北部一个风光明媚的龟形小岛，因盛产槟榔而得名。它扼守马六甲海峡北口，与马来半岛隔一条3公里宽的海峡，由一座长13.5公里的槟城跨海大桥与马来半岛相连。全岛植被苍翠，森林覆盖面积达30%。威斯利省则有宽广的平原。

槟榔屿景色秀丽，名胜林立，是马来西亚著名的旅游胜地，享有“东方珍珠”的美誉。它有气势磅礴的海岸峭壁，延绵数公里的金色沙滩，海水清澈的海滨浴场，青翠葱郁的田园风光，以及众多的寺院庙宇。

槟城的首府乔治市，位于槟榔屿的东北，背山靠海，港面宽阔，是一个以华人为主的、具有古老历史文化的大城市，是马来西亚最大的港口之一，也是马来西亚第二大城市，地位仅次于首都吉隆坡。

七、新加坡

（一）概况

新加坡共和国（The Republic of Singapore），面积699.4平方公里，公民和永久居民360.8万，常住人口448万（2006年），其中华人占75.2%，马来人13.6%，印度人8.8%，其他种族2.4%。马来语为国语，英语、华语、马来语、泰米尔语为官方语言，英语为行政用语。主要宗教为佛教、道教、伊斯兰教、基督教和印度教。首都新加坡市（Singapore City）。

行政区划：设有中区、东北、西北、东南、西南5个社区发展理事会。重要节日：独立日是8月9日（1965年），华人的中国春节、中秋节，伊斯兰教的开斋节，泰米尔新年是4～5月间，大宝森节是泰米尔历的1～2月间，蹈火节是10～11月间，卫塞节是5月的月圆日，还有圣诞节、复活节。

新加坡法定公共节日共计11天。除上述节日外，还有元旦、哈芝节、劳动节等。

（二）自然与人文环境

新加坡位于东南亚，是马来半岛最南端的一个热带城市岛国，北隔柔佛海峡与马来西亚为邻，有长堤与马来西亚的新山相通，南隔新加坡海峡与印度尼西亚相望。地处太平洋与印度洋航运要道马六甲海峡的东端入口，由新加坡岛及附近63个小岛组成，其中新加坡岛占全国面积的91.6%，地势低平，平均海拔15米，最高海拔166米，海岸线长193公里。新加坡属热带海洋性气候，常年高温多雨，年平均气温24℃～27℃。年平均降水量2345毫米。

新加坡的经济以商业、制造业、建筑业、金融业、交通和通信业五大部门为主。工业主要包括制造业和建筑业，是世界第三大炼油中心。服务业为经济增长的龙头产业，包括零售与批发贸易、饭店旅游、交通与电信、金融服务、商业服务等。

旅游业是新加坡外汇主要来源之一。2006年接待外国游客974.8万人次(不含陆路入境的马来公民)，主要来自东盟、中国、日本、澳大利亚、印度。主要景点有圣淘沙岛、植物园、夜间动物园等。

(三)主要旅游地

1.新加坡市

新加坡市是新加坡的首都，是全国政治、经济、文化中心，有“花园城市”之称，是世界上最大的港口之一和重要的国际金融中心。新加坡市位于新加坡岛南端，南距赤道136.8公里，面积约98平方公里，约占全岛面积1/6。这里地势和缓，最高点海拔为166米。

新加坡市中心区在新加坡河口南北两岸，总长5公里，东西宽1.5公里。南岸是繁华商业区，有红灯码头、著名的华人街——牛车水等。北岸是行政区，有国会、政府大厦、高等法院、维多利亚纪念堂等，具有英国建筑风格，还有马来人街。

新加坡市被誉为“世界花园城市”，道路宽阔，人行道两旁种植的行道树和各种花卉叶繁枝茂，街道之间有草坪、花坛、小型公园，桥上、围墙都种有攀缘植物，住宅的阳台上放置着五彩缤纷的花盆。

鱼尾狮和小鱼尾狮像是新加坡的标志，原本立于海滨桥旁的鱼尾狮公园，1972年9月15日，新加坡前总理李光耀先生亲临揭幕仪式为其剪彩。今天的鱼尾狮像已迁址到离原址120米处，与浮尔顿1号毗邻。

鱼尾狮塑像，高8.6米、重达70吨，是已故新加坡著名工匠林浪新先生用混凝土制作的。另一座高2米、重3吨的小鱼尾狮塑像也是林先生的作品。狮身由混凝土制作，表面覆盖上陶瓷鳞片，而眼睛则是红色的小茶杯。

据《马来纪年》记载，古时新加坡叫“淡马锡”，在爪哇语中为“海洋”之意。公元11世纪，三佛齐王国的圣尼罗乌达玛王子发现了这座小岛。王子一踏上这座小岛，就看见一头神奇的野兽，后来他才知道那是头狮子。于是，王子就将这座小岛命名为“Singapura”。“Singapura”在梵文里的意思是狮子(Singa)城(pura)。王子将新加坡命名为“狮城”，标志着新加坡作为一座城市的开端。

Fraser Brunner 先生就是根据这个记载而设计出鱼尾狮塑像。狮头象征着当年那头狮子，鱼尾则象征淡马锡古城。

这个矗立于浪尖的狮头鱼身像，作为新加坡旅游局标志的鱼尾狮首次亮相于1964年，很快就变成了新加坡的象征。

新加坡市内还有有天福宫、星和园、裕华园、苏丹伊斯兰教堂、双林寺和供奉有18手观音菩萨像的龙山寺等名胜，还建有植物园、动物园、国家博物馆、范克利夫水族馆、新加坡战争纪念塔等。

2. 圣淘沙

圣淘沙是距离新加坡本岛南部0.5公里的小岛，由陆桥与本岛相连。“圣淘沙”马来语意为“和平安宁”，曾经是英军的军事基地。这个青翠葱郁的小岛，长4.2公里，宽1公里，占地面积390公顷，游人可以在沙滩上赤足行走，沐浴海风；也可以登上高37米的鱼尾狮塔上眺望，还可以到世界昆虫博物馆、高尔夫球乐园、梦幻岛游玩休闲。

八、印度尼西亚

(一)概况

印度尼西亚共和国(The Republic of Indonesia)，简称印尼，陆地面积为190.4443万平方公里，海洋面积316.6163万平方公里(不包括专属经济区)。人口2.15亿(2004年)，为世界第四人口大国。有一百多个民族，其中爪哇族占45%，巽他族占14%，马都拉族7.5%，马来族7.5%，其他26%。官方语言为印度尼西亚语，其他民族语言和方言有二百多种。居民约87%信奉伊斯兰教，是世界上穆斯林人口最多的国家;6.1%信奉基督教新教,3.6%信奉天主教,其余信奉印度教、佛教和原始拜物教等。首都雅加达(Jakarta),人口838.5万(2000年)。

行政区划:共有一级行政区33个,包括雅加达首都特区、日惹和亚齐达鲁萨兰2个地方特区、30个省。二级行政区(县/市)410个。重要节日:独立日暨国庆日是8月17日(1945年)。伊斯兰教开斋节、宰牲节。民族觉醒日是5月20日,纪念1908年印尼民族运动组织"至善社"成立。

(二)自然与人文环境

印度尼西亚位于亚洲东南部,地跨赤道,由太平洋和印度洋之间17508个大小岛屿组成,是世界上最大的群岛国家,主要包括爪哇岛、苏门答腊岛、加里曼丹岛(旧称婆罗洲)南部,以及伊里安岛西半部,其中约6000个岛屿有人居住,故有"千岛之国"之称。北部的加里曼丹岛与马来西亚相连,新几内亚岛与巴布亚新几内亚相连。印度尼西亚东北部临菲律宾,东濒太平洋,西南濒印度洋,南与澳大利亚相望,海岸线总长5.4716万公里。印度尼西亚属热带雨林气候,年平均温度25℃~27℃,四季皆夏。印度尼西亚是一个火山之国,全国共有火山四百多座,其中活火山一百多座。火山灰和充沛雨量,使印度尼西亚成为世界上土地最肥沃的国家之一,各岛处处青山绿水。

爪哇岛(Jawa)位于印度尼西亚西南部,南临印度洋,北面爪哇海,印度尼西亚首都雅加达则位于爪哇岛西北部。

爪哇岛是全球第13大岛,也是世界上人口最多、密度最高的岛屿之一。全岛面积12.67万平方公里,印度尼西亚全国大约60%的人口居住在该岛,人口约1.24亿(2005年),密度高达981人/平方公里。

爪哇岛位于爪哇海南面,北面是加里曼丹岛,西北面是苏门答腊岛,东面是巴厘岛,东北面是苏拉威西岛,南面是圣诞岛(面积很小)。爪哇岛基本上是由火山运动形成的,岛上至少38座圆锥形山表明,它们是或者曾经是活火山。

在爪哇岛内(包括在印度尼西亚的首都雅加达),有着很多著名的旅游景点,其中包括印度尼西亚文化中心日惹(或译周贾卡塔),佛教圣殿遗址婆罗浮屠和布兰班南印度教神庙(Prambanan)。

爪哇岛同时也以“爪哇猿人”而著名，在爪哇东部的布兰塔斯河附近曾经发现过直立人化石。200 万年之前，在巽他和迪古尔(Digul)高原充沛的降雨，使得大量热带植物生长繁茂，为很多史前文化的出现提供了条件。

爪哇文化、语言，在很大程上受到南亚次大陆语言文化的影响，很多历史遗迹都证明了这一点，例如佛教圣殿遗址婆罗浮屠和布兰班南印度教神庙(Prambanan)。

苏门答腊是印尼最西面的一个大岛，也是全球第六大岛屿。全岛面积达 47 万平方公里。苏门答腊岛呈西北—东南走向，在中间与赤道相交叉，由两个地区组成：西北 Barisan 山脉和东部的沼泽地。Barisan 山脉横贯苏门答腊岛。该地区发现了煤、黄金矿床。火山所喷发的矿物质使得土壤肥沃。山脉景象优美而迷人，如多巴湖(Lake Toba)周围区域。东部辽阔的平地，遍布沼泽和湖泊，出产棕榈油和石油。

当地居民使用 52 种不同语言，均属于南岛语系，文化方面也很接近。在东部，最普遍的语言是马来语；南部和中部有 Lampung 语和 Minangkabau 语；北部的山区有 Batak 语；最北部沿海地区有亚齐语。在市区也有华侨使用闽南话。

苏门答腊大部分居民信奉伊斯兰教，但 Batak 族信奉基督教(荷兰人传播的宗教)，除此之外，也有印度教徒、佛教徒、天主教徒等。

加里曼丹岛，原称婆罗洲，是世界第三大岛，面积约为73.4万平方公里，其中 53 万平方公里属于印尼。北部的沙劳越、沙巴、文莱三部分合称北加里曼丹，前两者属马来西亚，简称东马。加里曼丹岛地势北高南低，山地分布于中部和北部，四周为平原，南部多湿地。全岛的许多地方被原始森林覆盖着，是世界上除了南美洲的亚马逊河流域外最大的热带雨林地区，是印度尼西亚和马来西亚的主要木材产地。南部湿地很少有人进去，一些原始部落人住在森林里。该岛位于赤道，气候炎热，热带动植物丰富，如巨猿、长臂猿、象、犀牛，以及各种爬行动物和昆虫。印尼在这里建有一座世界上最大的热带植物园，园里收集了各种热带植物品种，同时附设了供人参观的旅游区。

加里曼丹岛开发较晚，只有沿海和交通方便的地区开垦为良田，种植水稻、橡胶、椰子等。沿海和近海石油蕴藏丰富，马来西亚、文莱、印度尼西亚三国在岛上都有石油开采业。金刚石储量丰富。

伊里安岛又称新几内亚岛，是太平洋第一大岛屿和世界第二大岛，位于西太平洋的赤道南侧，呈西北—东南走向的，东西长大约 2400 公里，中部最宽处大约 640 公里。全岛面积大约78.5万平方公里，连同沿海属岛在内就有81.8万平方公里。全岛多山，大部分的山地、高原海拔在 4000 米以上，沿海多沼泽和红松林。海岸线曲折、多海湾。全岛皆属高温多雨的热带气候，各月温度均在27℃左右，但山地的气候随高度而变化。岛上居民绝大部分是美拉尼西亚人和巴布亚人。

伊里安岛的经济一向以农业为主，山芋、马铃薯、芋头等作物和香蕉是主要食品，经济作物有椰子、橡胶、可可、咖啡等。此外林业和采矿业也有一定地位，加工业很薄弱，仅有一些农产品加工企业。沿海有少数中小城市和港口，广大内地及山区很少开发。

伊里安岛以东经 141°为界，东半部为巴布亚新几内亚，西半部称伊里安查亚，是印度尼西亚的领土。

印尼有“热带宝岛”之称，矿产资源丰富，石油、天然气储量较多。森林覆盖率 49%。农业和油气产业是其传统支柱产业，可可、棕榈油、橡胶和胡椒产量均居世界第二位，咖啡产量居世界第四位。爪哇岛是印尼经济、政治和文化最发达的地区，岛上有一些重要的城市和名胜古迹。

印度尼西亚旅游业比较发达，是非油气行业中的第二大创汇行业。1997 年以来先后受到金融危机、政局动荡、恐怖爆炸事件、“非典”等不利影响，旅游业发展缓慢。2006 年受日惹地震和禽流感等影响，旅游业呈下降趋势。全年外国旅客 480 万人次，旅游业外汇收入43.8亿美元。主要景点有巴厘岛、婆罗浮屠佛塔、“美丽的印度尼西亚”缩影公园、日惹苏丹王宫、多巴湖等。

（三）主要旅游地

1.雅加达(Jakarta)

雅加达位于爪哇岛西北部沿海，是东南亚第一大城市，也是世界著名的海港城市之一。人口有838.5万(2000 年)。大雅加达特区面积为650.4平方公里，分为五个市，即东、南、西、北、中雅加达市，其中东雅加达市面积最大，为178.07平方公里。

雅加达地势南高北低，有大小 10 条河流经市区，最著名的是芝利翁河。该市属热带雨林气候，年平均气温为27℃，因受赤道影响，11 月至翌年 4 月为西季候风，5～10 月为东季候风。年平均降水量为 2000 毫米，1 月份降雨最多。

雅加达历史悠久，早在 14 世纪就已成为初具规模的港口城市，称为巽他加拉巴，意思是“椰子”，华侨称其为“椰城”。约在 16 世纪改名为雅加达，意为“胜利和光荣之堡”。1527 年 6 月 22 日，改名为查雅加尔达，意为“凯旋城”，简称为雅加达。1596 年，荷兰侵占了印度尼西亚，1621 年把雅加达改为荷兰名字“巴达维亚”。1942 年 8 月 8 日，日军侵占印尼后恢复了雅加达的名称。1945 年 8 月 17 日，印度尼西亚共和国正式成立，定首都为雅加达。1950 年 1 月 20 日，印尼成立联邦政府后，改称巴达维亚，1950 年 3 月 31 日改名为大雅加达市，1961 年改为大雅加达特区。雅加达建城日为 6 月 22 日，每年这一天都要举行大型纪念活动。

雅加达城区分为两部分，北面近海的是旧城，为商业中心；南面是新区，为行政中心，有现代化的花园式住宅区。班兰是华人集中地，附近的小南门是华人商业中心区。

雅加达旅游名胜很多，许多街道两旁植有凤凰树，百花盛开的花坛和绿草如茵的草地随处可见。国家宫位于独立广场东南，原是荷兰总督的官邸，现为总统府。民族纪念碑屹立在广场之上，高 115 米。独立纪念塔位于市中心，高 132 米，是首都最高的建筑物，塔顶有用 35 公斤重的黄金铸成的自由火炬。乘电梯可到塔顶。

新区的丹姆林大道，宽阔整洁，现代化的豪华建筑参差林立。这里是银行、大公司云集之地，有印尼的“华尔街”之称。

雅加达市内有许多博物馆，其中最著名的中央博物馆建于 1868 年，又称大象博物馆或象屋，是印尼收藏品最丰富的博物馆。历史博物馆建于 1626 年，原为东印度公司的总部，馆内专门陈列雅加达开埠前后的各类历史文物。另外还有皮影博物馆、海员博物馆、石碑博物馆、文学资料博物馆等。

全市有清真寺200余座，基督教及天主教教堂100余所，佛教与道教寺院数十座。

在雅加达东郊距市中心26公里处，有世界著名的“印尼缩影公园”，也称“迷你公园”、“缩影国”，公园占地九百多亩。雅加达以东10公里的丹戎不碌，是世界著名的海港。这里有寻梦园（也称幻想公园）是东南亚最大的游乐园之一，内有新型旅馆、露天电影院、跑车场、保龄球馆、高尔夫球场、跑马场、人造波浪大型游泳池、儿童娱乐场、网球场、夜总会、海滨茅舍、蒸气浴、游艇等，吸引着大批游客。

2.巴厘(Bali)

巴厘是印度尼西亚著名的旅游区，是爪哇以东小巽他群岛中的一个岛屿，面积约5560平方公里，人口约280万。巴厘西距首都雅加达一千多公里，与爪哇岛相距仅1.6公里。

岛上大部分为山地，全岛山脉纵横，地势东高西低，有四五座锥形完整的火山峰，其中阿贡火山（巴厘峰）海拔3142米，是岛上的最高点，附近有曾于1963年喷发过的巴都尔活火山。由于地处热带，且受海洋的影响，气候温和多雨，四季绿水青山，林木参天。岛上沙努尔、努沙·杜尔和库达等处的海滩，沙细滩宽阔、海水湛蓝清澈，是景色优美的海滨浴场。

巴厘岛居民大都信奉印度教，是印尼唯一信仰印度教的地方。这里的印度教是印度教的教义与巴厘岛风俗习惯的结合，称为“巴厘印度教”。居民主要供奉梵天、毗湿奴、湿婆神三大天神和佛教的释迦牟尼，还祭拜太阳神、水神、火神、风神等。教徒家里都设有家庙，家族组成的社区有神庙，村有村庙，全岛约有庙宇12500座，其中以拥有千年历史的百沙基陵庙最为著名。这座陵庙建在称为“世界的肚脐”的阿贡火山山坡上，以专祀这座间歇喷发的火山之神。陵庙的层级石雕建筑，与柬埔寨吴哥窟相似。

巴厘岛的文化和社会风俗习惯丰富多彩。巴厘人的古典舞蹈典雅多姿，在世界舞蹈艺术中具有独特的地位，有庄严肃穆的宗教舞蹈、活泼的民间舞；有古典舞蹈，也有现代舞蹈等二百多种。舞蹈大多反映神话和宗教信仰。巴厘岛居民每年有近200个宗教节日，每逢节日，歌舞杂陈。

巴厘的雕刻（木雕、石雕）、绘画和手工业品，也以其精湛的技艺，独特的风格闻名，玛斯是该岛著名的木雕中心。巴厘的绘画别具一格，大都是用胶和矿物颜料画在粗麻布或白帆布上，主题取材于田园风光和人民生活习俗，具有浓郁的地方色彩，该岛中部的乌穆是绘画中心，博物馆内保存着许多历史文物和巨幅绘画。在乌穆附近，有一座呈方形的象洞，洞深只有两三米，洞内雕有栩栩如生的神像。

在加威山上有著名的四大石刻像，另有 5 座神龛分立于大石像之前；在半山腰建有淡巴西冷的总统行宫。

该岛中部的生宜有著名的猴子庙，猴子成群结队；北部有风景优美的比都库湖。著名的京打马尼，气候凉爽，由此可远望顶峰终年烟雾迷朦的巴都火山。巴都山下的巴都湖也以风光优美著称。

该岛东南部的格龙宫是著名的古代巴厘王朝法庭所在地，宫殿气派雄伟，四面有护城河，屋顶绘满犯人受刑时的画像。岛西南海滨的丹那乐，岸边高地建有庙宇，是与本岛相离 25 米的孤岛，每当海潮上涨，庙宇在波涛中似沉似浮，宛如水中宫殿。

1869 年，生物学家华莱士发现巴厘岛是亚洲大陆的“末稍”，典型的亚洲动物分布至此为止，在其东方仅隔 40 公里海峡的龙目岛上的动物则属大洋洲物种。

巴厘岛的经济以农业为主，盛产稻米、玉米、椰子和咖啡。

九、菲律宾

（一）概况

菲律宾共和国（The Republic of The Philippines），面积29.97万平方公里，人口8846.8万（2006 年 7 月），马来族占全国人口的 85％以上，包括他加禄人、伊洛戈人、邦班牙人维萨亚人和比科尔人等；少数民族及外来后裔有华人、阿拉伯人、印度人、西班牙人和美国人；还有为数不多的原住民。国语是以他加禄语为基础的菲律宾语，英语为官方语言，还有其他七十多种语言。国民约 84％信奉天主教，4.9％信奉伊斯兰教，少数人信奉独立教和基督教新教，华人多信奉佛教，原住民多信奉原始宗教。首都大马尼拉市(Metro Manila),人口1090万(2004年)。

行政区划:全国划分为吕宋、米沙鄢、棉兰老三大岛组,设有17个大区(包括国家首都区、科迪勒拉行政区、棉兰老穆斯林自治区),下设79个省和117个市。重要节日:独立日暨国庆日是6月12日(1898年),自由日是2月25日,巴丹日是4月9日(纪念"二战"阵亡战士),五月花节是5月最后一个星期日,国家英雄日是8月27日,英雄节是12月30日(纪念民族英雄黎刹就义)。基督教的主要节日有圣诞节等。

(二)自然与人文环境

菲律宾位于亚洲东南部,北隔巴士海峡与中国台湾省相望,南和西南隔苏拉威西海、巴拉巴克海峡与印度尼西亚、马来西亚相望,东临太平洋,西濒南海。菲律宾由7107个大小岛屿组成,总面积29.97万平方公里,是一个位于亚洲东南部的群岛国家,其中吕宋岛、棉兰老岛、萨马岛等11个主要岛屿约占全国总面积的96%。全国海岸线长达1.8533万公里。菲律宾属热带海洋性气候,高温多雨,湿度大。年均气温27℃,年降水量2000~3000毫米。

菲律宾自然资源丰富,铜、金、镍、石油、地热等储量丰富,水产资源也很丰富,森林覆盖率达53%,产有乌木、檀木等名贵木材。主要粮食作物是稻谷和玉米。椰子、甘蔗、马尼拉麻、烟草是菲律宾的四大经济作物。菲律宾盛产椰子、香蕉、芒果、凤梨,其中椰子产量和出口量均占全世界总产量和出口量的六成以上。菲律宾的工业以农、林产品的加工为主。

旅游业是菲律宾外汇收入的重要来源之一,2006年接待游客284万人次,旅游业收入27亿美元。主要旅游地有百胜滩、蓝色港湾、碧瑶市、马荣火山、伊富高省原始梯田等。

(三)马尼拉

马尼拉位于吕宋岛西岸马尼拉湾畔,是全国政治、经济、文化的中心,也是一个重要的交通枢纽和全国最大的港口,早在16世纪就是著名商港。1975年11月,菲律宾政府决定把马尼拉、卡洛奥坎、奎松、帕萨伊4个市和玛卡蒂等13个区组成大马尼拉市,人口1090万(2005年4月)。

马尼拉市区被巴石河分成南北两部分，市容整洁，是一座风光绮丽的热带花园城市，到处可见洁白如玉、散发着馨人的香味的菲律宾国花——萨巴基他茉莉花。河北岸的纳安卢街是金融中心，南岸的埃尔梅塔尼是政府部门和各国使馆所在地。玛卡蒂是新的商业区和金融中心。市中心的黎刹公园附近和沿罗哈斯滨海大道两旁，高层建筑与高大挺拔的椰树和苍翠的棕榈，相互掩映。

马尼拉有马尼拉教堂、圣奥古斯丁教堂、圣地亚哥古堡等古建筑。在马尼拉港以南，有在填海造地上建起的国际会议中心、文化中心、民间艺术剧院、国际贸易展览中心、椰子宫等现代化宏伟建筑。市区还有华侨区中国城、马拉卡南宫，市郊有百胜滩急流和瀑布、达尔湖等天然奇景。

十、文莱

(一)概况

文莱达鲁萨兰国(Brunei Darussalam)，意为“和平之邦”，面积5765平方公里。人口38.3万(2006年)，其中马来人占66.7%，华人占11.2%，其他种族约占22%。马来语为国语，通用英语，华语使用较广泛。国教是伊斯兰教，其他还有佛教、基督教、拜物教等。首都斯里巴加湾市(Bandar Seri Begawan)，人口约6万(2001年)。

行政区划：划分为马来弈、文莱—穆阿拉、淡布隆、都东等四个区，区下设乡、村。重要节日：独立日是1月1日(1984年)，国庆日是2月23日(1984年)。

(二)自然与人文环境

文莱达鲁萨兰国位于加里曼丹岛北部，东南西三面邻马来西亚的沙捞越州，并被沙捞越州的林梦分隔为不相连的东西两部分。北濒南海，有33个岛屿，海岸线长约161公里，沿海为平原，内地多山。东部地势较高，西部多沼泽地。文莱属热带雨林气候，炎热多雨，年均气温28℃。

文莱古称渤泥，自古为酋长统治。15世纪伊斯兰教传入，建立苏丹国。16世纪中叶葡萄牙、西班牙、荷兰、英国等相继入侵这个国家。1888

年文莱沦为英国的保护国。1941 年文莱被日本占领,1946 年英国恢复对文莱的控制。1984 年 1 月 1 日宣布完全独立。

文莱是东南亚第三大产油国和世界第四大液化天然气生产国。石油和天然气的生产与出口是文莱的经济支柱,占其国内生产总值的 36%和出口总收入的 95%。石油储量和产量仅次于印度尼西亚,居东南亚第二,液化天然气的出口居世界第二位,是世界最富的国家之一。

旅游业是文莱近年来除油气业外大力发展的产业。2006 年接待外国游客12.28万人次,旅游直接收益超过3.15亿文元,其中中国游客超过 4 万人次,中国已成为文最大旅游客源国。主要旅游景点有独具民族特色的水村、王室陈列馆、赛夫丁清真寺、杰鲁东公园等。

(三)斯里巴加湾市

斯里巴加湾市位于文莱—穆阿拉区,文莱湾西南岸,距文莱河入海口14.48公里,原称文莱市,1970 年 10 月 4 日改称现名,意为“和平的市镇”。该市从 17 世纪起就成为文莱首都,面积 16 平方公里,人口约 10 万,是文莱最大的城市。1929 年在该市发现石油资源,其工业主要是石油、天然气、橡胶和木材加工等,居民生活所需的食品、衣物等日常消费品依赖进口。旅游业很发达。

斯里巴加湾市城区很小,步行一个小时就能围着市区转一圈,但布局十分紧凑,绿树成荫,花团锦簇,路上行人稀少,无大城市的喧嚣。因为各种建筑绝不能超过清真寺的高度,所以商业楼和居民住宅等,大都在十层以下。在市区任何角度都可以清楚地看到金碧辉煌的赛夫丁清真寺。清真寺、皇家资料馆、国会大厦等各种建筑千姿百态。

斯里巴加湾市分为旧城区和新城区两个部分。旧城区为“水村”,是世界最大的传统水上村落,水下是一排排木桩,桩上搭建木屋,有街巷之分,许多住房刷上了颜色鲜艳的油漆,风格独特。这里建有水上学校、医院、商场、邮局、消防队、诊所、村委会等。水上清真寺是一座一半在陆地、一半在海上的奇特建筑,寺院方体圆顶。斯里巴加湾市有 3 万人居住在水上。“水村”被誉为“东方威尼斯”,成为文莱的著名景点之一,是外国游客的必游之地,也是当地画家、摄影家的重要创作主题之一。水村的主要交通工具是一种 5 米多长、1 米多宽的木制快艇。

新城区风景优美，街道整洁，树木繁盛，绿草如茵。建筑多为二层楼房，街道两旁有现代化的医院、商行和英国式的政府办公大楼及豪华的公寓。沿文莱河两岸是华人商店。此外，在距市区约 6 公里处还建有能容纳 3 万名观众的哈桑娜·博尔基亚国家体育馆。

努洛伊曼宫，占地面积 120 公顷，是文莱苏丹的寝宫与办公之地，建于 1984 年，是当今世界正在使用的最大、最现代化的宫殿。哈桑纳尔·博尔基亚清真寺，1994 年 7 月正式启用，据称目前世界最大的《古兰经》手抄本，摆放在该寺男祈祷厅里。

水晶公园，集自然景观与众多游乐项目于一体，堪称东南亚最大的游乐场。现任苏丹的王妃在苏丹生日时送给他的一颗重达 4500 公斤的人造超级大水晶，被安放在戒指型大支架之上，矗立在公园建筑群中央，在阳光照耀下蔚为壮观。

文莱有着浓郁的伊斯兰风情。在首都斯里巴加湾市，清真寺巨大的圆形金顶和镂空的乳白色尖塔格外醒目。著名的建筑物有哈桑纳尔·博尔基亚清真寺、文莱皇家陈列馆、努洛伊曼皇宫、奥玛尔·阿里·赛福鼎清真寺，它们个个用料考究、富丽堂皇。由苏丹本人出资修建的文莱最大的博尔基亚清真寺，具有马来传统风格的镀金镂空外墙，由主体建筑和四个顶尖圆塔组成。主体圆顶与配塔均镀有 24K 纯金。寺内有两个祈祷大厅，分别可容纳 6000 名男女同时祈祷。男祈祷厅的水晶镀金吊灯重达3.5吨。

这里其他建筑的外形大多也以不同风格的清真寺为造型，或在室内装潢上采用伊斯兰风格，包括大街小巷的各式建筑也无不体现出浓郁的伊斯兰气息。

十一、东帝汶

（一）概况

东帝汶民主共和国（Democratic Republic of Timor-leste），面积为1.4874万平方公里，人口97.6万（2005 年世界卫生组织统计报告），其中 78％为土著人（巴布亚族与马来族或波利尼西亚族的混血人种），20％为印尼人，2％为华人。德顿语和葡萄牙语为官方语言，印尼语和英语为工作语言，德顿语为通用语和主要民族语言。约91.4%居民信奉罗马天主教，2.6%信奉基督教新教，1.7%信奉伊斯兰教，0.3%信奉印度教，0.1%信奉佛教。首都帝力(Dili)，人口17.57万(2005年东帝汶国家统计局数字)。

行政区划：全国分为13个地区，区以下有65个县、443个乡、2236个村。重要节日：独立日暨国庆日是11月28日，纪念1975年11月28日东帝汶宣布独立。恢复独立日是5月20日，纪念2002年5月20日联合国向东帝汶移交政权日。独立公投日是8月30日，纪念1999年8月30日在联合国主持下就东帝汶独立问题举行全民公投。天主教的节日有圣诞节等。

(二)自然与人文环境

东帝汶位于印度尼西亚东南部、东南亚努沙登加拉群岛最东端的帝汶岛，包括帝汶岛东部和西部北海岸的欧库西地区以及附近的阿陶罗岛等，西部与印尼西帝汶相接，南隔帝汶海与澳大利亚相望，海岸线长735公里。山地和丘陵占总面积的3/4，森林茂密，最高峰塔塔迈劳山的拉玛劳峰海拔2495米。海岸为平原和红树林沼泽。平原和谷地属热带草原气候，其他地区为热带雨林气候。年平均气温26℃。12月至来年3月为雨季，4～11月为旱季，年平均降水量2000毫米。

由于长期受殖民统治，东帝汶处于自然经济状态，人民生活贫困，粮食不能自给，文盲占人口的93%。农业为经济主要成分，主要农产品有玉米、稻谷、薯类，经济作物有咖啡、橡胶、檀香木、椰子等，主要供出口。咖啡、橡胶、紫檀木有“帝汶三宝”之称。东帝汶已发现的矿藏有金、锰、铬、锡、铜等，其海域石油和天然气储藏丰富。

东帝汶境内多山、湖、泉、海滩等旅游资源，但交通不便，抵达帝力的国际航班少且票价高，许多公路只能在旱季通车。除首都帝力外，其他地区几无旅馆。1989年至1995年，每年接待外国游客约1500人。

(三)帝力和包考

帝力位于帝汶岛东北海岸，三面环山，北濒海洋。气候炎热，终年高温，是一个深水良港。帝力是全国政治、经济和文化中心。帝力还是东帝汶的主要港口和商业中心，其机场同时为民航及军方所用。经济以农牧业为主，附近有油田和金矿。

包考(Baucau)又名萨拉扎尔，是东帝汶第二大城市，位于帝汶岛东北部，帝力以东 96 公里。地处沿海小山谷中，海拔 100～200 米。周围群山环抱，绿树成荫，红色屋顶的房屋掩映其间，各色鲜花常年不断，风景优美。该市附近有东帝汶唯一的国际机场。

第四节　南亚

一、斯里兰卡

(一)概况

斯里兰卡民主社会主义共和国(The Democratic Socialist Republic of Sri Lanka)，面积6.561万平方公里，人口 1988 万(2006 年)，其中僧伽罗族占 74%，泰米尔族 18%，摩尔族 7%，其他 1%。僧伽罗语、泰米尔语同为官方语言和全国语言，上层社会通用英语。居民 69%信奉佛教，15%信奉印度教，8%信奉基督教，7%信奉伊斯兰教。首都科伦坡(Colombo)，人口234.2万。

行政区划：全国分为 9 个省，25 个县。重要节日：独立日暨国庆日是 2 月 4 日(1948 年)。

(二)自然与人文环境

斯里兰卡位于亚洲南部，位于印度东南方、南亚次大陆南端，是印度洋上的岛国，西北隔保克海峡与印度半岛相望，南距赤道 880 公里，被誉为“印度洋上的珍珠”、“宝石之国”和“狮子国”。接近赤道的低地为热带气候，平均气温27℃，中部高地气候凉爽，平均气温16℃，5～7 月西南季候风给西部、南部和中部地区带来降雨，12 月和来年 1 月有东北季候风。各地年平均降水量 1283 毫米至 3321 毫米不等。

斯里兰卡是一个以种植园经济为主的农业国家，渔业、林业和水力资源丰富。茶叶、橡胶和椰子是国民经济收入的三大支柱。主要矿藏有石墨、宝石、钛铁、锆石、云母等,其中石墨的产量居世界首位;兰卡宝石在世界享有盛誉,宝石工业有着悠久的历史。

旅游业是斯里兰卡经济的重要组成部分,一度曾受内战影响,但2003年至2005年连续三年接待外国游客数量超过50万人次。游客主要来自欧洲、印度、东南亚等国家和地区。

(三)科伦坡

科伦坡位于斯里兰卡人口稠密的西南海岸,从中世纪起就是世界上重要的商港之一,素有"东方十字路口"之称。该市属热带季风气候,年均气温28℃。有人口223.4万(2001年)。

科伦坡在当地的辛哈里语中意为"海的天堂"。早在公元8世纪时,阿拉伯商人就已在此经商。12世纪时科伦坡就已初具规模,时称卡兰布。自16世纪起,科伦坡曾先后被葡萄牙、荷兰和英国人占领。由于科伦坡地处欧洲、印度和远东之间,来往大洋洲至欧洲的过往船只都要经过这里,因此,科伦坡逐步发展成为国际商船汇集的大港。同时,斯里兰卡国内生产的茶叶、橡胶和椰子等也利用极好的自然条件,从这里输往国外。

科伦坡是一座美丽的城市,市区树木繁茂,街道宽阔整洁,马路两边椰树夹道林立,高楼鳞次栉比。市内居住有僧伽罗、泰米尔、摩尔、印度、柏格、印欧混血、马来和欧洲等许多个种族。科伦坡新旧市区都有佛教、印度教寺庙、清真寺、天主教堂、基督教堂。

迦罗寺位于距市区5公里处的郊区,建于四百多年前,寺内有一尊镀金大卧佛,有月形石、低浮雕侏儒,描述佛陀故事、斯里兰卡佛教兴衰史的彩色壁画。寺内还有一座舍利子宝塔,建于公元前3世纪,相传释迦牟尼曾在塔内的一张躺椅上睡过一觉,所以格外受到崇敬。

科伦坡国立博物馆,位于费南多大街、维多利亚公园的南面,建于1877年,是斯里兰卡最大的文物收藏地。馆内陈列着大量的绘画、古物。其中的一块明朝三保太监郑和下西洋时在斯里兰卡建立的纪念碑,碑顶端镌刻着中国的图案和文字,部分字迹已难以辨认。

登上科伦坡南面伽利草场附近古老的钟楼,可以鸟瞰科伦坡全景。在伽利草场的东面有一个叫"奴隶岛",是以前荷兰东印度公司的奴隶们居住的地方。

“宝石城”位于科伦坡以南 65 英里的盆地中，是斯里兰卡宝石工业的中心。在“宝石城”周围，宝石采掘井到处可见。

在科伦坡的最南端，有以驯养大象而闻名的维多利亚动物园。动物园定期进行驯象表演，还养着许多鹦鹉和猴子。

贝拉依湖位于城堡区和佩塔区南面，通过运河与海港相通，成为港湖。西面滨海的绿地是一片开阔的草地公园，穿过其间的是著名的金面大街，金色与绿色交相辉映，风光格外优美。

康提圣城位于斯里兰卡中部的山谷之中，是世界文化遗产。该城是斯里兰卡殖民时期前最后一个王朝的国都，并且建有蜚声佛教界的佛牙寺，其中供奉着释迦牟尼佛牙舍利一颗。在山顶可远眺整个小城。佛牙寺规模宏大，与寺庙相连的是古代国王的行宫。

二、马尔代夫

（一）概况

马尔代夫共和国（The Republic of Maldives），总面积 9 万平方公里（含领海面积），陆地面积 298 平方公里，人口29.9万（2006 年），均为马尔代夫族。民族和官方语言为迪维希语，教育和对外交往中广泛使用英语。伊斯兰教为国教，属逊尼派。首都马累（Male），人口10.4万（2006年）。

行政区划：全国分南、北 2 个区，每区设次官 1 名，管辖若干组环礁。

重要节日：独立日暨国庆日是 7 月 26 日（1965 年）。

（二）自然与人文环境

马尔代夫是印度洋上的群岛国家，南北长 820 公里，东西宽 130 公里，位于印度南部约 600 公里和斯里兰卡西南部约 750 公里。由 26 组自然环礁、1192 个珊瑚岛组成，分成 19 个行政组，分布在 9 万平方公里的海域内，其中 202 个岛屿有人居住，990 个荒岛，岛屿平均面积为 1～2平方公里，地势低平，平均海拔1.2米。马尔代夫位于赤道附近，属热带季风气候，年降水量 2143 毫米，年平均气温28℃。

公元前5世纪，雅利安人的一支曾来此定居。1116年，这里又建立了以伊斯兰教为国教的苏丹国，历经六个王朝。自1558年始，葡萄牙对其实行殖民统治。1573年当地居民光复祖国，但18世纪又遭荷兰入侵，到1887年更沦为英国保护国。1932年马尔代夫改行君主立宪制，1952年成为英联邦内的共和国，1954年重建苏丹国。1960年，英、马协定规定英租用甘岛基地30年。1965年7月26日，马尔代夫宣布独立，后于1968年11月11日改为共和国，实行总统制。

旅游业、船运业、渔业是马尔代夫经济的三大支柱。马尔代夫拥有丰富的海洋资源，有各种热带鱼类及海龟、玳瑁和珊瑚、贝壳之类的海产品，因此渔业是国民经济重要组成部分。农业十分落后，椰子生产在农业中占重要地位，其他农作物有小米、玉米、香蕉和木薯。

旅游业是马尔代夫第一大经济支柱，近年来旅游业收入占GDP的30％左右。到2006年5月，全国有87个旅游岛，饭店客房拥有1.61万张床位。2004年接待国外游客61.7万人次，旅游收入为26.9亿拉菲亚。由于受印度洋海啸影响，2005年接待国外游客人数回落至39.5万人次。

（三）马累

马累位于印度洋马尔代夫群岛中部的马累岛上，面积约1.5平方公里，日平均最高温度31℃，最低温度25℃，年平均降水量为1900毫米。马累是全国政治、经济、文化中心，是印度洋上重要的军事、交通要地，是红海、波斯湾至太平洋的重要停泊港。1967年，马尔代夫宣布马累为自由港。

马累街道两旁有高大挺拔的椰子树和各种热带地区特有的奇花异草。大街小巷全用白色的细珊瑚沙铺就，机动车辆很少，居民一般骑自行车或步行，空气十分清新。

市中心有苏丹公园和国家博物馆，博物馆藏有代表阿拉伯和斯里兰卡文化的展品，还陈列有一些古老的马尔代夫手工艺品、中国的瓷器和钱币。

在小街麦德胡—齐阿尔拉特的中央，耸立着一座1675年建成的宣礼塔，塔周围用阿拉伯文写满了“安拉至大，除安拉外，别无主宰，穆罕默德，安拉使者”等词句。塔上安装了无线电设备，可通过无线电广播通知居民去清真寺进行礼拜。

宣礼塔旁边是岛上最大的清真寺，建于1656年，内部和周围兀立着许多马尔代夫著名的宗教和政治家的陵墓，其中有马尔代夫民族英雄穆罕默德·塔库拉夫·阿里·阿拉扎姆的陵墓，有为他而立的顶端用黄金做的纪念碑。

马累北部是一条长长的海滨大道，是政府机关和商店集中的区域。离海滨大道50米远的海上，有珊瑚礁石砌成的防洪堤。防洪堤内外，海水清澈透底，景色优美。海上用椰子树干制成的小渔船，不怕海水腐蚀，船体呈橄榄形，小巧别致。防洪堤内海滩白沙细软，是绝妙的游泳场所。

马累的旅游纪念品有贝雕、珊瑚手镯、珍珠之母项链和胸针等，其中用被称为玛瑙贝的贝壳制成的贝雕工艺品，是马尔代夫独有的出口珍品。

三、巴基斯坦

（一）概况

巴基斯坦伊斯兰共和国（The Islamic Republic of Pakistan），面积79.6095万平方公里（不包括巴控克什米尔），人口1.49亿（2004年），是一个多民族国家，其中旁遮普族占63%，信德族占18%，帕坦族占11%，俾路支族占4%等。乌尔都语为国语，英语为官方语言。主要民族语言有旁遮普语、信德语、普什图语和俾路支语等。95%以上的居民信奉伊斯兰教（国教），少数信奉基督教、印度教和锡克教等。首都伊斯兰堡（Islamabad），旧译伊斯兰巴德，人口约104万（2004年）。

行政区划：全国共分4个省，10个联邦直辖部落地区和联邦首都伊斯兰堡。各省下设专区、县、乡、村联会。重要节日：独立日是8月14日（1947年），国庆日是3月23日（1956年）。

（二）自然与人文环境

巴基斯坦位于南亚次大陆西北部，东、北、西三面分别与印度、中国、阿富汗和伊朗为邻，南濒阿拉伯海，海岸线长980公里。全境3/5为山区和丘陵地，南部沿海一带为不毛荒漠，往北是连绵的高原牧场和肥田沃土。喜玛拉雅山、喀喇昆仑山和兴都库什山这三条世界著名山脉在巴基斯坦西北部汇聚，形成了奇特的景观。源自中国的印度河进入巴基斯坦后，自北向南，长驱 2300 公里，最后注入阿拉伯海。除南部属热带气候外，其余属亚热带气候。

巴基斯坦经济以农业为主，出产水稻、小麦、棉花、甘蔗等粮食和经济作物。巴基斯坦水果资源非常丰富，素有“东方水果篮”之称。平原洼地盛产香蕉、橘子、芒果、番石榴和各种瓜类，山地高原则盛产桃子、葡萄、柿子等。主要出口棉花、大米、纺织品、皮革制品和地毯。巴基斯坦的手工艺品可以追溯到史前时代，以技术精湛，历史悠久著称，有骆驼皮和鹿皮制品、地毯、缟玛瑙制品等。

巴基斯坦旅游业发展较慢，旅游者多为定居在欧美的巴基斯坦人和海湾国家的游客。主要旅游地有卡拉奇、拉合尔、白沙瓦、拉瓦尔品第、伊斯兰堡、奎塔、费萨拉巴德和北部地区等。

（三）旅游城市

1. 伊斯兰堡

伊斯兰堡旧译伊斯兰巴德，位于巴基斯坦东北部波特瓦尔高原上，北依玛格拉山，东临拉瓦尔湖，海拔 503～610 米，属亚热带季风气候，旱季和雨季界限分明，年均降水量 1143 毫米，最高气温47℃，最低气温0℃。伊斯兰堡一年四季繁花似锦，是世界著名的花园城市之一。

伊斯兰堡是巴基斯坦的首都和政治中心，也是世界上最年轻的都城之一。1959 年，巴基斯坦政府决定在这里建设新首都，1961 年开始动工兴建，1967 年取代卡拉奇成为巴基斯坦新首都，1970 年基本建成。伊斯兰堡市约有人口 95 万（2002 年）。

伊斯兰堡市中心有很多漂亮的现代建筑，如总统府、议会大厦、政府大楼、体育场等，商业中心则店铺林立，充满民族特色。街道宽阔齐整，没有高层楼房。其中总统府、最高法院和议会三幢大楼是伊斯兰堡最有名的建筑物。

拉瓦尔湖西面的夏克巴里山是重要的游览地，山顶上有一块专供来访的外国政府首脑植树留念的园地。1964 年 2 月，周恩来总理访问巴基斯坦时，亲手种植了一棵被称为“友谊树”的乌柏树。1989 年，李鹏总理来访时，也植下了一棵木兰树。夏克巴里山以南，是占地 20 公顷的玫瑰和茉莉公园，种有二百五十多种玫瑰和数十种茉莉，红白相间，争奇斗艳。一年一度的全巴基斯坦玫瑰花展就在这里举行。

费萨尔清真寺，位于伊斯兰堡市区北面的马尔加拉山脚下，是伊斯兰堡的标志性建筑和世界最大的清真寺之一，占地约 19 万平方米，由已故的沙特阿拉伯国王费萨尔捐资、土耳其著名建筑设计师达罗凯设计，于 1986 年建成。整个建筑设计独特，庄严凝重。该寺礼拜大殿可容纳 1 万人同时礼拜，加上正面和两翼的回廊、庭院以及周围的空地可容纳 10 万人，四周的广场还可容纳 20 万人。殿外四角矗立着 4 座 87 米高的宣礼塔，上部 4 米及塔尖均镀有黄金，内部设有电梯，可将游人送到 58 米高处。寺前广场有前总统齐亚·哈克的陵墓，广场和周边绿地已成为当地人休闲、散步的大公园。

2. 拉合尔

拉合尔是巴基斯坦的第二大城市，旁遮普省省会，曾是莫卧儿王朝的四大古都之一，历史上为印度通往中亚的桥头堡，作为地区行政、商业和文化中心达千年之久，是巴基斯坦名胜古迹最集中的城市。拉合尔位于富庶的印度河上游冲积平原，属亚热带大陆性气候，雨水充足。市内树木葱茏，芳草如茵，群花争艳，素有“花园城市”之称。

拉合尔现存的莫卧儿王朝古建筑，仍然保留着昔日的富丽堂皇。巴德夏希清真寺，又称皇家清真寺，是当时建筑的杰作，也是巴基斯坦最大的清真寺，同拉合尔古堡隔街相望，始建于 1673 年。该寺高大围墙由红砂岩砌成，四周有四座高 43 米的宣礼塔，内部的大广场可容纳 10 万人同时做礼拜，广场西侧是礼拜堂，墙、柱全用雕有各种花纹图案的大理石砌成，内部圆顶上刻着各种美丽的花纹和涂上金粉的《古兰经》经文，寺内珍藏有用金银丝线耗时 10 年绣成的 30 卷阿拉伯文《古兰经》。在 207 级台阶之上的宣礼塔顶，可观览拉合尔市容。

拉合尔古堡原是莫卧儿王朝时期的一座古王宫，里面的几座宫殿全是用大理石砌成的，雄伟壮观。杰汉吉尔陵园位于拉合尔西北部约 8 公里处的拉维河右岸，穹顶形陵墓的中殿有一块大理石墓碑，上面镶嵌着宝石拼成的花卉浮雕图案。

夏里玛公园是1642年沙·杰汉皇帝修建的一座皇家御花园。园林建筑艺术别致，园内有三个湖，分高、中、低三层，宛如台阶下降，一个大理石砌成的溅玉飞珠的瀑布和自湖面涌起的400多柱吐翠泻玉的喷泉，构成一幅风景奇丽的图画。早在公元630年，我国唐代高僧玄奘曾到访此地，并在其著作中留下了关于拉合尔的最早记载。

3. 白沙瓦

白沙瓦是最有巴基斯坦特色的城市，一座具有悠久历史的文化古城，健陀罗文化的发源地。民风和建筑都很少受西方文化的影响，保持着浓郁的地方特色。相传唐玄奘曾游历此地，并在《大唐西域记》里曾记述了白沙瓦地区的景象。

4. 卡拉奇

卡拉奇是一座繁华热闹、古老而又年轻的城市。它是巴基斯坦信德省省会，也是巴基斯坦第一大城市和最大的海港和军港，全国工商业、贸易和金融中心，还是往来东南亚和中东、非洲、欧洲的国际航空中转站。市内有许多高层建筑，市场繁华，交通拥挤。1947年至1959年卡拉奇曾为巴基斯坦首都。

四、印度

（一）概况

印度共和国（The Republic of India），面积约298万平方公里（不包括中印边境印占区和克什米尔印度实际控制区等）[①]，居世界第七位，人口11.12亿（2006年），居世界第二位，有10个大民族和许多小民族，其中印度斯坦族占46.3%，泰鲁固族占8.6%，孟加拉族占7.7%，泰米尔族占7.4%。英语和印地语同为印度的官方语言，宪法承认的语言有十多种，登记注册的达1600种以上。约83%的居民信奉印度教，其次为伊斯兰教12%、基督教2.3%、锡克教1.9%、佛教0.8%、耆那教0.4%等。首都新德里（New Delhi），位于德里西南，是德里的新城。新德里和老德里人口共1385.1万（2001年）。

① 印度政府称其领土为328.78万平方公里。

行政区划：全国分为28个邦和7个中央直辖区，邦下设县，中央直辖区下设立区。重要节日：独立日是8月15日（1947年），国庆日暨共和国日是1月26日（1950年）。洒红节（Holi）在3～4月间，是印度教四大节日之一；由于该节日正处于印度春季收获季节的作物即将开镰收割，冬去春来之际，因此也被称为春节。灯节（Divali）在10～11月间，是印度教教徒最大的节日，全国庆祝三天。

（二）自然与人文环境

印度位于南亚次大陆，北与巴基斯坦、中国、尼泊尔、不丹、缅甸和孟加拉国为邻，濒临孟加拉湾和阿拉伯海，海岸线长5560公里。全境分为德干高原和中央高原、平原及喜马拉雅山区等三个自然地理区。印度属热带季风气候，气温因海拔高度不同而异，喜马拉雅山区年均气温12℃～14℃，东部地区26℃～29℃。

印度是个民族、宗教众多，文化各异的国家，是世界上"保存最完好"的"人种、宗教、语言博物馆"。印度教盛行"万物有灵"的自然崇拜。虔诚的印度教教徒一生有三大夙愿：到圣城朝拜湿婆神，到恒河洗圣浴、饮圣水，死后葬于恒河。他们还以黄牛为神，对它顶礼膜拜。

印度是一个农业大国，主要农产品有稻米、小麦、牛奶、油料、甘蔗、茶叶、棉花和黄麻等。印度是世界第一大产奶国，也是世界重要的产棉国和产茶国。牛、山羊、绵羊、水牛头数居世界第一。云母的产量和储量为世界之首，铝土产量和煤产量均居世界第五位，云母出口量占世界出口量的60%。印度的主要出口商品有珠宝制品、棉纱及棉织品、化工制品、机械及五金制品、石油制品、皮革、海产品、铁矿砂及矿产品等。

旅游业是印度第六大创汇部门和重要的就业创造部门——旅游业直接提供两千多万个就业岗位。近年来，外国旅游者人数逐年递增，旅游收入不断增加。2005年接待外国游客达到392万人次。主要旅游地有阿格拉、德里、斋浦尔、昌迪加尔、纳兰达、迈索尔、果阿、海德拉巴、特里凡特琅等。

（三）主要旅游地

1. 旅游城市

（1）德里　位于印度大平原上的恒河支流亚穆纳河畔，包括印度首都新德里(新城)与沙贾汉纳巴德(旧城),是全国政治、经济和文化中心,铁路、公路与航空交通枢纽。一年分为三个季节:凉季(10月至次年3月)、热季(4月至6月)和雨季(7月至9月)。凉季平均气温在14℃左右,热季平均气温38℃左右。

新德里在旧城西南部,与旧城隔着一座德里门。

相传德里有近3000年的历史,是"七朝古都"。约公元前100年,土邦王拉贾迪里在此建立城堡,并以其名字命名。1206年征服印度的外来穆斯林开始在此建都。17世纪中叶,莫卧儿王朝第五代帝王沙贾汗迁都至此,1648年将其命名为"沙贾汉纳巴德",即现在的旧城。19世纪中叶,英帝国主义者占领印度,将首都迁到加尔各答。1857年印度爆发反对外来统治的大起义,德里成为起义的中心之一。1911年德里再次成为印度的首都,随后在德里西南开始兴建新城,即新德里。1931年新德里正式成为首都。1947年印度独立时,定新德里为首都。

德里也是印度的工商业中心。工业有棉纺织、毛纺织、化学、木材加工、炼铁、印刷和食品加工等,电子产品居全国重要地位。手工艺品有宝石、金银细工和象牙雕刻等。

旧德里城占地11平方公里,街道纵横交错,弯曲狭窄,寺庙、清真寺随处可见。最繁盛的旧市街,是旧德里精华所在,商店、市场排列在街道两侧,商品琳琅满目,有传统的镶嵌宝石、象牙雕刻等工艺品。德里是印度的历史文化宝库,著名的古代遗迹都集中在这里。

德里城充满着浓厚的宗教气氛。印度教庙、佛庙、清真寺、锡克教庙、耆那教庙、基督教堂、天主教堂等随处可见。古老的德里留下了许多帝王陵墓,仅大型陵墓就有二十多处,因此被称作"陵墓城市"。

红堡(Red Fort)坐落在德里旧城东北部、亚穆纳河西岸,是印度享誉世界的古老伊斯兰文化建筑名胜。传说是莫卧儿王朝第五代国王沙贾汗因爱妻泰姬玛哈逝世,在故都(阿格拉)处处触景伤情而迁都德里后,仿照著名的阿格拉堡设计建造的。红堡于1638年动工兴建,历时近10年,为印度最大王宫。

红堡正名为"红色城堡",用赭红砂石建成,呈不规则八角形,南北长915米,东西宽548米,高33.5米。城堡上有亭阁、阳台和大理石窗户。堡内有枢密宫、国王寝宫、祈祷室、谈话室等。堡内还有白色大理石喷水池和珍珠清真寺等建筑。红堡的正门称拉合尔门，因其朝向巴基斯坦的拉合尔市而得名。拉合尔门气势雄伟，成为印度的象征之一。现在每年的8月15日，印度都要在此处举行独立日纪念活动。

贾玛清真寺位于旧德里东北角的德里皇宫西部斜对面。“贾玛”的意思是“大”，该寺是全印度最大的清真寺，也是目前世界上最大的清真寺。这座高大庄严的清真寺，于1650年动工，建筑在一座岩石小山的高台上，距离地面大约有9米，历时6年建成。三个大门可以通向寺的主体，其中东面的门最大，专供帝王进出。寺的顶部有三座白色大理石穹形圆顶，上面点缀着镀金圆钉和黑色大理石条带。南北两座高耸的宣礼塔，用红色砂岩和白色大理石交错砌成，塔内有130级台阶，游人可登上塔顶，观看旧德里市容。

贾玛清真寺被誉为“建筑奇迹”。全寺没有使用木料，地面、墙壁、顶棚都采用了精工细雕的白石，用铅灌封，十分坚固。寺院所用的石料选材极为严格，颜色配搭很讲究，在通体洁白的大理石之中，又杂以黑大理石条纹，黑白相间，优美醒目。清真寺四周是红色砂岩墙，更衬托出它的宏伟。寺内正殿坐西向东，正中有一块洁白的大理石板，上面用黑色大理石镶嵌上“麦加”。

德里曾是穆斯林聚居的城市。1947年印巴分治后，大批穆斯林迁往巴基斯坦，但在德里还拥有大批穆斯林，贾玛清真寺是他们做礼拜的场所，每天有大批穆斯林来到这里念诵《古兰经》。

圣雄甘地墓（Raj Ghat）位于红堡东南的亚穆纳河畔，是用黑色大理石筑成的一座四方形平台，标志着圣雄甘地1948年1月30日被一个印度教徒枪杀后火化的地点。平台正中是一长明火炬，象征甘地精神永存。

莫罕达斯·卡拉姆昌德·甘地（1869—1948）是印度民族主义运动和国大党领袖。他既是印度的国父，也是印度最伟大的政治领袖。他带领国家脱离英国的殖民统治而独立。头衔“莫罕达斯”或“圣雄”，是1915年印度诗人拉宾德拉那·泰戈尔赠予他的尊称，意为集圣人与英雄于一身。

在甘地火葬台北面还有印度独立后已故四位总理尼赫鲁、夏斯特里、英·甘地和拉·甘地的火葬台。

胡马雍陵系印度著名的伊斯兰教建筑群，为莫卧儿王朝第二代帝王胡马雍及其王妃的陵墓，于1572年建成。陵墓全部用红砂岩建造，外观宏丽壮观。陵墓设计融合了印度和波斯的建筑风格，是印度著名的伊斯兰教古建筑。

印度门位于拉杰巴特街东端，外形极像法国的凯旋门，原为纪念第一次世界大战阵亡的印度军人而建，后也用于纪念在印巴武装冲突和中印边界冲突中阵亡的印军。印度门高48.7米，宽21.3米，拱门高42米。顶端有一个直径3.5米的圆石盆，是一盏大油灯。每逢重大节日，盆内盛满灯油，夜间燃起1米多高的火焰。印度门建筑墙壁上刻着印度和英国官兵名字约九万多个。

国会大厦位于国会街尽头，总统府的东边，是现代德里的象征。在宽广的草地上，圆形的列柱成排，呈现优雅格调。

印度总统府位于印度门以西宽广的拉杰巴特街旁的一座小山岗上，原为英国殖民时代的总督府，后改为印度总统府。它融合了印度传统建筑式样与英国维多利亚时期的建筑式样，面积约2万平方米，内有340个宫室、227根画柱、35个凉亭、37个喷泉、3000米长的长廊，外加长400米、宽180米的莫卧儿式样的大庭院。每年一月对外开放，部分办公室也对游人开放。每年1月26日的印度共和纪念日时，有阅兵和民俗技术表演。

(2)孟买(Mumbai)　是马哈拉施特拉邦的首府，位于印度西部，濒临阿拉伯海，是个天然良港，有印度的“西部门户”之称，也是印度重要的海军基地。孟买是印度第一大城市，全国工商业中心和金融中心，西部铁路、航空枢纽，面积603平方公里，人口1500万。

“孟买”一词，一说来源于当地渔民的保护女神“MUMBADEVI”或“MUMBAI”；一说来自葡萄牙语“BOMBAHIA”(意为好港口)。1995年11月22日，印度联邦政府决定将其英文拼写由Bombay改为Mumbai。

孟买濒阿拉伯海，原为阿拉伯海上的7个小岛。16世纪初，古吉拉特邦苏丹将此地割让给葡萄牙殖民者。1661年又被作为葡萄牙公主的嫁妆转赠给英国，后经不断疏浚和填充，使之连成一个半岛，成为城堡和商港。

孟买市区背依青山，面临大海，有广阔的海滨沙滩和幽静的街头花园，典雅秀丽。市中心的维多利亚花园建于1861年，园内有动物园和博物馆。市内的威尔士王子博物馆内藏有很多珍贵名画、中国玉石和陶器。孟买不仅有印度教的庙宇，还有许多清真寺和基督教、天主教的教堂。

孟买的印度门位于阿波罗码头，面对孟买湾，是为纪念英皇乔治五世1911年访印在此登陆而建造。1947年印度独立时，最后一支英国殖民军也是从此门撤离。这座古吉拉特式的宏伟建筑，高26米，顶部有4座塔楼，融合印度和波斯文化建筑特色，现已成为孟买市的标志。由此可乘船到海湾内的象岛，那里有公元7世纪时的石窟庙宇，供奉印度教三大神之一的"破坏神"湿婆。

孟买有亚洲最长的首饰街"黄金市场街"，这里经营金银珠宝的大小商铺，店店相连，橱窗里的金银首饰琳琅满目。孟买是印度纺织业的发源地，还是世界上最大的纺织品出口港之一。各种印度花布、麻纱，大多从这里输出。孟买也是印度的经济中心和工业基地。孟买的工厂数目占全印度的15%，纺织工厂占40%。

孟买还是印度电影制作业的中心之一，被称为"电影城"的外景基地也颇负盛名。

(3)加尔各答(Kolkata) 是印度东部最重要的城市，西孟加拉邦的首府，面积568.8平方公里，人口1092万(1991年)，是世界上人口最多的城市之一。加尔各答地处恒河三角洲，濒孟加拉湾，是印度东海岸最大的港口。

1698年，东印度公司在此建立了货场、商馆、教堂、剧院和军营。1716年，英国人在这里建起了一座硕大的城堡——"威廉堡"，后来成为其征服整个印度的指挥部。在1757年著名的普拉西战役之后，加尔各答成为英国殖民者坐镇南亚的大本营。1858年后，英国殖民者征服整个印度后，加尔各答成为"英属印度"的首都。1911年后，英属印度迁都德里，但加尔各答仍是印度东部地区最有影响的城市。

加尔各答的主要景点有:麦丹广场、维多利亚纪念馆、威廉堡、圣彼得教堂、比尔拉天文馆、伊登花园、邦府大楼、议会大厦以及高165英尺的萨希德柱、乔灵奇大街、尼达吉·苏巴斯大道、伽利女神庙。

加尔各答是印度的文化城,城中有全国最大的图书馆——国家图书馆,藏书一千万多册。世界闻名的大文豪泰戈尔的故居坐落在城中的北部。

2.泰姬陵

泰姬陵位于新德里东南200公里处的历史古城阿格拉市郊的亚穆纳河南岸,是莫卧儿王朝第五代皇帝沙贾汗为其宠妃蒙泰姬·玛哈尔建造的。泰姬陵始建于1632年,耗时22年建成,具有浓郁伊斯兰建筑风格,东西长580米,南北宽305米,四周为红砂石围墙,中央为白色大理石建造的陵墓,高74米,底座边长56.7米。泰姬陵被称为世界七大建筑奇迹之一。

五、孟加拉国

(一)概况

孟加拉人民共和国(The People's Republic of Bangladesh),面积14.757万平方公里,人口1.35亿,大部分生活在人口稠密的农业区,为世界人口密度最高的国家。孟加拉族占98%,另有二十多个少数民族。孟加拉语为国语,英语为官方语言。居民中信奉伊斯兰教(国教)的占88.3%,信奉印度教的占10.5%,信奉佛教的占0.6%,信奉基督教的占0.3%。首都达卡(Dhaka),人口约1200万。

行政区划:全国划分为6个行政区,下设64个县。重要节日:独立日暨国庆日是3月26日(1971年),国民革命和团结日是10月7日,胜利日是12月16日,烈士日是2月21日;开斋节、古尔邦节(宰牲节)的日期据伊斯兰历推算,每年都有变化。

(二)自然与人文环境

孟加拉国位于南亚次大陆东北部的恒河和布拉马普特拉河冲击而成的三角洲上。东、西、北三面邻印度,东南邻缅甸,南濒孟加拉湾,海岸线长550公里。全境85%的地区为平原,东南部和东北部为丘陵地带。

凯奥克拉东峰为全国最高峰，海拔 1229 米。孟加拉国大部分地区属亚热带季风型气候，湿热多雨。全年分为冬季(11 月至来年 2 月)、夏季(3～6 月)、雨季(7～10 月)。冬季是一年中最宜人的季节，最低温度为 4℃，夏季最高温度达45℃，雨季平均温度30℃。

孟加拉国是世界上河流最稠密的国家之一，被称为“水泽之乡”、“河塘之国”。全国有大小河流二百三十多条，主要分属恒河、布拉马普特拉河、梅格纳河三大水系(其中布拉马普特拉河的上游是我国的雅鲁藏布江)，内河航运线总长约 6000 公里；池塘众多，全国约有五六十万个池塘，平均每平方公里约有 4 个池塘。

孟加拉国约 85%的人口生活在农村，是目前世界最不发达的国家之一。国民经济主要依靠农业，农产品主要有稻米、小麦、茶叶、甘蔗、黄麻。矿产资源主要有天然气和煤。工业以制麻、皮革、制衣、棉纺织和化工为主。孟加拉国的气候极适于黄麻的生长，黄麻产量高、质地优良，因此黄麻的生产成为孟加拉国的经济命脉，黄麻的出口占第一位，平均年产量约占世界产量的 1/3。

孟加拉国的自然风光和人文景观丰富。东海岸的考镇集市和代格纳夫半岛有很多著名的海滨。在东部的兰加马蒂亚和吉大港山区的广阔地带，可以观赏秀丽的自然风光、土著部落生活，体验湖上休闲运动。在东北部的锡尔赫特区，可以观赏茂密的森林、茶叶种植场、野生鸟类。在南部孙德尔本斯的大面积的红树林里，生活着孟加拉虎和鳄鱼等大量野生动物。

孟加拉国还有一些重要的考古遗址、历史遗址、佛教遗迹和伊斯兰纪念性建筑物。其流行文化，如音乐、歌曲、舞蹈、宗教仪式、艺术、手工艺品、烹饪等，都具有鲜明特色。

首都达卡是一个旅游中心，梅纳马蒂是重要的佛教文化中心，科克斯巴扎尔是世界上最长的海滩，松达班自然保护区系世界驰名的孟加拉虎的栖息地。

(三)达卡

达卡位于恒河三角洲平原布里甘加河的北岸，是全国政治、经济和文化的中心。气候温暖湿润，雨季时雨量为 2500 毫米。市区内外到处是香蕉树、芒果林等各种树木。

达卡是1608年由莫卧儿帝国孟加拉总督苏贝达·伊斯兰汗所建，1905年至1912年为东孟加拉和阿萨姆省首府，1947年成为东巴基斯坦首府，1971年成为孟加拉国首都。苏拉瓦底·乌德延公园是1971年3月7日宣布孟加拉国正式独立的地方。

达卡有很多莫卧王朝和英国统治时期的建筑物。拉勒巴堡是未完全竣工的3层古堡，建于1678年，堡内有许多暗道和一座宏伟的清真寺，南门有一些纤长的尖塔。比比·帕丽陵墓是仿照印度泰姬陵的规制，用拉杰普塔纳的大理石、中印度的灰色砂岩和比哈尔的黑色玄武岩建成的。

达卡被称为"清真寺之城"，市内有八百多座清真寺，主要有星清真寺、巴伊特乌尔·穆卡拉姆清真寺、萨甘布清真寺、七顶清真寺等。还有印度教的达克斯瓦里寺。其中奠基于1960年的巴伊特—穆卡拉姆清真寺规模最大，可供数万人同时礼拜。市内有中央夏希德塔、贾提亚·沙希德·斯姆里梯·沙乌达纪念碑和巴哈杜尔·沙阿公园中的纪念碑，它们都是为纪念反英斗争和民族独立运动中牺牲的烈士而建的。市内著名公园有巴尔达公园，园中收集了全国的名花异草，园中的"世纪花"，据说16年开一次花。市内的主要交通工具是一种脚踏或机动的三轮车。车身饰以色彩鲜艳的图案或五光十色的装饰，构成一幅一般现代化城市难以见到的街景。

达卡博物馆是孟加拉共和国最大的博物馆，1903年筹建，1913年开放，1974年定为国家博物馆。馆中藏品有石器、红陶器、青铜雕像、钱币、金属器、工艺品、象牙雕刻、木器、绘画、乐器等，还有有关独立战争的史料。其中以中古至近世的佛教、印度教、伊斯兰教雕刻、绘画、青铜雕像、古兰经碑铭、阿拉伯文字刻石等较为珍贵。15～18世纪的书籍插图是该馆的珍贵藏品。

六、尼泊尔

（一）概况

尼泊尔王国（The kingdom of Nepal），面积为14.7181万平方公

里，人口 2642 万（2006 年 7 月），有拉伊、林布、苏努瓦尔、达芒、马嘉尔、古隆、谢尔巴、尼瓦尔、塔鲁等 30 多个民族。尼泊尔语为国语，上层社会通用英语。86.5%的居民信奉印度教，是世界上唯一以印度教为国教的国家，其余7.8%信奉佛教，3.8%信奉伊斯兰教，信奉其他宗教的人口占2.2%。首都加德满都（Kathmandu），人口约70.19万人（2001年）。

行政区划：全国共分为 5 个发展区、14 个专区、36 个市、75 个县和 3995 个村。

重要节日：议会宣言颁布日（相当于国庆节）是 5 月 18 日（2006 年），德赛节（Dashain），又称大德赛节（Bara Dashain）、十胜节（Vijaya Dashami），是尼泊尔民间最大的节日，在公历 10 月，共 15 天，全国放假 7 天。

（二）自然与人文环境

尼泊尔是内陆山国，有“山国”之称，位于喜马拉雅山脉中段南麓，北邻中国，西、南、东三面与印度接壤，国境线全长 2400 公里。尼泊尔境内山峦重叠，多高峰，珠穆朗玛峰（尼泊尔称“萨加玛塔峰”）位于中尼边界上。全国地势北高南低，东、西、北三面群山环绕，相对高度差极大，大部分属丘陵地带，海拔 1000 米以上的土地占全国总面积的一半。河流多而湍急，大都发源于中国西藏，向南注入印度恒河。南部肥沃的冲积平原，分布着茂密的森林和广阔的草原，是尼泊尔重要的经济区。中部河谷区，多小山，首都加德满都就坐落在加德满都河谷地带。北部山地谷深山高，云雾缭绕，高山终年积雪，只有夏季可以放牧。全国分为北部高山、中部温带和南部亚热带三个气候区。北部冷季最低气温为 −41℃，南部夏季最高气温为45℃。

尼泊尔为农业国，主要农作物有稻谷、玉米、小麦，经济作物主要是甘蔗、油料、烟草等。尼泊尔水力资源丰富，但工业基础比较薄弱，规模也较小。

尼泊尔地处喜马拉雅山南麓，有大约 200 座 6000～8000 米的山峰，是登山爱好者向往之地。尼泊尔丰富的文化和宗教遗产、精美的古典建筑，可供印度教和佛教徒朝圣。尼泊尔还有 14 个国家野生动植物保护公园,可供徒步旅游和狩猎旅游。2005 年接待国外游客近 38 万人,主要为亚洲游客,其中以印度游客居多,占总数的25.7%,其次为西欧和北美游客。

(三)加德满都

加德满都位于喜马拉雅山南麓的加德满都谷地,巴格马提河和比兴马提河的汇口处,海拔 1370 米,四周青山环绕,常年鲜花盛开,被称为山国的"春城"。7 月平均气温29℃,1 月平均气温2℃。

加德满都建于公元 723 年,原名康提普尔,意为"光明之城"。公元 12 世纪李查维王朝国王用一棵树建造了一座塔庙,后以此庙为中心,造屋扩建,建为城市,因而 16 世纪改称加德满都,尼泊尔语为"独木庙"之意,1768 年始为都城。

加德满都还有"寺庙之都"的美誉,有大小寺庙达 2700 所以上。在仅为 7 平方公里的市中心,就有庙宇、佛堂、经塔二百五十多座,形成庙宇多如住宅,佛像多如居民的景象。大梵天庙、大佛塔等建筑气势雄伟,太后庙构造奇特。斯瓦扬布佛塔、塔莱珠女神庙、三界魔力寺、湿婆帕尔瓦蒂庙、文艺女神庙、黑天神庙等,在布局、造型、庙内神像等方面,各有特色。

加德满都著名的建筑有故宫哈努曼多卡宫、新宫纳拉扬希蒂宫、中央政府大厦狮宫,以及比姆森塔、烈士纪念碑等。古赫什瓦里庙位于巴格马提河左岸,祀奉湿婆之妻雪山女神。庙宇形制为三角形,殿脊四条金色蛇簇拥宝顶。哈努曼多卡宫西边不远处,有贾格纳特寺,寺内有马拉王朝最古老的碑铭及木雕毗湿奴神像等珍贵文物。

七、不丹

(一)概况

不丹王国(The Kingdom of Bhutan),面积3.8万平方公里。人口约 63 万(2005 年),主要居民是不丹族,约占总人口的 50%,尼泊尔族约占 35%。不丹语"宗卡"为官方语言。藏传佛教(噶举派)为国教,尼泊尔族居民信奉印度教。首都廷布(Thimphu),人口约 5 万(2002 年)。

行政区划:全国划分为 4 个行政区、20 个宗(县)。

重要节日:国庆日是 12 月 17 日(1907 年第一任国王乌金·旺楚克登基日),国王生日是 2 月 21 日,国王加冕日(现国王尚未加冕)。

(二)自然与人文环境

不丹位于喜马拉雅山脉东段南坡,平均海拔高度为 2500～3000 米,为内陆国,其东、北、西三面邻中国,南部邻印度。北部山区气候寒冷,中部河谷地区较温和,南部丘陵平原属湿润的亚热带气候。国土面积的 74%为森林所覆盖,其中有 26%的地区被划定为保护地。

宗教在不丹人的生活中占重要的地位。每个家庭至少要有一子一生为僧。不丹王国的宗教非常兴盛,境内喇嘛寺院密布。

不丹有 90%的居民从事农业,人均收入在南亚各国中是比较高的。不丹在发展经济的同时,重视保护环境和生态资源,每年只允许 6000 名外国游客入境旅游,而且他们的行程还必须经不丹政府的仔细审核。为表彰不丹国王和人民在环保领域的突出贡献,联合国将首届“地球卫士奖”授予了旺楚克和不丹人民。

旅游业是不丹的重要外汇来源之一。1974 年,不丹开始对外开放旅游业,但控制较严,一般只接受团体旅游。为了保护环境,不丹对境外游客每人每天收取 165～200 美元的最低消费费用。1987 年 7 月,不丹国民议会决定,所有寺院、宗教圣地均不对外开放。每年的 3～6 月和 9～12月是旅游旺季,游客主要来自美国、日本、英国等地。2005 年不丹接待入境游客1.3万人,旅游收入 1850 万美元。

(三)旅游城市

1.廷布

廷布是全国的政治、宗教中心,地处喜马拉雅山南麓,海拔 2500 米以上,旺河从城市穿过。

廷布具有悠久的历史。很久以前,菩提亚人和尼泊尔人就生活栖息在旺河谷地,但一直没有固定首都。只是到夏天,国王才在廷布生活一段时间。廷布原称夏都扎西曲宗,由该宗及附近几户农舍组成。直到 1955 年不丹国王定居廷布以后,才于 1962 年正式定廷布为永久性首都。

廷布市区面积不大,冬季寒冷,其他季节温和宜人。城市周围森林密布，空气清新。12 条主要街道幽静清洁，街道两侧分布着商店、旅馆和电影院。居民住宅富有鲜明的民族特色，大多分散在旺河两侧。两三层的用混土坯砌筑楼房底下用来饲养家禽、储存工具和粮食等杂物，上层是居室。整个住宅描红绘绿，色彩鲜艳。

历史上廷布是宗教领袖的驻地，至今仍保留了许多造型精美的寺庙建筑和城堡，其中最著名的是扎什曲宗（"天府"之意）。该寺建于 13 世纪，经过两次重修，具有典型的不丹建筑风格。这座堡垒式的庭院里共有一百多间房屋，是不丹全国政治、宗教的最高权力机构所在地，不丹国王办公室、赞都（国民议会）及国家最大的寺院都设在这里。

辛托卡城堡建于 1627 年，是不丹筑有护墙的最古城堡，曾是不丹的社会、宗教、教育中心，现在为僧众研究佛教的文化学院。

不丹的王宫在离廷布不远的德钦曲林宗，是一座优美的皇家园林，园中有池台亭榭，芳草如茵，三层楼宫殿掩映在柳树丛中。宫殿附近有一处神殿。

廷布的工业主要是林木及水果加工业，旺河上游建有廷布水电站。廷布是附近河谷地带稻米、玉米、马铃薯、粟等农副产品的集散地。

2. 普那卡

普那卡是不丹的古首都（1955 年政府迁都廷布），位于不丹中北部，海拔 1300 米。普那卡城堡是不丹第二座大城堡，修建于 1657 年。

第五节　西亚

一、阿富汗

（一）概况

阿富汗伊斯兰共和国（The Islamic Republic of Afghanistan），面积64.75万平方公里，人口约 2850 万（2004 年 7 月估计），其中普什图族占 38％～44％，塔吉克族占 25％，还有哈扎拉、乌兹别克、土库曼等二十多个少数民族。普什图语和达里语是官方语言，还有乌兹别克语、俾路支语、土耳其语等。逊尼派穆斯林占80%，什叶派穆斯林占19%，其他占1%。首都喀布尔(Kabul)，人口约279万(2004年)。

行政区划:全国划分为34个省，省下设县、区、乡、村。重要节日:独立日是8月19日(1919年)，阿富汗新年(阿历)是3月21日。开斋节和古尔邦节每年随伊斯兰历而变。

(二)自然与人文环境

阿富汗是位于亚洲中西部的内陆国家，北邻土库曼斯坦、乌兹别克斯坦和塔吉克斯坦，东北突出的狭长地带与中国接壤，东和东南邻巴基斯坦，西邻伊朗。境内多山，高原和山地占全国面积的4/5，北部和西南部多为平原，西南部有沙漠，平均海拔1000米。全国最大的兴都库什山脉自东北斜贯西南。阿富汗属大陆性气候，干燥少雨，年温差和日温差均较大，季节明显，冬季严寒，夏季酷热。全国年平均降雨量仅240毫米左右。河流大部分是内陆河，多注入沙漠和湖泊。主要河流有阿姆河、喀布尔河、赫尔曼德河、哈里鲁河等。

阿富汗是个落后的农牧业国家，矿藏资源较为丰富，拥有世界上蕴藏量最丰富的铜矿、全球第五大铁矿脉。工业以轻工业和手工业为主，其中手工业约占工业产值的42%，但多年战乱使工业基础几乎崩溃。农牧业是国民经济的主要支柱，主要农产品包括小麦、棉花、甜菜、干果及各种水果，主要畜牧产品是肥尾羊、牛、山羊等。主要出口商品有天然气、地毯、干鲜果品、羊毛、棉花等。

(三)喀布尔

喀布尔是阿富汗喀布尔省省会，也是阿富汗的首都和最大的城市。喀布尔从1773年起即为阿富汗首都，是一座有三千多年历史的名城。“喀布尔”在信德语中意为“贸易中枢”。

喀布尔位于阿富汗东部兴都库什山南麓的谷地，海拔1800米，地势险要，周围群山峻岭呈U字形环抱。气候温和，四季分明。喀布尔河从市中心流过，将喀布尔市一分为二，南岸为旧城，北岸为新城。新城有商业区、皇宫、官邸及高级住宅等。

喀布尔市内多宫殿，较为著名的有古尔罕纳宫、迪尔库沙宫、萨拉达特宫、蔷薇宫、达尔阿曼宫等。达尔阿曼宫是议会与政府部门所在地。梅旺德纪念碑矗立于喀布尔市中心的梅旺德大街，呈绿色，四周有四尊大炮。城市周围的山上有众多古塔、古墓、古堡、伊斯兰教堂、寺庙等，著名的有沙希杜沙姆施拉寺、巴卑尔陵墓、国王穆罕默德·迪纳尔·沙阿陵墓、国家博物馆、考古博物馆等。城南的“扎赫”祠是伊斯兰教什叶派创始人阿里的住处。

喀布尔有公路连接喀布尔省各地和全国大部分省份，市内有食品供应、毛纺、家具制造、铸造、大理石加工业等。

二、伊朗

（一）概况

伊朗伊斯兰共和国（The Islamic Republic of Iran），面积164.5万平方公里（2006 年 9 月），人口7004.9万（2006 年 11 月伊朗第 6 次全国人口普查结果），其中波斯人占 51%，阿塞拜疆人占 24%，吉兰及马赞达兰人占 8%，库尔德人占 7%，阿拉伯人占 3%，鲁尔人占 2%，俾路支人占 2%，土库曼人占 2%，其他少数民族占 1%。官方语言为波斯语。伊斯兰教为国教，98.8%的居民信奉伊斯兰教，其中 91%为什叶派，7.8%为逊尼派。首都德黑兰（Tehran），有人口 1100 万（含郊区及流动人口）。

行政区划：全国划分为 28 个省，195 个县，500 个区，1581 个乡。全国共有 889 个市，68122 个村。重要节日：伊斯兰革命胜利日是 2 月 11 日（1979 年），伊历新年是 3 月 21～24 日，伊斯兰共和国日是 4 月 1 日（1979 年）。

（二）自然与人文环境

1. 自然地理

伊朗位于亚洲西南部，北邻亚美尼亚、阿塞拜疆、土库曼斯坦，西邻土耳其、伊拉克，东邻巴基斯坦、阿富汗，南濒波斯湾和阿曼湾，海岸线长 1830 公里。全国海拔一般在 900～1500 米之间，是高原国家。北部有厄尔布兹山脉，德马万德峰海拔 5670 米，为伊朗的最高峰。西北部为亚美尼亚高原的一部分，多山间盆地。西部和西南部有扎格罗斯山脉。

东部是干燥的盆地，有许多沙漠。北部的里海和南部的波斯湾、阿曼湾沿海分布着一些狭窄的平原。伊朗东部和内地属大陆性的亚热带草原与沙漠气候，干燥少雨，寒暑变化大。西部山区多属地中海式气候。里海沿岸温和湿润，年平均降水量 1000 毫米以上。中央高原年平均降水量在 100 毫米以下。主要河流有卡伦河、克孜勒乌赞河、塞菲德河和阿拉斯河；重要湖泊有乌尔米耶湖、纳马克湖。里海是世界最大的咸水湖，南岸属伊朗。

2. 文化

伊朗古称波斯，是著名的文明古国之一。几千年来，伊朗人创造了辉煌灿烂的文化，特别是在医学、天文学、数学、农业、建筑、哲学、历史、文学、艺术、工艺方面，取得了巨大的成就。大医学家阿维森纳的《医典》著于 11 世纪，对亚欧各国医学发展有着重大的影响。波斯人修建了世界上最早的天文观测台，发明了与今天通用的时钟基本相似的日规盘。许多数学著作达到了很高水平。诗人费尔多西的史诗《列王记》、萨迪的《蔷薇园》等不仅是波斯文学珍品，而且也是世界文坛的瑰宝。

3. 经济与旅游业

伊朗石油和天然气储量丰富，已探明的石油储量占世界总储量的 10%，居于世界第五位；已探明的天然气储量占世界总储量的 16%，居世界第二位。伊朗是欧佩克成员国中第二大原油出口国，石油是国家的经济命脉，石油收入占全部外汇收入的 90%。森林是伊朗仅次于石油的第二大天然资源，面积达 1800 万公顷。伊朗沿海水产资源丰富。

伊朗地毯编织艺术闻名全球，有五千多年历史，其工艺精湛、图案美丽、色彩搭配和谐，并保留下来大量的诗歌、神话、绘画。波斯地毯是伊朗享誉世界的传统大宗出口产品。农业比较落后，以畜牧产业占优势，养羊业居于重要地位，还有牛、马、驴等，多为游牧和半游牧放养方式。主要农作物有小麦、大麦、水稻、棉花、甜菜等。伊朗水果、干果十分丰富，开心果、苹果、葡萄、椰枣等远销海内外，是世界最大的开心果出口国。

伊朗在“伊斯兰革命”前每年接待外国游客数百万人。两伊战争、“9·11”事件对旅游业造成较大冲击，游客锐减。随着地区安全形势转好，国外游客人数稳步回升。2004年接待国外游客5万余人，主要来自日本、独联体和海湾各国，旅游收入5亿美元。主要旅游地区有德黑兰、伊斯法罕、设拉子、亚兹德、克尔曼、马什哈德等。

（三）旅游城市

1.德黑兰

德黑兰位于伊朗北部厄尔布尔士山的南麓，距里海100多公里，平均海拔1220米，7月平均气温22℃～37℃，1月平均气温3℃～7℃。“德黑兰”是古波斯语“山脚下”的意思。1788年，伊朗恺加王朝时期定为首都。20世纪60年代以后，由于伊朗石油财富剧增，这座城市也获得了空前的发展，成为伊朗最大的城市，也是西亚最大的城市。

德黑兰全城北高南低。南部多古老的建筑，许多市场仍保留着古代波斯的风貌。北部为现代化建筑，有高级饭店和各种商店。

德黑兰市拥有许多博物馆。自由纪念塔是德黑兰的门户，气势雄伟、风格新颖。人民宫殿博物馆是前巴列维国王的夏宫，为花岗岩新式建筑。地毯博物馆是一古堡式建筑，藏有从伊朗各地收集的16～20世纪的珍贵地毯5000余件。由于室内保持20度的衡温和均衡湿度，使地毯样品色泽始终鲜艳夺目。霍梅尼陵墓更是金碧辉煌，气势磅礴。德黑兰还有文化遗产博物馆、拉列公园以及首都最大的“巴扎”（市场）。德黑兰还有一千多座清真寺，每到祷告时间，各清真寺的宣礼之声彼此应和，肃穆庄严。

2.巴姆

巴姆（Bam）位于伊朗东南部克尔曼省境内巴雷兹山脉和卡布迪山脉之间的卡维尔盐漠，距首都德黑兰约1000公里。巴姆城位于“丝绸之路”上，周边地区干旱荒凉，但巴姆却因为有丰富的地下水，可以种植棕榈树和柑橘树而成为沙漠绿洲。游客们称其为“沙漠里的翡翠”。

巴姆老城有两千多年的历史，城区外环绕着3公里长的城墙。城内大部分房屋建于16～18世纪，其中一座建于2000年前的城堡是世界上现存最大的砖坯结构建筑，还有一座有1100年历史的清真寺和一座袄教（即拜火教）神庙。1722年阿富汗的入侵使巴姆在军事上的地位逐渐衰落，此后就慢慢被遗弃了。1953年，伊朗开始重建巴姆。后来的移民使这座古城又逐渐恢复了生机。

2003 年 12 月 26 日凌晨，巴姆地区发生里氏6.3级强烈地震，有近 3 万人丧生。地震前的巴姆城区有 9 万居民，巴姆地区有约 20 万人口，城内古老的民宅和公共建筑都保存完好。

三、土耳其

（一）概况

土耳其共和国(The Republic of Turkey)，面积约78.36万平方公里，其中 97%位于亚洲的小亚细亚半岛，3%位于欧洲的巴尔干半岛，人口 7330 万(2006 年 12 月)，其中土耳其族占 80%以上，库尔德族约占 15%；城市人口约为 4700 万，占总人口的64.1%。土耳其语为国语。居民 99%信奉伊斯兰教，其中 85%属逊尼派，余属阿拉维派；少数人信奉基督教和犹太教。首都安卡拉(Ankara)，人口 400 万(2006 年 12 月)。

行政区划：全国共分为 81 个省，约 600 个县。重要节日：新年是 1 月 1 日，国家主权和儿童日是 4 月 23 日，青年和体育节是 5 月 19 日，胜利日是 8 月 30 日，宣布共和国成立日是 10 月 29 日(1923 年)。

（二）自然环境

土耳其位于地中海和黑海之间，地跨亚、欧两洲。大部分领土位于亚洲的小亚细亚半岛，欧洲部分位于巴尔干半岛东南部。东邻伊朗，东北邻格鲁吉亚、亚美尼亚、阿塞拜疆，东南邻叙利亚、伊拉克，西北邻保加利亚、希腊，北滨黑海，西与西南隔地中海与塞浦路斯相望。博斯普鲁斯海峡、马尔马拉海、达达尼尔海峡，是沟通黑海和地中海的唯一水道。海岸线长 3518 公里。地形东高西低，大部分为高原和山地，仅沿海有狭长平原。沿海地区属亚热带地中海气候，内陆高原向热带草原和沙漠型气候过渡。温差较大。年平均气温分别为14℃～20℃和4℃～18℃。年平均降水量黑海沿岸为 700～2500 毫米，地中海沿岸为 500～700 毫米，内陆为 250～400 毫米。

土耳其是传统的农牧业国家，农产品主要有小麦、大麦、玉米、甜菜、棉花、烟草和马铃薯等。粮食和水果等能自给自足，并有出口。安卡拉羊毛闻名于世。矿产资源丰富，硼、铬矿储量居世界前列。工业有一定基础，西部沿海地区工农业十分发达，东部内陆地区交通闭塞，生产力水平相对滞后。

土耳其享有得天独厚的旅游资源，境内历史古迹星罗棋布，旅游业已成为国民经济的重要支柱之一，是土耳其外汇收入的重要来源之一。2005 年接待外国游客2052.3万人次，其中来自德国、保加利亚、伊朗、俄罗斯、希腊、阿塞拜疆、格鲁吉亚、叙利亚、法国、荷兰等十个国家的游客占游客总数的64.6%，旅游收入139.3亿美元。主要旅游城市有伊斯坦布尔、伊兹密尔、安塔利亚、布尔萨、安卡拉、科尼亚等。其他旅游地有亚洛瓦温泉、特洛伊、埃菲斯等古城遗址和卡帕多西亚、库什湖等。

（三）主要旅游地

1.安卡拉

安卡拉位于小亚细亚半岛安纳托利亚高原的西北部，海拔 900 米左右，为高原古城，年最高气温31℃，最低气温－4℃。安卡拉市区分新旧两部分，老城以修建在一座小山丘上的古城堡为中心；新城环绕在老城东、西、南三面，南面的城区均为整齐的欧式建筑，大国民议会和政府主要部门都集中在该区，再往南是羌卡亚，为使馆区和总统府所在地。沿贯穿南北的阿塔图尔克大道，在民族广场、胜利广场、红新月广场上，都建有共和国奠基人凯末尔的塑像。

安卡拉建有许多清真寺。赫蒂博物馆在老城区的一个山坡上，陈列有许多浮雕、青铜器等，显示出古代赫蒂人的高度文明。

安卡拉以行政中心和商业城市闻名，工业不很发达，只有一些中小规模的工厂。安卡拉地势起伏不平，属半大陆性气候。主要农产品有小麦、大麦、豆类、水果、蔬菜、葡萄等。牲畜主要有绵羊、安哥拉山羊、黄牛。安卡拉自古以来就是交通要冲。

2.伊斯坦布尔

伊斯坦布尔(Istanbul)位于巴尔干半岛的东端，扼黑海咽喉，是土耳其最大的城市和港口，人口超过 1200 万(2003 年)。作为欧亚两洲分界线的博斯普鲁斯海峡从城中穿过，将这座古城一分为二，伊斯坦布尔也就成了全世界唯一一座地跨欧亚两洲的城市。

伊斯坦布尔是一座历史名城，始建于公元前660年，名为拜占庭。公元324年，罗马帝国君士坦丁大帝从罗马迁都于此，改名为君士坦丁堡。公元395年罗马帝国分裂后，君士坦丁堡成为东罗马帝国（又称拜占庭帝国）的首都。1453年，土耳其苏丹穆罕默德二世攻占此城，灭亡了东罗马帝国，这里成为奥斯曼帝国的首都，改名为伊斯坦布尔，直至1923年土耳其共和国成立，迁都安卡拉为止。

伊斯坦布尔的市容多姿多彩，有沿着海峡地形蜿蜒曲折的古老街衢，也有宽敞笔直的土耳其大道、独立大道，大道两旁耸立着现代化大厦。还有尖塔闪闪发光的清真寺，红屋顶的哥特式建筑和古色古香的伊斯兰屋宇，现代化的洲际旅馆，古罗马的狄奥多西城墙等不同历史时期的建筑。

伊斯坦布尔有“宣礼塔城”之称，市内有3000余座大小清真寺，可供全市1000万穆斯林礼拜之用，还有1000余座高耸的宣礼塔，举目四望，可见造型各异的宣礼塔。伊斯坦布尔最著名的清真寺是建于1616年的苏丹艾哈迈德清真寺，是世界上现存的唯一有6个塔的清真寺，造型别致，以“蓝色清真寺”闻名于世。

旧区城墙长7.2公里，有两重，内墙筑于413年，外墙筑于447年，墙外有城濠围护，内墙较高，高约9米，厚4.8米，城墙上布以了望塔。了望塔高18米，间距54米。外城墙设有92座炮塔，现存56座。海边的城墙筑于439年。沿黄金角的城墙高9米，为石料构筑，原有110座了望塔和14座城门，现仅存小部分。沿马尔马拉海岸的城墙延伸8公里，大部得以保存。

旧城区有多处古建筑，其中的“大炮门”是1453年奥斯曼帝国穆罕默德二世进攻时曾以大炮破城之地。托普卡珀博物馆原是土耳其苏丹的宫殿，建于1478年，土耳其共和国成立后辟为博物馆，占地70万平方米，馆内收藏有土耳其历史上许多珍贵文物，其中珍藏中国古瓷约1万件。多尔玛巴赫切宫是19世纪以后的苏丹王宫，建筑精美，以精湛的雕刻和华丽的壁画、吊灯和装饰品著称。

旧城区内有7座小山，山顶大多平坦，但坡道陡峻，分布着名胜古迹约40处，第一山有圣索菲亚教堂、圣艾琳教堂、苏丹艾哈迈德清真寺、艾哈迈德三世喷泉、彩砖阁、托普卡珀博物馆、马尔马拉海滨城墙。第二山有努鲁奥斯曼尼耶清真寺、火焚柱、室内大市场。第三山有拉莱利清真寺、瓦仑斯引水槽。第四山有法蒂赫清真寺、埃斯基·伊玛莱特清真寺。第五山有居尔清真寺、蒙古圣玛丽教堂。第六山有卡里耶清真寺、阿德里安诺普尔门、君士坦西宫。第七山有七塔堡、伊姆拉霍尔清真寺(即斯陶迪翁的圣约翰教堂)。

市中心的商业区十分繁华,黄金角南岸古老的室内市场是世界上少有的巨型室内市场,创建于1461年,占地3万平方米,八面开门,内有4000家店铺、20家客栈和65条街巷。

伊斯坦布尔是土耳其最大的工业、运输、贸易和文化中心,是联结欧亚的枢纽,公路和铁路四通八达。耶希尔科伊机场是土耳其最大的国际机场,也是世界上最大的机场之一。

3. 博斯普鲁斯海峡

博斯普鲁斯海峡(Strait of Bosporus)又称伊斯坦布尔海峡,是欧亚两洲的分界线。它北连黑海,南通马尔马拉海和地中海,把土耳其分隔成亚洲和欧洲两部分。

博斯普鲁斯在希腊语中是“牛渡”之意。传说古希腊万神之王宙斯,曾变成一头雄壮的神牛,驮着一位美丽的人间公主,从这条波涛汹涌的海峡游到对岸,海峡因此而得名。

博斯普鲁斯海峡全长30.4公里,最宽处为3.6公里,最窄处708米,最深处为120米,最浅处只有27.5米。海峡的中央有从黑海流向马尔马拉海的急流,水底下则有从马尔马拉海流回黑海的逆流。鱼群季节性地随水流往来于黑海和马尔马拉海之间,使得这一带的渔业资源十分丰富。

博斯普鲁斯海峡是沟通欧亚两洲的交通要道,也是黑海沿岸国家出外海的第一道关口。通过这个海峡的船只,按照1936年在瑞士蒙特罗签订的《关于海峡制度公约》的规定行驶。

博斯普鲁斯海峡大桥建在海峡南端的最窄处,是世界第四大吊桥、欧洲第一大吊桥。大桥横跨在海峡西岸的奥尔塔科伊和东岸的贝伊勒尔之间,连接着欧、亚大陆,气势雄伟。大桥于1970年动工兴建,1973

年建成。全长1560米,桥面宽33米,可同时并行6辆汽车,桥身高出水面64米,跨越水面1074米,两端引桥分别为255米和231米。桥的两端各有一呈“门”字形桥塔,高165米,位于东岸的重5万吨,西岸的重6万吨,桥塔的牵引力达1.54万吨。大桥在水中没有桥墩,整个桥身以2根巨大的钢索牵引,支撑着整个桥面,每根钢索由1.13万根直径5毫米的钢丝拧成。

海峡两岸分属欧亚两洲,但景色十分相似。在海峡的中段,两岸各有一个14～15世纪的古堡,像一对威武的雄狮,昂首挺立。

四、塞浦路斯

(一)概况

塞浦路斯共和国(The Republic of Cyprus),面积9251平方公里。人口76.7万人(2002年估计),希腊族占85.2%,土耳其族占11.6%,另有少数亚美尼亚、拉丁和马龙族。主要语言为希腊语和土耳其语,通用英语。希腊族信奉东正教,土耳其族信奉伊斯兰教。首都尼科西亚(Nicosia),人口36.3万(其中,希区27.3万,土区9万)。

行政区划:全国划分为尼科西亚、利马索尔、法马古斯塔、拉纳卡、帕福斯、凯里尼亚6个行政区。凯里尼亚和法马古斯塔的大部分以及尼科西亚一部分由土族控制。塞浦路斯共和国(希族控制区),分法马古斯塔、拉纳卡、利马索尔、尼科西亚、帕福斯5个行政区。北塞浦路斯土耳其共和国(土族控制区),包括凯里尼亚全部和尼科西亚、法马古斯塔的部分,分为3区。重要节日:独立日是8月16日(1960年),国庆日是10月1日(1960年)。

(二)自然与人文环境

塞浦路斯位于地中海东北部,为地中海第三大岛,海岸线长782公里,扼亚、非、欧三洲海上交通要冲。北距土耳其40公里,东距叙利亚96.55公里,南距埃及的尼罗河三角洲402.3公里。北部为狭长的凯里尼亚山脉,中部是美索利亚平原,西南部为特鲁多斯山脉。最高峰奥林波斯山,海拔1950.7米。最长河流为派迪亚斯河。塞浦路斯属亚热带地中海型气候,夏季干热,冬季温湿。夏季平均气温28℃～35℃,冬季平均气温4℃～10℃。

塞浦路斯的矿产资源接近枯竭，水力资源贫乏，加工制造业在国民经济中占有重要地位，主要工业部门有食品加工、纺织、皮革制品、化工制品以及部分轻工业等，基本无重工业。

塞浦路斯注重发展以度假旅游为特征的旅游业，旅游业是塞浦路斯经济的重要支柱，是国家外汇收入主要来源和拉动经济增长的支柱产业。2005 年接待外国游客 247 万人次，旅游业收入10.06亿塞镑，约占国民生产总值的13%。主要旅游地有尼科西亚、利马索尔、拉纳卡、古城阿莫霍斯托斯（法马古斯塔）、爱神诞生地帕福斯、凯里尼亚、特罗多斯地区的彩绘教堂、萨拉米斯等。

（三）旅游城市

1.尼科西亚

尼科西亚是全国政治、文化、金融中心，位于塞浦路斯岛美索里亚平原中部、濒临派迪亚斯河，北依凯里尼亚山脉，海拔约 150 米。年均最高气温31℃～37℃，最低气温5℃～15℃。

公元前 200 年，尼科西亚称“丽德拉”，位于现今尼科西亚西南，为塞浦路斯古代重要的城邦。自公元 10 世纪末的近 1000 年来，尼科西亚一直是该岛国的首都。具有东方式样和西方格调的城市建筑，反映出历史的变迁和东西方的影响。

城市以威尼斯城墙以内的老城为中心，向四周幅射延伸，逐渐扩建成新的城区。老城区小街细巷，丽德拉街是全尼科西亚最为繁华的商业区。1489 年威尼斯人占据塞岛后，在城中央筑有圆形城墙和 11 座心形碉堡，至今仍保存完好。位于城墙内中心部位的塞利米耶清真寺，原是 1209 年至 1235 年兴建的哥特式圣索菲娅大教堂；1570 年土耳其人入侵后，增修了两个尖塔，翌年正式改为清真寺；1954 年为纪念征服塞浦路斯的塞利米耶苏丹，改名为塞利米耶清真寺。十字军东征时期修建的大主教府和圣约翰教堂是市内典型的希腊正教教堂，目前是文化研究部门的办公楼。此外，还有一些颇具特色的拜占庭时期的建筑。著名的塞浦路斯博物馆里还珍藏了从新石器时代到罗马时期的各种文物。

2. 利马索尔及其他城市

利马索尔为塞浦路斯第二大城市和最大的港口，人口约 15 万，是贸易、商业和旅游城市。拉纳卡和帕福斯分别为第三、四大城市，均有国际机场，是有名的游览胜地。法马古斯塔和凯里尼亚是土族控制区的两大港口和游览地。

五、叙利亚

（一）概况

阿拉伯叙利亚共和国（The Syrian Arab Republic），面积18.518万平方公里（包括仍被以色列占领的戈兰高地约 1200 平方公里），人口 1950 万（2006 年），阿拉伯人占 80%以上，还有库尔德人、亚美尼亚人、土库曼人和彻尔克斯人等。阿拉伯语为国语，通用英语和法语。居民中 14%信奉基督教，85%信奉伊斯兰教，其中，伊斯兰教逊尼派占 80%（约占全国人口的 68%），什叶派占 20%，在什叶派中阿拉维派占 75%（约占全国人口的11.5%）。首都大马士革（Damascus），人口 370 万（2006 年）。

行政区划：全国划分为 13 个省和大马士革市。重要节日：独立日暨国庆日是 4 月 17 日（1946 年）。

（二）自然与人文环境

叙利亚位于亚洲大陆西部，地中海东岸。北邻土耳其，东邻伊拉克，南邻约旦，西南邻黎巴嫩和巴勒斯坦，西与塞浦路斯隔地中海相望，海岸线长 183 公里。境内大部分地区是西北向东南倾斜的高原，主要分为西部山地和山间纵谷、地中海沿岸平原、内陆平原、东南叙利亚沙漠四个地带。位于西南部戈兰高地北部的谢赫山为全国最高峰，海拔 2814 米。沿海和北部地区属亚热带地中海气候，南部地区属热带沙漠气候。沙漠地区冬季雨量较少，夏季干燥炎热。最低气温在0℃以下，最高气温达40℃左右。年平均降水量沿海地区在 1000 毫米以上，南部地区仅有 100 毫米。幼发拉底河流经东部，经伊拉克注入波斯湾；阿西河纵贯西部，经土耳其注入地中海。

叙利亚矿产资源主要有石油、磷酸盐、天然气、岩盐、沥青等。农业在国民经济中占据重要位置，是阿拉伯世界的五个粮食出口国之一。

叙利亚拥有著名的考古遗址，是避暑胜地。近年来，旅游业发展迅速，赴叙利亚旅游人数达600余万，旅游收入超过22亿美元，成为叙利亚经济收入的重要来源。

（三）大马士革

大马士革是世界著名古城，被誉为“天国里的城市”，位于叙利亚西南巴拉达河右岸。市区建在克辛山山坡上，面积约100平方公里。约建于公元前2000年前，公元661年阿拉伯倭马亚王朝定都于此，750年后属于阿拔斯王朝，后由奥斯曼统治4个世纪之久，独立前法国殖民统治三十多年。大马士革以黎巴嫩的贝鲁特为出海口，同时又是贝鲁特与约旦、伊拉克和科威特之间的货物转运点。

城中著名的古迹有倭马亚大清真寺、阿拉伯医学博物馆、努尔丁浴池，以及基督教徒心目中的圣物——凯桑门和圣保罗教堂。

大马士革城堡初建于纪元之前，11世纪重建，占地3.3万多平方米，用巨石垒成，四周有护城河，河上有吊桥。城堡上有300个射孔，谯楼似的高塔上有堞眼。

古城旁边石砌的凯桑门，重建于13～14世纪。传说耶稣基督的使徒圣保罗就是通过此门进入大马士革的。当圣保罗被基督教的敌人追逐时，被教友放在篮子里，从大马士革的城堡上降落至凯桑门，从而逃出大马士革。后人遂在这里建造了圣保罗教堂，以资纪念。

市内著名的直街横贯东西，古罗马统治时期就是全城的主要街道。市中心是烈士广场，附近竖立着民族将军阿兹姆将军的铜像。全市有250座清真寺，其中最著名的是倭马亚清真寺，位于旧城中央，建于705年，富丽堂皇，是伊斯兰世界著名的古清真寺之一。附近有打败十字军的阿拉伯民族英雄萨拉丁的陵墓。寺西是罗马神话中主神朱庇特的神庙的遗迹，现有残留的几根高大石柱。

旧城内阿拉伯医学博物馆，原是建于1155年的努尔丁医院，陈列品中可见阿尤布王朝时代的医学文献和资料等。努尔丁浴池是经营达7个多世纪的、颇负盛名的古老浴池。

六、黎巴嫩

（一）概况

黎巴嫩共和国(Thc Rcpublic of Lebanon)，面积1.0452万平方公里，人口 400 万(2006 年)，绝大多数是阿拉伯人，还有亚美尼亚人、土耳其人、希腊人等。阿拉伯语为国语，通用法语和英语。居民约 54%信奉伊斯兰教，主要是什叶派、逊尼派和德鲁兹派；46%信奉基督教，主要有马龙派、希腊东正教、罗马天主教和亚美尼亚东正教等。首都贝鲁特(Beirut)，人口约 180 万(2006 年)。

行政区划：全国分 8 个省，下设县、乡。重要节日：独立日暨国庆日是 11 月 22 日(1943 年)，烈士节是 5 月 6 日，建军节是 8 月 1 日，独立节是 11 月 22 日。另外，黎巴嫩教派众多，各教派重要节日均为国家法定节日。

（二）自然与人文环境

黎巴嫩位于西亚西部地中海东岸，东部和北部邻叙利亚，南部邻巴勒斯坦地区，西濒地中海，海岸线长 220 公里。

全境按地形可分为沿海平原、沿海平原东侧的黎巴嫩山地、黎巴嫩山东侧的贝卡谷地，以及东部的安提黎巴嫩山。黎巴嫩山纵贯全境，库尔内特—萨乌达山海拔 3083 米，是黎巴嫩的最高峰。黎巴嫩属热带地中海型气候，夏季干热，但沿海一带夏季气候炎热潮湿。冬季温湿，山地多降雪，高山地区积雪可达 4～6 个月，大部分地区 10 月至来年 4 月为雨季。雨量自西向东逐渐减少。

黎巴嫩商业发达，对外贸易、转口运输、旅游和金融交易在国民经济中居重要地位。黎巴嫩居民 93%是阿拉伯人，而 46%的居民信奉基督教，这个比例在中东是绝无仅有的。

黎巴嫩原为中东旅游胜地。内战前，每年接待国外游客 200 万人次，旅游收入占国民收入的 20%以上，游客主要来自海湾地区产油国和欧、美国家。内战期间，旅游业遭受灭顶之灾。战后旅游业逐渐有所恢复。2004 年旅游收入近 20 亿美元，占国民产值的 10%左右。主要旅游地有腓尼基时代兴建的毕卜鲁斯城、古罗马时代兴建的巴尔贝克城、十字军时代兴建的赛达城堡。北部的雪山有很多滑雪场。

(三)贝鲁特

贝鲁特是黎巴嫩首都,位于黎巴嫩海岸线中部突出的海岬上,面向地中海,背靠黎巴嫩山脉,是地中海东岸最大港口城市,也是以独特建筑风格与气候环境并美而闻名的海滨城市。城市面积 67 平方公里。属地中海气候,气候温暖,年平均气温21℃,年温差小,冬季多雨。7 月平均最高气温32℃,1 月平均最低气温11℃。

“贝鲁特”一词源自腓尼基语“贝利图斯”,意为“多井之城”。至今贝鲁特一些古井仍在使用中。居民 1/3 为逊尼派穆斯林,其他还有亚美尼亚正教、东正教、天主教、什叶派穆斯林等。少数民族有亚美尼亚、巴勒斯坦和叙利亚人。

早在新石器时代,就有人类在贝鲁特海岸和峭壁穴居。在腓尼基时代贝鲁特已具城市雏形,是当时重要的商业港口,并以织造业、印染业、铸铁业闻名。历经希腊时代、罗马帝国、奥斯曼帝国等时代,所以一些城市古建筑具有希腊文明的特点,有众多罗马式的广场、剧院、运动场、澡堂。由于 349 年和 551 年的强烈地震和海啸,贝鲁特古城曾部分被毁。

贝鲁特市内,保存有罗马时期的城墙、庙宇、水池的遗址和奥斯曼帝国时期的清真寺。在贝鲁特以北三十多公里的比勃洛斯,仍能看到腓尼基人的一个村庄和罗马时期的城堡、庙宇、房屋、商店、剧场的遗迹。在众多的古迹中,最吸引游客的是贝鲁特东北八十多公里处称为巴勒贝克的神庙,这是世界上著名的古迹之一。

虽然经过内战的创伤,贝鲁特仍是黎巴嫩乃至整个中东的文化中心。该市歌舞表演、影视制作等娱乐行业非常发达。

七、巴勒斯坦

(一)概况

巴勒斯坦国(The State of Palestine),未确定疆界。巴勒斯坦民族权力机构已经在加沙地带 60%和约旦河西岸42.9%的土地上实行完全自治,实际控制的面积约 2500 平方公里。

巴勒斯坦国有 1010 万人,其中加沙地带和约旦河西岸人口为 395

万，其余为流亡在外的难民。通用阿拉伯语，主要信仰伊斯兰教。

行政区划：巴勒斯坦分为约旦河西岸和加沙地带两部分，约旦河西岸分为杰宁、图勒凯尔姆、纳布卢斯、杰里科、拉马腊、耶路撒冷、伯利恒、希伯伦8个省；加沙地带分为北方省、加沙、代尔拜莱赫、汉尤尼斯、拉法省5个省[①]。重要节日：国庆日是11月15日(1988年)。

(二)自然与人文环境

巴勒斯坦位于亚洲西部，扼欧、亚、非三大洲交通要道，约旦河西岸东邻约旦，面积为5884平方公里，加沙地带西濒地中海，面积365平方公里，海岸线长198公里。巴勒斯坦地区属亚热带地中海型气候。夏季炎热干燥，最热月份为7～8月，气温最高达38℃左右。冬季微冷湿润多雨，平均气温为4℃～11℃，最冷月份为1月。雨季为12月至来年3月。

巴基斯坦以农业为主，农业约占国内生产总值的26%。农业以小农经济为基础，主要农作物有小麦、水稻、小米、高粱、玉米、棉花、甘蔗、烟草等，其中最重要的是小麦、水稻和棉花。

巴勒斯坦气候宜人，有大量的历史文化古迹，旅游资源丰富，主要旅游城市有耶路撒冷、拉马腊、比拉、伯利恒、杰里科、纳布卢斯、希伯伦、加沙等。

(三)主要旅游地

1. 耶路撒冷

耶路撒冷位于巴勒斯坦中部犹地亚山的四座山丘上，海拔835米，是一座举世闻名的历史古城，也是世界三大宗教共同的圣城，已有五千多年的历史。城市四周群山环抱，面积158平方公里，由东部旧城和西部新城组成，人口63.4万(2000年)。

耶路撒冷旧城是一座宗教圣城，是世界三大宗教犹太教、伊斯兰教和基督教的发源地，三教都把耶路撒冷视为圣地。宗教和传统、历史和神学以及神圣的处所和祈祷的房屋，使耶路撒冷成为备受犹太教徒、基督教徒和穆斯林崇敬的神圣城市。

---

① 根据巴勒斯坦计划与国际合作部1997年10月绘制的地图。

耶路撒冷所在地最早叫"耶布斯"。相传很久以前,阿拉伯迦南人的一个名叫"耶布斯"的部落从阿拉伯半岛迁徙到这里并定居下来。之后迦南人在此修建了名为"尤罗萨利姆"的城市。大约在公元前1000年左右,犹太王国创始人大卫征服此地,并作为犹太王国的都城,并使"尤罗萨利姆"希伯莱化,称为"尤罗萨拉姆"。中文以此译为"耶路撒冷",意为"和平之城"。阿拉伯人称该城为"古德斯",即"圣城"。

公元335年,古罗马皇帝君士坦丁一世的母亲希拉娜太后巡游到耶路撒冷,在耶稣的墓地上修建了一座复活教堂,又称圣墓教堂,因此基督教都把耶路撒冷奉为圣地。

公元7世纪初,伊斯兰教先知穆罕默德在阿拉伯半岛传教,在麦加城受到当地贵族的反对。一天夜里,他从梦中被唤醒,乘骑由天使送来的一匹有女人头的银灰色牝马,从麦加来到耶路撒冷,在这里踩在一块圣石上,飞上九重天,在直接受到上天启示后,当夜又返回麦加城。这就是伊斯兰教中有名的"夜行和登宵",是穆斯林的重要教义之一。由于这个夜游神话,耶路撒冷也就成了伊斯兰教仅次于麦加、麦地那的第三圣地。

正由于耶路撒冷是三大宗教圣地,自古以来,这里发生过无数次为了争夺圣地而进行的残酷征战。耶路撒冷曾先后18次被夷为平地,但每次之后都得到复兴,是世界上少见的屡遭破坏但又备受崇敬的美丽城市。

1860年以前,耶路撒冷有城墙,城区分为犹太、穆斯林、亚美尼亚、基督教4个居民区。当时占该城人口多数的犹太人,开始在城墙外建立新的居民区,形成了现代耶路撒冷的核心。

耶路撒冷东部的老城,周围有一道高高的城墙,一些著名的宗教圣址都在老城,如伊斯兰教著名的萨赫莱清真寺、阿克萨清真寺等。凡是《旧约》、《新约》中提到的人名、事件和有关地方,在这里都建有相应的教堂和殿宇。

西部的新城区,是19世纪后逐渐建立起来的,比老城区大两倍,主要是科学、文化等机构所在地。街道两侧是现代化建筑群和景色秀丽的公园等。

2. 马赫德的山洞

马赫德的山洞位于耶路撒冷南部 17 公里的伯利恒镇附近，建有马赫德教堂，传说耶稣就降生在这个山洞里。耶稣年轻时曾在耶路撒冷求学，后又在这里布道，自称基督（即救世主），后被犹太当局钉死在城外的十字架上，并埋葬在那里。传说耶稣死后 3 天从墓中复活，40 天后升天。

七、约旦

（一）概况

约旦哈希姆王国（The Hashemite Kingdom of Jordan），面积8.934万平方公里，人口590.7万（2006 年），大部分为阿拉伯人，其中 60%以上是巴勒斯坦人，还有少数土库曼人、亚美尼亚人、吉尔吉斯人。阿拉伯语为国语，通用英语。92%以上的居民信奉伊斯兰教，属逊尼教派；6%信奉基督教，主要是希腊东正教。首都安曼（Amman），人口约 250 万（2006 年）。

行政区划：全国共分 12 个省。重要节日：独立日暨国庆日是 5 月 25 日（1946 年）。

（二）自然与人文环境

约旦位于亚洲西部，阿拉伯半岛的西北，属阿拉伯高原的一部分。北邻叙利亚，西邻巴勒斯坦和以色列，东北邻伊拉克，东南和南部邻沙特阿拉伯，西南濒红海的亚喀巴湾。基本上是个内陆国家，亚喀巴湾是唯一出海口。地势西高东低，西部多山地，东部和东南部为沙漠。沙漠占全国面积的 80%以上。西部山区属亚热带地中海型气候，气候温和。1 月平均气温7℃～14℃，7 月平均气温26℃～33℃。约旦河流经西部注入死海。死海是咸水湖，湖面低于海平面 392 米，为世界陆地最低点。

约旦经济基础薄弱，资源较贫乏，可耕地少，物资依赖进口。国民经济主要支柱为侨汇、外援和旅游。死海海水可提炼钾盐，储量达 40 亿吨。工业多属轻工业和小型加工工业。农业也不发达，主要农作物有小麦、大麦、玉米、蔬菜、水果、橄榄等。主要出口磷酸盐、钾盐、化肥、蔬菜、水果。

旅游业是约旦的三大经济支柱之一，也是主要外汇来源之一。2006

年接待游客660万人次，收入16亿美元，占GDP的10%以上。游客主要来自海湾、欧洲和美国等国家和地区。主要旅游景点有安曼、死海、杰拉什、佩特拉、杰隆古堡、亚喀巴等。

（三）安曼

安曼位于约旦西北部阿杰隆山脉东部的丘陵地带，临安曼河及其支流，因座落在7个山头之上，故有"七山之城"之称。安曼是约旦最大的城市和经济、文化中心，安曼省省会，也是西亚地区重要的商业、金融、交通中心，有食品、纺织、烟草、造纸、皮革、水泥等工业。人口约占全国总人口的38%。气候宜人，8月平均气温25.6℃，1月平均气温8.1℃。

安曼是一座著名的西亚古城，早在三千多年以前，安曼便是一个小王国的首都，称为拉巴斯·安曼。信奉古埃及太阳女神（即阿蒙女神）的阿蒙人曾在此建都，称为"阿蒙"，意为"受到了阿蒙女神的保佑"。此后，这里先后被亚述、迦勒底、波斯、希腊、马其顿、阿拉伯和奥斯曼土耳其侵占。在马其顿时代，这里称"菲尔特尔菲亚"，635年阿拉伯人征服此地，始称安曼。中古时代早期，安曼一直是西亚、北非贸易中心和交通要道之一，7世纪后趋于衰落。1921年，安曼为外约旦酋长国都城，1946年成为约旦哈希姆王国首都。

安曼分为旧城和新城。新城区多为别墅式建筑，有宾馆、体育馆、文化宫、剧场、纪念馆等。旧城区具有浓厚的阿拉伯风土气息，有很多罗马帝国时代的遗迹，如斗兽场、露天剧场、宫殿等。斗兽场呈圆形，整个地面用石头铺成，平坦而坚实。斗兽场附近的露天剧场用巨石砌成，设有三层看台，可容纳五六千名观众，每个座位都能清楚地看到舞台上的表演。另外还有市场、祖尤斯庙、艾尔特尔斯庙，以及东罗马帝国时期的教堂、水塘、浴池等遗址。地下还有许多罗马帝国时期的遗址有待发掘。

八、伊拉克

（一）概况

伊拉克共和国（The Republic of Iraq），面积44.1839万平方公里（包括924平方公里水域和伊拉克、沙特中立区伊拉克部分3522平方公里），人口约2940万（2006年），其中阿拉伯人约占78%（什叶派约占

60%，逊尼派约占18%），库尔德人约占18%，其余为土库曼人、亚美尼亚人等。官方语言为阿拉伯语和库尔德语，通用英语。居民中95%以上信奉伊斯兰教，少数人信奉基督教或犹太教。首都巴格达(Baghdad)，人口630.7万(2004年估计数)。

行政区划：全国分18个省，省下设县、乡、村。重要节日：革命日暨国庆节是7月17日。

（二）自然与人文环境

伊拉克位于阿拉伯半岛东北部，北邻土耳其，东邻伊朗，西邻叙利亚、约旦，南邻沙特阿拉伯、科威特，东南濒波斯湾，海岸线长60公里。地势自西南的阿拉伯高原向东部平原倾斜。东北部有库尔德山地，西部是沙漠地带，高原与山地间是广阔的美索不达米亚平原，绝大部分地区海拔不足百米。幼发拉底河和底格里斯河自西北向东南贯穿全境，两河在库尔纳汇合后称夏台阿拉伯河，注入波斯湾。东北部山区属地中海式气候，其他为热带沙漠气候。夏季最高气温高达50℃以上，冬季在0℃左右。年平均降雨量由南至北100～500毫米，北部山区降雨量达700毫米。

伊拉克有着悠久的历史和灿烂的文化，境内古迹遍布，底格里斯河沿岸的塞琉西亚、尼尼微、亚述等均是著名的古城。位于巴格达西南90公里的幼发拉底河右岸的巴比伦是与古代中国、印度、埃及齐名的人类文明发祥地，盛传的“空中花园”被列为世界七大奇迹之一。已有一千多年历史的巴格达更是其辉煌文化的缩影，早在公元8～13世纪，巴格达就成为西亚和阿拉伯世界的政治经济中心和文人学士荟萃之地。

伊拉克石油、天然气资源十分丰富，是仅次于沙特阿拉伯的世界第二大石油储藏国。油气产业在国民经济中始终处于主导地位，为支柱产业。主要农作物有小麦、大麦和椰枣等，但粮食不能自给。全国有椰枣树3300余万株，平均年产椰枣约630万吨。主要出口原油、天然气、椰枣、化肥等。

由于两伊战争、海湾战争、伊拉克战争，以及国际社会对其实施全面制裁，伊拉克的石油设施遭到严重破坏，经济基础设施也基本陷于瘫痪。

伊拉克旅游业由于连年战争而瘫痪，历史古迹遭到破坏。主要旅游地有公元前2060年的乌尔城遗址、公元前910年亚述帝国遗迹、俗名“太阳城”的哈特尔城遗址、巴比伦古城遗址等。此外，底格里斯河沿岸的塞琉西亚、尼尼微等，均是伊拉克著名古城名胜。

（三）旅游城市

1. 巴格达

巴格达位于伊拉克中部、横跨底格里斯河两岸，面积860平方公里，是伊拉克政治、经济、宗教和文化中心。“巴格达”一词来源于古波斯语，意为“神赐的地方”。

公元762年，巴格达被阿拔斯王朝第二代哈里发曼苏尔选定为首都，并命名为“和平之城”。该城的中央是曼苏尔的“金宫”，金宫四周是皇家及显赫人物的亭台楼阁。因城市建在圆形城墙内，故又称为“团城”。8～13世纪，随着巴格达的不断扩建与发展，市区横跨底格里斯河东西两岸。1258年巴格达被蒙古人攻陷，1508年和1534年又分别被波斯和土耳其人占领，并在1638年后长期受土耳其奥斯曼帝国的统治。1917年，巴格达落入英军之手。1921年，巴格达成为新独立的伊拉克首都。

巴格达经济发达，拥有全国40％的工业，包括以炼油、纺织、制革、造纸和食品为主的城市工业。这里既有现代化的大商场，也有阿拉伯式的古老商店。

伊拉克国家博物馆位于巴格达库尔哈区，始建于20世纪20年代，是伊拉克最早建立的、藏品最丰富的博物馆，被联合国教科文组织列为世界第十一大博物馆。博物馆共有28个展厅，“伊战”前曾收藏了1950年以来幼发拉底河与底格里斯河流域（简称“两河流域”）出土的大量文物，包括远古时期曾在两河流域生息过的各民族、各个时代的珍贵文物，展现了不同民族创造的既一脉相承、又各具特色的灿烂文化。博物馆内的图书馆还曾收藏了近6000种手稿和约7万册各种文字的书籍，是研究两河流域文明不可缺少的文化宝藏，其中公元前4000年苏美尔时期用楔形文字刻在胶泥版上的文献和史诗更是绝世的珍宝。但是，战争改变了伊拉克国家博物馆的命运。海湾战争和伊拉克战争的爆发，使伊拉克国家博物馆遭到劫难，珍贵文物大量流失。

2.巴士拉

巴士拉(Basra)是伊拉克的第二大城市和最大的港口城市，位于伊拉克的东南端底格里斯河和幼发拉底河交汇的夏台阿拉伯河西岸，南距波斯湾120公里，是连接波斯湾和内河水系的唯一枢纽。

历史上，巴士拉是阿拉伯文化、科学、商业和金融中心，巴士拉港是世界上最古老的港口之一，但作为现代化港口，巴士拉港在1914年才开始动工建设。“二战”后，随着伊拉克石油工业的迅速发展，以及巴士拉附近地区石油的开采，巴士拉市成为伊拉克新兴的石油化学工业基地和石油出口的中心。巴士拉港也逐步建设成为波斯湾沿岸首屈一指的现代化港口。

从前的巴士拉，市内水道、运河纵横交错，风景如画，被称为“东方的威尼斯”，是伊拉克著名的旅游胜地。然而，在两伊战争和海湾战争期间，巴士拉受到极为严重的破坏。

3.纳杰夫

纳杰夫(Najaf)是伊拉克纳杰夫省的省会，位于幼发拉底河西岸11公里，距巴格达以南160公里，是伊拉克境内伊斯兰教什叶派著名的圣地之一。纳杰夫城始建于公元791年，10世纪后开始昌盛。

阿里清真寺，位于纳杰夫老城的中央，始建于回历170年，保存着第四代哈里发阿里的陵墓。整体建筑富丽堂皇，雄伟壮观，是阿拉伯文化和艺术的瑰宝，也是闻名于世的伊斯兰教重要古迹。

4.卡尔巴拉

卡尔巴拉(Karbala)是伊拉克卡尔巴拉省的首府，也是伊拉克的历史名城。该市位于伊拉克中部，在巴格达西南约90公里，是伊拉克什叶派穆斯林的聚集地，人口约13万，其中一半为伊朗人后裔。城内环境幽雅，城外果树成林，棕榈树茂密成荫。郊外的拉扎泽赫湖风景优美。

侯赛因清真寺，位于卡尔巴拉北部的旧城，是伊拉克最著名的圣殿之一。先知穆罕默德的外孙侯赛因和其弟阿巴斯的陵墓位于寺中央，是一个木制平台，用象牙镶嵌。墓上有许多镶满宝石的金饰。清真寺镀金穹顶和3个高耸入云的宣礼尖塔，光彩夺目。世界各地穆斯林纷纷来此朝拜。

5. 巴比伦

巴比伦(Babylon)是世界著名古城遗址和人类文明的发祥地之一，盛传的“空中花园”被列为古代世界七大奇迹之一。巴比伦位于伊拉克首都巴格达以南90公里的幼发拉底河右岸，建于公元前2350年前后，是与古代中国、印度、埃及齐名的人类文明发祥地。巴比伦意即“神之门”，由于地处交通要冲，“神之门”不断扩展，成为幼发拉底河和底格里斯河两河流域的重镇。公元前2000年至公元前1000年曾是西亚最繁华的政治、经济以及商业和文化中心，这里还曾是古巴比伦王国和新巴比伦王国的首都。

古巴比伦城垣雄伟、宫殿壮丽，充分显示了古代两河流域的建筑水平。这里还有被称为世界七大奇迹的“空中花园”、引人注目的人与狮子搏斗的石刻雕像。

从公元前539年起，巴比伦城曾先后被波斯人、马其顿国王亚历山大和帕提亚人占领。自公元前4世纪末逐渐衰落，到公元2世纪则沦为一片废墟；当年“女神门”内庆典大道两旁的120尊石狮早已荡然无存。

为了发展旅游业，1978年，伊拉克政府制定与实施了一项修建巴比伦遗址的计划，在遗址上仿建了部分城墙和建筑，在城内修建了博物馆，陈列出土的巴比伦文物，其中，尤以一块高逾2米的黑色闪绿岩石碑的复制品最为珍贵，石碑的上半部是镌刻着太阳神将权标授予汉穆拉比情景的精致浮雕，下半部则为用楔形文字记载的《汉穆拉比法典》全文。

九、科威特

(一)概况

科威特国(The State of Kuwait)，面积1.7818万平方公里，人口245.7万(2005年)，其中外籍人口149.3万人，占60.8%。外国侨民主要有巴勒斯坦人、埃及人，其余为印度、伊朗、巴基斯坦和其他阿拉伯人。阿拉伯语为官方语言，通用英语。伊斯兰教为国教，居民95%信奉伊斯兰教，其中约70%属逊尼派，30%为什叶派。首都科威特城(Kuwait

City),人口43.9万(2005年)。

行政区划:全国分为6个省。重要节日:独立日是6月19日(1961年),国庆日是2月25日(1950年,是第11代埃米尔登基日)。

(二)自然与人文环境

科威特位于亚洲西部波斯湾西北岸,西、北邻伊拉克,南邻沙特阿拉伯,东濒波斯湾,隔海与伊朗相望,沿海有布比延、法拉卡等9个岛屿,海岸线长290公里。境内地势西高东低,东北部为冲积平原,其余为沙漠平原,之上有一些丘陵分布。科威特属热带沙漠气候,夏长炎热干燥,冬短湿润多雨。1月平均气温12℃,7月平均气温34℃,最热时树荫下为51℃,太阳直射处达80℃。1～5月降水较多,年平均降水量22～352毫米。无常年有水的河流和湖泊。地下水资源丰富,但淡水极少。

科威特石油和天然气储量丰富,已探明的石油储量占世界储量的10.8%,居世界第四位。石油是科威特财政收入的主要来源和国民经济的支柱。工业以石油开采、冶炼和石油化工为主。渔业资源丰富,盛产大虾、石斑鱼和黄花鱼。对外贸易在经济中占有重要地位。出口商品主要有石油、天然气和化工产品,石油出口占出口总额的95%。

(三)科威特城

科威特城是全国政治、经济、文化中心和重要港口,位于波斯湾西岸。面积80平方公里,人口38万,居民信奉伊斯兰教,其中70%以上属逊尼派。年最高气温55℃,最低气温8℃。科威特城工业有石油化工、化肥、建筑材料、肥皂、海水淡化、电力、食品加工和饮料等。该城还拥有阿拉伯半岛东岸最主要的深水港。

公元前4世纪,古希腊马其顿王的舰队东征后,由印度洋经波斯湾回国,在现在科威特城的西岸建筑了一些小城堡。18世纪中叶,科威特城发展为海港。1938年科威特发现了石油,1946年开始开采。国家的石油经济使科威特城得以迅速发展,到20世纪50年代科威特城已初步成为一个现代化城市。1961年6月19日,科威特宣布独立,将科威特城定为首都。

科威特城到处是伊斯兰风格的高楼大厦,其中以国家元首办公的剑宫、法蒂玛清真寺、议会大厦、新闻大楼、电报大楼最为著名。造型美观奇特的贮水箱和贮水塔,是这里最具特色的建筑设施,全市有几十座贮水塔,几乎每家的屋顶上都有或方或圆的贮水箱。

科威特大塔位于市区东部岬角顶端的海滩上,是科威特城最雄伟的建筑,由三座造型各异的塔组成,右边的主塔高187米,直径32米,由上下相距40米的两个球型建筑串成,分别象征地球和月球。下方的大球能容纳100万加仑水,还有一个可容纳500人的餐厅和一个花园。花园内一年四季盛开世界各地的名花。

科威特城大寺位于市中心,建于1994年,是科威特最大的清真寺,装饰豪华精致,可容纳万人礼拜,附属的女子礼拜殿能容纳千人。大殿圆顶高43米,有144个采光的窗户,室内72根柱子,21扇大门,外表用大理石和彩色瓷砖,饰以优美的阿拉伯文书法经文,富丽堂皇。两个对称的宣礼塔高72米,塔身是叙利亚大理石镶嵌,顶上是黄铜覆盖。

科威特国家博物馆建于1957年,曾在1990年伊拉克入侵和占领科威特期间遭到严重破坏,有"科威特民间遗产"等展馆,展示科威特的古代民俗,以及发现石油之前科威特人的劳作、生活情况。

白杨宫位于在科威特市东南16公里处的椰枣林中,是科威特国际会议中心,落成于1987年1月,是科威特别具一格的白色宏伟现代建筑群,体现了典雅古朴的伊斯兰造型同现代建筑艺术的华丽有机结合之美。

白杨宫占地面积50万平方米,建筑面积为14万平方米,四周是翠绿的椰枣林和大片的草地,其主建筑为正方形,地上两层、地下一层。底层专门用于接待国家元首的主客厅,面积达3000平方米。白杨宫的建筑群还包括6组18栋楼的客房。

十、沙特阿拉伯

(一)概况

沙特阿拉伯王国(Kingdom of Saudi Arabia),面积225万平方公里,人口2460万(2005年),其中沙特公民约占70%。官方语言为阿拉伯语,通用英语。伊斯兰教为国教,逊尼派约占85%,什叶派约占15%。

首都利雅得(Riyadh)，人口约500万。

行政区划：全国分为13个地区，地区下设一级县和二级县，县下设一级乡和二级乡。重要节日：独立日暨国庆日是9月23日（1932年）。开斋节是回历10月第一天，政府机关的假日从回历9月25日至10月5日。宰牲节是回历12月10日，政府机关假日从回历12月5～15日。

（二）自然与人文环境

沙特阿拉伯位于阿拉伯半岛，陆地邻约旦、伊拉克、科威特、阿拉伯联合酋长国、阿曼、也门共和国，东濒波斯湾，西临红海，海岸线长2437公里。境内地势西高东低。西部是希贾兹—阿西尔高原，其南段的希贾兹山脉，海拔3000米以上。中部为纳季德高原，东部为平原，红海沿岸地区是宽约70公里的红海低地。沙漠约占全国面积的一半。西部高原属地中海式气候；其他广大地区属亚热带沙漠气候，炎热干燥。夏季沿海地区气温38℃～39℃，内地有时气温高达54℃；冬季气候温和。年平均降雨不超过200毫米。无常年流水的河流、湖泊。

沙特阿拉伯石油和天然气资源极为丰富，是世界上石油储量、产量和出口量最大的国家之一，以“石油王国”著称。石油储量占世界总储量的25%，居世界第一位。天然气储量占世界总储量的4%，居世界第四位。石油收入占国家财政收入的70%以上，石油出口收入约占出口总额的90%。还有金、铜、铁、锡、铝、锌等矿藏，是世界第四大黄金市场。沙特阿拉伯被誉为“沙漠王国”，水比油贵。水资源以地下水为主，同时也是世界上最大的淡化海水生产国，全国的海水淡化总量占世界海水淡化量的21%左右。184个蓄水池可蓄水6.4亿立方米。

沙特阿拉伯每年接待外国游客300万人次，其中二百多万为朝觐旅游者。

（三）主要旅游地

1. 利雅得

利雅得是沙特阿拉伯王国首都、王宫所在地、利雅得省首府，位于阿拉伯半岛中部内志高原的哈尼法、艾桑和拜萨汉宰3条干涸河谷中，海拔520米，东距波斯湾约386公里。气候干热，7月平均气温33℃，最高气温45℃;1月平均气温14℃,年降水量81.3毫米。

18世纪中叶在当地四周修筑城墙后,开始称为利雅得。1824年成为沙特王室京邑,1891年归属拉西德部族,1932年成为王国首都,当时的马斯马克城堡存在至今。20世纪30年代以来,由于大量的石油收入和交通日益发展,利雅得迅速发展为现代化城市。

利雅得饮用水不足,要靠东南郊30公里外海尔的地下咸水淡化来供应。利雅得西部约8平方公里的纳西里耶区,是王宫和亲王们的宅第区,其中的宫殿、别墅风格多样。

利雅得是沙特阿拉伯全国商业、文教和交通中心。绿洲农业区出产椰枣、小麦和蔬菜。工业有炼油、石油化工、水泥、纺织等。利雅得还是红海和波斯湾之间的中转点、农牧业产品集散中心,以及伊朗、伊拉克等地穆斯林去麦加、麦地那朝觐的陆上交通站。

德拉伊耶是沙特阿拉伯古都遗址,是沙特家族的发祥地,前沙特国(1774年至1818年)首府,位于现首都利雅得西北16公里处的哈尼法谷地。18世纪中叶,德拉伊耶曾是内志的政治、宗教和教育中心,有用石头砌筑的清真寺。当时部落中开始推行伊斯兰教法律,学生纷至,学者云集,气象喧阗。1818年此城被奥斯曼帝国驻埃及总督穆罕默德·阿里率军摧毁。现只余残垣断壁,一片废墟。

2.麦加

麦加(Mecca)是伊斯兰教的第一圣地,位于沙特阿拉伯西部赛拉特山区一条狭窄的山谷里,群山环抱。麦加阿拉伯语意为"吮吸",形象地表达了这里地势低、气温高,饮水困难的特征。麦加自古就是阿拉伯半岛上各种拜物教的中心,自古也是繁荣的商业城镇,来自亚非和地中海地区的商队汇集于此。居民的主要职业是接待川流不息的朝觐者。麦加市区范围近30平方公里,人口近40万。

因为穆罕默德在此诞生,并创立和传播伊斯兰教,所以麦加闻名于世。由于遭到反对和迫害,穆罕默德于公元622年迁往麦地那,在麦地那决定把礼拜的方向朝向麦加,从此,世界各地穆斯林都朝向麦加作礼拜。公元630年,穆罕默德率兵攻占麦加,控制了守护克尔白圣殿之权,并废弃多神教,把圣殿改为伊斯兰教清真寺,又称禁寺。

伊斯兰教规规定信徒的念、礼、斋、课、朝“五功”之一是到麦加去朝觐,《古兰经》也载有到麦加天房去履行朝觐的义务。“朝觐”是伊斯兰教的信徒所规定的必须遵守的基本制度之一,它既体现了尊重历史传统,纪念“先知”的一种宗教仪式,又是一种带有自发地促进各国穆斯林间彼此了解和友谊的年会。一千多年来,随着交通工具的日益发达,前往麦加朝觐的穆斯林逐年增多。

1932 年沙特阿拉伯王国建立后,麦加被称为“宗教之都”,现由穆罕默德后裔管理。麦加旧城被称为“易卜拉欣洼地”的干涸河谷,集聚着带有中古特征的宗教建筑和宫殿,狭窄的街道两旁是古色古香的店铺,居民的服装、语言和习俗还保留某些穆罕默德时代的风貌。从旧城西向吉达方向的新市区,高楼大厦林立,一派现代化城市景色。

圣地麦加在穆斯林世界被誉为“诸城之母”,只对穆斯林开放,非穆斯林一律谢绝入内,连记者也不例外。

禁寺位于麦加城中心,总面积 16 万平方米,可容 30 万人同时做礼拜,是穆斯林最神圣的地方。禁寺广场中央的克尔白,又称天房,是巍峨的立方形圣殿。天房外东南墙角,离地1.5米高处,镶有一块黑色陨石,穆斯林视为圣物,朝觐者游转天房经过此石时,争先与之亲吻或举双手致意。天房东南侧的“渗渗泉”,被视为圣水,游转天房后,在此饮水,以沾吉祥。

麦加的其他圣地还有城东 20 公里的阿拉法特山、穆兹达利法和米纳等地,是朝觐者要站山诵经、“射石”(驱邪)活动之地。

十一、也门

(一)概况

也门共和国(The Republic of Yemen),面积55.5万平方公里,人口 2139 万(2005 年),绝大多数是阿拉伯人,官方语言为阿拉伯语。伊斯兰教为国教,什叶派的宰德教派和逊尼派的沙裴仪教派各占 50%。首都萨那(Sana'a),人口 190 万(2005 年)。

行政区划:共分为 19 个省和 1 个直辖市(萨那市)。重要节日:国庆日是 5 月 22 日(1990 年)。

（二）自然与人文环境

也门位于阿拉伯半岛西南部，北邻沙特阿拉伯，东邻阿曼，南濒亚丁湾和阿拉伯海，西濒红海，扼地中海与印度洋交通要冲，隔曼德海峡、亚丁湾与厄立特里亚、吉布提、索马里相望，海岸线长 1906 公里。全境以山地高原为主，沙漠地区炎热干燥，年平均最高气温39℃，最低气温－8℃。

也门属于世界上最不发达国家之一，经济以农业为主，但粮食不能自给。20 世纪 90 年代以来，石油、天然气的开发和利用逐渐成为也门经济的支柱产业，石油出口约占出口总额的 90%。出口产品主要有石油、棉花、咖啡、烟叶、香料和海产品等。

（三）旅游城市

1.萨那

萨那是也门首都，全国政治、经济、文化中心，位于阿邦山和纳卡木山之间的萨那盆地，平均海拔 2200 米。萨那气候温和，日照充足，夏季气温一般不超过30℃，冬季气温最低气温0℃，年降雨量约 250 毫米。一年有两个雨季，每年的 3～4 月为小雨季，7～8 月为大雨季，因城市排水设施落后，雨季常发生水灾。

由于这里气候宜人，终年鲜花怒放，绿草如茵，又被人们称为“春城”。每年来自世界各地的观光游客不计其数。在阿拉伯人中素有“途程虽远，必到萨那”之说，现在许多人称萨那为“也门之门”。

萨那是伊斯兰历史名城，有 2500 年的历史。市区由老城和新城组成。老城在东区，有许多古老的清真寺和宣礼尖塔。大清真寺内的大图书馆为阿拉伯国家最大的图书馆之一。城东为行政、商业区，西为住宅花园区。

萨那以其独特的建筑艺术和众多的历史古迹闻名于世。漫步在萨那的老城区，随处可见各式各样的清真寺。狭窄的街道密集而热闹，充满浓厚的阿拉伯色彩。各种建筑都是用青石、白石或红石垒砌而成，造型别致，上面雕刻着精美的石刻画。这些建筑物的窗户分上下两部分，上半部多为半圆拱形，镶嵌着花瓣式彩色玻璃；下半部可以自由开关，窗口距室内地面约半米高，人们席地坐在室内，可见大街上的热闹景象。

萨那城内有五十多座清真寺,始建于1300年前的大清真寺保存完好,还有遍及各处的神殿。城内最著名的古迹有萨那老城、也门门、叶海亚王宫等,其中萨那老城被联合国教科文组织列入世界文化遗产名录。

萨那北郊达赫尔谷地的绿色原野上,有老教长时代的王宫卡索尔·哈克尔宫,又称"石头宫"。该宫建在一座高20米的巨大岩石之上,是一座装饰华丽的四五层楼高的建筑,四周建有碉堡。

萨那建有电站及纺织、皮革、食品等工厂和宝石加工手工业。附近农牧业发达,为咖啡等产品集散地。

2. 亚丁

亚丁是也门的古城,为亚丁省首府,位于阿拉伯半岛的西南端,扼守红海通向印度洋的门户,素有"欧、亚、非三洲海上交通要冲"之称,是世界著名的港口。亚丁濒临近似椭圆形的海湾,山峰连绵,建筑别致,海面辽阔,海水碧蓝,因处在火山口附近,又被称为"火山口上的城市"。城市由克雷特(老亚丁)、霍尔穆克萨尔、小亚丁和人民城等7个区组成,人口约40万。克雷特区在亚丁半岛东部的,"克雷特"原意为"火山口"。亚丁老城修建在沙姆桑山的死火山的山口上。亚丁新城位于"老亚丁"西面,靠着深水港湾。

在霍尔穆克萨尔区附近辟有人工岛休养地,岛上建有别墅式花园房舍,宏伟壮观的现代化的金色海岸旅馆格外引人注目。

十二、以色列

(一)概况

以色列国(The State of Israel),根据1947年联合国关于巴勒斯坦分治决议的规定,国土的面积为1.49万平方公里(现在实际控制面积约为2.5万平方公里),人口711.62万(2006年12月)[①],其中犹太人为539.36万,占76%(约占全世界1300万犹太人的40%),阿拉伯人为141.35万,占20%,另有少量德鲁兹人和贝都因人。希伯来语和阿拉伯语均为官方语言,通用英语。居民中大部分信奉犹太教,其余信奉伊斯

① 包括约旦河西岸、加沙地带和东耶路撒冷犹太居民。

兰教、基督教和其他宗教。

行政区划：全国划分为6个区，30个分区，31个市。115个地方委员会，49个地区委员会。重要节日：独立日暨国庆日是5月14日(1948年)[①]，安息日是每周五日落至周六日落，犹太新年是在公历9月前后，赎罪日约在公历10月，住棚节是在公历10月，逾越节是在公历3～4月，大屠杀纪念日是在公历5月。

(二)自然与人文环境

以色列位于亚洲西部，亚、非、欧三大洲结合处，北邻黎巴嫩，东北邻叙利亚，东邻约旦，西濒地中海，西南邻埃及的西奈半岛，南端的一角临亚喀巴湾，海岸线长度为198公里。沿海为狭长平原，东部有山地和高原，西部为地中海沿岸平原，南部高原较平坦，东部为约旦河谷地、死海洼地和阿拉伯谷地。加利利山、萨马里山和朱迪山贯穿中部。全国最高峰梅隆山，海拔1208米。以色列属亚热带地中海式气候，夏季炎热干燥，最高气温39℃；冬季温和湿润，最低气温4℃左右。降水量南北差异很大，最北部平均降水量900毫米，最南部仅50毫米左右。

以色列地处沙漠地带边缘，水资源匮乏，土地贫瘠，资源短缺，但重视教育和人才的培养，坚持走科技强国之路，使经济得以较快发展。以色列高新技术产业发展举世瞩目，特别是在电子、通信、计算机软件、医疗器械、生物技术工程、农业以及航空等方面拥有先进的技术和优势。严重缺水使以色列在农业方面形成了特有的滴灌节水技术，充分利用现有水资源，将大片沙漠变成了绿洲。虽然农民不足总人口5%，但农产品不仅能满足国内需求，还大量出口优质水果、蔬菜、花卉和棉花等。

以色列旅游业在经济中占重要地位，是外汇收入的主要来源之一。该国幅员虽小，但有独特的旅游胜地和众多的名胜古迹。游客来自世界各地，90%以上的游客来自欧洲和美洲，包括通过约旦河桥和埃—以边境进入以色列境内的阿拉伯各国的游客。2006年入境旅游人数180万人次。

---

① 以色列虽然在日常生活中采用公历，但是民族节日均采用犹太历。因此，每年的独立日不一定是公历的5月14日。

(三)主要旅游地

1.耶路撒冷的哭墙

圣殿山是犹太教徒最重要的一处圣地,公元前1千年犹太大卫王的儿子所罗门,耗时7载,动用20万人在耶路撒冷一座小山,即后来著名的神庙山(也称圣殿山)上兴建了一座华丽的圣殿,作为朝拜犹太教神主耶和华的地方,这就是著名的耶路撒冷第一圣殿。公元前586年,巴比伦军队攻占耶路撒冷,第一圣殿被毁。后来犹太人两度重修圣殿,但又在罗马占领时期两次被毁坏殆尽。保护至圣所著名的大殿是公元前37年由希律一世大帝在所罗门建造的第一圣殿的废墟上重建起来的。希律圣殿被古罗马提图斯军团毁于公元70年。此后,犹太人在原来犹太圣殿废墟上用原来圣殿的石头垒起一堵52米长、19米高的大墙,称为“西墙”,犹太人也称之为“哭墙”,并成为当今犹太教最重要的崇拜物。

犹太人认为哭墙是当年圣殿留下的唯一遗迹,因而是犹太教最神圣的祈祷地方。许多世纪以来,犹太教徒都到这里来面壁祈祷,每当追忆历史上圣殿被毁情景,便不禁嚎啕大哭一场,哭墙因此而得名。以色列人发誓决不废弃哭墙。

哭墙看起来和一堵巨大的石墙无异。每天都可看见犹太人自动分成男女两拨,分别在哭墙的北南两段祈祷,他们常常手捧《圣经》,一边祈祷,一边点头(根据犹太教规,凡是念到圣人名字的时候必须点头)。

1967年哭墙所在的破败街区被拆除,形成一片宽阔的铺砌广场,圣殿遗址上建有穆斯林圣所,附近还建有一座犹太教堂和一座拉比学馆。

1981年哭墙被列入《世界遗产目录》。

2.特拉维夫—雅法

特拉维夫—雅法(Tel Aviv-Yafo)位于地中海滨,是以色列第二大城市和经济、文化中心,人口约40万,主要为犹太人,阿拉伯人约占总人口的4%。特拉维夫—雅法地处沿海平原,气候是典型的地中海类型,夏季炎热干燥,8月白天平均气温30.2℃;冬季温暖多雨,12月白天平均气温9.6℃;年降雨量约530毫米。

雅法,希伯来语发音为Yafo,阿拉伯发音为Jaffa,《圣经》中称其为Joppa。最早在公元前18世纪由伽南人建立,Jaffa在伽南语中意为“美丽的”。而根据基督教传说，雅法是由诺亚之子 Yefet 在大洪水后所建，并以其名字命名。考古发掘和文献记载表明，至少 4000 年前，埃及人和腓尼基人开始将它作为海上航行中的一个重要港口。历史上是列强的必争之地，亚历山大大帝、罗马军团、十字军、阿拉丁、狮心王查理、穆罕默德·阿里、奥斯曼苏丹、拿破仑等先后攻占此地。

雅法老城是具有四千多年历史的港口城市，也是世界上最古老的城市之一，被列入《世界遗产名录》。1948 年联合国决定以巴分治之前，雅法居民绝大多数为阿拉伯人，故被划归巴勒斯坦国。第一次中东战争期间，以色列占领雅法，阿拉伯居民大多外逃。1950 年雅法与特拉维夫合并后，幸存的老城成为现今艺术画廊、工艺品商店、餐馆和酒吧的聚集地。在阿什杜德港建成后，雅法港只供渔船和游艇使用。

雅法在《圣经》中曾被多次提及，所罗门修建圣殿所用的黎巴嫩雪松通过雅法港运输，先知约拿从此出发前往亚述首都尼尼微，圣徒彼得在此使寡妇塔比瑟(Tabitha)复活。

特拉维夫，1909 年还是雅法城外的一个犹太居民区。1921 年，特拉维夫的犹太人与雅法的阿拉伯人之间的矛盾激化，促使犹太人在特拉维夫兴建新的商业中心。此后，特拉维夫伴随着移民的大量到来而迅速发展，逐渐成为以色列的经济、文化中心。1948 年以色列建国后，曾以特拉维夫为临时首都。之后，虽然以色列宣布耶路撒冷为其首都，但并未被国际社会认可。多数国家的使馆仍设在特拉维夫或邻近城市。目前，以色列国防部仍设在特拉维夫，许多政府部门也在此设有办公室。根据传统，以色列总理每周四也在特拉维夫办公。

特拉维夫有“不夜城”之称，夜生活丰富多彩。雅法老港口周围是艺术家的聚居地，整个地区成为全市夜生活的中心之一。

3. 死海

死海(Dead Sea)是世界著名的大盐湖，位于约旦与以色列之间，南北长约 80 公里，东西宽约 5～16 公里，面积 1049 平方公里。湖面低于海平面 400 米，是世界上陆地的最低点，平均深度 301 米。由于湖水含盐量约占 25%，水中动植物不能生存，沿岸树木也很少，故称“死海”。湖水盐类主要成分为氯化物，储量在 420 亿吨以上，其中氯化镁最多，其次为氯化钠、氯化钾以及氯化镁和石膏等。死海湖水含盐高，人入水不沉，死海水和水中黑泥，均有治皮肤病疗效。

4.埃拉特

埃拉特(Eilat)是红海亚喀巴湾（以色列称埃拉特湾）的港口城市，与埃及的塔巴、约旦的亚喀巴相邻，是以色列最南端的城市，人口约5万。附近有内盖夫、西奈等沙漠，气候异常炎热，夏季通常在35℃以上，冬季也很少低于25℃。由于濒临的红海海水相对较凉（22℃～25℃），加上当地独特的地貌风景和丰富的热带生物，使埃拉特成为以色列最受欢迎的度假胜地。

十三、阿曼

（一）概况

阿曼苏丹国(The Sultanate of Oman)，面积30.95万平方公里，人口280万（2005年），绝大多数是阿拉伯人，另有印度、巴基斯坦等外籍人。官方语言为阿拉伯语，通用英语。本国居民绝大多数信奉伊斯兰教，其中90%属伊巴德教派。首都马斯喀特(Muscat)，人口72万。

行政区划：按行政区域划分为3个省和5个地区，省区之下设有59个州。重要节日：独立日是12月20日（1951年），国庆日是11月18日（1940年，苏丹卡布斯诞辰）。

（二）自然与人文环境

阿曼位于阿拉伯半岛东南部，西北邻阿拉伯联合酋长国，西邻沙特阿拉伯，西南邻也门共和国，东北与东南濒阿曼湾和阿拉伯海，海岸线长1700公里。境内大部分是海拔200～500米的高原。东北部为哈贾尔山脉，主峰沙姆山海拔3352米，为全国最高峰。中部是平原，多沙漠。西南部为佐法尔高原。全国除东北部山地外，均属热带沙漠气候。全年分两季，5～10月为热季，气温高达40℃以上；11月至来年4月为凉季，平均气温约为24℃。年平均降水量为130毫米。

阿曼矿产资源有石油、天然气等，油气田主要分布在西北部和南部的戈壁、沙漠地区。水产资源丰富。工业基础薄弱。农业生产主要是种植椰枣、柠檬、香蕉等水果和蔬菜，粮食作物以小麦、大麦、高粱为主，但粮食不能自给。渔业是阿曼的传统产业，是阿曼非石油产品出口收入的主要来源之一，自给有余。

（三）马斯喀特

马斯喀特东南濒阿拉伯海，东北濒阿曼湾，据守印度洋通住波斯湾的门户，市区面积达 50 平方公里。“马斯喀特”在阿拉伯语中意为“东西降落的地方”，在历史上曾屡遭波斯、英国、葡萄牙等的入侵和控制。1784 年阿曼赛义德王朝在此建都。从 1967 年起，马斯喀特开始因为石油收入而飞速发展。

最东面的老城区，依山傍海，山势峭拔多姿，城中有重建的壮丽王宫，小街巷中有不少传统的阿拉伯小房，并保留两座古老城门和一段城墙。向西与老城隔一个山口的马特拉区是商业中心，与 1976 年建成的卡布斯港相望。卡布斯港东侧的海军基地，是扼守阿曼湾的要塞，向西约 7 公里是法哈尔港，阿曼所产石油全部从此出口。

新市区鲁维，与马特拉相连，是规模更大的商业区，也是外交、国防、内政等政府部门和大部分外国使馆所在地。城内的博物馆中藏有阿曼出土的中国宋瓷。最西端的西卜区地势平坦，有丰富的地下水，多庄园，有卡布斯苏丹的西卜宫。1976 年建成的海水淡化厂兼发电厂基本上解决了这个世界最热城市的水电供应。

十四、阿联酋

（一）概况

阿拉伯联合酋长国（The United Arab Emirates），面积8.36万平方公里（包括沿海岛屿），人口 410 万（2005 年），外籍人占 80%，主要来自印度、巴基斯坦、埃及、叙利亚、巴勒斯坦等国。阿拉伯语为官方语言，通用英语。居民大多信奉伊斯兰教，多数属逊尼派；在迪拜什叶派占多数。首都阿布扎比（Abu Dhabi），人口 66 万。

行政区划：由 7 个酋长国组成。重要节日：独立日暨国庆日是 12 月 2 日（1971 年）。

（二）自然与人文环境

阿联酋位于阿拉伯半岛东部，西北邻卡塔尔，西和南邻沙特阿拉伯，东和东北邻阿曼，北濒波斯湾，海岸线长734公里。境内除东北部有少量山地外，绝大部分是海拔200米以下的洼地和沙漠。阿联酋属热带沙漠气候，炎热干燥。夏季(5～10月)炎热潮湿，最高气温40℃～50℃，冬季(11月至来年4月)最低气温7℃～20℃，偶有沙暴。平均降水量约100毫米，多集中于1～2月间。

阿联酋石油和天然气资源非常丰富，国民经济以石油生产和石油化工工业为主。石油收入占政府财政收入的85%以上。

(三)旅游城市

1.阿布扎比

阿布扎比是阿联酋的首都，也是阿布扎比酋长国的首府。位于阿拉伯半岛的东北部，由海边的几个小岛组成，北濒波斯湾，南接广袤无垠的沙漠。

阿布扎比在阿拉伯语中意为“有羚羊的地方”。20世纪70年代之前，阿布扎比还是一片荒漠。1971年成立阿拉伯联合酋长国以后，随着石油的大量发现和开采，阿布扎比飞速发展，形成沙漠中的一片新绿洲，到80年代末已成为现代化的都市。市区内，高楼大厦林立，风格各异，式样新颖；街道整齐宽阔，纵横交错。道路两旁，绿树成行，青草如茵。在市郊，花园式的别墅和住宅，掩映于绿树和鲜花丛中。

阿布扎比的绿化造林令人瞩目，市区和郊区的绿化地已连成一片。市区已拥有哈利迪亚公园、穆希里富妇幼公园、首都公园、阿勒·纳哈扬公园和新机场公园等12座公园。长十多公里的海滨大道两旁，有高大的桉树、椰枣树和灌木树丛，还有各具风格的小花园、绿草地和喷水池，与路旁的湛蓝大海融成一片。阿布扎比的旅游业发达，70%的游客来自欧洲国家。

2.迪拜

迪拜(Dubai)是阿联酋的港口城市，也是海湾和中东地区最大的商埠，有“商业之都”的美誉。为本地区最重要的贸易、交通运输、旅游和购物中心。

迪拜因石油而兴起，是20世纪世界发展最迅速的城市之一。20世纪50年代迪拜是个海滨小镇，而到90年代后迅速发展成一个国际休闲、购物、商务、会议和展览中心。有现代化的建筑、干净的街道、豪华的旅游设施、大型购物中心，还有美丽的海滨、历史遗迹、险峻的山峦、郁郁葱葱的公园、浩瀚的沙漠。

在迪拜市区，为纪念阿联酋第一口油井建成出油的石油纪念碑建于 20 世纪 60 年代，碑上托着的一把火炬，十分引人注目。距纪念碑不远，是迪拜钟楼和喷水池，钟楼 4 根支柱呈放射状，建筑造型新颖。80 年代建成的迪拜世界贸易中心大楼，是中东地区最高的建筑。迪拜市内没有河流，但拥有颇具规模的自来水厂。

迪拜是一个多姿多彩的五星级豪华度假胜地，从 Burj 酒店到空前发展的棕榈岛、世界岛、迪拜乐园、迪拜海滨城，完备的休闲设施应有尽有，既有景致超群的海滩，五星级的服务，热闹的购物商场和隐约的摩天楼，又有传统的集市和古老的独桅帆船。

Burj Al-Arab 酒店（burj 音译“泊瓷”，又称“阿拉伯塔”），建在海滨的一个人工岛上，是全世界唯一的七星级酒店，酒店的豪华程度令人叹为观止。该酒店是一个高 321 米、56 层的船帆形的塔状建筑，有 202 套复式客房，采用双层膜结构建筑形式，造型轻盈、飘逸，具有很强的膜结构特点及现代风格。在 200 米高的餐厅可以俯瞰迪拜全城。

十五、卡塔尔

（一）概况

卡塔尔国（The State of Qatar），面积1.1521万平方公里，人口 80 万（2005 年），外籍人约占人口总数的 70%，主要来自印度、巴基斯坦和东南亚国家。阿拉伯语为官方语言，通用英语。居民大多信奉伊斯兰教，多数属逊尼派中的瓦哈比教派，什叶派占全国人口的 16%。首都多哈（Doha），人口44.6万（2005 年）。

行政区划：全国分为 10 个市。重要节日：独立日暨国庆日是 9 月 3 日（1971 年）。

（二）自然与人文环境

卡塔尔位于波斯湾西南海岸的卡塔尔半岛上，南北长 160 公里，东西宽 55～58 公里，与沙特阿拉伯和阿拉伯联合酋长国相邻，北面隔波斯湾与科威特和伊拉克相望。全境多平原与沙漠，西部地势略高。国土面积虽然仅有约1.14万平方公里，却有约550公里长的海岸线。卡塔尔属热带沙漠气候，炎热干燥，但波斯湾沿岸潮湿。夏季炎热漫长，最高气温可达46℃，冬季凉爽干燥，最低气温7℃。年平均降水量仅125毫米。

卡塔尔经济以石油为主，所产石油95%供出口，是世界主要的石油输出国之一。

（三）多哈

多哈是卡塔尔首都，全国第一大城市和经济、交通、文化中心，是波斯湾的著名港口之一。多哈位于卡塔尔半岛东海岸的中部，夏季气候炎热潮湿，特别是6～9月份，气温可达摄氏48℃。冬季气候凉爽，温度适宜，夜间气温一般在20℃以下，最低可达7℃。夏季无雨，冬季多风，雨量稀少。

多哈原为渔港和采珠船集中港，第二次世界大战后随国内石油工业发展而繁荣。这里集中了全国大多数的液化天然气、石油化工、发电、水泥、塑料制品、鱼类加工、海水淡化等企业。1970年，在多哈建成深水港，可停泊万吨海轮。

多哈市内有埃米尔王宫、首都大清真寺、国家博物馆、水族馆等许多具有阿拉伯风格的高大建筑。长约8公里的海滨大道，是全国最漂亮的大道，也是多哈市民主要休闲、健身的地方。大道中间有宽阔的绿地，种植着绿茵茵的草坪、常年盛开的鲜花和高大的椰枣树。大道中部有贝达公园，内有多处反映海湾阿拉伯国家传统习惯的艺术雕塑。沿大道有卡塔尔埃米尔宫、外交部、经贸部、财政部、内政部、中央银行等建筑。

卡塔尔国家博物馆于1975年6月正式开放，由旧宫、新楼、海洋博物馆、海水湖等四个部分组成。旧宫建于1901年，是首任埃米尔阿卜杜拉·本·贾西姆·阿勒萨尼的住处和办公地。1972年埃米尔下令对该宫进行翻修和加固，并该建成博物馆。新楼是在对旧宫进行翻修加固的同时，在旧宫北侧盖了的三层新楼。顶层是图书馆和办公室；中层为科教电影放映厅，介绍阿拉伯半岛和卡塔尔的地质形成史；底层为地下展厅，陈列着中世纪的伊斯兰文化艺术、科学、近代游牧生活以及现代史、地质学等与石油有关的图片和文物。海洋博物馆于1977年10月建成，陈列着海湾地区的多种海洋鱼类、生物以及贝壳、珍珠等实物。海水湖是旧宫东侧的一小湖，湖底有管道与海洋相通，水深1.5米至2.5米，湖中有一些旧时的帆船模型。

十六、巴林

（一）概况

巴林王国(The Kingdom of Bahrain)，面积面积706.5平方公里。人口72.5万(2005 年)，外籍人占 40%，主要为印度、巴基斯坦、孟加拉、伊朗、菲律宾和阿曼人。阿拉伯语为官方语言，通用英语。居民 85%信奉伊斯兰教，什叶派穆斯林占人口总数的 70%以上，其余信奉基督教、犹太教。首都麦纳麦(Manama)，人口20.9万(2005 年)。

行政区划：全国分为 10 区 2 市。重要节日：独立日是 8 月 14 日(1971 年)，国庆日是 12 月 16 日。

（二）自然与人文环境

巴林是位于波斯湾中部的岛国，在卡塔尔和沙特阿拉伯之间，距沙特阿拉伯东海岸 24 公里，卡塔尔西海岸 28 公里，由巴林岛等 36 个大小不等的岛屿组成，其中巴林岛最大。地势由沿海向内地逐渐升高，最高点海拔 135 米。巴林属热带沙漠气候，夏季炎热潮湿，7～9 月平均气温为35℃。凉季温和宜人，11 月至来年 4 月气温在15℃～24℃之间。年平均降水量 77 毫米。

巴林是海湾地区最早开采石油的国家，石油收入占国内生产总值的 1/6，工业主要有石油和天然气开采、炼油和炼铝工业等，主要出口石油产品、天然气和铝锭。巴林还是海湾地区银行和金融中心。

（三）麦纳麦

麦纳麦是巴林的首都，全国第一大城市，全国经济、交通、贸易和文化中心，同时也是海湾地区重要的金融中心、重要港口及贸易中转站，享有“波斯湾明珠”的美誉。麦纳麦位于波斯湾中段，巴林岛的东北角。气候温和，风光旖丽，每年 11 月至来年 3 月温和宜人，6～9 月雨水较少，是炎热的夏季。人口20.9万(2002 年)，占巴林总人口的近 1/3。

麦纳麦历史悠久，伊斯兰编年史上提到麦纳麦至少可追溯至 1345

年，1521 年开始由葡萄牙人统治，1602 年起由波斯人统治。1783 年起，麦纳麦一直由阿拉伯埃米尔家族所统治，其间曾有数度中断。麦纳麦于 1958 年被宣布为自由港，1971 年成为独立的巴林的首都。

麦纳麦是 20 世纪 30 年代巴林发现石油后迅速发展起来的城市，古老的风物和现代化的设施，以及阿拉伯传统的和西方现代的生活方式，形成了鲜明的对比。

城市遍布椰枣树林与甘甜泉水，众多果园出产各种新鲜的水果。城市街道两旁，绿荫蔽空，房舍前后多种椰枣和棕榈，是海湾一带少有的绿色城市。郊区的农田和果园多用泉水灌溉，地下汩汩涌出的泉水形成小湖和溪流，使岛国之都柔美多姿。

城内古迹很多，市郊耸立着公元 692 年建造的清真寺，卡拉特海滨还保留着 16 世纪初葡萄牙占领巴林时期修筑的两座碉堡。

麦纳麦南部集中了全国大多数的工业，以炼油工业为主，另有石油化工、天然气加工、海水淡化、帆船制造、鱼类罐头加工业等。麦纳麦向为波斯湾珍珠采集基地和渔业重地。市东南的米勒塞勒曼建有深水港，输出石油、椰枣、皮革、珍珠等。

民间市场也是麦纳麦市重要的旅游景点，其中最为著名的当属艾尔比阿市场，另外还有哈达丁市场、烟草市场，以及出售各种银铜器皿的萨法非尔市场。

第六节　中亚

一、土库曼斯坦

（一）概况

土库曼斯坦（Turkmenistan），面积49.12万平方公里，人口593.68万（2003 年 1 月），有 100 多个民族，其中土库曼族占 77%，乌兹别克族9.2%，俄罗斯族6.7%，哈萨克族 2%，亚美尼亚族0.8%，还有阿塞拜疆族、鞑靼族等。官方语言为土库曼语，通用俄语。居民大多信奉伊斯兰教(逊尼派)，俄罗斯族和亚美尼亚族信仰东正教。首都阿什哈巴德(Ashgabat)，人口 68 万(2000 年)。

行政区划：除首都阿什哈巴德外，全国划分成 5 个州，16 个市，46 个区。重要节日：新年是 1 月 1 日，纪念日是 1 月 12 日(纪念 1881 年在格奥克捷佩堡为抗击沙俄军队而牺牲的土库曼人)，国旗日是 2 月 19 日，独立日是 10 月 27 日(1991 年)，中立日是 12 月 12 日，还有开斋节、古尔邦节等伊斯兰传统节日。

(二)自然与人文环境

土库曼斯坦是位于中亚西南部的内陆国。北邻哈萨克斯坦，东北邻乌兹别克斯坦，东邻阿富汗，南邻伊朗，西隔里海与阿塞拜疆、俄罗斯相望。全境大部是低地，平原多在海拔 200 米以下，80%的领土被卡拉库姆大沙漠覆盖。南部和西部为科佩特山脉和帕罗特米兹山脉。土库曼斯坦属强烈大陆性气候，是世界上最干旱的地区之一。1 月平均气温 4.4℃，7 月平均气温27.6℃；年降水量从东北部地区的 80 毫米向南部山麓递增到 300 毫米，科佩特山区可达 400 毫米。主要河流有阿姆河、捷詹河、穆尔加布河、阿特列克河等，主要分布在东部。横贯东南部的卡拉库姆大运河长达 1450 公里，灌溉面积约 30 万公顷。

土库曼斯坦石油和天然气资源丰富，因此石油和天然气是国民经济的支柱产业，农业主要种植棉花和小麦。

土库曼斯坦的主要旅游地有古城遗址“尼萨”、阿哈尔坚地下湖、格奥克捷佩清真寺和梅尔夫古城等。

(三)阿什哈巴德

阿什哈巴德是土库曼斯坦首都，全国政治、经济和文化中心，中亚地区重要的城市之一。该市位于土库曼斯坦中南部、卡拉库姆大沙漠南部边缘，地处交通要道，是中亚一座比较年轻、但历经磨难的城市。阿什哈巴德海拔 215 米，面积三百多平方公里。属温带大陆型干旱气候，1 月平均气温4.4℃，七月平均气温27.7℃。平均月降雨量仅 5 毫米。

阿什哈巴德最早是土库曼人的分支捷真人的城堡，意为“爱之城”。1881 年沙俄组建后里海军区，在此设行政中心。第一次世界大战前夕，该市成为沙俄与伊朗的贸易重镇。1925 年成为土库曼苏维埃社会主义加盟共和国首府。1948 年 10 月这里发生了里氏 9 至 10 级大地震，使整座城市几乎毁灭，近 18 万人罹难，到 1958 年才实施重建，1991 年成为了土库曼斯坦的首都。

1991 年 10 月土库曼斯坦宣布独立后，阿什哈巴德成为世界上发展最快的都市之一，所有新建筑都是由法国建筑大师设计、土耳其人承建的。建筑物表面被清一色伊朗产白色大理石覆盖，使整座城市显得洁白而明亮。

阿什哈巴德曾受沙漠影响而严重缺水，但自从 1962 年卡拉库姆大运河通到这里后，市内缺水的现象得到了根本改变。市内主要街道的两侧开挖了一条宽半米左右的水渠，用以浇灌着路边的花草树木。市内花园、草坪和喷水池随处可见。总统府富丽堂皇，国家话剧院附近有著名的中央文化与休息公园，还有中立门、地震纪念建筑群、国家博物馆、孤儿院等建筑。

中立柱位于阿什哈巴德市中心总统府广场，象征着土库曼斯坦的中立国地位，三个柱体支撑脚代表土库曼斯坦独立、中立、民族团结三个不可分割的基础。独立柱位于阿什哈巴德城南，塔基上方的塔柱高 91 米，象征土库曼斯坦于 1991 年获得独立。中立柱和独立柱是阿什哈巴德主要的标志性建筑和观光景点。

阿什哈巴德市还有一个“十匹马公园”，“十”代表着土库曼斯坦独立 10 周年。公园里 10 匹阿哈尔捷金马在飞泻的喷泉中扬蹄飞奔，气势非凡。在土库曼斯坦，拥有阿哈尔捷金马是地位和身份的象征，更是赠送贵宾的最好礼物。

阿什哈巴德生产的优质羊毛精编地毯驰名全球，它不仅是日常生活用品，还是珍贵的艺术品。

二、乌兹别克斯坦

（一）概况

乌兹别克斯坦共和国（The Republic of Uzbekistan），是中亚人口最多的国家，也是历史悠久的多民族国家，面积44.74万平方公里，人口

2511.58万(2002年),有129个民族,乌兹别克族占78.8%,俄罗斯族占4.4%,塔吉克族占4.9%,哈萨克族占3.9%,卡拉卡尔帕克族占2.2%,鞑靼族占1.1%,吉尔吉斯族占1%,朝鲜族占0.7%。其他民族还有乌克兰、土库曼和白俄罗斯族等。官方语言为乌兹别克语(属阿尔泰语系突厥语族),俄语为通用语。居民大多信奉伊斯兰教,属逊尼派;其次为东正教。首都塔什干(Tashkent),人口250万(2002年)。

行政区划:全国分为1个自治共和国(卡拉卡尔帕克斯坦自治共和国)、1个直辖市(塔什干)和12个州。重要节日:新年是1月1日,纳乌鲁斯节(春节)是3月21日,纪念和荣誉日(原胜利日)是5月9日,独立日是9月1日(1991年),宪法日是12月8日。

(二)自然与人文环境

乌兹别克斯坦是中亚中部的内陆国家,处于联结东西方和南北方、中欧和中亚交通要冲。西北濒咸海,北、西北邻哈萨克斯坦,东邻吉尔吉斯斯坦、塔吉克斯坦,东南邻阿富汗,南、西南邻土库曼斯坦。全境地势东高西低,平原低地占总面积的80%,大部分位于西北部的克孜勒库姆沙漠。东部和南部属天山山系和吉萨尔—阿赖山系的西缘,其间有费尔干纳盆地和泽拉夫尚盆地。乌兹别克斯坦属严重干旱的大陆性气候,夏季漫长、炎热,7月平均气温为26℃～32℃,南部白天气温经常高达40℃;冬季短促、寒冷,1月平均气温为－6℃～－3℃,北部绝对最低气温为－38℃。年均降水量平原低地为80～200毫米,山区为1000毫米,大部分集中在冬春两季。主要河流有阿姆河、锡尔河和泽拉夫尚河。

乌兹别克斯坦自然资源丰富,是中亚各国中经济实力较强的国家。国民经济支柱产业是“四金”,即黄金、白金(棉花)、黑金(石油)、蓝金(天然气)。矿产资源主要有天然气、煤炭、石油、有色金属、黄金、铜、铅、锌和稀有金属等。乌兹别克斯坦工业在中亚地区举足轻重,天然气、机械制造、有色金属、黑色金属、轻纺和丝绸等工业都比较发达。灌溉农业的水利基础设施非常发达。农业支柱产业是棉花种植业,桑蚕业、畜牧业、蔬菜瓜果种植业也占重要地位。畜牧业较发达,以养羊为主。主要出口棉花、石油、天然气、电力、有色金属及农产品等。

乌兹别克斯坦平均每年接待外国游客五十多万,全国现有四千多处历史、宗教、建筑古迹，主要集中在塔什干、撒马尔罕、布哈拉、希瓦等城市。

（三）塔什干

塔什干是中亚地区第一大城市和重要的经济和文化中心，位于乌兹别克斯坦东部，恰特卡尔山脉西面，地处锡尔河支流奇尔奇克河谷的绿洲中心，海拔440～480米。平均气温1月－1.1℃，7月27.5℃。塔什干是古代东西方贸易的重要中心和交通要冲。古代“丝绸之路”经过这里，中国古代的张骞、法显、玄奘都曾在此留下过足迹。工业多与棉花、纺织机械及纺织有关。

塔什干在乌兹别克语中意为“石头城”，因地处山麓冲积扇地带，有巨大卵石而得名。塔什干历史悠久，公元前2世纪就建有城池，6世纪以商业、手工业著称，成为古代“丝绸之路”的必经之地。11世纪首见史书记载，1865年塔什干成为一座建有城墙的城市，当时的人口约7万，是与俄国进行贸易的主要中心，后来并入俄罗斯帝国版图，1867年成为土耳其斯坦自治共和国的行政中心。1930年起成为乌兹别克共和国（苏联加盟共和国之一）首府，1991年8月31日起成为独立的乌兹别克斯坦共和国的首都。

1966年4月26日清晨的一次强烈地震几乎将塔什干全城变为废墟，使30万人无家可归。震后城市进行了大规模重建，市内广场上立有一块巨大方石纪念碑，一面有裂缝，另一面刻有一钟面，指针指在地震发生的时刻——5时24分。

重建后的塔什干是一座新型的欧洲化的城市，现存的古迹有15～16世纪的宗教建筑和陵墓，其中的巴拉克汗—马德拉斯（神学院）是中亚和哈萨克穆斯林理事会总部。塔什干分为新城与旧城。清真寺、陵墓等古迹大都集中在旧城。市内还有艺术宫、博物馆、公园等。

三、吉尔吉斯斯坦

（一）概况

吉尔吉斯共和国（Kyrghyz Republic），简称吉尔吉斯斯坦（Kyrgyzstan），面积19.85万平方公里，人口506.5万人（2004年），有八十多个民族，其中吉尔吉斯族占 65%、乌兹别克族占 14%、俄罗斯族占 12.5%、东干族占1.1%、乌克兰族占 1%，其余为朝鲜、维吾尔、塔吉克等民族。国语为吉尔吉斯语(属突厥语族东匈语支的吉尔吉斯—奇恰克语族)。2001 年 12 月，吉总统签署修宪法令，赋予俄语国家官方语言地位。70%的居民信奉伊斯兰教，多数属逊尼派，其次为东正教或天主教。首都比什凯克(Bishkek)①，人口79.77万(2003 年 1 月)。

行政区划：全国划分为 7 州 1 市，州、市下设区，全国共有 60 个区。重要节日：国家宪法节是 5 月 5 日(1995 年)，建军节是 5 月 29 日(1992 年)，独立日是 8 月 31 日(1991 年)。主要宗教节日有开斋节、纳乌鲁斯节、复活节等。

(二)自然与人文环境

吉尔吉斯斯坦是位于中亚的内陆国，北、西、南分别邻哈萨克斯坦、乌兹别克斯坦、塔吉克斯坦，东南邻中国新疆。境内多山，全境海拔在 500 米以上，其中 90%的领土海拔在 1500 米以上，1/3 的地区海拔在 3000～4000 米之间。天山山脉和帕米尔—阿赖山脉绵亘于中吉边境，胜利峰为最高点，海拔 7439 米。低地仅占土地面积的 15%，主要分布在西南部的费尔干纳盆地和北部塔拉斯河谷地。吉尔吉斯斯坦属大陆性气候，大部分谷地的平均气温 1 月 −6℃，7 月15℃～25℃。年降水量中部为 200 毫米，北部和西部山坡为 800 毫米。主要河流有纳伦河和楚河，有“山地绿洲”的美称。

吉尔吉斯斯坦经济以农牧业为主，农业产值占国民生产总值的一半以上，山区以畜牧业为主，特别是养羊业。高山溶化的雪水使全国一半的面积成为牧草丰盛的山地草原和高山草甸，全国 3/4 的耕地是水浇地。马、羊的存栏数和羊毛产量在中亚位居第二。主要农作物有小麦、甜菜、玉米、烟草等。吉尔吉斯斯坦是中亚国家中唯一产糖的地区。

吉尔吉斯斯坦拥有发展旅游业，尤其是山地旅游的极大潜力，境内有大量的高山风景和上百个高山湖泊。伊塞克湖位于东部崇山峻岭之中，是吉尔吉斯斯坦最大的湖泊，湖面海拔 1608 米处，面积约 6320 平

---

① 1991 年 2 月 7 日前称伏龙芝(Frunze)。

方公里，在世界高山湖泊中深度第一、集水量第二。湖水清澈澄碧，终年不冻，有“热湖”和“中亚明珠”的美誉。湖泥中含有多种微量元素，是中亚地区旅游疗养的胜地。

托克马克位于古“丝绸之路”经过的碎叶河畔，是中国唐代伟大诗人李白的诞生地。

（三）比什凯克

比什凯克建于 1878 年，位于吉尔吉斯山麓下的楚河河谷。平均气温 1 月 −6℃，7 月27℃。比什凯克的工业有机器制造、金属加工、食品和轻工业等行业。

比什凯克是古代丝绸之路上的重镇，曾是古代浩罕汗国的要塞。1926 年前称皮什彼克，1926 年后改称“伏龙芝”，以纪念苏联著名军事将领伏龙芝，1991 年 2 月 7 日更名为比什凯克。

比什凯克是中亚名城之一，阿拉尔却河和阿拉密琴河流经市区，街道宽阔整齐，幽雅宁静。既可远眺终年积雪的天山，也可观赏掩映丛林中建筑风格迥异的别墅。沿街的候车亭造型美观，城市雕像随处可见。比什凯克火车站前有伏龙芝骑着高头战马、全身戎装的威武铜像。

四、阿塞拜疆

（一）概况

阿塞拜疆共和国（The Republic of Azerbaijan），面积8.66万平方公里，人口843.6万（2006 年 1 月 1 日），共有 43 个民族，其中阿塞拜疆族占90.6%，列兹根族占2.2%，俄罗斯族占1.8%，亚美尼亚族占1.5%，塔雷什族占1.0%。官方语言为阿塞拜疆语，属突厥语系。居民多通晓俄语。主要信奉伊斯兰教。首都巴库（Baku），人口182.88万。

行政区划：全国划分为 1 个自治共和国（纳希切万自治共和国），1 个自治州（纳戈尔诺—卡拉巴赫自治州），59 个区，69 个城市，13 个市级区，130 个镇，4354 个村。

纳希切万自治共和国是一块被亚美尼亚、伊朗和土耳其环绕的飞地，划分为 7 个区。亚美尼亚人聚居的纳戈尔诺—卡拉巴赫地区包括 7 个区的全部或部分，是处于亚美尼亚境内的飞地。

重要节日:新年是1月1日,国际妇女节是3月8日,开春节是3月20日至21日(最大的宗教节日),胜利日是5月9日(纪念反法西斯战争胜利),共和国日是5月28日(纪念1918年阿塞拜疆民主共和国成立),民族救亡日是6月15日(纪念盖达尔·阿利耶夫总统1993年复出执政),武装力量日是6月26日(纪念1918年建军),国家独立日是10月18日(纪念1991年阿独立),宪法日是11月12日(纪念1995年通过的宪法),民族复兴日是11月17日,世界阿塞拜疆人团结日是12月31日。

(二)自然与人文环境

阿塞拜疆位于亚洲与欧洲交界处的外高加索东南部,南邻伊朗、土耳其,北邻俄罗斯,西邻格鲁吉亚、亚美尼亚。境内50%以上为山地,北部有大高加索山脉,南部为小高加索山脉,其间是库临卡盆地,东濒里海,海岸线长713公里。纳希切万自治共和国是阿塞拜疆的飞地,被亚美尼亚、伊朗、土耳其环绕。西南部为中阿拉克辛盆地,其北面由达拉拉普亚兹山脉和赞格祖尔斯基山脉所环抱。东南部有塔累什山脉。气候呈多样化特征,平原、低地为亚热带气候。平均气温1月1℃～3℃,7月27℃～29℃。山地为高原冻土带气候,1月和7月平均气温分别为－30℃和5℃。主要河流有库拉河和阿拉斯河。

阿塞拜疆的石油工业为国民经济的主要支柱。石油和天然气资源丰富,主要分布在阿普歇伦半岛和里海。主要出口产品有石油和石油产品、天然气、食品、烟草、机械产品等。

2004年接待外国游客119.72万人次,旅游收入6592.7万美元。主要旅游地有希尔万沙赫王宫、少女塔、拜火庙、戈布斯坦岩画、舍基汗王宫等。

(三)巴库

巴库是阿塞拜疆首都和全国经济、文化中心,是外高加索最大的城市,也是里海最大的港口城市。巴库位于里海西岸阿普歇伦半岛南部,是石油工业中心,有“石油城”之誉。平均气温1月4℃,7月27.3℃。18世纪,巴库曾为巴库汗国都城。19世纪70年代,这里开始工业性采油,19世纪末成为外高加索工业中心和石油基地,1991年8月成为独立后阿塞拜疆的首都。

石油是巴库的经济命脉。主要工业是石油、天然气开采、石油加工，还有石油机械、电力、轻工、食品工业。有输油管道通黑海港口巴统。城市的中部是行政、文化区域，有历史博物馆和艺术博物馆。城市西部的比比埃巴特区为老采油区，东部的基什雷区和邵武勉区为重要工业区。

巴库是一座有着悠久历史的古城，城内名胜古迹众多，保存完好，有 11 世纪的瑟纳克—卡尔清真寺塔、12 世纪的克孜—卡拉瑟塔楼、13 世纪的巴伊洛夫石堡、15 世纪的希尔凡王宫、17 世纪的汗王宫殿。

巴库墙城及城内的希尔梵国王宫殿和少女塔，于 2000 年被列入《世界遗产名录》。少女塔位于巴库老城中心，是 12 世纪所建的汗王宫殿建筑群的一部分。全塔高 27 米，为 8 层圆柱状，每层可容纳 50 余人，内有一口水井，井水四季清凉甘美。塔上每层窗口都有防御设施，可倾泻滚烫的熔铅，或投下燃烧的石油火把，以抵抗外敌的进攻。1304 年大地震时，许多居民住宅被夷为平地，该塔却安然无恙。

五、塔吉克斯坦

（一）概况

塔吉克斯坦共和国（The Republic of Tajikistan），面积14.31万平方公里，人口637.5万（2003 年 2 月），其中塔吉克族占70.5%，乌兹别克族占26.5%，俄罗斯族占0.32%，还有鞑靼、吉尔吉斯、乌克兰、土库曼、哈萨克、白俄罗斯、亚美尼亚等民族。国语为塔吉克语（属印欧语系伊朗语族，与波斯语相近），俄语为族际交流语言。居民多信奉伊斯兰教，主要属逊尼派，帕米尔一带属什叶派伊斯玛仪支派。首都杜尚别（Dushanbe），有人口56.2万（2000 年 1 月）。

行政区划：全国分为 2 州（哈特隆州、索格特州）、1 自治州（戈尔诺—巴达赫尚自治州）、1 直辖市（杜尚别市）、1 个中央直属区（共和国直辖区）。各州和中央直辖区下分为 62 区、14 区级市。重要节日：战胜德国法西斯纪念日是 5 月 9 日，民族统一日是 6 月 27 日，独立日是 9 月 9 日（1991 年），宪法日是 11 月 6 日。

（二）自然与人文环境

塔吉克斯坦是位于中亚东南部的内陆国，西邻乌兹别克斯坦，北邻吉尔吉斯斯坦，东邻中国新疆，南邻阿富汗。境内山地和高原占90%，其中约一半海拔在3000米以上，有"高山国"之称。北部山地属天山山脉，中部属吉萨尔—阿赖山脉，东南部为冰雪覆盖的帕米尔高原，最高的共产主义峰，海拔为7495米。北部是费尔干纳盆地的西缘，西南部有瓦赫什谷地、吉萨尔谷地、喷赤谷地等。全境属典型的大陆性气候，高山区随着海拔高度增加，大陆性气候加剧，南北温差较大。平均气温1月－2℃～2℃；7月23℃～30℃。年降水量150～250毫米。帕米尔山西部终年积雪，形成巨大的冰川。大部分河流属咸海水系，主要有锡尔河、阿姆河、泽拉夫尚河、瓦赫什河和菲尔尼甘河等。水力资源可观。湖泊多分布在帕米尔高原。最大的喀拉湖为盐湖，海拔3965米。

塔吉克斯坦经济比较落后，是苏联时期最贫穷的共和国之一。北方的费尔干纳盆地是经济最发达的地区。自然资源以有色金属、稀有金属、煤、岩盐为主，此外还有石油、天然气、丰富的铀矿和多种建筑材料。工业主要集中在杜尚别和苦盏（列宁纳巴德），主要有采矿业、轻工业、食品工业。境内的瓦努列克水电站是中亚地区最大的水电站，在国民经济中有举足轻重的地位。轻工业以轧棉、缫丝、纺织制毯为主，民间手工艺做工考究，形式独特。农业是经济的主导部门，果园业、养蚕业、葡萄种植业较为重要。植棉业在农业中举足轻重，尤以出产优质细纤维棉花闻名于世。40%的可耕面积用于种植棉花，养蚕业较发达。此外，还种植柠檬、甜柿、红石榴等水果和少量的水稻、玉米、小麦等。畜牧业以放牧为主，饲养羊、牛、马。主要出口商品为铝锭、皮棉、纺织品。

（三）杜尚别

杜尚别位于瓦尔佐布河与卡菲尔尼甘河之间的吉萨尔盆地，海拔750～930米，面积125平方公里。夏季最高气温可达40℃，冬季最低气温－20℃。杜尚别是俄国"十月革命"后，由久沙姆别等三个荒僻的小村建立起来的新兴城市，1925年以前称基什拉克（意为村），1925年起称市。1925年至1929年称杜尚别，原译为"久沙姆别"，意为星期一，因每星期一的集市而得名。1929年至1961年称"斯大林纳巴德"，意为"斯大林城"。1929 年成为塔吉克苏维埃社会主义共和国(原苏联加盟共和国)的首都,1961 年后改称杜尚别,1991 年 9 月成为宣布独立的塔吉克斯坦共和国首都。

杜尚别是全国政治、工业、科学及文化教育的中心。大部分建筑物为平房以防地震。市中心是行政和文教科研机构,市区南部和西部为新工业区及住宅区。杜尚别市工业总产值占全国的 1/3。

为防地震,城区内多为平房和不高的欧式建筑,著名的建筑有红墙白瓦的议会大厦、古色古香的芭蕾舞剧院。市中心萨玛尼广场中央耸立着 9～10 世纪萨玛尼王朝国王萨玛尼的塑像。鲁达基大街中间和两侧有高大的法国梧桐树。

六、哈萨克斯坦

(一)概况

哈萨克斯坦共和国(The Republic of Kazakhstan),面积272.49万平方公里,人口 1495 万(2005 年),由 131 个民族组成,主要有哈萨克族(53%)、俄罗斯族(30%)、日耳曼族、乌克兰族、还有乌兹别克、维吾尔和鞑靼族。哈萨克语为国语,俄语在国家机关和地方自治机关与哈萨克语同为正式使用的语言。居民大多信奉伊斯兰教,此外还有东正教、基督教、佛教。首都阿斯塔纳(Astana),人口50.71万(2002 年 12 月)。

行政区划:全国分为 14 个州和 2 个直辖市(阿斯塔纳市和阿拉木图市),各州下辖市和区。重要节日:新年是 1 月 1 日,纳乌鲁斯节(哈萨克斯坦的新年)是 3 月 22 日,武装力量日(祖国保卫者日)是 5 月 7 日(1992 年),胜利日是 5 月 9 日,宪法日是 8 月 30 日,主权共和国日是 10 月 25 日(1990 年 10 月 25 日通过《主权宣言》),独立日(国庆节)是 12 月 16 日(1991 年)。此外还有开斋节、肉孜节、古尔邦节等伊斯兰传统节日。

(二)自然与人文环境

哈萨克斯坦是地处中亚的内陆国,西濒里海,东南邻中国,北邻俄罗斯,南邻乌兹别克斯坦、土库曼斯坦、吉尔吉斯斯坦。多为平原和低地,西部最低点是卡腊古耶盆地,低于海平面 132 米;东部和东南部为阿尔泰山和天山；平原主要分布在西部、北部和西南部；中部是哈萨克丘陵。荒漠和半荒漠占领土面积的60%。属严重干旱的大陆性气候，夏季炎热干燥，冬季寒冷少雪。平均气温1月－19℃～－4℃，7月19℃～26℃。绝对最高气温45℃，绝对最低气温－45℃，沙漠中最高气温可高达70℃。年降水量荒漠地带不足100毫米，北部300～400毫米，山区1000～2000毫米。主要河流有额尔齐斯河、锡尔河、乌拉尔河、恩巴河和伊犁河。有冰川约1500条。湖泊众多，约有4.8万个，其中较大的有里海、咸海、巴尔喀什湖、斋桑泊等。

哈萨克斯坦自然资源丰富，钨储量占世界第一位，铬和磷矿石储量占世界第二位，铜、铅、锌、钼和磷的储量占亚洲第一位。经济以石油、天然气、采矿（稀有、有色和黑色金属）、煤炭和农牧业为主。

2002年旅游收入为7494亿坚戈，合48.66亿美元，占国内生产总值的0.2%。主要旅游景点有阿拉木图市高山滑雪场、巴尔喀什湖、突厥斯坦古城等。

（三）主要旅游城市

1.阿斯塔纳

阿斯塔纳原名阿克莫拉，位于哈萨克斯坦中心位置而略偏北，处于俄罗斯裔居多数的北部地区和哈萨克人为主的南部地区的分界线上，距旧都阿拉木图约1300公里，伊希姆河绕城而过。这里是哈萨克斯坦工农业的主要生产基地，全国铁路交通枢纽。人口中俄罗斯裔占37%，哈萨克人占43%。

阿斯塔纳历史上曾是军事要塞，名字多次变更。18世纪这里是欧亚大陆重要的商业中心，1832年至1961年称为“阿克莫林斯克”，20世纪50年代苏联大批热血青年响应政府号召到这里垦荒，1961年称“切利诺格勒”（意为“垦荒城”），1991年12月哈萨克斯坦独立后，改称“阿克莫拉”。

由于哈萨克斯坦原首都阿拉木图地处边疆地区，城市扩展余地有限，1994年哈萨克斯坦决定在2000年前把首都迁往中北部的阿克莫拉。1997年12月10日，阿克莫拉取代阿拉木图成为首都。

因为“阿克莫拉”在哈萨克语中意为“白色坟墓”，不利于首都的形象，所以1998年5月6日改称阿斯塔纳。“阿斯塔纳”在哈萨克语中意为“首都”。但阿克莫拉州的名字没有改变。

阿斯塔纳是哈萨克斯坦北部重要的公路和铁路枢纽，市内遍布着花坛、草坪、微型公园、城市广场。伊希姆河两岸是宽阔的大理石街道，其风格很像俄罗斯圣彼得堡的涅瓦大街。

2. 阿拉木图

阿拉木图位于哈萨克斯坦东南部、天山北麓外阿赖山（中国称外伊犁山）脚下的丘陵地带，三面环山，海拔 700～900 米。阿拉木图是一座风光独特的旅游城市，以盛产苹果著称。“阿拉木图”在哈萨克语中的意思就是“苹果城”。居民中俄罗斯人居多，其次是哈萨克、乌克兰、鞑靼、维吾尔等族，人口 114 万（1995 年 1 月统计）。

阿拉木图历史悠久，古代丝绸之路曾经过这里。城市始建于 1854 年，1867 年成为土耳其斯坦一总督辖区的行政中心，1918 年建立苏维埃政权，1929 年成为哈萨克苏维埃社会主义共和国首都，1991 年 12 月苏联解体后，一度成为独立的哈萨克斯坦共和国首都。

阿拉木图的机械制造业、食品工业、轻工业在全国工业中占很大比重。市区布局整齐，有平坦宽阔的林荫道，还有许多公园和果园，是中亚地区最美丽的城市之一。

市内有博物馆、歌剧院、文化馆、图书馆、植物园、体育场、展览馆，以及现代化的旅游宾馆等，均是具有哈萨克斯坦民族风格的建筑物。市内的东正教大教堂是世界现存的第二高木结构建筑。

城郊峰峦起伏，天山白雪皑皑，山峰上的积雪终年不化，最高的共青团峰银光灿灿，蔚为壮观。从市区乘车沿盘山公路蜿蜒行驶，一路上高山流水，美景如画。

由于外阿赖山的众多山溪的灌溉，阿拉木图土地肥沃，除了生产谷物外，大部分地方已开辟为果园，城市南郊漫山遍野都是果园，其中苹果园最多。

七、亚美尼亚

（一）概况

亚美尼亚共和国（The Republic of Armenia），面积2.98万平方公

里，人口321.57万(2005年1月)，其中亚美尼亚族占93.3%，其他有俄罗斯人、库尔德人、乌克兰人、亚述人、希腊人等。官方语言为亚美尼亚语，居民多通晓俄语。居民主要信奉基督教。首都埃里温(Yerevan)，人口110.28万(2005年1月)。

行政区划：全国划分为10个州和1个州级市(埃里温市)。重要节日：建军节是1月28日(1992年)，种族灭绝日是4月24日(1915年，奥斯曼帝国对亚族人实施种族灭绝)，第一共和国成立日是5月28日(1918年)，宪法日是7月5日(1995年)，独立日是9月21日(1991)，悼念1988年大地震死难者日：12月7日。

(二)自然与人文环境

亚美尼亚是位于亚洲与欧洲交界处的外高加索南部的内陆国，地处亚美尼亚高原东北部，东北邻阿塞拜疆，西邻土耳其，东南邻伊朗和阿塞拜疆的纳希切万自治共和国，西北邻格鲁吉亚。境内多山，90%的领土海拔在1000米以上。北部是小高加索山脉，西北高地上的阿拉加茨山，海拔4090米，是亚美尼亚境内的最高点。东部有塞凡洼地，塞凡湖面积1360平方公里，是亚美尼亚境内最大的湖。西南部的亚拉腊大平原被阿拉克斯河分成两半，北部属亚美尼亚，南部属土耳其和伊朗。气候随地势高低而异，由干燥的亚热带气候逐渐变成寒带气候。地处亚热带北部的内陆气候干燥，属亚热带高山气候。平均气温1月－2℃～12℃，7月24℃～26℃。

亚美尼亚矿产资源主要有铜、铜钼以及多金属矿，主要工业部门有机器制造、化学生物工程、有机合成、有色金属冶炼等，主要出口产品为宝石和半宝石加工制品、食品、非贵重金属及其制品、矿产品、纺织品、机械设备等。亚美尼亚以石雕建筑艺术驰名欧亚，盛产各种彩色花岗岩、大理石，有“石头之国”之称。

近几年，亚美尼亚旅游业发展较快。2004年旅游人数达26.27万，旅游业收入为2.1亿美元，占GDP的5.9%。主要旅游地有首都埃里温、塞万湖自然保护区。

(三)埃里温

埃里温是历史悠久的文化古都，位于拉兹丹河左岸，距土耳其边界

23公里。埃里温坐落在山坡之上，市区海拔950～1300米，平均气温1月－5℃，7月25℃。四周自然景色优美，南北的亚拉腊山和阿拉加兹山白雪皑皑，千仞冰峰。亚美尼亚国徽上的亚拉腊山是亚美尼亚民族的象征。

埃里温的历史可追溯至史前期，早在公元前60～30世纪，就有人在此居住，有历史记载以来，先后被罗马、安息、阿拉伯、蒙古、土耳其、波斯、格鲁吉亚人统治，1827年归属俄国。苏联解体后成为亚美尼亚共和国首都。

埃里温市的房屋大多采用国内自产的瑰丽石料建造而成。市内有两座分别建于13世纪和17～18世纪的大教堂。市郊的艾奇米亚金是亚美尼亚的古都，有建于303年的艾奇米亚大教堂和建于618年的里普西梅教堂。

兹瓦尔特大教堂遗迹距艾奇米亚金不远，建于641～661年，该教堂外呈穹顶、内为十字形的三层大教堂，富丽堂皇，对整个中世纪的亚美尼亚建筑艺术有重要影响。加尔尼古堡遗迹距埃里温市27公里，建于公元前2世纪～公元5世纪，原是亚美尼亚国王的夏宫，堡内的列柱教堂是希腊文化末期（公元1世纪）亚美尼亚文化的唯一遗迹。

埃里温是亚美尼亚的重要文化中心，有剧院和历史博物馆、民间艺术博物馆、国家画廊。马坦纳达兰文献手稿陈列馆藏有一万多本亚美尼亚古代文献和近2000份用阿拉伯文、波斯文、希腊文、拉丁文和其他文字书写的珍贵资料，不少手稿是直接写在经加工的羊皮上的。

八、格鲁吉亚

（一）概况

格鲁吉亚（Georgia），面积6.97万平方公里，人口430.152万（2004年12月），其中格鲁吉亚族占70.1％、亚美尼亚族占8.1％、俄罗斯族占6.3％、阿塞拜疆族占5.7％、奥塞梯族占3％、阿布哈兹族占1.8％、希腊族占1.9％。官方语言为格鲁吉亚语，居民多通晓俄语。格鲁吉亚语属于高加索语系伊比利亚—高加索语族，它有多种方言形式，通常分为东格鲁吉亚和西格鲁吉亚两个分支。居民多数信奉东正教，少数信奉伊斯兰教。首都第比利斯(Tbilisi),人口120万(2004年)。

行政区划:全国由2个自治共和国(阿布哈兹、阿扎尔)、7个自治市、1个自治州(南奥塞梯)、9个大区组成。重要节日:新年是1月1～2日,东正教圣诞节是1月7日,主显节是1月19日,母亲节是3月3日,建军节是4月30日,胜利日是5月9日(纪念反法西斯战争胜利),独立日暨国庆节是5月26日,圣母节是8月28日,姆茨赫托巴节是10月14日(格鲁吉亚古都姆茨赫塔奠基纪念日),圣乔治节是11月2日(圣乔治为格鲁吉亚保护神)。

(二)自然与人文环境

格鲁吉亚位于连接欧亚大陆的外高加索中西部,包括外高加索整个黑海沿岸、库拉河中游和库拉河支流阿拉扎尼河谷地。西南邻土耳其,北邻俄罗斯,东南邻阿塞拜疆、亚美尼亚,西濒黑海,海岸线长308公里。全境约2/3为山地和山前地带,低地仅占13%。北部是大高加索山脉,南部是小高加索山脉,中间为山间低地、平原和高原。大高加索山脉有许多海拔4000米以上的山峰,境内最高峰什哈拉峰,海拔为5068米。西部为亚热带地中海气候,东部为干燥的亚热带气候,部分地区属高山气候。各地气候垂直变化显著,海拔490～610米地带为亚热带气候,较高处气候偏寒;海拔2000米以上地带为高山气候,无夏季;海拔在3500米以上的山峰终年积雪。主要河流有库拉河、里奥尼河,湖泊有帕腊瓦纳湖、里察湖等。

格鲁吉亚锰矿石储量丰富,水力资源也十分丰富。工业以锰矿石开采闻名,酿造的葡萄酒也著称于世。农业主要包括茶业、柑橘、葡萄和果树栽培等。畜牧业和养蚕业较发达。经济作物主要有烟草、向日葵、大豆、甜菜等。

格鲁吉亚旅游资源丰富,北部高加索山脉和西部黑海海滨是世界著名旅游胜地,有许多著名的矿泉疗养区和气候性疗养区,主要旅游城市有第比利斯、苏呼米、博尔若米、新阿方、皮聪达、加格拉等。

(三)第比利斯

第比利斯是全国政治、经济、文化中心,也是外高加索地区的著名古都。位于大高加索与小高加索之间,地处外高加索的战略要冲,濒临库拉河，海拔 406～522 米。库拉河在第比利斯穿过陡峭的峡谷，呈弓形由西北向东南流去，整座城市沿库拉河两岸以阶梯式向山麓展开。面积348.6平方公里，年平均气温12.8℃。

第比利斯绝大部分工业企业分布在河左岸，而行政机关、高等院校及科研机构则分布在右岸。第比利斯分为旧城、新城两部分：旧城滨水，城内有弯曲的小巷、残旧的古堡，还有建于 5 世纪的教堂和昔日的格鲁吉亚王宫；新城傍山，人们可乘缆车上下山。市中心是格鲁吉亚政府大厦、商店、剧院和博物馆，6 条街道向市区各处辐射，交通十分便利。

格鲁吉亚科学院植物园位于古城堡东南的峡谷中，原是古代宫廷花园，1845 年改建为国家植物园，后来又改为格鲁吉亚科学院植物园。其中的浴池区，是古代第比利斯的重要矿泉疗养区，为一组地穴式浴池建筑，利用毗邻的塔博尔山地流出的含硫磺矿物质的天然温泉水沐浴，医疗效果极好，目前已建成为著名的游览休养区。沿浴池街北行到库拉河北岸，在高地基岩上有第比利斯古城奠基人的高大骑马铸像。

在第比利斯东部的素罗拉克山麓，自南向北有 17～19 世纪的女修道院、18 世纪的教堂等古代建筑。在山脊上，有残破的古代城堡和“二战”以后建立的巨大的“格鲁吉亚母亲”雕像，成为城市的象征，还有建于公元 4 世纪的第比利斯古城堡废墟、达列占女皇宫殿、宫廷教堂等。

第比利斯是格鲁吉亚工业中心，以机械制造和金属加工工业为主，纺织、烟草、制革等轻工业，油脂、乳品等食品加工业亦较发达。

思考题

1. 简述韩国的文化特点与主要旅游地的基本情况。
2. 简述日本的自然与人文环境特点和主要旅游地的基本情况。
3. 简述东南亚各国的自然与人文环境特点和主要旅游地的基本情况。
4. 简述印度的自然与人文环境特点和主要旅游地的基本情况。
5. 比较西亚各国的自然与人文环境，说明主要旅游地的基本情况。
6. 比较中亚各国的自然与人文环境，说明主要旅游地的基本情况。

第二章 欧洲

学习目的

通过本章的学习，了解欧洲的整体地理环境特点，了解各国的概况、自然与人文环境，熟悉各国主要旅游城市、主要旅游景区或景点的基本情况。

主要内容

- **欧洲地理概况**

  自然环境特点

  居民构成

  地理区域划分

- **欧洲各国的概况**

  国名　面积　人口　民族　语言　宗教信仰

  首都　行政区划　重要节日

- **欧洲各国的自然与人文环境**

  自然地理　文化　经济　旅游业

- **欧洲各国的主要旅游地**

  主要旅游城市　主要旅游景区(点)

第一节 欧洲概况

欧洲全称为欧罗巴洲(Europe)[①],位于东半球的西北部,北濒北冰洋,西濒大西洋,南濒地中海和黑海。欧洲大陆最东点是乌拉尔山北端(东经 66°10′,北纬 67°46′),最南点是伊比利亚半岛的马罗基角(西经 5°36′,北纬 36°),最西点是伊比利亚半岛的罗卡角(西经 9°31′,北纬 38°47′),最北点是挪威北部诺尔辰角(东经 27°42′,北纬 71°08′)。东部以乌拉尔山脉、乌拉尔河、里海、高加索山脉、博斯普鲁斯海峡、马尔马拉海、达达尼尔海峡同亚洲分界;南隔地中海与非洲相望;西北隔格陵兰海、丹麦海峡与北美洲相对。面积 1016 万平方公里(包括岛屿),约占世界陆地总面积的6.8%,仅大于大洋洲,是世界第六大洲。

(一)自然环境

欧洲大陆是亚欧大陆伸入大西洋中的一个大半岛,其面积占亚欧大陆的 1/5。大陆海岸线长3.79万公里,是海岸线最曲折复杂的一个洲,多半岛、岛屿、港湾和深入大陆的内海。

欧洲地形总的特点是高山峻岭汇集南部,海拔 200 米以上的高原、丘陵和山地约占全洲面积的 40%,海拔 200 米以下的平原约占全洲面积的 60%。全洲平均海拔 300 米,是平均海拔最低的一洲。

阿尔卑斯山脉横亘南部,是欧洲最高大的山脉,平均海拔在 3000 米左右,山势雄伟,许多高峰终年白雪皑皑,山谷冰川发育,主峰勃朗峰海拔 4807 米。阿尔卑斯山脉的主干向东伸展为喀尔巴阡山脉,向东南延伸为韦莱比特山、特纳拉山脉,向南延伸为亚平宁山脉,向西南延伸为比利牛斯山脉。

东部欧、亚两洲交界处有乌拉尔山脉。东南部高加索山脉的主峰厄

① 古代的闪米特人将西方日落处叫“欧罗巴”,后来逐步把居住地的东部地区叫“亚细亚”,西部地区叫“欧罗巴”。

尔布鲁士山,海拔 5642 米,为欧洲最高峰。欧洲北部有斯堪的纳维亚山脉。

平原和丘陵主要分布在欧洲东部和中部,主要有:东欧平原,又称俄罗斯平原,面积约占全洲的一半;波德平原,又称中欧平原;西欧平原。里海北部沿岸低地在海平面以下 28 米,为全洲最低点。

南欧和北欧的冰岛多火山,地震频繁。

欧洲大部分地区地处北温带,气候温和湿润。西部大西洋沿岸属典型的温带海洋性气候,夏季凉爽,冬季温和,多雨雾。东部远离海洋,属温带大陆性气候。北冰洋沿岸地区属寒带苔原气候,冬季严寒,夏季凉爽而短促。南部地中海沿岸属亚热带地中海式气候,冬暖多雨,夏热干燥。

欧洲的河流分布很均匀,河网稠密,水量较充足,多短小而水量充沛的河流。河流大多发源于欧洲中部,分别流入大西洋、北冰洋、里海、黑海和地中海。伏尔加河是欧洲最长的河流,长 3690 公里。多瑙河为第二大河,长 2850 公里。

欧洲小的湖泊众多,多为冰川作用形成,如北部的芬兰素有"千湖之国"的称号,全境大小湖泊有 6 万个以上。阿尔卑斯山麓地带有许多较大的冰碛湖和构造湖,山地河流多流经湖泊。

(二)居民

欧洲是人口密度最大的洲。欧洲的人口分布以西部最密,莱茵河中游谷地、巴黎盆地、比利时东部和泰晤士河下游每平方公里均在 200 人以上,欧洲绝大部分居民是白种人(欧罗巴人种)。在语言上,属印欧语系的包括斯拉夫、日尔曼、拉丁、阿尔巴尼亚、希腊、凯尔特语族的民族,占全洲总人口的 95%;属乌拉尔语系的包括芬兰、乌戈尔、萨莫耶语族的民族。居民多信天主教、基督教新教和东正教等。

(三)地理区域

欧洲在地理上习惯分为南欧、西欧、中欧、北欧和东欧五个地区。

南欧是指阿尔卑斯山脉以南的巴尔干半岛,亚平宁半岛、伊比利亚半岛和附近岛屿,南面和东面临地中海和黑海,西濒大西洋,包括斯洛文尼亚、克罗地亚、黑山、塞尔维亚、波斯尼亚和黑塞哥维那、马其顿、罗马尼亚、保加利亚、阿尔巴尼亚、希腊、土耳其的欧洲部分、意大利、梵蒂冈、圣马力诺、马耳他、西班牙、安道尔、葡萄牙，面积约 166 万平方公里。

西欧有狭义和广义之分。狭义的西欧[①] 指欧洲西部濒临大西洋的地区和附近岛屿，包括英国、爱尔兰、荷兰、比利时、卢森堡、法国、摩纳哥，面积约 93 万平方公里。

中欧是指波罗的海以南，阿尔卑斯山脉以北的欧洲中部地区，包括波兰、捷克、斯洛伐克、匈牙利、德国、奥地利、瑞士、列支敦士登，面积约 101 万平方公里。

北欧是指日德兰半岛、斯堪的纳维亚半岛一带，包括冰岛、法罗群岛(丹)、丹麦、挪威、瑞典、芬兰，面积 132 万多平方公里。

东欧是指欧洲东部地区，包括爱沙尼亚、拉脱维亚、立陶宛、白俄罗斯、乌克兰、摩尔多瓦和俄罗斯欧洲部分。

第二节 南欧

一、斯洛文尼亚

(一)概况

斯洛文尼亚共和国(The Republic of Slovenia)，面积2.0273万平方公里，人口 200 万人(2005 年)，其中斯洛文尼亚族约占 83%，少数民族有匈牙利族、意大利族和其他民族。官方语言为斯洛文尼亚语。居民主要信奉天主教。首都卢布尔雅那(ljubljana)，人口 26 万(2005 年)。

行政区划：全国分为 12 个统计地区，设 58 个国家派驻地方的行政管理单位，辖 192 个城镇。重要节日：国庆节是 6 月 25 日(1991 年)。

(二)自然与人文环境

斯洛文尼亚位于欧洲中南部，巴尔干半岛西北端，地处阿尔卑斯

---

① 通常也把欧洲资本主义国家叫西欧。

山和亚得里亚海之间，东部和南部邻克罗地亚，西邻意大利，北邻奥地利与匈牙利，西南濒亚得里亚海，海岸线长46.6公里。境内最高峰是特里格拉夫峰，海拔 2864 米。气候分山地气候、大陆性气候、地中海式气候。夏季平均气温为21℃，冬季平均气温为0℃。最著名的湖泊是布莱德湖。

斯洛文尼亚属中等发达国家。森林和水力资源丰富，森林覆盖率约为 50%。工业部门以黑色冶金、造纸、制药、家具制造、制鞋、食品加工等为主。出口在国民经济中占有重要地位，出口产值占国民生产总值的一半以上。

斯洛文尼亚旅游业比较发达。2004 年，旅游业收入 13 亿欧元，共有旅馆饭店企业 850 家。主要旅游区是亚得里亚海海滨和阿尔卑斯山区，主要旅游点有特里格拉夫山区国家公园、布莱德湖、波斯托依那溶洞。有海滨浴场、滑雪场、温泉、溶洞、旅馆、疗养胜地、山区或海滨度假旅馆、私人小旅馆、过夜旅馆、汽车宿营地、野营宿营地、酒吧、咖啡馆、旅游农场等旅游设施。

（三）卢布尔雅那

卢布尔雅那是斯洛文尼亚的政治、文化中心。位于西北部萨瓦河上游，群山环抱的盆地之中，海拔 295 米，多浓雾天气。

卢布尔雅那历史悠久，公元前 1 世纪罗马人在当地建城，称“艾摩那”，12 世纪改为现名。该城历史上多受奥地利和意大利影响。1809 年至 1813 年为法国的一个地方行政中心，1919 年起归属南斯拉夫。1895 年发生地震，城市遭到严重破坏，但公元前 3～4 世纪的罗马古城遗址、18 世纪的圣尼古拉总教堂、1702 年建的音乐馆、17 世纪的巴罗克式建筑等一些重要建筑均得以保存下来。

卢布尔雅那的画廊、图书馆、国家博物馆，在国内享有盛名。工业主要是生产水轮发电机、纺织品、氧化铝、纸张、皮革制品、家用电器、化工品、药品等。

卢布尔雅那是世界上最早在市区的街道上安装供暖设备的城市，在冬天的街道上看不到冰雪痕迹。

二、克罗地亚

（一）概况

克罗地亚共和国（The Republic of Croatia），面积5.6594万平方公里，人口444万（2001年），其中克罗地亚族占89.63%，其他为塞尔维亚族、匈牙利族、意大利族、阿尔巴尼亚族、捷克族等。官方语言为克罗地亚语。主要宗教是天主教。首都萨格勒布（Zagreb），人口78万（2001年）。

行政区划：全国分为20县，1个萨格勒布市。

（二）自然与人文环境

克罗地亚位于欧洲中南部，巴尔干半岛的西北部。西北和北部分别邻斯洛文尼亚和匈牙利，东部邻塞尔维亚和黑山、波斯尼亚和黑塞哥维那，南濒亚得里亚海。西南部和南部为亚得里亚海海岸，岛屿众多，海岸线曲折，长1777.7公里。中南部为高原和山地，东北部为平原。气候依地形相应分为地中海式气候、山地气候和温带大陆性气候。

克罗地亚是原南地区经济较为发达的国家，经济基础良好。旅游、建筑、造船和制药等产业发展水平较高。森林和水力资源丰富，森林覆盖率为43.5%。

克罗地亚旅游业发达，是国民经济的重要组成部分和外汇收入的主要来源。国外游客主要来自德国、意大利、斯洛文尼亚、捷克、奥地利等国。主要风景区有亚得里亚海海滨、普利特维采湖群和布里俄尼岛等国家公园。在平原和山区还开辟了不少狩猎场。

（三）主要旅游地

1.萨格勒布

萨格勒布是克罗地亚共和国首都，位于克罗地亚的西北部，坐落在萨瓦河西岸，梅德韦德尼察山脚下。1月平均气温－1.6℃，7月平均气温20.9℃，年平均降水量890毫米。

萨格勒布是中欧历史名城，其名的原意是“战壕”。公元600年斯拉夫民族在此定居，1093年该城始见于史籍，当时为天主教布道点。后来兴起两座分开的城堡，13世纪形成了有一定规模的城市，16世纪初被称为萨格勒布,19 世纪是奥匈帝国统治下的克罗地亚首都。

萨格勒布城区由三部分组成:上城区,是由教堂、市政厅等古建筑组成的老城;下城区,是由广场、商业区、歌剧院组成的新区;“二战”后发展起来的城区,是现代化市区。

萨格勒布市中心为耶拉西奇广场,有许多政府机构、银行及商业办公中心,在广场的中央矗立着克罗地亚民族英雄班·约瑟夫·耶拉西奇的巨型雕塑。在广场周围还集中了许多 18～19 世纪的巴洛克建筑。横穿耶拉西奇广场的是萨格勒布著名的伊利卡大街,是萨格勒布主要的商业街。

萨格勒布城内有许多著名的教堂,其中圣·马克教堂是最著名的教堂,建于中世纪,具有典型的斯拉夫风格,其彩色图案由两个臂章和衬底组成,分别代表中世纪克罗地亚的三个古王国。圣·史蒂芬大教堂是最高的古典建筑,其雄伟与高度均体现了中世纪克罗地亚建筑的高超技艺。萨格勒布古城门在圣·马克教堂的另一端,是老城仅存的一座城门,建于罗马时代,保存完好。与石门相望的是著名的洛特尔萨克塔,曾经是老城城墙的一部分,上面设有一门大炮,每到中午 12 点整,就会鸣响大炮,这已成了萨勒格布的一个传统。

萨格勒布大学的国家图书馆,藏有克罗地亚有史以来的各种图书,也是克罗地亚国家档案馆所在地。克罗地亚教育发达,在历史上曾出现过三位诺贝尔奖获得者,著名的“特斯拉”线圈就是由克罗地亚物理学家尼古拉·特斯拉发明的,广泛用于各种电器当中。人们常用的钢笔和自动铅笔也是由克罗地亚人爱德华·番卡拉发明的,现代英语中的“Pen”就是由他的名字而来。

萨格勒布西北 66 公里的库姆罗韦茨村是原南联盟缔造者铁托的故乡,铁托早期的革命活动主要是在萨格勒布。

萨格勒布是西欧通向亚得里亚海岸和巴尔干半岛重要的交通枢纽,主要工业有冶金、机械制造、电机、化工、木材加工、纺织、印刷、药品和食品等。

2. 普利特维采湖群

普利特维采(Plitvice)湖群俗称“十六湖”,是克罗地亚最著名的国家公园，1979 年被列入《世界遗产名录》。由高山峡谷中 16 个相互连接的天然湖泊组成，湖区长 10 公里，总面积近 2 万公顷。湖水富含碳镁钙质的石灰岩沉积物，水质清滢、碧绿，景色独特。各湖湖面高差悬殊，最大湖面落差达 134 米，其间形成数百条大大小小的瀑布。

三、黑山

（一）概况

黑山共和国（The Republic of Montenegro）[①]，面积1.38万平方公里，人口 62 万，主要为黑山族与塞尔维亚族。这两个民族的定义和界限并不清楚，每次统计时，两个民族的人口都会随着当时的政治环境有较大的波动，也有人会同时认同两个民族。根据 2003 年统计，黑山族占43.16%，塞尔维亚族占31.99%，波西尼亚族占7.77%，阿尔巴尼亚族占7.09%，斯拉夫族穆斯林占3.97%，克罗地亚族占1.10%，罗姆族占0.42%。官方语言为黑山语。主要宗教是东正教。首都波德戈里察（Podgorica），人口 16 万。

行政区划：全国共分为 21 区。

（二）自然与人文环境

黑山位于欧洲巴尔干半岛的中北部，亚得里亚海东岸。东北邻塞尔维亚、东南邻阿尔巴尼亚、西北邻波黑、西邻克罗地亚。黑山境内主要是山脉、丘陵，只有沿海地区为狭长的平原，其中西北部的科托峡湾为欧洲位置最靠南的峡湾，该峡湾东岸有古城科托，被列入《世界遗产名录》。中北部的博博托夫库克山，海拔 2522 米，为黑山共和国境内第一高峰，附近的塔拉河有深达 1300 米的峡谷，也被已列入《世界遗产名录》。黑山大部分地区属温带大陆性气候，沿海地区为地中海式气候。1 月平均气温－1℃，7 月平均气温28℃。

黑山经济因受战乱、制裁影响，长期低迷不振。近年来，随着外部环境的改善和各项经济改革的推进，经济呈现恢复性增长。

---

① 黑山，音译为“蒙特内格罗”，塞尔维亚语意为“黑色的山”。

(三)主要旅游地

1.都城

波德戈里察是黑山的首都,1945 年至 1992 年名为铁托格勒(Titograd),也是黑山政治与经济的中心和第一大城市。采蒂涅市曾是黑山的国都,是著名的"石头城",历史悠久,是黑山历史与文化的中心,有采蒂涅修道院、国家博物馆、艺术馆、尼古拉广场、蓝宫等名胜。

2.亚得里亚海滨

巴尔市是黑山最大的港口城市,城边有一棵欧洲最古老的、已有两千多年树龄的橄榄树。由于受多种文化与宗教的影响,在黑山各地,随处可见古希腊、古罗马、拜占庭、威尼斯和伊斯兰文化的遗迹,充分呈现了黑山文化遗产的交融性。黑山的海滨城市就像一颗颗闪光的明珠镶嵌在亚德里亚海边。科托尔位于黑山最大的海湾,是黑山历史最悠久的海边小城,依山面水,风格独具,古老的城区受联合国文物保护。乌尔齐涅是黑山最南边的城市,拥有黑山最大的沙滩,绵延 13 公里,是人们尽情享受阳光沙滩的好地方。布德瓦市的圣斯坦芬岛是黑山最富盛名的游览胜地,从沙滩延伸出去的小岛上都是风格迥异的度假别墅旅馆。

3.休闲度假地

黑山有多种多样的旅游度假胜地,亚得里亚海滨有诱人的阳光与沙滩,斯卡达尔湖国家公园可以狩猎垂钓,杜米托尔国家公园可以爬山滑雪,塔拉河谷自然保护区可以猎奇探险。

四、塞尔维亚

(一)概况

塞尔维亚共和国(The Republic of Serbia),领土面积8.83万平方公里,人口 990 万,其中塞尔维亚族占 66%,阿尔巴尼亚族占 17%,匈牙利族占3.5%,其他民族占13.5%。官方语言为塞尔维亚语。主要宗教是东正教。首都贝尔格莱德(Belgrade),人口约 200 万(2002 年)。

行政区划:下设 29 个州,其中中央塞尔维亚分为 1 市 17 州,伏伊伏丁那省 7 州,科索沃 5 州,州下设 189 个区。科、伏两地为塞尔维亚的自治省，其中科索沃现在由联合国管辖。

（二）自然与人文环境

塞尔维亚位于巴尔干半岛中北部，东北邻罗马尼亚，东邻保加利亚，东南邻马其顿，南邻阿尔巴尼亚，西南邻黑山，西邻波黑，西北邻克罗地亚。塞尔维亚是位于巴尔干半岛的内陆国，北部为多瑙河平原，多瑙河横贯东西；南部多山脉、丘陵。塞尔维亚最高点是位于阿尔巴尼亚和科索沃边界的达拉维察山（Daravica），海拔 2656 米。

因长期受战乱、制裁影响，塞尔维亚经济低迷不振。近年随着外部环境的改善和各项经济改革的推进，经济出现恢复性增长。

（三）贝尔格莱德

贝尔格莱德地处巴尔干半岛核心位置，座落在多瑙河与萨瓦河的交汇处，北接多瑙河中游平原（伏伊伏丁那平原），南接老山山脉的延伸舒马迪亚丘陵，居多瑙河和巴尔干半岛的水陆交通要道，是欧洲和近东的重要联络点，有“巴尔干之钥”之称。萨瓦河将贝尔格莱德分为新老两个城区，老城区古香古色，新城区现代化建筑群林立。地势南高北低，属温带大陆性气候，冬季最低气温可至－25℃，夏季最高气温40℃，年降水量 688 毫米且年际变化大。居民以塞尔维亚人居多，余为克罗地亚人和黑山人。

贝尔格莱德是一座拥有两千多年历史的古城。公元前 4 世纪，凯尔特人最早在这里建立市镇。公元前 1 世纪罗马人占领该城。公元 4～5 世纪受到匈奴人的破坏，公元 8 世纪塞尔维亚人开始重建。该城原名“欣吉杜奴姆”，公元 9 世纪改称为“贝尔格莱德”，意为“白色之城”。

贝尔格莱德地理位置重要，历来为兵家必争之地，历史上曾遭受几百年的异族占领，遭到 40 次严重破坏，先后成为拜占廷、保加利亚、匈牙利、土耳其等国的争夺物。1867 年成为塞尔维亚首都，1921 年成为南斯拉夫首都，在第二次世界大战中几乎被夷为平地，战后重建。2003 年 2 月，成为塞尔维亚和黑山的首都。

萨瓦河口北岸的新市区，高楼耸立，林木葱郁，街道笔直宽阔，现代化住宅群式样新颖。楼房的外墙涂着各种鲜艳的色彩，房顶和阳台各具特色。在萨瓦河口南岸的老市区，街道大都比较狭窄，随地势起伏。在繁华的交叉路口，有地下通道同各路口相连，地道里很宽敞，灯火辉煌，设有小卖部、饮料店以及小型休息厅。街道上多书亭、花房、熟食店，以及经营各种风味小吃的古式饭馆，夜晚热闹非凡。

老城区的"斯卡达尔利亚"是一条狭窄弯曲的古老小街，卵石铺地，古香古色。街道两旁的19世纪塞尔维亚建筑风格的红瓦平房，与附近现代化高楼相衬托，别具特色。在老城区萨瓦河口，有一座土耳其统治时期建造的古城堡，历经几百年的高大的城墙和角楼保存完好。

在城中卡列梅格丹公园的古城堡上远眺萨瓦河注入多瑙河的河口，萨瓦河碧波清澈，多瑙河微呈浅黄色，是大自然用不同颜色勾画的美景。在城市中心的广场上，有国家大剧院和国立博物馆；广场南面，尖塔式的东正教教堂和清真寺遥遥相对。城市南郊的阿瓦拉山，葱郁秀丽，山顶上有无名英雄墓，墓上耸立着8座身着民族服装的高大的灰色石雕像。雕像相对而立，威严肃穆。贝尔格莱德市容整洁，人均绿地面积在欧洲各城市中名列前茅。

贝尔格莱德是全国重要的工业中心，有机械、化工、纺织、皮革、食品、印刷、木材加工等产业部门，也是全国水陆交通运输的总枢纽，在东南欧的国际联运中也占重要地位。

五、波黑

（一）概况

波斯尼亚和黑塞哥维那(Bosnia and Herzegovina)，简称波黑，面积5.1129万平方公里。人口401万(2004年)，其中波黑联邦占62.5%，波黑塞尔维亚族共和国占37.5%；波斯尼亚克族(即原南斯拉夫时期的穆斯林族)约占总人口43.5%，塞尔维亚族约占31.2%，克罗地亚族约占17.4%。官方语言为波斯尼亚语、塞尔维亚语和克罗地亚语。三个民族分别信奉伊斯兰教、东正教和天主教。首都萨拉热窝(Sarajevo)，人口45万人(2004年)。

行政区划：由波黑联邦和波黑塞族共和国两个实体组成。波黑联邦下设10个州。塞族共和国下设7个区，1999年设立布尔奇科特区，直属国家。

(二)自然与人文环境

波黑位于巴尔干半岛中西部,南、西、北三面邻克罗地亚,东邻塞尔维亚、黑山。大部分地区位于迪纳拉高原和萨瓦河流域,南部极少部分濒临亚得里亚海,海岸线长约22公里。南部属地中海式气候,1月平均气温为6.3℃,7月平均气温27.4℃。北部属大陆性气候,1月平均气温-0.2℃,7月平均气温22.7℃。

波黑矿产资源丰富,主要有铁矿、褐煤、铝矾土、铅锌矿、石棉、岩盐、重晶石等。水力和森林资源丰富,森林覆盖面积占波黑全境面积的46.6%。波黑战争给经济带来严重破坏,几乎崩溃,战后在国际社会援助下,经济得到一定恢复。

2005年波黑全国旅游人数42.5万人,其中外国游客21.3万,国内游客21.2万。旅游设施主要有旅馆、浴场、私人小旅馆、汽车宿营地、温泉和疗养地等。主要旅游点是萨拉热窝。

(三)萨拉热窝

萨拉热窝曾因第一次世界大战的爆发和当代“波黑战争”闻名于世,是波黑的首都和第一大城市,全国的政治、经济和文化的中心,位于波斯尼亚河源头的东部,群山环抱,东西狭长。城东的入城口地带为险要的山路,一侧的山峰上有土耳其统治时期的城防古堡。城东不远处的石拱“羊桥”,是历史上萨拉热窝通向东方世界的重要门户。城西的石桥“罗马桥”是历史上萨拉热窝通向西方的门户,由此通向波斯尼亚河的源头。源头周围草木茂盛,碧水涟涟,木桥辟路,曲径通幽,是波黑的国家公园。在萨拉热窝的东南和西南部山区,各有一处天然优良滑雪运动场,曾经是1984年冬奥会的滑雪比赛场地,每年冬季都吸引着大批滑雪运动爱好者。萨拉热窝气候宜人,夏季多雨,冬季多雪,是旅游度假的好去处。

萨拉热窝城区分为老城、中心城、新城、新萨拉热窝4个行政区。老城区的商业街始建于土耳其统治时代,有五百多年历史,石块铺路,建筑为波斯尼亚和土耳其风格,手工艺品店铺、咖啡馆、烤肉馆、清真寺相间分布。中心城区多为奥匈帝国时代的古典建筑,有天主教堂、东正教堂,清真寺塔林立,伊斯兰教氛围浓厚,具有别于欧洲其他传统城市的独特风貌，犹如中东的阿拉伯世界，因此，萨拉热窝现被誉为欧洲的耶路撒冷。

新城区兴建于20世纪七八十年代，建筑具有东方格调，宽阔的波斯尼亚大道横贯市区，波斯尼亚河支流米里雅茨河由西向东流过，白屋红瓦的民居住宅依山而建，掩映于葱郁的林木之中。

六、马其顿

马其顿共和国(The Republic of Macedonia)，面积2.5713万平方公里，人口202万(2005年)，其中马其顿族占64.18%，阿尔巴尼亚族25.17%，土耳其族3.85%，吉普赛族2.66%，塞尔维亚族1.78%。官方语言为马其顿语。居民多信奉东正教，少数信奉伊斯兰教。首都斯科普里(Skopje)，人口约47万。

行政区划：全国分为80个市镇。重要节日：国庆节是9月8日。

马其顿位于巴尔干半岛中部，是个多山的内陆国家。东邻保加利亚，南邻希腊，西邻阿尔巴尼亚，北邻塞尔维亚、黑山。气候以温带大陆性气候为主，大部分农业地区夏季最高气温达40℃，冬季最低气温达-30℃；西部受地中海式气候影响，夏季平均气温27℃。

马其顿是原南斯拉夫联邦经济落后的共和国，独立后经济深受原南危机影响，后又因国内安全形势恶化再遭重创。近年来随着国内外环境的改善有所恢复。

马其顿矿产资源比较丰富，森林覆盖率为35%。主要出口产品有烟酒、食品、水果蔬菜、化工产品、纺织品、钢铁、机电产品。

马其顿主要旅游设施有旅馆、浴场、私人小旅馆、汽车宿营地等。主要旅游区是奥赫里德湖、斯特鲁佳、多伊兰湖、莱森、马弗洛沃山和普雷斯帕湖等地。

七、罗马尼亚

(一)概况

罗马尼亚(Romania)，面积23.8391万平方公里，人口2161万(2006年1月)，其中罗马尼亚族占89.5%，匈牙利族6.6%，罗姆族(亦称吉卜赛族)2.5%,日耳曼族和乌克兰族各0.3%,还有俄罗斯、塞尔维亚、斯洛伐克、土耳其、鞑靼等民族。官方语言为罗马尼亚语,主要民族语言为匈牙利语。居民86.7%信仰东正教,5%信仰罗马天主教,3.5%信仰新教,1%信仰希腊天主教。首都布加勒斯特(Bucuresti),人口193万(2006年1月)。

行政区划:全国分为1个直辖市(首都布加勒斯特)和41个县,县下设市、镇、乡。重要节日:国庆日是12月1日(1918年罗三个公国统一日)。

(二)自然与人文环境

罗马尼亚位于东南欧巴尔干半岛东北部,北和东北邻乌克兰、摩尔多瓦,西北邻匈牙利,西南邻塞尔维亚、黑山,南邻保加利亚,东南濒黑海,海岸线长245公里。境内平原、山地、丘陵各占约1/3,属温带大陆性气候,平均气温1月为1℃～7℃,7月为16℃～23℃。

多瑙河、喀尔巴阡山、黑海是罗马尼亚的三大国宝。多瑙河在罗马尼亚境内长1075公里,不仅灌溉着两岸肥田沃野,也提供了丰富的电力和渔业资源。喀尔巴阡山有罗马尼亚脊梁之称,占国土面积的40%,森林茂密,地下蕴藏有煤、铁和黄金等矿产。黑海海滩景色秀媚,是著名的旅游胜地。康斯坦察是黑海海滨城市和港口,是罗马尼亚通往各大洲的重要门户和全国造船业中心之一,素有“黑海明珠”之称。

罗马尼亚水力资源丰富,森林面积约占全国面积的26%。内河和沿海产多种鱼类。主要工业部门有冶金、石油化工和机器制造,是中东欧地区最大的石油生产国。主要农产品有谷物、小麦、玉米,畜牧业主要是养殖猪、牛、羊等。

罗马尼亚旅游资源比较丰富,主要旅游地有布加勒斯特、黑海海滨、多瑙河三角洲、摩尔多瓦地区北部,中、西喀尔巴阡山区等。2005年接待外国旅游者584万人次。

(三)布加勒斯特

布加勒斯特是罗马尼亚首都和全国的经济、文化和交通中心,位于罗马尼亚东南部瓦拉几亚平原中部,多瑙河支流登博维察河从西北穿过市区,流向多瑙河,把市区分为两部分。布加勒斯特植物茂盛,绿地广布，属温和的大陆性气候，平均气温1月为－4℃，7月为22.7℃。布加勒斯特是全国最大的工业中心，南郊是贝尔切尼工业基地，北郊是电子工业集中地。城市的主要工业部门有机械、化学、冶金、纺织和服装、食品加工等。

登博维察河左岸的老城区是市区的主要部分，胜利广场、统一广场和胜利大街、伯尔切斯库大街、马格鲁大街等是全市最繁华的地区。

布加勒斯特是一座历史悠久的古城，见诸于历史文献已有五百多年。早在1459年罗马尼亚大公国时期，布加勒斯特就是一座要塞。罗马尼亚民族于1477年战胜了土耳其人的侵略，便将登博维察河畔的这个城堡命名为布加勒斯特，即"欢乐之城"。1659年，布加勒斯特成为瓦拉几亚公国的首府，从1862年起成为罗马尼亚的首都。

布加勒斯特是一座花园城市，北郊有著名的伯尼亚萨森林，市区内草坪、花坛随处可见，有大小公园五十多个，仅市区就有十多个大型公园，还有许多喷水池、纪念碑和雕塑像。著名的海勒斯特勒乌文化休息公园，门口有两个大喷泉，喷出高高的水柱。公园内湖水碧绿清澈，湖畔垂柳和其他树木茂密。公园里有一座规模较大的饭店，并备有各种各样的文化娱乐用品。

布加勒斯特有很多特色博物馆，如城市历史博物馆、国家艺术博物馆、村庄博物馆、消防博物馆等，其中的消防博物馆由堡垒式的6层火警瞭望塔改建而成，别具风姿。还有国家剧院、国家歌剧舞剧院等19座剧场。

布加勒斯特有多处名胜古迹。罗马尼亚大国民议会宫坐落在市中心的一个小山坡上，曾是19世纪的"公众议会"会址。古老的凯旋门竖立在通往文化休憩公园的广场上。罗马尼亚雅典厅建于19世纪80年代，是国家"乔治·埃内斯库"交响乐队和世界知名乐队的演出剧场。

共和国宫位于布加勒斯特市中心，19世初是罗马尼亚大公王宫所在地，大公的宫殿拆除后，1930年至1937年建成为罗马尼亚王国的王宫，即现在的共和国宫。从高空俯视，整个建筑呈凹字形，其左翼建筑是国务委员会办公处，右翼是艺术博物馆。1955年至1959年，在共和国宫的后面增建了共和国宫大厅，大厅与共和国宫的凹形建筑部分相通，是举行重要会议和正式宴会的处所。

市内还有 15～16 世纪的“勇敢的米哈伊”大公王宫“旧宫”遗址，以及 1901 年建造、纪念 1848 年抵抗土耳其入侵的死难烈士纪念碑等。

布加勒斯特市区有 12 个相连的湖泊与登博维察河平行分布，其中的 9 个湖泊分布在城市北部。西北郊的莫戈什瓦亚湖，湖水清澈见底，湖周围古柏参天，绿柳依依。湖畔的莫戈什瓦亚宫建于 1700 年至 1702 年，原是康·布林科维亚努大公(1688 年至 1714 年)的夏宫，后来成为布林科维亚努时代封建艺术博物馆。该建筑是一座砖木结构的两层楼房，外墙呈杏黄色，面向湖的一面有凹入建筑物的阳台，具有意大利文艺复兴时期的风格。现在宫内珍藏有各种装帧精良的古书、善本，以及当时制造的木雕、圣坛屏风、祭祀用品、刺绣、壁毯等。

斯纳戈夫湖是著名的休闲胜地，位于布加勒斯特以北 38 公里处，湖水面积5.9平方公里，四周林木茂密，环境幽静。斯纳科夫修道院位于湖的东岸，建于 15 世纪，曾是罗马尼亚最大的修道院之一。修道院四周筑有高墙和城楼，曾盛极一时，现在尚残存有一座教堂。17 世纪，修道院印刷过罗马尼亚文、斯拉夫文、希腊文、阿拉伯文的书籍。

八、保加利亚

(一)概况

保加利亚共和国(The Republic of Bulgaria)，面积11.1002万平方公里(包括河界水域)，人口771.88万人(2005 年 12 月)，其中保加利亚族占 85%，土耳其族占 10%，其余为吉普赛人等。保加利亚语(属斯拉夫语系)为官方语言和通用语言，土耳其语为主要少数民族语言。居民大多信奉东正教，少数人信奉伊斯兰教。首都索非亚(Sofia)，人口123.2万人(2005 年 12 月)。

行政区划：共有 28 个大区和 254 个乡。重要节日：国庆日是 3 月 3 日[①]，统一日是 9 月 6 日(1885 年)，反法西斯胜利日是 9 月 9 日(1944 年)。

① 1990 年 2 月 27 日，保加利亚将摆脱奥斯曼帝国统治纪念日 3 月 3 日定为国庆日。

(二)自然与人文环境

保加利亚位于欧洲巴尔干半岛东南部,北邻罗马尼亚,南邻土耳其、希腊,西邻塞尔维亚、黑山、马其顿,东濒黑海,海岸线长 378 公里。全境 70%为山地和丘陵。以中部的巴尔干山脉为界,北部为广阔的多瑙河平原,南部为罗多彼山地和马里查河谷低地,主要山脉还有里拉山脉,主峰穆萨拉峰海拔 2925 米,为巴尔干半岛最高峰。北部属大陆性气候,南部属地中海式气候,平均气温 1 月 $-2℃\sim2℃$,7 月 $23℃\sim25℃$。年平均降水量平原 450 毫米,山区 1300 毫米。主要河流有多瑙河、马里查河。森林覆盖率约 30%。

保加利亚在历史上是一个农业国,自然资源贫乏,森林覆盖率约 35%。主要农产品有谷物、烟草、蔬菜等。在农产品加工方面尤以酸奶、葡萄酒酿造技术著名。出口产品主要是轻工产品、化工、食品、机械、有色金属等。

保加利亚旅游业比较发达。2004 年全年旅游外汇收入为 17 亿欧元,约合22.1亿美元。2005 年接待外国游客 409 万人次,主要来自希腊、马其顿、德国、塞黑、英国和俄罗斯。

(三)索非亚

索非亚是全国政治、经济、文化中心,位于保加利亚中西部,地处四面环山的索非亚盆地内的伊斯克尔河畔。该城古时名塞迪卡、斯雷德茨等,14 世纪开始因圣索非亚教堂而最后定名为索非亚。1879 年索非亚被定为首都。1908 年保加利亚脱离奥斯曼帝国宣布独立,索非亚成为独立的保加利亚首都。

全市大体分为三个区,东南部是文化区,北部是工业区,中部是商业区和行政机关所在地。全国 15%的大型工业企业集中于此,工业产值占全国的 18%。主要工业有机械、金属制造、冶金、电子、食品、纺织、橡胶、化工、造纸等,全国 3/4 的印刷业也集中于此。

索非亚是一个风景迷人的旅游胜地,是闻名世界的花园城市,街道、广场、住宅区掩映在葱绿之中,有多处林荫大道、草坪和花园。白色或浅黄色建筑物与缤纷的花木相映,恬静洁雅。市民普遍喜欢种花和赠花,街道上有许多花店、花摊。

索非亚有多处温泉，水温在40℃左右。市中心的巴尔干旅馆还保存有建于5世纪的罗马浴室遗迹。除温泉外，这里还有不少甘泉，为市民、游客饮水而设的饮水店遍布全市。

在奥斯曼帝国占领时期，索非亚受到很大破坏，古建筑物只保存有两座基督教早期建筑：一是2世纪建造的圣乔治教堂，二是4世纪初建造的圣索非亚教堂。市中心广场有季米特洛夫陵墓、政府大厦、民族画廊。广场附近有革命博物馆、亚历山大·涅夫斯基教堂等。教堂旁边是保加利亚著名作家瓦佐夫陵墓。

九、阿尔巴尼亚

（一）概况

阿尔巴尼亚共和国（The Republic of Albania），面积2.8748万平方公里，人口约313.4万（2005年），其中阿尔巴尼亚族占98%，少数民族主要有希腊族、马其顿族、塞尔维亚族、克罗地亚族等。全国通用阿尔巴尼亚语。居民70%信奉伊斯兰教，20%信奉东正教，10%信奉天主教。首都地拉那（Tirana），人口51.8万。

行政区划：全国共有12个省，36个区。重要节日：独立日暨国庆日是11月28日（1912年）。

（二）自然与人文环境

阿尔巴尼亚位于东南欧巴尔干半岛西部，西北邻黑山，东北邻塞尔维亚，东邻马其顿，东南邻希腊，西濒亚得里亚海和伊奥尼亚海，隔奥特朗托海峡与意大利相望，海岸线长472公里。阿尔巴尼亚西部临海，其余三面为高山环绕，全国平均海拔700米。山地和丘陵占全国面积的3/4，西部沿海为平原。森林覆盖率为36%，可耕地面积占24%，牧场占15%。阿尔巴尼亚属亚热带地中海型气候。平均气温1月1℃～8℃，7月24℃～27℃。年均降水量1300毫米。境内多湖泊，著名的大湖有士科德湖、奥克里德湖、普雷斯帕湖等。

阿尔巴尼亚是欧洲最为贫穷的国家，几乎没有上规模的工业生产，基础设施严重落后，能源短缺。全年全国性定时供水、供电，近1/4的人口生活在贫困线以下。水力资源较丰富。主要农产品为小麦、玉米、蔬菜、土豆、云豆、饲料等。出口商品主要为纺织、制鞋等来料加工产品及农副产品。

近年来，阿尔巴尼亚政府将旅游业作为优先发展的产业。2004 年旅游业收入6.73亿美元，外国游客达 38 万人。阿尔巴尼亚有良好的旅游资源，海滨城市都拉斯、发罗拉、萨兰达等是重要的旅游城市和天然浴场。

(三)主要旅游地

1.旅游城市

(1)地拉那　地拉那是全国第一大城市，也是阿尔巴尼亚政治、经济、文化中心，位于阿尔巴尼亚中西部平原，达依特山麓下，距亚得里亚海 40 公里，海拔 110 米，气候温暖潮湿。

地拉那始建于 1614 年，1920 年定为首都。1922 年至 1939 年是索古王朝所在地。市内有科学院、文化宫、民族历史博物馆、国际文化中心等重要科学文化设施。市区有土耳其、意大利式建筑，市中心斯坎德培广场的斯坎德培塑像和古清真寺是地拉那的象征性建筑。此外还有著名的耶堤贝寺院。

(2)都拉斯　都拉斯是全国第二大城，阿尔巴尼亚最大海港，位于亚得里亚海都拉斯湾北岸，人口约 10 万。都拉斯是欧洲最古老城市之一，公元前 7 世纪建城，数度被地震和战争所毁，多次重建。1914 年至 1919 年为首都。该城也是全国最大铁路枢纽，公路中心。工业有船舶修造、机车、橡胶、化学、烟草、食品加工等。都拉斯还是海洋渔业生产基地。旅游景点有古帝王行宫、圆形竞技场、回教大寺院、罗马统治时期的城墙等古迹，还有海滨浴场，是疗养和旅游地。

(3)发罗拉　发罗拉是阿尔巴尼亚西南部的港口城市，位于亚得里亚海发罗拉湾东北部，人口约7.77万。东北塞列尼策有沥青矿，工业有石油炼制、化学、水泥、食品、木材、纺织等。1912 年在此宣布阿尔巴尼亚独立。市内有独立纪念馆、古城堡，海滨浴场，是游览、疗养胜地。

2.萨兰达

萨兰达地区位于阿尔巴尼亚南端的爱奥尼亚海岸，属地中海气候，分布有闻名世界的历史遗迹，是阿尔巴尼亚最著名的旅游度假胜地之一。

布特林特古城遗址距萨兰达城15公里，是巴尔干半岛和地中海地区规模最大的历史遗迹之一，建于18世纪末到19世纪初，全部由石头砌成。早在旧石器时代，布特林特地区就已经有人类居住。这里先后成为希腊的殖民地，古罗马城市和主教辖区。在拜占庭时期，布特林特城曾一度非常繁荣，后被威尼斯人短暂占领。中世纪后期，由于该地区变成了沼泽，所以布特林特城被遗弃。现存的考古遗址展现了城市发展过程中各个时期的风貌。1992年被联合国教科文组织确定为世界文化遗产，古城遗址及其周围共29平方公里为国家公园。

十、希腊

（一）概况

希腊共和国（The Hellenic Republic，The Republic of Greece），面积13.1957万平方公里，其中15%为岛屿，人口1107.5万人（2005年），其中98%以上为希腊人，余为穆斯林及其他少数民族。官方语言为希腊语。东正教为国教。首都雅典（Athens），人口375.7万（2001年）。

行政区划：全国分为13个大区、52个州（包括北部享有很大自治权的圣山“阿苏斯神权共和国”）和359个市镇。重要节日：独立日和国庆日是3月25日（1821年）。

（二）自然与人文环境

希腊位于巴尔干半岛最南端。北邻保加利亚、马其顿、阿尔巴尼亚，东北邻土耳其的欧洲部分，西南濒伊奥尼亚海，东濒爱琴海，南隔地中海与非洲大陆相望。领土的15%为岛屿，多港湾，海岸线长约15021公里，领海宽度为6海里。境内多山，沿海有平原。品都斯山脉纵贯西部，中部为色萨利盆地。最大半岛是伯罗奔尼撒半岛，最大岛屿为克里特岛。希腊属亚热带地中海式气候，冬温湿，夏干热。平均气温冬季0℃～13℃，夏季23℃～41℃。年平均降水量400～1000毫米。河流短小。

希腊是传统的农业国，是欧洲联盟中经济欠发达的国家之一，经济基础比较薄弱。森林覆盖率20%。工业基础较其他欧盟国家薄弱。服务业是经济的重要组成部分。

希腊旅游业是获得外汇和维持国际收支平衡的重要来源之一。20

世纪60年代以来旅游业发展迅速，近年来入境游客人数一直超过希腊人口总数。主要旅游景点有雅典卫城、德尔菲太阳神庙、奥林匹亚古运动场遗址、克里特岛迷宫、埃皮达夫罗斯露天剧场、维尔吉纳马其顿王墓、圣山、罗得岛、科孚岛等。

（三）雅典

雅典位于巴尔干半岛南端，三面环山，一面傍海，西南距爱琴海法利龙湾8公里。雅典是用智慧女神雅典娜的名字命名的历史古城，是希腊最大的城市，对欧洲及世界文化曾产生过重大影响，自古有"西方文明的摇篮"之美誉。

雅典市内多小山，基菲索斯河和伊利索斯河穿城而过，属亚热带地中海型气候，冬季温暖潮湿，夏季少雨，阳光充足，7月气温18℃～41℃，1月气温0℃～18℃。

相传希腊古时候，智慧女神雅典娜与海神波赛冬为争夺雅典的保护神地位，相持不下。后来，主神宙斯决定，谁能给人类一件有用的东西，城就归谁。海神赐给人类一匹象征战争的壮马，而智慧女神雅典娜献给人类一棵枝叶繁茂、果实累累、象征和平的油橄榄树。人们渴望和平，不要战争，结果这座城归了女神雅典娜。从此，她成了雅典的保护神，雅典因之得名。后来人们就把雅典视为"酷爱和平之城"。

雅典是希腊的铁路和航空枢纽，市内交通发达，是世界上拥有地铁较早的城市之一。地铁于1925年通车，长25.7公里。雅典自第一次世界大战后，一直是希腊的经济和贸易中心。附近的比雷埃夫斯港是希腊的重要港口。

雅典旅游业十分发达，已成为雅典重要的经济支柱之一。

雅典是驰名世界的文化古城，历史上曾创造了辉煌的古代文化，许多珍贵的文化遗产嬗传至今，构成世界文化宝库的一部分。雅典在数学、哲学、文学、建筑、雕刻等方面都曾取得过巨大成就。大喜剧作家阿里斯托芬，大悲剧作家爱斯奇里斯、索福克里斯和幼里披底斯，历史学家希罗多德、修昔底德、哲学家苏格拉底、柏拉图、亚里士多德都在雅典从事过研究和创作活动。

雅典的著名建筑主要坐落在市内的三座小山上。利卡维托斯山海拔 339 米，山上建有国家图书馆、雅典科学院、雅典大学（1837 年重建）等。尼姆夫斯山上建有天文台（1842 年建）、新王宫（1891 年至 1897 年建）。阿克罗波利斯山上建有举世闻名的帕提侬神庙。帕提侬神庙是崇奉雅典娜女神的神殿，是希腊全盛时期建筑和艺术雕刻的代表作，建于公元前 5 世纪。后来神庙几次遭战火破坏，只在西边保留着一些石柱和建筑物。

希腊历史文物博物馆位于雅典市中心，陈列着从公元前 4000 年以来的大量文物、各种器具、精巧的金饰及人物雕像，展现了希腊各个历史时期的灿烂文化。

希腊是奥林匹克运动会的发源地。古时候，希腊人把体育竞赛看作是祭祀奥林匹斯山众神的一种节庆活动。公元前 776 年，在距离雅典约 300 公里的伯罗奔尼撒半岛西部的奥林匹亚村举行了人类历史上最早的运动会，以后每四年举行一次。为纪念奥林匹亚运动会，1896 年在雅典举行了第一届现代奥林匹克运动会。以后，运动会虽改为轮流在其他国家举行，但仍用奥林匹克的名称，并且每一届的火炬都从这里点燃。

十一、意大利

（一）概况

意大利共和国（The Republic of Italy），面积30.1318万平方公里，人口5788.82万（2003 年底），94％的居民为意大利人，少数民族有法兰西人、拉丁人、罗马人、弗留里人等。全国通用意大利语，个别地区讲法语和德语。大部分居民信奉天主教。首都罗马（Rome），人口254.7万（2001 年）。

行政区划：全国划分为 20 个行政区，共 103 个省，8088 个市镇。重要节日：元旦是 1 月 1 日，主显节是 1 月 6 日，复活节是春分后第一次月圆之后的第一个星期日，独立日是 3 月 17 日（1861 年），全国解放日是 4 月 25 日（1945 年），国庆日是 6 月 2 日（1946 年），圣母升天节是 8 月 15 日，万圣节是 11 月 1 日，胜利日是 11 月 4 日，圣诞节是 12 月 25 日。

(二)自然与人文环境

意大利位于欧洲南部,包括亚平宁半岛以及西西里岛、撒丁岛等岛屿。北以阿尔卑斯山为界与法国、瑞士、奥地利和斯洛文尼亚接壤,东濒亚德里亚海、南濒伊奥尼亚海、西濒第勒尼安海,海岸线长约7200公里。全境4/5为山丘地带,北部有阿尔卑斯山脉,亚平宁山脉纵贯亚平宁半岛。意、法边境的勃朗峰海拔4810米,是欧洲第二高峰。维苏威火山是世界著名的火山,埃特纳火山是欧洲最大的活火山。大部分地区属亚热带地中海式气候,年平均气温1月2℃~10℃,7月23℃~26℃。年平均降水量500~1000毫米。最大河流是波河,较大湖泊有加尔达湖、马焦雷湖等。

14~15世纪,意大利文艺空前繁荣,成为欧洲"文艺复兴"运动的发源地,但丁、达·芬奇、米开朗基罗、拉斐尔、伽里略等文化与科学巨匠对人类文化的进步作出了巨大的贡献。如今,在意大利各地都可见到精心保存下来的古罗马时代的宏伟建筑和文艺复兴时代的绘画、雕刻、古迹和文物。意大利丰厚的文化艺术遗产是国家的瑰宝,也是发展旅游业用之不竭的源泉。

意大利资源贫乏,工业主要以加工工业为主,所需能源和原料依赖外国进口,工业产品的1/3以上供出口。有"欧洲炼油厂"之称,钢产量居欧洲第二;塑料工业、拖拉机制造业、电力工业等也位居世界前列。以家庭式微型企业为主的"地下经济"十分繁荣,产值约占国内生产总值的15%。出口以机械设备、化工产品、家用电器、纺织、服装、皮鞋、金银首饰等轻工产品为主。

意大利旅游业发达,为世界第四旅游大国。旅游收入是弥补国家收支逆差的重要来源。旅游业营业额约占国内生产总值的6%。意大利旅游资源丰富,气候湿润,风景秀丽,文物古迹很多,有良好的海滩和山区。主要旅游城市是罗马、佛罗伦萨、威尼斯等。

(三)主要旅游城市

1.罗马

罗马是有着辉煌历史的欧洲文明古城,由于它建在7座山丘之上并有悠久的历史,故被称为"七丘城"和"永恒之城"。罗马位于亚平宁半岛中部的台伯河畔。罗马城由于地势高低差距较大，其建设依地势呈放射状发展，分为古城和新城。新罗马建在古城以南5～7公里处，是一座现代化的花园城市。市内有雄伟的体育馆和别具一格的蘑菇形饭店、伊曼纽广场、莫第本顿查广场、特尔美广场等。

著名的“母狼乳婴”故事记载了有关创建罗马古城的传说。公元前7～8世纪，罗马国王努米托雷被其胞弟阿姆利奥篡位驱逐，其子被杀死，女儿西尔维娅与战神马尔斯结合，生下孪生兄弟罗慕洛和雷莫。阿姆利奥把这两个孪生婴儿抛入台伯河。落水婴儿幸遇一只母狼用奶汁哺喂成活，后被一猎人养育成人。后来，两兄弟长大后杀死了阿姆利奥，并迎回外祖父努米托雷，重登王位。努米托雷把台伯河畔的7座山丘赠给他们建新都。后罗慕洛私定城界，杀死了雷莫，并以自己名字命名新城为罗马。这一天是公元前753年4月21日，后定为罗马建城日，并将“母狼乳婴”图案定为罗马市徽。

在罗马长达约2800年的历史上，从公元前8世纪到公元476年曾经历了东、西罗马的辉煌时期。1870年，意大利王国军队攻占罗马，完成了意大利的统一。1871年，意大利首都由佛罗伦萨迁回罗马。

罗马被喻为全球最大的“露天历史博物馆”。古罗马露天竞技场，也称斗兽场，是世界八大名胜之一，建于公元1世纪，为椭圆形建筑物，占地约2万平方米，周长527米，是古罗马帝国的象征。

露天竞技场遗址附近有一些古建筑，北面是记载塞维罗皇帝远征波斯功绩的凯旋门，南面是记载蒂都皇帝东征耶路撒冷战绩的蒂都凯旋门，在蒂都凯旋门南面，还有一座为纪念君士坦丁大帝战胜尼禄暴君而建立的罗马最大的凯旋门。

在宽阔的帝国大道两旁建有元老院、神殿、贞女祠和一些有名的庙宇，如万神庙等。帝国大道东边的特拉亚诺市场，是古罗马城的商业中心。市场旁矗立着一根高40米的凯旋柱，柱上螺旋形的浮雕，描绘了特拉亚诺大帝远征多瑙河流域的故事。

威尼斯广场位于罗马市中心，是罗马最大的广场，长130米，宽75米，是市内五条主要大街的汇集点。广场西面是文艺复兴时期的古建筑威尼斯宫，东面是与威尼斯宫式样相仿的威尼斯保险公司大楼，保险总公司大楼中间的狮像是威尼斯的标记。此外还有司法宫、纳沃纳广场、圣彼得大教堂等具有文艺复兴时期的艺术风格的建筑。罗马还有上百座博物馆,收藏着包括文艺复兴时期作品在内的艺术珍品。

威尼斯宫(Palace Venezia)是罗马最著名的文艺复兴式的宫殿式建筑,由巴尔保枢机主教于1455年兴建,后来成为威尼斯共和国大使官邸,广场也因威尼斯宫而得名。从1797年起,奥地利占据威尼斯宫120年。1916年意大利政府收回后整修。墨索里尼上台后成为其官邸,他常在正中阳台上向民众发表煽动性的演说和训话。1943年墨索里尼法西斯政府垮台后,这里被改为艺术博物馆。广场东侧的威尼斯保险总公司大楼是马纳塞于1911年仿照对面的威尼斯宫而建。广场往北是著名的圆柱广场。

威尼斯广场南面的白色大理石建筑,是卡皮托利诺山上的祖国祭坛,是意大利独立和统一的象征,始建于1885年,1911年落成,是为纪念意大利开国国王埃马努埃尔二世而建的。祭坛上方刻有"祖国统一、人民自由"几个巨大的拉丁文字。纪念碑前有宽阔的石阶,两旁有镀金的象征性铜像,左方代表"思想",右方代表"行动"。石阶前边有两个半圆形的喷泉石池,池上各卧一巨人石像,分别代表意大利东西两岸的海洋。在中央石基高台上,是埃马努埃尔二世的高大镀金骑马铜像,高与宽均12米。铜像后面有72米长的长廊,由16根15米高的石柱建成,廊壁上刻有庆祝第一次世界大战胜利结束的浮雕。走廊两端各有4匹铜马,拉着双轮战车,由胜利女神驾驭。1921年为纪念为国牺牲的英雄,在纪念碑基座下增建了无名英雄墓。墓前两支火炬日夜燃烧,两旁有两个身着军服的卫兵守护在那里。卫兵后面的浮雕,左边是"工作第一的群众",右边是"爱国至上的人民"。纪念碑和无名英雄墓又称"祖国祭坛",每年意大利国庆,意大利共和国总统都要亲自主持向无名英雄献花圈。到意大利访问的各国首脑,通常都要到这里来献花圈致意。

在台伯河西岸的佳尼科洛岭上,耸立着率军解放罗马的民族英雄加里波迪的纪念碑。

罗马市喷泉众多,千姿百态。最著名的特雷维喷泉,建于公元1762年。喷泉中央的海神像中,两座海马雕塑代表平静的海洋与汹涌的海洋，四座神女像代表春夏秋冬四季。

威尼斯广场每年有几次被海潮的潮水漫过的时候，这种水漫广场的景致更是令人叹为观止。蓝天白云之下，广场一半以上的地方浸在潮水里，潮水如同在广场铺上了一面巨大的镜子，广场周围建筑的倒影，清晰地映在水中，仿佛镶嵌在水晶中一般，玲珑剔透，光彩照人。每当这时，广场上的人群便会脱去鞋袜，在水中来回奔跑、嬉戏，尽情地享受这大自然赐予的美好景致。

2.佛罗伦萨

佛罗伦萨位于意大利中部亚平宁山脉中段西麓盆地中的阿诺河畔，是托斯卡纳区首府，是意大利中部铁路、公路的交通枢纽，人口约44万。15～16世纪是欧洲最著名的艺术中心，以美术工艺品和纺织品驰名全欧。1865年至1871年曾为意大利统一后的临时首都。工业以玻璃器皿、陶瓷、高级服装、皮革为主。金银细工、艺术复制品等工艺品也很有名。

佛罗伦萨是欧洲文艺复兴运动的发祥地，举世闻名的文化旅游胜地。市区保持着古罗马时期的格局，多中世纪建筑艺术，有四十多个博物馆、美术馆，乌菲齐和皮提美术馆举世闻名，荟萃了意大利的绘画精华。

3.威尼斯

威尼斯位于意大利东北部，濒亚得里亚海威尼斯湾，是一座美丽的水上城市，由118个小岛组成，面积不到7.8平方公里，其间有177条运河和约350座桥梁，整个城市只靠一条长堤与意大利大陆半岛连接。大运河呈S形贯穿整个城市，号称“威尼斯最长的街道”，沿岸有近200栋宫殿、豪宅和七座教堂，多半建于14～16世纪，有拜占庭风格、哥特风格、巴洛克风格、威尼斯式等，所有建筑的地基都淹没在水中。各式船只往来穿梭于大运河上，如熙熙攘攘的大街，其中以贡多拉最具特色。

威尼斯是文艺复兴的一个重镇，威尼斯画派是历史上最重要的画派之一，凤凰歌剧院、叹息桥、圣马可广场、圣马可教堂等也是重要的旅游景观。

十二、梵蒂冈

梵蒂冈城国(The Vatican City State),是世界上最小的国家,面积0.44平方公里,人口0.1万(2000 年 7 月),其中常驻人口 540 人,主要是意大利人,信奉天主教。官方语言为意大利语和拉丁语。首都梵蒂冈城(Vatican City)。

梵蒂冈位于意大利首都罗马城西北角的梵蒂冈高地上,领土包括圣彼得广场、圣彼得大教堂、梵蒂冈宫、梵蒂冈博物馆等。国土大致呈三角形,除位于城东南的圣彼得广场外,国界以梵蒂冈古城墙为标志。属亚热带地中海型气候。

梵蒂冈在拉丁语中意为“先知之地”。早在公元 4 世纪教皇康斯坦丁就在罗马城西北角耶酥门徒圣彼得殉难处建立了康斯坦丁大教堂以志纪念。15～16 世纪康斯坦丁大教堂被改建成如今的圣彼得堡教堂,成为天主教会举行最隆重仪式的场所。

梵蒂冈是政教合一的国家。教皇是梵蒂冈的首脑,有最高立法、司法、行政权。教皇自称“基督在世代表”,是世界天主教徒的精神领袖。教皇由红衣主教 2/3 多数选出,终身任职。红衣主教团是教皇的咨询机构。教皇的选举是梵蒂冈神圣而庄严的事情。由于教皇的任职是终身制,新任教皇的选举均在前任教皇去世后才慎重举行。新任教皇必须得到 2/3 以上的选票才能当选。

十三、圣马力诺

(一)概况

圣马力诺共和国(The Republic of San Marino),面积61.19平方公里,人口2.888万人(2005 年),其中2.4649万人为圣马力诺国籍。官方语言为意大利语。居民大多信奉天主教。首都圣马力诺(San Marino),人口 4483 人。

重要节日:共和国日是 9 月 3 日。

(二)自然与人文环境

圣马力诺是位于欧洲亚平宁半岛东北部的内陆国,距亚德里亚海

23 公里，四周邻意大利。境内起伏多山，以中部的蒂塔诺山为主体，丘陵向西南延展，东北部为平原。圣马力诺属亚热带地中海式气候。年平均气温16℃，冬季最低气温－2℃，夏季最高气温30℃。年均降水量 880 毫米。有圣马力诺河、马拉诺河等河流。

圣马力诺自然资源贫乏，仅有建筑用石材。铝制品厂是欧洲最大的铝制品厂之一。传统农牧业活动有谷物种植、养羊和采石。主要农产品有葡萄、橄榄、小麦、玉米，还有奶酪和肉类产品等。旅游业和邮票发行是国民收入的重要来源。每年接待的游客达 300 万人次，相当于全国居民总数的 150 倍。

（二）蒂塔诺山和圣马力诺市

蒂塔诺山位于圣马力诺中部，海拔755.24米，是该国的最高峰，从西北到东南长约 3 公里。蒂塔诺山有卡罗、切斯塔、蒙塔莱 3 座较高山峰，其上各有一座建于 11～14 世纪的城堡，城堡之间有城墙相连，是当时圣马利诺的主要城防屏障。春秋花香，夏季凉爽宜人，冬天白雪皑皑，是世界闻名的游览休养胜地。

在圣马力诺的博物馆或教堂内，人们常常可以看到这样一幅油画，画中的圣徒马力诺，双目炯炯有神，英姿威武，犹如一位巨人，手托蒂塔诺山的三座绿色山峰。据传说，在 3 世纪后期，一个叫马力诺的石匠从亚得里亚海的阿尔贝岛乘船来到蒂塔诺山，在山上做了许多好事，劝说异教徒信奉基督教。后来他在山上建了一座教堂，成立了石匠公社。但是，这座山当时是一位贵妇人的领地，贵妇人的儿子对马力诺的威信日增十分痛恨，有一天，他想用箭射死马力诺，可是箭没有射出，他自己却全身瘫痪了。贵妇人请求马力诺治好了她儿子的病，并将蒂塔诺山赠给了他。圣马力诺国名因此而得，传说马力诺死于 336 年 9 月 3 日，这一天被定为圣马力诺的国庆日。

圣马力诺市建在蒂塔诺山西坡，旅游业很发达。山上的城市，街道层叠，远远望去，只见街上有街，道上有道。登上圣马力诺市的最高处，全国的秀丽景色可以尽收眼底。圣马力诺市内名胜古迹众多，纪念马力诺的石碑高耸于市中心的山坡上，城区西北部的圣马力诺教堂埋葬有马力诺的遗骸。市区有自由广场、蒂塔诺广场、加里波第广场、望楼广场等，广场四周都建有宫殿、教堂、纪念碑以及雕像等。政府大厦位于自由广场上，建于1884年至1894年，是座哥特式的建筑，造型宏伟，古香古色，大厦部分对外开放。彼得大教堂是国家历代名人纪念馆，内部装饰精美，陈列丰富。

圣马利诺还有一条世界知名的F1赛车道，每年的4月举行F1赛车比赛。

（四）邮票

圣马力诺以新颖、超前的邮政服务、邮票和古钱币享誉世界。1894年首次在意大利发行纪念邮票和贴邮票的信封，并使其成为全国的主要产业。精美绝伦的集邮册、首日封、圣马力诺硬币是其旅游收入的重要来源之一。全国所有10家邮局都出售纪念邮票和可收藏硬币，包括“合法有价金币”。从1979年起，在圣马力诺境内使用注名邮戳。圣马力诺市区，每家商店、宾馆、旅店，都出售品种繁多、题材丰富、图案别致、色彩艳丽的邮票。

十四、马耳他

（一）概况

马耳他共和国(The Republic of Malta)，面积316平方公里，人口40.12万人(2004年)，马耳他人占90%，其余为阿拉伯人、意大利人、英国人等。官方语言为马耳他语和英语。天主教为国教，信奉人数占98%，少数人信奉基督教新教和希腊东正教。首都瓦莱塔(Valletta)，人口约7100人(2004年)。

行政区划：全国共有67个地方市政委员会，分为6个统计区，除戈佐—科米诺外，均位于主岛上。重要节日：独立日是9月21日(1964年)，国庆日是3月31日(1979年)。

（二）自然与人文环境

马耳他是位于地中海中部的岛国，有“地中海的心脏”之称，是闻名世界的旅游胜地，被誉为“欧洲的乡村”。全国由马耳他、戈佐、科米诺、科米诺托、菲尔夫拉5个岛屿组成，其中马耳他岛最大，面积246平方公里，多天然良港；第二大岛为戈佐岛，面积67平方公里。全国海岸线总长为180公里。马耳他岛地势西高东低,丘陵起伏,间有小块盆地,无森林、河流或湖泊,缺淡水。马耳他属亚热带地中海式气候,最高气温40℃,最低气温5℃。年平均降水量560毫米。

马耳他资源贫乏,技术人员短缺,只有小规模加工工业。除盛产建筑用石灰岩外,无矿产资源。农产品主要有小麦、马铃薯、洋葱、豆类和蔬菜等。粮食、牛奶、植物油、水果等依赖进口。旅游业是马耳他主要外汇来源。

(三)瓦莱塔

瓦莱塔是马耳他最大的海港,位于马耳他岛东北端马耳他湾的一个狭长半岛上,是欧、亚、非海运交通的枢纽。瓦莱塔是马耳他共和国的首都,是全国政治、文化和商业中心。作为欧洲历史文化名城,它以圣约翰骑士团第六任首领拉·瓦莱特的名字命名,有"圣约翰骑士团之城"、"巴洛克的伟大杰作"、"欧洲艺术之城"等别名。瓦莱塔也是教堂最多的地方,每个教堂都很豪华富丽,圣索菲亚大教堂是马耳他最大的教堂,里面全是用意大利的大理石砌成的,用金银珠宝装点,可以容纳1万多人做礼拜。

瓦莱塔是一座人口不足万人的城市,市内现代和古建筑物均采用柔和的乳白色石灰岩建造,与绿树红花的庭院和街心公园相衬托,显得清新淡雅、洁净大方。瓦莱塔城建筑布局整齐,街道狭窄笔直,具有浓厚的中东阿拉伯的建筑风貌。城内巴洛克式建筑风格与当地建筑形式协调融合,古迹很多,拥有320座具有建筑艺术和历史价值的古建筑,1980年被列入《世界遗产名录》。城门前有"三海神"喷泉(1959年修建)、腓尼基饭店;城内有国立考古博物馆、美术馆、曼纽尔剧院,建于1571年的骑士团首领宫(现总统府),建于1578年的圣约翰大教堂等古建筑。圣约翰大教堂是典型的文艺复兴晚期建筑,被认为是瓦莱塔的象征。城旁的总理府花园(上巴克拉花园)可以俯瞰港口的景色。

马耳他有一种特产,即软性石灰岩,被称为"奇特的马耳他石头",是马耳他共和国的一宝。它在地下埋藏时,含水量大,质地很软,可刻、可锯、可刨,甚至用指甲都可划出印痕。开采时可用机器很容易地沿事先划好的方块切割开来。将石块垒起来后,石块里的水分晾干就成了坚硬的石头，不能轻易地将其切开。在马耳他的城市里，到处可以见到用这种石块建造的房屋。如果用这种石块雕刻，在其未晾干前动手就非常容易。这种石块不但供国内使用，同时还向国外出口。

瓦莱塔依山傍水，气候宜人，安静恬适，没有大城市的喧嚣和大工业的烟尘，污染程度低，交通便利，社会秩序良好，旅游费用低廉。冬无严寒，夏无酷暑，海水清澈，沙滩松软，可游泳泛舟、日光浴，是旅游度假胜地。

十五、西班牙

(一)概况

西班牙王国(The Kingdom of Spain)，面积50.5925万平方公里，人口 4411 万(2005 年)，主要是卡斯蒂利亚人(即西班牙人)，少数民族有加泰罗尼亚人(681 万)、加里西亚人(275 万)和巴斯克人(212 万)。卡斯蒂利亚语(西班牙语)是官方语言和全国通用语言，少数民族语言在本地区亦为官方语言。居民 96%信奉天主教。首都马德里(Madrid)，人口 310 万(2004 年)。

行政区划：全国划分为 17 个自治区，50 个省，约 8000 个市镇。在摩洛哥境内另有休达和梅利亚两块飞地。重要节日：国庆日是 10 月 12 日(1492 年西班牙—美洲日)。

(二)自然与人文环境

西班牙位于欧洲西南部伊比利亚半岛。北濒比斯开湾，西邻葡萄牙，南隔直布罗陀海峡与非洲的摩洛哥相望，东北邻法国、安道尔，东和东南濒地中海，海岸线长约 7800 公里。境内多山，是欧洲高山国家之一。全国 35%的地区海拔 1000 米以上，平原仅占 11%。主要山脉有坎塔布连、比利牛斯等。南部的木拉散峰海拔 3478 米，为全国最高峰。中部高原属大陆性气候，北部和西北部沿海属温带海洋性气候，南部和东南部属亚热带地中海型气候。

西班牙是中等发达的资本主义工业国，服务业是国民经济的一个重要支柱，其中尤以旅游和金融业较为发达。旅游业是西班牙经济的重要支柱和外汇的主要来源之一。2005 年接待外国游客 5560 万人，净收入460亿欧元。著名旅游胜地有马德里、巴塞罗那、塞维利亚、太阳海岸、美丽海岸等。

（三）马德里

马德里是欧洲著名的历史古城，位于伊比利亚半岛中心，地处梅塞塔高原，海拔670米，是欧洲地势最高的首都。平均气温1月4.9℃，8月22.5℃。11世纪前这里曾是摩尔人的要塞，古称“马吉利特”。1561年西班牙国王菲利普二世迁都于此。19世纪发展为大城市，现代化的高楼大厦与风格迥异的古建筑相映生辉，有许多名胜古迹。市内树林葱郁，有各种造型的喷泉。

马德里的阿尔卡拉大街两侧有财政部、教育部、西班牙的主要银行。街头的独立广场上的阿尔卡拉门，共有5道拱门，是马德里著名的古建筑之一。塞万提斯纪念碑耸立在西班牙广场上，碑前有堂·吉诃德和桑科·潘扎的塑像。碑前有水池，两侧是葱郁的树木。西班牙摩天大厦，即“马德里塔”，位于广场一侧。著名的马约尔广场位于市区西南，修建于1619年，呈长方形，广场中央有西班牙国王菲利普三世的骑马塑像。附近的太阳门广场有历史上著名的太阳门遗址。市内还有建于18世纪中叶的王宫和西班牙国王接见外国贵宾和使臣的东方宫等宫殿建筑。普拉多博馆是世界闻名的绘画展览馆。

马德里近郊的西班牙电视转播塔，是为1982年第十二届世界杯足球赛的电视转播而建的，高220米，是西班牙最高的建筑。市内还有高尔夫球场、网球场、赛马场、高山滑雪场、汽车赛场等体育设施。

西班牙一年一度的奔牛节的正式名称为“圣·费尔明节”。圣·费尔明是西班牙东北部富裕的纳瓦拉省省会潘普洛纳市的保护神。据说当初对潘普洛纳人来说，要将6头高大的公牛从城郊的牛棚赶进城里的斗牛场是件非常困难的事情。17世纪时，某些旁观者突发奇想，斗胆跑到公牛前，将牛激怒，诱使其冲入斗牛场。后来，这种习俗就演变成了奔牛节。1923年，美国著名作家海明威首次来到潘普洛纳观看奔牛，并写成了著名小说《太阳照样升起》，其中详细描述了奔牛节，使奔牛节闻名于世。1954年海明威获得诺贝尔文学奖后，西班牙奔牛节更是名声大噪。当地居民为了感谢海明威为奔牛节作出的贡献，特地在斗牛场的大门口,为他竖起了一座雕像。

位于潘普洛纳市旧城区的"奔牛之路"是一条狭窄的石板街,全长848米。奔牛时,上万名奔牛爱好者挤满街道,重约500公斤的公牛从牛棚冲出后,在4分钟内以24公里/小时的速度在杂乱的人群中狂奔,时常人仰牛翻,险象环生,以公牛被引进斗牛场而结束。每年奔牛节期间都有人受伤,甚至发生死亡事件。即使如此,来自世界各地的冒险爱好者每年7月6日至14日,还是云集在潘普洛纳这个只有18万人口的小城,在为期9天的人与牛之间的危险游戏中尽情享受欢乐与刺激。

十六、安道尔

安道尔公国(The Principality of Andorra),面积468平方公里,人口7.6875万人(2004年),其中安道尔人约占35.7%,属加泰罗尼亚族,外国移民中多数为西班牙人,其次为葡萄牙人和法国人。官方语言为加泰罗尼亚语,通用法语和西班牙语。居民多信奉天主教。首都安道尔城(Andorra la Vella),人口20724人(2003年)。

行政区划:全国划为7个教区。重要节日:国庆日是9月8日。

安道尔是位于法国和西班牙交界处的内陆国家,地处比利牛斯山东段的山谷之中,境内地势崎岖,海拔900米以上,最高点科马佩特罗萨峰海拔2946米。安道尔属山地气候,大部分地区冬季漫长寒冷,高山积雪达8个月;夏季干燥凉爽。最大河流瓦利拉河长63公里。

安道尔是传统的农业国,森林覆盖率28.5%。水力资源丰富,当地利用高山融雪修建了许多小水电站,可满足全国用电1/4的需要。主要出口产品是羊毛、牲畜、皮革、香烟、木材、黄油、奶酪。商业和旅游是国家收入的主要来源。安道尔无关税,无本国货币,境内通用西班牙比塞塔和法国法郎。

安道尔经济以旅游业和免税购物业为主,每年接待世界各地游客九百多万人次,旅游收入占国民收入的80%左右。旅游项目有森林狩猎、冬季滑雪。购物是到安道尔的主要旅游项目之一,全国有一千多家各种免税商店和购物中心。

十七、葡萄牙

（一）概况

葡萄牙共和国（The Portuguese Republic），面积9.2152万平方公里（2004年），人口1054.42万（2005年），其中99%以上为葡萄牙人，其余为西班牙人等。官方语言为葡萄牙语。居民约94%信奉天主教。首都里斯本（Lisbon），人口56.47万（2001年）。

行政区划：全国分为18个行政区，另有马德拉和亚速尔2个自治区。重要节日：国庆日是6月10日（1580年），共和国日是10月5日。

（二）自然与人文环境

葡萄牙位于欧洲伊比利亚半岛西南部。东、北邻西班牙，西南濒临大西洋，海岸线长八百多公里。地形北高南低，多为山地和丘陵。北部是梅塞塔高原；中部山区平均海拔800～1000米，埃什特雷拉峰海拔1991米；南部和西部分别为丘陵和沿海平原。北部属海洋性温带阔叶林气候，南部属亚热带地中海式气候。平均气温1月7℃～11℃，7月20℃～26℃。年平均降水量500～1000毫米。主要河流有特茹河、杜罗河（流经境内322公里）和蒙特古河。

葡萄牙是西欧经济较落后的国家之一。矿产资源较丰富，钨储量为西欧第一位，大理石出口占世界第二位。森林面积占国土面积的1/3，其软木产量占世界总产量的一半以上，出口占世界第一位，因而有“软木王国”之称。葡萄牙是世界上主要的葡萄酒生产国之一，北部的波尔图是著名的葡萄酒产地。葡萄牙的西红柿酱闻名欧洲，是欧洲市场的最大供应者。主要出口产品为服装、机械、纺织、鞋类、木材、纸浆和运输器材等。

旅游业是葡萄牙外汇收入的重要来源。每年接待的外国游客都超过本国人口，2005年旅游业年收入超过60亿欧元，游客主要来自英国、德国、西班牙、荷兰、法国、爱尔兰、意大利、瑞典、美国、比利时等国。葡萄牙山清水秀、风景如画，古堡、宫殿、博物馆等古建筑随处可见，西部和南部沿海有很多细沙海滩，主要旅游胜地有里斯本、法罗、波尔图、马德拉岛等。

（三）里斯本

里斯本是葡萄牙的首都和最大的海港城市，位于欧洲大陆的最西端，北面为辛特拉山，葡萄牙最大的河流特茹河流经城市南部注入大西洋。受大西洋暖流影响，里斯本冬不结冰，夏不炎热。1～2 月平均气温为8℃，7～8 月平均气温为26℃。全年大部分时间风和日丽，温暖如春，舒适宜人。

里斯本在史前时代就有人类定居。1147 年葡萄牙第一代国王阿方索一世夺取了里斯本。1245 年这里成为葡萄牙王国的首都和贸易中心。

里斯本依山傍水，整个城市分布在 6 个小山丘上，红瓦顶房屋和绿树交相辉映，景色优美。市内有公园、花园 250 个，草坪、绿地面积达 1400 公顷。道路两旁有松柏、棕榈、菩提、柠檬、橄榄、无花果等树木。草木终年长青，鲜花盛开。

里斯本有许多纪念塔和纪念碑。贝伦塔位于大西洋岸边，建于 16 世纪初期，涨潮时似浮于水面之上。贝伦塔前的热罗尼莫斯修道院，是流行于 16 世纪初期的曼努埃尔式建筑，雕刻华丽。修道院内有全国知名人士的墓地，葡萄牙航海家达·伽马、著名诗人卡摩安兹就安葬于此。附近的航海纪念碑，远看似航行在海上的巨型帆船。碑上的浮雕再现了当年葡萄牙航海家周游世界、搏击风浪的英雄壮举。广场的水泥地上有一幅巨大的世界地图，清晰地标出了葡萄牙航海家远航世界各地的年代、地点、航线。亨利纪念碑是为纪念 15 世纪对葡萄牙航海事业作出了重大贡献的亨利而建造的，是一艘石刻的大帆船，亨利像屹立在船头，四周站立着协助亨利的船长、地理学家、数学家、木工等人物雕像。庞包尔广场是为纪念庞包尔侯爵重建里斯本作出的巨大贡献而建立的，广场的中央竖立着庞包尔侯爵的雕像。

里斯本是全国的交通枢纽，也是葡萄牙第一大港。港区延伸 14 公里，全国 60％的进出口货物在这里装卸。里斯本市内交通以汽车和地铁为主，还有运行于城市山丘上的缆车和升降车。

里斯本是个工业发达的城市。特茹河南岸已成为葡萄牙的重要工业中心。主要工业有造船、水泥、钢铁、塑料、软木、纺织、造纸和食品加工等。里斯本的造船业世界闻名，可制造 30～70 万吨级的各种油轮。它还有欧洲最大的干船坞，可以检修 100 万吨级的大型油轮。每年修船量占世界总修船量的 1/9。

里斯本西部大西洋沿岸美丽的海滨浴场，是葡萄牙著名的旅游区，每年吸引着世界各地一百多万旅游者。里斯本已成为葡萄牙最大的旅游城市。

里斯本是葡萄牙的文化中心，有著名的高等学府里斯本大学等教育、科研机构。里斯本国家图书馆建于 1796 年，是全国藏书最丰富的图书馆。里斯本有许多博物馆。马车博物馆内收藏有 16～19 世纪中期皇家的各种马车，如四轮马车、御辇、轿式大马车以及双轮轻便马车等。14 世纪建立的卡尔马教堂，现已辟为考古博物馆。民俗和艺术博物馆展出现代和古代的装饰和民间艺术等。

里斯本的古本江基金会是葡萄牙最大的文化中心，也是欧洲最大的文化中心之一，坐落在古本江公园。基金会的本部与博物馆连接在一起，有一条长 60 米、宽 17 米的艺术品展览廊，还有一个设有 1300 个座位的大厅。大厅的音响效果很好，可以演出交响乐、芭蕾舞、戏剧、电影，还可以举行会议，每个座位上装有 6 种语言的同声传译设备。大厅旁有排练室和数个中小型会议室。博物里陈列着三千多种东、西方文物。博物馆旁为图书馆，藏书 10 万册。

里斯本的城市节每年 6 月举行，是葡萄牙的传统民族节日。节日期间全城张灯结彩，各区还举行盛大的游行，人们穿着五颜六色的传统民族服装，手上举着纸糊的灯笼，灯笼上面画着著名的建筑物和市民们妙趣横生的生活情景。

第三节　西欧

一、英国

（一）概况

大不列颠及北爱尔兰联合王国（The United Kingdom of Great

Britain and Northern Ireland)，面积24.36万平方公里(包括内陆水域)，英格兰13.04万平方公里，苏格兰7.88万平方公里，威尔士2.08万平方公里，北爱尔兰1.36万平方公里。人口约5983.43万(2004 年)，其中英格兰5009.31万人，威尔士295.25万人，苏格兰507.84万人，北爱尔兰171.03万人。官方和通用语均为英语，威尔士北部还使用威尔士语，苏格兰西北高地及北爱尔兰部分地区仍使用盖尔语。居民多信奉基督教新教，主要包括：英格兰教会，亦称英国国教圣公会，其成员约占英成人的 60%；苏格兰教会，亦称长老会，有成年教徒 66 万；另有天主教会和佛教、印度教、犹太教、伊斯兰教等较大的宗教社团。首都伦敦(London)，人口 740 万(2003 年)。

行政区划：分英格兰、威尔士、苏格兰和北爱尔兰四个部分。英格兰划分为 43 个郡，苏格兰下设 29 个区和 3 个特别管辖区，北爱尔兰下设 26 个区，威尔士下设 22 个区。此外，英国还有 15 个海外领土(Overseas Territories)[①]。重要节日：圣诞节是 12 月 25 日，新年是 1 月 1 日，复活节是在 3 月末和 4 月中旬之间。

(二)自然与人文环境

英国是位于欧洲西部的岛国，由大不列颠岛(包括英格兰、苏格兰、威尔士)、爱尔兰岛东北部和一些小岛组成，隔北海、多佛尔海峡、英吉利海峡与欧洲大陆相望，陆界邻爱尔兰共和国，海岸线总长1.145万公里。全境分为四部分：英格兰东南部平原、中西部山区、苏格兰山区、北爱尔兰高原和山区。受北大西洋暖流和西风影响，属温带海洋性气候，终年温和湿润。一般最高气温不超过32℃，最低气温不低于－10℃，平均气温 1 月4℃～7℃，7 月13℃～17℃。多雨雾，秋冬两季尤甚。年均降水量约 1000 毫米。北部和西部的年降水量超过 1100 毫米，其中山区超

---

① 根西(Guernsey)、泽西(Jersey)、马恩岛(Man，Ilse of)、直布罗陀(Gibraltar)、百慕大(Bermuda)、开曼群岛(Cayman Islands)、特克斯和凯科斯群岛(Turks and Caicos)、英属维尔京群岛(British Virgin Islands)、安圭拉(Anguilla)、蒙特塞拉特(Montserrat)、圣赫勒拿(St Helena)、福克兰群岛(Falkland Islands)、南乔治亚和南桑德韦奇群岛(South Georgia and South Sandwich Islands)、英属印度洋领地(British Indian Ocean Territory)、皮特凯恩群岛(Pitcairn Islands)。

过 2000 毫米，中部低地为 700～850 毫米，东部、东南部只有 550 毫米。2～3 月最为干燥，10 月至来年 1 月最为湿润。主要河流有：塞文河，长 354 公里；泰晤士河，长 346 公里。北爱尔兰的讷湖水面 396 平方公里，是英国面积最大的湖泊。

英国是世界经济强国之一，其国内生产总值在西方国家中居前列，服务业从业人口占其就业总人口的77.5%，产值占国内生产总值的63%以上。主要农牧渔业有畜牧业、粮食业、园艺、渔业。英国是世界第四大贸易国，贸易额占世界贸易总额的 5%以上，商品和劳务出口约占国内生产总值的 25%。主要出口产品有：机械、汽车、航空设备、电器和电子产品、化工产品和石油。

旅游业是英国最重要的经济部门之一，年产值七百多亿英镑，旅游收入占世界旅游收入的 5%左右，是仅次于美国、西班牙、法国、意大利的世界第五位旅游收入最多的国家。国外游客数量依次为美国、法国、德国、爱尔兰、荷兰、西班牙、意大利、比利时、澳大利亚、加拿大。英国的王室文化和博物馆文化是最重要的旅游资源，主要旅游地有伦敦、爱丁堡、加的夫、布赖顿、格林威治、斯特拉福、牛津、剑桥等。

（三）伦敦

伦敦是外国游客必到之处，且旅馆众多，但旅馆房间多为豪华型，经济型的住宿房间较为紧缺；而餐馆在数量和风味上可满足不同口味的需求。

伦敦位于英格兰东南部，跨泰晤士河，距离泰晤士河入海口 88 公里，是世界最大的国际外汇市场和国际保险中心，也是世界上最大的金融和贸易中心之一。气候温和，四季温差小，夏季凉爽，冬季温暖，空气湿润，多雨雾，以秋冬最多。最热月为 7 月，气温13℃～22℃；最冷月为 1 月，气温2℃～6℃，年降水量为 1100 毫米左右。

早在三千多年前，伦敦地区就是当时英国人居住的地方。公元前 54 年，罗马帝国入侵大不列颠岛。16 世纪后，随着英国资本主义的兴起，伦敦的规模迅速扩大。到 18～19 世纪，伦敦已成为世界上最大的金融和贸易中心。

伦敦的行政区划分为伦敦城和 32 个市区，伦敦城外的 12 个市区称为内伦敦，其他 20 个市区称为外伦敦。伦敦城、内伦敦、外伦敦构成大伦敦市。整个大伦敦市面积为 1580 平方公里。大伦敦市又可分为伦敦城、西伦敦、东伦敦、南区和港口。伦敦城是金融资本和贸易中心，西伦敦是英国王宫、首相官邸、议会和政府各部所在地，东伦敦是工业区和工人住宅区，南区是工商业和住宅混合区，港口指伦敦塔桥至泰晤士河河口之间的地区。

伦敦是一座驰名世界的旅游城市，有许多世界著名的文物古迹。

威斯敏斯特宫，原是国王的宫殿，现为英国议会所在地，故又称“议会大厦”，位于泰晤士河的西岸，建于 750 年，占地约 3 公顷，是世界上最大的哥特式建筑。宫殿西南角的维多利亚塔，高 100 米，全石结构，用来存放议会的文件档案。宫殿北面钟楼高 79 米，上面著名的“大本钟”被视为伦敦的象征，大钟总重量为13.5吨，四面钟盘直径 7 米，时针长2.75米，分针长4.27米，钟摆重 305 公斤。大本钟建于 1859 年，根据格林尼治时间每隔一小时敲响一次。

威斯敏斯特大教堂位于议会广场南边，1065 年建成后一直是英国国王或女王加冕及王室成员举行婚礼的地方，教堂内有二十多个英国国王、著名政治家、军事家，以及牛顿、达尔文、狄更斯、哈代等科学家、文学家和艺术家的墓地。

白金汉宫是英国王宫，位于西伦敦的中心，东接圣詹姆斯公园，西接海德公园，是英国王室成员生活和工作的地方，也是英国重大国事活动的场所。

白厅是英国政府机关所在地，首相办公室、枢密院、内政部、外交部、财政部、国防部等主要政府机构都设在这里。白厅的核心是设在唐宁街 10 号的首相府，是英国历任首相的官邸。

海德公园位于伦敦市区的西部，占地 257 公顷，是市区最大的公园。公园内有著名的“演讲者之角”，又称“自由论坛”。每逢周末，几乎整天有人来这里演讲，除不准攻击女王和宣传暴力革命外，演讲内容不受限制。

伦敦塔位于伦敦城东南角的塔山上，曾用作军事要塞、王宫、监狱、档案室，现在是王冠和武器的展览处。

伦敦塔桥是伦敦泰晤士河上的一座吊桥，也是自泰晤士河口算起的第一座桥，建于1886年至1894年。塔桥最初为一木桥，后改为石桥，现在是座拥有6条车道的钢筋水泥结构桥。河中的两座桥基高7.6米，桥基上的两座主塔为哥特式样的尖塔建筑，高约40米，两座主塔上建有白色大理石屋顶和五个小尖塔冠。两塔之间的跨度有约60米，塔基和两岸用钢缆吊桥相连。桥身分为上、下两层，上层为宽阔的悬空人行道，两侧装有玻璃窗，行人从桥上通过，可以饱览伦敦泰晤士河两岸景色；下层两块活动桥面，各长270米，自重约1000吨，可供车辆通行。当泰晤士河上有万吨船只通过时，下层桥面可以向上开启成"八"字状。从远处观望塔桥，双塔高耸，蔚为壮观，为伦敦标志性建筑。

伦敦是世界文化名城。大英博物馆建于18世纪，是世界上最大的博物馆，集中了英国和世界各国许多的古代文物。馆内还有西亚文物馆、英国文物馆、金币徽章馆、图书绘画馆等。除大英博物馆外，伦敦还有著名的科学博物馆、国家画廊等文化设施。

格林尼治山在离伦敦城8公里的泰晤士河畔，过去皇家天文台曾设于此。格林尼治设有地球经度的起点线，即0°经线。

伦敦其他著名的旅游点还有伦敦动物园、皇家植物园、特拉法加广场、牛津街、摄政街、蜡像博物馆等。

二、爱尔兰

（一）概况

爱尔兰(Ireland)，面积7.0282万平方公里，人口413万(2005年)，绝大部分为爱尔兰人。官方语言为爱尔兰语和英语。居民91.6%信奉罗马天主教，其他居民信奉基督教新教等。首都都柏林(Dublin)，人口113.8万(2003年4月)。

行政区划：全国分为26个郡和4个郡级市及7个非郡级市，郡下设市区和镇。重要节日：独立日是12月6日(1921年)，国庆日是3月17日(圣帕特里克日)。

（二）自然与人文环境

爱尔兰位于欧洲西部的爱尔兰岛中南部。西濒大西洋，东北邻英国的北爱尔兰，东隔爱尔兰海与英国相望，海岸线长3169公里。中部是丘陵和平原，沿海多为高地。爱尔兰属温带海洋性气候，平均气温2月3.2℃，8月16.2℃。最长的河流香农河长约370公里。最大的湖泊为科里布湖（168平方公里）。

历史上爱尔兰是个以农牧业为主的国家，有“欧洲庄园”之称。其中以畜牧业为主，粮食不能自给。家畜及其产品约占农牧业总产值的77.5%以上。主要农作物有小麦、燕麦、马铃薯、甜菜等。铅锌矿储量丰富，是欧洲最大的铅锌生产国。

旅游业是爱尔兰外汇收入的重要来源，2004年接待外国游客达660万，收入41亿欧元，约占国内生产总值的3%。著名旅游地有西部湖区、沿海风景区等。

（三）都柏林

都柏林濒临爱尔兰岛东岸的都柏林湾，原名贝尔亚萨克莱斯，意为“围栏渡口镇”，在爱尔兰语中为“黑色的池塘”的意思。“都柏林”在原居民盖尔特语中意为“黑水河”，因为流经市区的利费伊河带下威克洛山的泥炭使河水呈黑色。1949年4月，爱尔兰完全独立后，都柏林被正式定为首都，成为政府机构、议会、最高法院所在地。

都柏林是爱尔兰最大的港口，其进出口贸易占全国对外贸易总额的一半。都柏林也是爱尔兰最大的制造业城市，有酿酒、服装、纺织、化工、大型机器制造、汽车、冶金等工业。此外，都柏林还是全国重要的金融中心。

都柏林是一个古色古香、充满诗情画意的田园式都市。都柏林堡位于利费伊河南岸，是都柏林城中最著名的古建筑群，建于13世纪初，历史上曾是英国在爱尔兰的总督府所在地。古堡由宗谱事务所、档案塔楼、圣三一教堂、大厅等建筑物组成。宗谱事务所位于古堡正面，建于1760年，包括圆形钟楼和宗谱纹章博物馆。圣三一教堂是建于1807年的哥特式建筑，过去是皇家礼拜堂，现今是总统就职和迎接国宾的场所，以精美的雕刻著称。伦斯特宫建于1745年，现在是议会大厦。爱尔兰邮政总局是一幢有历史意义的花岗岩建筑物，是宣布爱尔兰共和国的诞生、并在屋顶上第一次升起爱尔兰的绿、白、橙三色国旗的地方。每年3月17日爱尔兰国庆日，这里都举行大型庆祝活动。

爱尔兰国家博物馆内设有爱尔兰古代馆、艺术馆、工业馆和自然历史馆，收藏有大量的古代文物，包括青铜时代的黄金装饰品。国家美术馆内藏有极为丰富的、代表欧洲各画派的名画，包括各种肖像、素描、水彩画和袖珍画。

凤凰公园位于都柏林市西北郊，是欧洲最大和最美丽的城市公园之一，原为皇家鹿苑，占地808公顷，园内的动物园修建于1830年，以繁殖狮子闻名。国家植物园位于格拉斯尼汶，占地50公顷，内有大量珍贵植物。

在摩恩里恩广场四周，还有许多18世纪乔治式建筑。

三、荷兰

（一）概况

荷兰王国(The Kingdom of the Netherlands)，面积4.1528万平方公里，人口1635.6万人(2006年)，其中90%以上为荷兰族，此外还有弗里斯族。官方语言为荷兰语，弗里斯兰省讲弗里斯语。居民中31%信奉天主教，21%信奉基督教。首都阿姆斯特丹(Amsterdam)，人口74.2万(2005年)；政府所在地海牙(The Hague)，人口47.3万(2006年)。

行政区划：全国划分为12个省，省下设489个市镇(2005年)。另有阿鲁巴和荷属安的列斯两个海外省。重要节日：国庆日暨女王日是4月30日(系已故王太后朱丽安娜生日)，纪念日是5月4日(1945年)①。

（二）自然与人文环境

荷兰位于欧洲西部，东邻德国，南邻比利时，西、北濒北海，地处莱茵河、马斯河、斯凯尔特河三角洲，海岸线长1075公里。西部沿海为低地，东部是波状平原，中部和东南部为高原。“荷兰”在日耳曼语中称“尼德兰”，意为“低地之国”。全国有24%的面积低于海平面，1/3的面积仅

① 1945年5月4日占领荷兰的法西斯德军在瓦格宁根签署投降书，被定为荷兰“纪念日”。

高出海平面1米。荷兰属海洋性温带阔叶林气候，平均气温沿海地区夏季16℃，冬季3℃；内陆地区夏季17℃，冬季2℃。年平均降水量797毫米。境内河流纵横，主要有莱茵河、马斯河。西北濒海处有艾瑟尔湖。

为了生存和发展，荷兰人竭力保护原本不大的国土，避免在海水涨潮时遭"灭顶之灾"。他们长期与海搏斗，围海造田。早在13世纪就筑堤坝拦海水，再用风动水车抽干围堰内的水。几百年来，荷兰修筑的拦海堤坝长达1800公里，增加土地面积六十多万公顷。如今荷兰国土的20%是人工填海造出来的。镌刻在荷兰国徽上的"坚持不懈"字样，恰如其分地刻画了荷兰人民的民族性格。

荷兰是发达的资本主义国家，天然气储量丰富。工业发达，鹿特丹是欧洲最大的炼油中心。荷兰又是世界主要造船国家之一。荷兰的农业也发达，是世界第三大农产品出口国，是世界畜牧业最发达国家之一。马铃薯出口量占世界马铃薯贸易量的一半以上。花卉是荷兰的支柱性产业，享有"欧洲花园"的美称。荷兰花卉出口占国际花卉市场的40%～50%。荷兰旅游业发达，2004年外国人在荷兰旅游支出为26亿欧元。

（三）主要旅游城市

1. 阿姆斯特丹

阿姆斯特丹位于艾瑟尔湖西南岸，阿姆斯特尔河从市内流过。阿姆斯特丹是一座奇特的城市，全市有一百六十多条大小水道，由一千余座桥梁相连，河渠纵横，桥梁交错。市内地势低于海平面1～5米，被称为"北方威尼斯"。由于地少人多，河面上泊有近两万家"船屋"。过去，城市的建筑几乎均以涂了黑柏油的木桩打基，以防沉陷。王宫的地基使用了13659根木桩。

"丹"，在荷兰语中意为水坝，阿姆斯特丹是因荷兰人筑起的水坝，由700年前的一个渔村逐步发展起来的国际大都市。16世纪末阿姆斯特丹已成为重要的港口和贸易都市，17世纪曾一度成为世界金融、贸易、文化中心。1806年荷兰将首都迁到阿姆斯特丹，但王室、议会、首相府、中央各部和外交使团仍留在海牙。

阿姆斯特丹是荷兰第二大港，是荷兰最大的工业城市和经济中心，拥有7700余家工业企业，工业用钻石产量占世界总量的80%。此外，阿姆斯特丹还拥有世界上最古老的证券交易所。位于阿姆斯特丹西南郊的阿斯梅尔花卉市场是世界上最大的花市，花卉销往一百多个国家。

由于阿姆斯特丹拥有人居水上、水入城中、人水相依的独特景观，因此旅游业十分发达。阿姆斯特丹也是欧洲文化艺术的名城，全市有40家博物馆。国家博物馆收藏有各种艺术品一百多万件，其中不乏蜚声全球的伦勃朗、哈尔斯和弗美尔等大师的杰作。市立现代艺术博物馆和梵·高美术馆以收藏17世纪荷兰艺术品而闻名。

2.海牙

海牙(The Hague)是荷兰政府和议会的所在地、荷兰第三大城市、南荷兰省省会，是荷兰全国政治、商业和金融的中心，也是国际会议的中心。海牙市位于荷兰西南海岸，人口45.8万(2003年)。海牙市内有优美的公园，邻近平缓的海滩。海牙市内重工业较少，当地公司多经营贸易、银行、保险和服务业。接待国际会议为海牙一大行业。

海牙，在荷兰语中的意思是“伯爵的树篱”。最初，这里是荷兰贵族们的狩猎驻留地，1248年建立城堡，1280年四周建起了“爵士宫”等建筑，13世纪成为皇家的行宫，后来成为总督的住地，并逐渐形成了城市的核心部分，称“宾尼霍夫”(内院)。1350年在市北开挖了哈夫瓦季弗人工湖。14世纪在王宫区西面建起了村庄。1580年荷兰最早的议会会议就在“宾尼霍夫”(内院)里举行。1585年尼德兰联合省和荷兰省府机构迁到这里。17～18世纪，市内的建筑不断增加，开凿了运河，建起了港湾，渐渐成为全国的政治中心。19世纪初，荷兰首都迁往阿姆斯特丹，但王宫、议会、首相府和中央各部仍留在这里。从17世纪起，海牙逐步成为一座国际性的城市，一些国际性会议常在这里举行。城市郊区的“林中之屋”别墅是第一次和平会议的会址，1913年建造的和平宫是国际常设法庭所在地。1969年又建成了荷兰会议中心，可容纳9000名代表。不少大石油公司的国际总部也设在这里。

海牙公园、绿地、运动场众多，辟有欧洲最大的野营公园。著名建筑有建于17世纪的诺尔登德宫和毛里修斯宫等。附近北海之滨的斯赫维宁根，是荷兰最大的海滨浴场之一，是著名的旅游胜地。

3. 鹿特丹

鹿特丹是荷兰的第二大城市，也是欧洲最大的港口城市，人口有58万。鹿特丹意为“鹿特河上的水坝”，14世纪开发成港口，17世纪成为继阿姆斯特丹之后荷兰的第二大商业城市。“二战”期间被德国占领，城中心和港口受到严重破坏。战后成为世界上最大的港口，是荷兰高楼大厦最多的城市。

鹿特丹的“欧洲港”是世界最大的港区，大街上的路标清楚地标出各码头的位置。

库尔辛格大街是鹿特丹的主要大街之一，沿街有建于1914年至1920年的市政厅。市政厅前有荷兰著名法理学家、西方近代国际法奠基人格劳秀斯的雕像。市政厅旁边有邮政总局大楼，附近还有高23层的世界贸易中心大厦、交易所广场、博物馆等。

鹿特丹著名的建筑还有建于1646年圣劳伦斯教堂，为哥特式建筑。教堂前的广场上，有荷兰著名的神学家和人文思想家伊拉兹马斯的雕像。孩子堤坝风车村位于鹿特丹城东南7公里，是目前荷兰保留风车最多的地方。

四、比利时

（一）概况

比利时王国（The Kingdom of Belgium），陆地面积3.0528万平方公里，领海及专属经济区3462平方公里，人口1051.1万（2006年），其中讲荷兰语（弗拉芒语）的弗拉芒大区607.9万，讲法语的瓦隆大区341.4万（包括讲德语的约7.1万），使用荷法两种语言的布鲁塞尔首都大区101.9万。官方语言为荷兰语、法语和德语。80%的居民信奉天主教。首都布鲁塞尔（Brussels），人口101.9万（2006年）。

行政区划：全国地方分为10个省和589个市镇，分属3个大区：佛兰德大区（荷兰语区）5个省，瓦隆大区（法语区）5个省，布鲁塞尔首都大区（双语）。重要节日：国庆日是7月21日（1831年前国王利奥波德一世登基日），独立日是10月4日（1830年），国王日是11月15日。

(二)自然与人文环境

比利时位于欧洲西北部,东邻德国,北邻荷兰,南邻法国,西濒北海,海岸线长66.5公里。全国面积 2/3 为丘陵和平坦低地,最低处略低于海平面。全境分为西北部沿海佛兰德伦平原、中部丘陵、东南部阿登高原三部分。最高点海拔 694 米。比利时属海洋性温带阔叶林气候。主要河流有马斯河和埃斯考河。

比利时是发达的资本主义工业国家,经济高度对外依赖,80%的原料靠进口,50%以上的工业产品供出口,金属丝线、平板玻璃、梳洗毛线、钻石等的出口量均列世界前茅。

比利时旅游业比较发达,2005 年有旅馆及其他各种旅游设施 3449 处,接待外国游客 1555 万人夜,主要旅游地是阿登山区、北海海滨和布鲁塞尔市。

(三)布鲁塞尔

布鲁塞尔有"欧洲首都"之称,是欧洲联盟、北大西洋公约组织等多个国际组织的总部所在地,另有约 200 个国际行政中心和超过 1000 个官方团体在此设有办事处,每年有众多国际会议在此召开。

布鲁塞尔位于比利时中部斯海尔德河支流桑纳河畔,气候温和而湿润。该城始建于 6 世纪,979 年下洛塔林吉亚公爵查理在此修建要塞和码头,称"布鲁奥克塞拉",意为"沼泽上的住所",布鲁塞尔因此得名。16 世纪以来,这里先后被西班牙、奥地利、法国与荷兰侵占。1830 年 11 月,比利时宣告独立,定都布鲁塞尔。

布鲁塞尔名胜古迹众多,是欧洲著名的旅游胜地。城区分为上城和下城。上城依坡而建,为行政区,主要名胜有路易十六式建筑风格的王宫、皇家广场、埃格蒙宫、国家宫(参众两院所在地)、皇家图书馆、现代古代艺术博物馆。银行、保险公司及一些著名工商业公司的总部都设在这里。下城为商业区。

大广场位于布鲁塞尔市中心,广场四周是哥特式、文艺复兴式、路易十四式的建筑。其中市政厅是最高大的建筑,建于 1402 年至 1480 年,为典型的哥特式建筑,钟楼高 91 米,顶上是 5 米高的守护神圣米榭尔的金色雕像。市政厅对面的"国王之家"曾是法国路易十四的行宫,现为辟为国家博物馆。市政厅左侧是天鹅餐厅，马克思和恩格斯曾在此共同草拟“共产党宣言”。大广场周围的其他建筑物，是17世纪各种行业协会的会址，每个建筑的门上雕有本行会崇敬的人物或是象征性动物的雕塑。小于连撒尿雕像，即“布鲁塞尔第一公民”像，建于1619年，雕像仅高50厘米，是到布鲁塞尔的游客必去的地方。

小于连撒尿的故事来源比利时民间传说故事。西班牙占领者在撤离布鲁塞尔时，欲用炸药炸毁城市。幸亏小男孩夜出撒尿，浇灭了导火线拯救了全城。为纪念小英雄，雕刻了此像。从1696年荷兰总督为他制作第一件衣服起，不断有各国来宾为他赠送衣服。因此小于连经常更换不同的衣装。

皇宫是比利时国王的寓所，也是比利时最宏伟的建筑物，内部参照法国凡尔赛宫的式样，装饰有大量的壁画、水晶灯饰。如皇宫顶上没有插国旗表明国王不在宫内，这时皇宫免费对外开放参观。皇宫前面是布鲁塞尔公园，公园的后面是国家宫，为比利时议会的办公地。

司法宫是欧洲规模最大的司法建筑，建于1866年，总面积为2.6万平方米。中央听政大厅的圆顶高达122米，圆顶的四角有分别象征执法、仁慈、力量和法律的塑像。内部很大部分用于旁听厅，还有档案室和执法机构的办公室。

原子球在布鲁塞尔郊外的王宫附近，是为1958年世博会所设计的标志建筑。设计构思源于原子结构图，9个巨大的金属圆球由粗大的钢管相连接，每个球直径达18米，最高的球离地102米。有些管道里还安装有电动扶梯，供游人上下。大小相当于放大了1650亿倍的铁的正方体晶体，总重2200吨。圆球内为各种主题的科技展览厅。分别陈列有太阳能、和平利用原子能、航天技术、天文等方面的展品，以及有关比利时气象事业的发展史、卫星气象、气象雷达、气象通信方面的图表等。

迷你欧洲公园在离原子球不远处，荟萃了欧洲著名的建筑及名胜三百多处。

独立50年纪念凯旋门位于欧共体办公楼附近，是比利时国王利奥波德二世为了纪念1880年比利时纪念独立50周年和举办博览会而出资兴建的。中间是三拱凯旋门，两旁的建筑辟为皇家艺术和历史博物馆、汽车博物馆、军事博物馆。

滑铁卢镇位于布鲁塞尔南20公里。这个著名的滑铁卢古战场是1815年法国拿破仑战败的地方，主要的纪念建筑是建于1826年的狮子山，高50米，登上226级台阶可以俯瞰整个古战场的全景，山顶是用战场上的废铁铸成的28吨的雄狮。山下有一个滑铁卢古战役展览厅，陈列着法国著名画家杜默兰于1912年绘成的长110米，高约12米的环形壁画，描绘了在这场震撼世界的战争中两军激战，以及拿破仑骑兵溃败的场面。

1815年6月20日，在只有2.25公里的战线上，对峙的兵力达14万人。其中法军7.4万人，另一方英国、荷兰、普鲁士联军6.7万人。经过仅有24小时的殊死搏斗，法方损失了2.7万人，联军2.2万人。结果拿破仑惨败，被迫再次宣布退位，被流放到大西洋上的圣赫勒拿岛。

五、卢森堡

（一）概况

卢森堡大公国（The Grand Duchy of Luxembourg），面积2586.3平方公里，人口45.95万（2006年），其中卢森堡人约占61%，外籍人占39%（主要为葡、意、法、比、德、英、荷侨民）。官方语言是法语、德语和卢森堡语（法语多用于行政、司法和外交；德语多用于报刊新闻；卢森堡语为民间口语，亦用于地方行政和司法）。居民97%信奉天主教。首都卢森堡（Luxembourg），有人口8.38万（2006年）。

行政区划：全国划分为卢森堡、迪基希、格雷文马赫3个省，省下设12个专区和118个市镇。省长、市（镇）长由大公任命。重要节日：国庆日是6月23日（1921年，大公让诞辰纪念日）。

（二）自然与人文环境

卢森堡位于欧洲西北部，东邻德国，南邻法国，西、北邻比利时。地势北高南低，北部阿登高原厄斯林区占全境1/3。最高点布尔格普拉兹峰海拔约550米。南部为古特兰平原。卢森堡属海洋—大陆过渡性气候，1月平均气温0.7℃，7月平均气温17.3℃，年均降水量782.2毫米。

卢森堡是发达的资本主义国家，自然资源贫乏，市场狭小，经济对外依赖性大。钢铁工业、金融业、广播电视业是卢森堡经济的三大支柱。工业以钢铁为主,工业产值约占国内生产总值的30%,从业人员占全国就业人口的40%。卢森堡素有"钢铁王国"之称,人均钢产量居世界首位。农业以畜牧业为主,粮食不能自给,主要农产品有小麦、黑麦、大麦、玉米。林业发达,森林面积约占国土面积的1/3。

卢森堡积极发展旅游业,目前有各类旅馆284家,共7474个床位;青年旅馆10家,可接待1020人;野外宿营地100处。2006年去卢森堡旅游人数约97万人次。

(三)卢森堡市

卢森堡市位于该国南部旁帕依地区的中心,海拔408米,是一座拥有一千多年历史的以堡垒闻名于世的古城。

卢森堡市地处德、法之间,地势险要,历史上一度是西欧的重要军事要塞,曾有过三道护城墙、数十座坚固的城堡、23公里长的地道和暗堡,被誉为"北方的直布罗陀"。15世纪以后,卢森堡市屡遭异族入侵,先后被西班牙、法国、奥地利等国统治长达四百多年,被毁过二十多次。卢森堡人为抵御外敌入侵修建了许多牢固的城堡。这些城堡建筑一流,具有极高的观赏价值,1995年被列入《世界文化遗产名录》。卢森堡市也因此成为世界上富有特色的旅游热点城市之一。1883年卢森堡被承认为中立国后,部分城堡被拆除,大量古堡被改建为公园,只留下一些石墙作为永久的纪念。

著名的叙尔河的支流阿尔泽特河将卢森堡市分为两部分,城区由110条造型各异、大小不同的桥梁相连接,其中较长的桥有女大公夏洛特桥、帕塞雷尔桥、阿道尔夫桥。河两岸历史悠久的老城,建筑古朴、街道狭窄,有几处著名的古建筑。大公宫殿具有比利时建筑特色,尖塔高耸,圣母院大教堂建于17世纪前期,还有大量德国童话式的老镇街道和不同国家风格的建筑。老城西北是风光秀丽的卢森堡大公公园。

卢森堡市是一个国际化的城市,欧洲法院、欧洲议会总秘书处、欧洲投资银行、欧洲金融基金会等国际机构都设在此处。卢森堡市内外国居民约占43%。

六、法国

（一）概况

法兰西共和国（The Republic of France），面积55.1602万平方公里，6319.5万（2007年1月），包括约400万外国侨民。通用法语。居民中62%的人信奉天主教，6%信奉伊斯兰教，以及少数新教、犹太教、佛教、东正教徒，26%的人自称无宗教信仰。首都巴黎（Paris），人口1149万（包括郊区，2006年）。

行政区划：分为大区、省和市镇。法国本土划为22个大区、96个省，还有4个海外单省大区、4个海外属地和1个地位特殊的海外属地。全国共有36679个市镇。4个海外省是：瓜德鲁普、马提尼克、法属圭亚那、留尼旺。4个海外领地是：法属波利尼西亚、新喀里多尼亚、瓦利斯群岛和富图纳群岛、法属南半球和南极领地。重要节日：国庆日是7月14日①。

（二）自然与人文环境

1.自然地理

法国位于欧洲西部，邻比利时、卢森堡、瑞士、德国、意大利、西班牙、安道尔、摩纳哥，西北隔拉芒什海峡与英国相望，濒临北海、英吉利海峡（拉芒什海峡）、大西洋、地中海四大海域。地势东南高西北低，平原占总面积的2/3，主要山脉有阿尔卑斯山脉、比利牛斯山脉、汝拉山脉等。法意边境的勃朗峰海拔4810米，为欧洲最高峰。地中海上的科西嘉岛是法国最大岛屿。边境线总长5695公里，其中海岸线为2700公里，陆地线为2800公里，内河线为195公里。西部属温带海洋性阔叶林气候，南部属亚热带地中海式气候，中部和东部属温带大陆性气候。1月平均气温北部1℃～7℃，南部6℃～8℃；7月北部16℃～18℃，南部20℃～23℃。平均降水量600～1000毫米以上，从西北往东南递增。主要河流有卢瓦尔河、罗讷河、塞纳河。

2.文化

从17世纪开始，法国的古典文学进入辉煌时期，出现了莫里哀、司

---

① 1880年议会立法确认，1789年法国资产阶级大革命攻克巴士底狱日为国庆节。

汤达、巴尔扎克、大仲马、雨果、福楼拜、小仲马、左拉、莫泊桑、罗曼·罗兰等文学巨匠。他们的许多作品在世界广为流传。近现代,法国的艺术在继承传统的基础上不断创新,出现了雕塑家罗丹、印象派画家莫奈、野兽派画家马蒂斯等艺术大师。同时,法国在工业设计、艺术设计领域也居于世界领先地位,有关实用美术、建筑、时装设计、工业设计专业的学校闻名海外。一些知名博物馆收藏着世界文化的宝贵遗产。戛纳国际电影节是世界上最早的国际电影节之一,也是世界五大电影节之一,每年5月在法国东南部海滨小城戛纳举行,为期两周左右,1956年最高奖为"金鸭奖",1957年起改为"金棕榈奖"。

3.经济与旅游业

法国经济发达,国内生产总值居世界前列。法国商业也较为发达,创收最多的是食品销售,在种类繁多的商店中,超级市场和连锁店最具活力,几乎占全部商业活动的一半。能源主要依靠核能,水力资源和地热的开发利用比较充分。森林覆盖率为28.2%。

法国是欧盟最大的农业生产国,也是世界主要农副产品出口国。粮食产量占全欧洲粮食产量的1/3,农产品出口仅次于美国居世界第二位。法国的农副产品出口居世界第一,占世界市场的11%。出口商品主要有机械、汽车、化工产品、钢铁、农产品、食品、服装、化妆品和军火等。法国葡萄酒享誉全球,酒类出口占世界出口量的一半。法国时装、法国大餐、法国香水都在世界上闻名遐迩;另一是非产品化的技术出口增长较快,纯技术出口在整个出口贸易中的地位日益显要。

法国是世界第一旅游大国,2005年接待外国游客7530万人次(超过本国人口),约90%来自其他欧洲国家,旅游外汇收入340亿欧元。全国近三万家旅馆和一万多家各类小旅店、野外宿营地、青年之家等可提供1747.67万张床位。首都巴黎、地中海和大西洋沿岸风景区、阿尔卑斯山区、科西嘉岛和一些海外省均是著名旅游胜地,还有一些历史名城和众多古堡。

(三)巴黎

巴黎地处法国北部塞纳河畔,距河口(英吉利海峡)375公里,是欧洲大陆上最大的城市,也是世界上最繁华的都市之一。塞纳河蜿蜒穿过城市，形成斯德和圣路易两座河心岛。城市本身踞巴黎盆地中央，属温和的海洋性气候，夏无酷暑，冬无严寒；1月平均气温3℃，7月平均气温18℃，年平均气温10℃，最高气温31.6℃，最低气温－6.9℃。年平均降雨量619毫米，全年降雨分布均衡，夏秋季稍多。

巴黎是法国最大的工商业城市。最发达的制造业项目有汽车、电器、化工、医药、食品等，主要集中于北部各郊区。奢华品生产居次，产品有贵重金属器具、皮革制品、瓷器、服装等，主要集中在市中心各区。家具、鞋、精密工具、光学仪器等生产集中于外围城区。印刷出版业集中在拉丁区和雷米街。"市场"（1183年至1969年为当地的中心市场）的西侧，是巴黎大部分银行、保险公司的总部所在地。大巴黎（都市）区电影生产量占法国电影生产总量的3/4。

巴黎是法国文化、教育事业的中心，也是世界文化名城，有历史悠久的著名大学和许多学术研究机构、图书馆、博物馆、剧院等。巴黎有75个图书馆，其中创建于1364年至1380年的国立图书馆规模最大，藏书达1000万册。

巴黎拥有50个剧场，200个电影院，15个音乐厅。巴黎歌剧院是世界上面积最大的歌剧院，位于市中心的奥斯曼大街，占地11万平方米，整个建筑兼有哥特式和罗马式的风格。

巴黎的"街头艺术"丰富多彩，城区西北部的泰尔特尔艺术广场是世界闻名的露大画廊，每天都有不少画家即席作画出售。在市中心的沙特莱广场和圣·日耳曼德伯广场等地，青年学生和市民经常表演各种节目。

巴黎是一座世界历史名城，名胜古迹众多，有埃菲尔铁塔、凯旋门、爱丽舍宫、凡尔赛宫、卢浮宫、协和广场、巴黎圣母院、乔治·蓬皮杜全国文化艺术中心等闻名于世的建筑．在塞纳河两岸，公园、绿地星罗棋布，有32座桥梁横跨河上，沿河风光妩媚多姿。河中心的城岛是巴黎的摇篮和发源地。塞纳河畔圣米歇尔林荫大道有绵延数公里的旧书市场。

巴黎还是一座"世界会议城"，联合国教科文组织、经济合作与发展组织等国际组织的总部均设在巴黎。

巴黎凯旋门位于巴黎市中心星形广场(戴高乐将军广场)的中央,12条大街以凯旋门为中心,向四周辐射。凯旋门是为纪念拿破仑1806年2月在奥斯特尔里茨战役中打败俄、奥联军而建,由建筑师夏尔格兰设计,1806年8月奠基,1836年7月落成,高49.54米,宽44.82米,厚22.21米,四面有门,中心拱门宽14.6米,门楼以两座高墩为支柱,中间有电梯上下。在拱形圆顶之上有三层围廊:最高一层是陈列室,展示有关凯旋门的各种历史文物以及拿破仑生平事迹的图片;第二层展示各种法国勋章、奖章;最低一层则是凯旋门的警卫处和会计室。

埃菲尔铁塔位于巴黎市中心塞纳河南岸,是世界上第一座钢铁结构的高塔,是现代巴黎的标志,是为隆重纪念法国1789年资产阶级大革命100周年,在巴黎举行规模空前的世界博览会而建的,因法国著名建筑师斯塔夫·埃菲尔设计建造而得名,建于1887年至1889年。铁塔高300米,采用交错式结构,由四根与地面成75度角的、粗大的、带有混凝土水泥台基的铁柱支撑着塔身,内设四部电梯(原为水力升降机),共使用了约1500根巨型预制梁架,250万颗铆钉,总重7000吨。

埃菲尔铁塔设有上、中、下三个瞭望台,可同时容纳上万人。最下层瞭望台离地面57米,面积最大,相当宽敞,设有会议厅、电影厅、餐厅、商店和邮局等各种服务设施。中层瞭望台离地面115米,有全景餐厅。最高层瞭望台离地面274米,有1652级阶梯。

在塔下长方形白色大理石柱顶,安放有斯塔夫·埃菲尔镀金半身铜像。

卢浮宫是法国最大的王宫建筑之一,位于巴黎市中心塞纳河右岸、巴黎歌剧院广场南侧,占地约45公顷,原为中世纪的城堡。1546年,法王弗朗索瓦一世决定在原城堡的基础上建造新的王宫,经过9位君主300余年的不断扩建,形成一座呈U字形的宏伟辉煌的宫殿建筑群。1793年11月18日,卢浮宫博物馆正式向公众开放,其全部工程于1857年完成。

卢浮宫收藏有世界各地的珍藏品,包括绘画、雕塑、素描、陶器、铜器、工艺品、古文物等藏品40万件以上,其中“镇馆三宝”是胜利女神像、维纳斯像、蒙娜丽莎的微笑。

美籍华裔建筑师贝聿铭设计的透明玻璃金字塔，是卢浮宫博物馆的主要入口，为卢浮宫锦上添花。

巴黎圣母院位于巴黎市中心塞纳河中的西岱岛上，是最著名的中世纪哥特式大教堂。这座石头建筑，是欧洲建筑史上一个划时代的标志，在世界建筑史上，被誉为一曲由巨大的石头组成的交响乐。巴黎圣母院始建于1163年，是巴黎大主教莫里斯·德·苏利决定兴建的，整座教堂在1345年才全部建成，历时183年。

巴黎圣母院的正外立面风格独特，结构严谨，雄伟庄严，被壁柱纵向分隔为三大块。三条装饰带又将其横向划分为三部分，最下面有三个内凹的门洞，门洞上方的"国王廊"上，有分别代表以色列和犹太国历代国王的二十八尊雕塑。中央部分的两侧为两个巨大的石质中棂窗子，中间一个玫瑰花形的大圆窗，直径约10米，建于1220年至1225年。中央供奉着圣母圣婴，两边立着天使的塑像，两侧立的是亚当和夏娃的塑像。

教堂内部极为朴素，几乎没有什么装饰。大厅可容纳9000人，其中1500人可坐在讲台上。厅内的大管风琴有6000根音管，音色浑厚响亮，特别适合奏圣歌和悲壮的乐曲。曾经有许多重大的典礼在这里举行。

巴士底狱遗址位于巴黎市区东部、塞纳河右岸，"巴士底"法文原意是"城堡"。原为1369年至1382年建立的用来抵抗英国入侵的军事堡垒，有8座巍峨坚固的炮台。1380年至1422年被改为王家监狱。整座城堡占地2670平方米，四周建有一堵又高又厚的石墙和八座高三十多米的塔楼，四周掘有宽24米的深沟，设吊桥进出，从16世纪开始关押、囚禁政治犯。在法国人民心目中，巴士底狱已成为法国封建专制统治的象征。1789年7月3日巴黎人民奋然起义，14日巴士底狱被攻占，揭开了法国大革命的序幕。1791年巴士底狱被拆毁，在其旧址上建成了巴士底广场，并把拆下来的石头铺到塞纳河的协和桥上，供路人践踏。

1830年，在巴士底广场中心建立起高52米的纪念"7月革命"的烈士碑，碑身是用青铜铸成的圆柱体，故称"7月圆柱"。在柱顶端是一尊右手高举火炬的金翅自由神像，神像左手提着被砸断的锁链，象征着获得了自由。监狱遗址前方立着一块写有“大家在这里跳舞吧!”的牌子。1880年6月,法国将1789年7月14日(巴黎人民攻占巴士底狱这一天)定为法国国庆日。

先贤祠位于巴黎市中心塞纳河左岸的拉丁区,原是路易十五时代建成的圣·热内维耶瓦教堂,1791年被收归国有脱离宗教后,改为埋葬“伟人”的墓地,是永久纪念法国历史名人的圣殿。这里安葬着伏尔泰、卢梭、维克多·雨果、爱弥尔·左拉、马塞兰·贝托洛、让·饶勒斯、柏辽兹、马尔罗和大仲马等对法兰西作出非凡贡献的人。1814年至1830年间曾归还教会。先贤祠中的艺术装饰非常精美,其穹顶上的大型壁画是著名画家安托万·格罗特创作的。

乔治·蓬皮杜国家艺术文化中心位于巴黎拉丁区北侧,塞纳河右岸的博堡大街,当地人简称为“博堡”,是一座设计新颖、造型特异的现代化建筑,外部钢架林立、管道纵横,按功能分别漆上红、黄、蓝、绿、白等颜色。因其外观极像一座工厂,故有“炼油厂”、“文化工厂”之称。该中心是已故总统蓬皮杜于1969年决定兴建的,建于1972年至1977年,占地7500平方米,建筑面积10万平方米,地上6层。整座建筑分为工业创造中心、大众知识图书馆、现代艺术馆、音乐音响谐调与研究中心四大部分。

巴黎协和广场位于巴黎市中心塞纳河北岸,是法国最著名的广场和世界上最美丽的广场之一,始建于1757年,由著名建筑师卡布里埃尔设计。因广场中心曾塑有路易十五骑像,故1763年曾被命名为“路易十五广场”。大革命时期改为“革命广场”,1795年改称“协和广场”,后经著名建筑师希托弗主持整修,1840年形成了现在的规模。广场中央矗立着一尊23米高、有3400年历史的埃及方尖碑,这是路易—菲利普于1831年从埃及卢克索移来的著名文物,碑身的古文字记载着拉美西斯二世法老的事迹。石碑两侧各有一座喷水池,池中精致的雕刻是希托弗的作品。广场四周放置了8座雕像,分别象征着里昂、马赛、波尔多、南特、鲁昂、布勒斯特、里尔、斯特拉斯堡8座在法国历史上起过重要作用的城市。

香榭丽舍大街东起协和广场,西至星形广场,全长约1800米,街道最宽处约120米，是横贯巴黎且最具特色、最繁华的街道之一。“香榭丽舍”在法语中意为“田园乐土”，这里曾是一片低洼潮湿的空地。17世纪路易十四在位时，植树造林，使之成为专供宫廷贵族游乐的禁区。后来图勒里公园向西延伸，这里成为近1公里长的林荫道。之后又有扩展，1709年命名为香榭丽舍大街。大街以南北走向的隆布万街为界，分成风格迥异的东西两段。东段幽静，长约700米，体现了田园风光，成行的梧桐树郁郁葱葱，街心花园隐现于万木丛中。东端的星形广场中央是著名的凯旋门。大街附近有波旁宫、玛德琳娜大教堂。这里还有图勒里公园、卢浮宫、市府大厦和爱丽舍宫等名胜古迹。西段长约1100米，西端是著名的协和广场。法国的一些重大节日，如7月14日国庆阅兵式、新年联欢等，都在这条大街上举行。

奥赛博物馆位于巴黎市中心塞纳河左岸视野最宽阔的地带，与卢浮宫隔河相望，又称“19世纪艺术博物馆”，富丽堂皇，被誉为“欧洲最美的博物馆”。

奥赛博物馆与卢浮宫、蓬皮杜中心一道，被称为“巴黎三大艺术博物馆”。馆内主要陈列1848年至1914年间创作的西方艺术作品，汇集了法国近代文化艺术的精华，填补了古代艺术殿堂卢浮宫和现代艺术殿堂蓬皮杜中心之间的艺术空白。

奥赛博物馆是由废弃的奥赛火车站改建而成，1986年底建成开馆。改建后的博物馆长140米、宽40米、高32米，馆顶使用了3.5万平方米的玻璃天棚。博物馆实用面积约5.7万平方米，有80个展厅或陈列室，展览面积4.7万平方米，其中长期展厅1.6万平方米。馆内收藏近代艺术作品约4700件，内容涵盖绘画、雕塑、家具、手工艺品、建筑、摄影等几乎所有的艺术范畴。其中，最负盛名的是19世纪下半叶精美的艺术收藏品。

奥赛博物馆的展品按艺术家的年代和流派分设在大厅的底层、中层和顶层。底层展出的是1850年至1870年的绘画、雕塑和装饰艺术作品，其中有安格尔、德拉克洛瓦、德加、莫奈、罗丹等的作品。中层陈列的是1870年至1914年的作品，其中有第三共和国时期的官方艺术、象征主义、学院派绘画以及新艺术时期的装饰艺术作品。顶层集中展示的是印象派以及后印象派画家的作品，是世界上收藏印象派主要画作最多的地方。

七、摩纳哥

摩纳哥公国(The Principality of Monaco)，面积2平方公里，其中围海造地约40公顷，人口34021人，其中摩纳哥8000人，其他人口来自125个不同的国家，包括法国8931人，意大利5454人。官方语言为法语，通用意大利语、英语，另有摩纳哥方言，仅为老人及在初级教育中使用。居民90%以上信奉罗马天主教。首都摩纳哥(Monaco)。

行政区划：全国为1个市镇单位，下辖4个区(摩纳哥城区、摩奈盖提区、枫维叶区、蒙特卡洛区)。重要节日：国庆日是11月19日(前亲王兰尼埃日)。

摩纳哥位于欧洲西南部，三面被法国国土包围，南濒地中海。东西长约3公里，南北最窄处仅200米。境内多丘陵，平均海拔500米以下，最高点海拔573米。摩纳哥属亚热带地中海式气候，夏季干燥凉爽，冬季潮湿温暖。年均气温为16℃，年均降水量为500～600毫米。

摩纳哥国土面积狭小，自然资源稀少，无农业，有少量工业，第三产业营业额占全国各行业营业总额的绝大部分。旅游业和金融业发展最为突出，赌场和邮票举世闻名。摩纳哥一年一度的国际汽车F1(一级方程式)大奖赛较为著名。每年约有42万人到摩观光旅游。2005年举办各类活动和国际会议454起。

摩纳哥是地中海边峭壁上的公国，是世界上海岸线最短的国家，依山傍海，犹如一个五彩缤纷的海滨公园。它拥有世界最著名的大赌场，也由此而得名赌博之国。摩纳哥还是一个免税天堂，所以在这里居住着许多世界名人。摩纳哥属于典型的地中海式气候，全年有三百多天阳光普照。

摩纳哥城有王宫、大教堂、海洋博物馆、水族馆等景区，也可去蒙特卡洛一睹世界最奢华的赌场。摩纳哥是欧洲著名旅游胜地，娱乐、住宿、餐馆、会议中心等设施完善。节庆活动丰富多彩，其中蒙特卡洛国际杂技节、国际礼花节、一级方程式汽车大奖赛等闻名世界。

蒙特卡洛位于首都摩纳哥城之北、阿尔卑斯山脉伸入地中海的山崖之上，是世界最著名的赌城，有建于1861年的国际首屈一指的蒙特卡洛大赌场，还有豪华的歌剧院、星级旅馆、明媚的海滩、商店、游泳池、温泉浴室、运动场地等服务娱乐场所，当地住宿、就餐、乘车，甚至买报都带有赌博色彩，可能中彩抽奖。每年5月的F1一级方程式赛车活动季节，都会吸引数万人潮涌进摩纳哥。

第四节 中欧

一、波兰

（一）概况

波兰共和国（The Republic of Poland），面积31.2685万平方公里，人口3815.7万（2005年12月），其中波兰族占98%，此外还有乌克兰、白俄罗斯、立陶宛、俄罗斯、德意志和犹太等少数民族。官方语言为波兰语。居民约90%信奉罗马天主教。首都华沙（Warsaw），人口170万（2005年12月）。

行政区划：共设16个省，308个县，2489个乡。重要节日：国庆日是5月3日[①]。

（二）自然与人文环境

波兰位于中欧东北部，西邻德国，西南邻捷克，南邻斯洛伐克，东北邻俄罗斯飞地加里宁格勒（原称科尼斯堡）州，东邻立陶宛、白俄罗斯，东南邻乌克兰，北濒波罗的海，海岸线长528公里。地势南高北低，中部下凹。海拔200米以下的平原约占全国面积的72%。主要山脉有喀尔巴阡山脉和苏台德山脉。波兰属于由海洋性向大陆性气候过渡的温带阔叶林气候，1月平均气温－5℃～－1℃，7月17℃～19℃。较大河流有

① 1791年5月3日波兰颁布第一部宪法。

维斯瓦河、奥得河。最大的湖泊是希尼亚尔德维湖，面积109.7平方公里。

波兰经济处于中等发达水平，是世界琥珀生产大国，有几百年开采琥珀的历史。森林覆盖率近30%。

波兰是世界十大旅游国之一，旅游业已成为波兰外汇收入的主要来源。2004年接待外国游客1320万人次，旅游收入57.8亿美元。游客主要来自德国、俄罗斯、捷克、乌克兰、斯洛伐克、白俄罗斯。波兰旅游资源丰富，北部波罗的海港湾气候宜人，南部喀尔巴阡山区风景旖旎，主要旅游地有首都华沙，北部沿海城市格但斯克、什切青，以及托伦、奥尔什丁、南部古城克拉科夫、山城扎科帕奈、克雷尼查，东部的比亚沃维耶扎森林区等。

（三）华沙

华沙位于波兰中部平原，维斯瓦河由南向北纵贯市区，地势低洼，气候温和，雨量适中，年平均降水量为500毫米，是波兰的鱼米之乡。

华沙是波兰的政治、经济、文化中心，它的工业有钢铁、机械制造（精密机械、车床等）、汽车、电机、制药、化学、纺织等，以电子、机电、食品为主。旅游业发达，旅游景点众多。市内建有歌剧院、音乐厅和可容纳近10万观众的“十周年体育场”。

华沙古城初建于13世纪，1596年波兰国王齐格蒙特·瓦萨三世将首都由克拉克夫迁至华沙，1655年至1657年瑞典战争时遭到严重破坏，以后又屡遭强国入侵和瓜分，1918年波兰复国后，再次被定为首都。第二次世界大战期间，85%的建筑物被炸毁。

1945年波兰解放后，政府按照华沙原样重建旧城，保持了中世纪的面貌。维斯瓦河西岸为旧城，周围是红砖砌成的13世纪内墙和14世纪外墙，四周高耸着古式城堡。这里集中了中世纪巍峨壮观的红色尖顶建筑群，其中的古城堡皇宫有“波兰民族文化纪念碑”之称，还有许多中世纪和文艺复兴时期的古建筑。克拉辛斯基宫是华沙最美丽的巴洛克式建筑，瓦津基宫是波兰古典主义建筑杰出的代表作，还有圣十字教堂、圣约翰教堂、罗马教堂、俄罗斯教堂等建筑。圣十字教堂是波兰伟大作曲家肖邦的安息之地。

华沙市内有很多纪念碑、雕像、博物馆。维斯瓦河畔的美人鱼青铜雕像，既是华沙城徽，也是波兰人民英勇不屈的象征。瓦津基公园中的肖邦铜像，立在巨大的喷泉旁。世界著名的物理学家、钋和镭的发现者居里夫人出生地佛里塔大街寓所和肖邦的故居都已辟为博物馆。在东西林荫大道两旁有波兰国家博物馆、波兰军事博物馆。

宪法广场是华沙最繁华的地方，有 6 条大街在此交汇。高 230 米的文化科学宫是波兰最高建筑物。

维斯瓦河东岸是新市区布拉加区，是现代化工业区和工人住宅区。市内绿树成行，草坪相连，有公园 65 座，绿地1.26万公顷。著名的瓦津基公园以前曾是皇家打猎场。

二、捷克

（一）概况

捷克共和国（The Czech Republic），面积7.8866万平方公里，人口 1022 万人（2004 年底），其中 90%以上为捷克族，斯洛伐克族占2.9%，德意志族占 1%，此外还有少量波兰族。官方语言为捷克语。主要宗教是罗马天主教。首都布拉格（Prague），人口 117 万（2004 年底）。

行政区划：全国共划分为 13 个州，76 个县，布拉格为直辖市。重要节日：国庆日是 10 月 28 日[①]。

（二）自然与人文环境

捷克共和国原属捷克和斯洛伐克联邦共和国，是欧洲中部的内陆国家。东邻斯洛伐克，南邻奥地利，北邻波兰，西邻德国，由捷克、摩拉维亚和西里西亚 3 个部分组成。捷克全国森林密布，风景秀丽，可以分为西半部的波希米亚高地和东半部的喀尔巴阡山地两大地理区，喀尔巴阡山由一系列东西走向山脉组成。捷克地处北温带，受海洋气候影响较大，年均气温7.5℃。年均降水量为 674 毫米。伏尔塔瓦河最长，流经布拉格，易北河发源于捷克的拉贝河，可以通航。

---

① 第一次世界大战后奥匈帝国瓦解，捷克与斯洛伐克联合，于 1918 年 10 月 28 日成立捷克斯洛伐克共和国。捷克因此将 10 月 28 日定为国庆日。

捷克原为奥匈帝国的工业区,工业基础雄厚,纺织、制鞋、啤酒酿造均闻名于世。捷克是啤酒生产和消费大国,其出口的主要对象是斯洛伐克、波兰、德国、奥地利和美国。

2005 年捷克旅游业创汇46.3亿美元,接待外国游客 640 万人次,游客主要来自德国、荷兰、丹麦、英国、西班牙等国。主要旅游城市有布拉格、卡洛维伐利温泉城等。

(三)布拉格

布拉格是捷克的政治、经济、文化中心,欧洲最美丽的城市之一。地处欧洲大陆中心,分布在七座山丘上,有伏尔塔瓦河蜿蜒流经市内。平均海拔 235 米,为典型的大陆性气候,7 月平均气温为19.5℃度,1 月为－0.9℃。

布拉格为捷克共和国最大的经济中心,工业以机械制造为主,产品有运输机械(汽车、机车和车辆)、机床、电机、矿山机械、建筑机械、农机等,还有化工、纺织、皮革、印刷、食品加工等。工业主要分布于城市的西南郊和东南郊。市内公园、绿地、剧院、博物馆、美术馆众多。每年一度的“布拉格之春”音乐会,为世界上重要的音乐盛会。

早在新石器时代布拉格即有人类居住。9 世纪这里建成城堡和定居点。旧城由波希米亚君主瓦茨拉夫一世建于 1230 年至 1234 年。1345 年至 1378 年在神圣罗马帝国皇帝兼波希米亚国王查理四世统治下,布拉格达到鼎盛时期。1631 年和 1648 年布拉格先后被撒克逊人和瑞典人占领,从此进入衰落时期。18 世纪,中欧局势稳定,经济重新发展,布拉格人口增多,日耳曼、西班牙、意大利贵族及商人云集于此,对布拉格的建筑风格和经济文化生活带来很大影响。

布拉格拥有各类古建筑物一千七百多处,有“世界建筑艺术博物馆”之称。该市最古老的建筑为维舍赫拉德城堡,始建于9 世纪下半叶。查理大学(又称布拉格大学)建于 1348 年,是中欧第一所大学。

伏尔塔瓦河将城市分为两部分,河上建有十几座不同时期的桥梁,最著名的是查理桥建于 1357 年,是一座融哥特式和巴洛克式建筑艺术为一体的桥梁。市区有众多哥特式或巴洛克式带有尖塔或圆顶的塔式古老建筑,因而布拉格有“百塔之城”之称。

布拉格城堡位于伏尔塔瓦河的丘陵上，有一千多年历史，又称“总统府”，近几十年来历届总统办公室均设在堡内。城堡包括布拉格城堡画廊、圣维塔大教堂、旧皇宫、圣乔治女修道院等部分。

布拉格城堡画廊收藏了许多古典绘画，最早从16世纪开始，以16～18世纪的绘画为主，有意大利、德国、荷兰等国艺术家作品4000余幅。该画廊的原址是城堡马厩，在改建为城堡画廊的过程中，发掘出布拉格城堡最早的教堂——圣女教堂，部份遗迹存放在城堡画廊中。

圣维塔大教堂是布拉格城堡最重要的地标，除了丰富的建筑特色外，也是布拉格城堡王室加冕与辞世后长眠之所。教堂入口左侧色彩鲜丽的彩色玻璃，是布拉格著名画家穆哈的作品。教堂内的圣约翰之墓由纯银打造、装饰华丽。圣约翰墓之后是圣温塞斯拉斯礼拜堂，其壁画和圣礼尖塔均有金彩装饰。

旧皇宫原是波西米亚国王的住所，大致分为3层，入口的中间层是维拉迪斯拉夫大厅，也是整个皇宫的重心，上层是新领地大厅，下层有哥特式的查理四世宫殿、仿罗马式宫殿大厅。

圣乔治教堂位于圣维塔大教堂后方，是捷克保存最完好的仿罗马式建筑，有红色外墙和双塔。该教堂自920年完成后扩大修建多次，最近一次是在19世纪末至20世纪初。教堂的基石和两个尖塔从10世纪保存至今。

圣乔治女修道院是波西米亚第一个女修道院，曾在18世纪被拆除改建为军营，现在为国家艺廊，收藏14～17世纪的捷克艺术作品，包括哥特艺术、文艺复兴、巴洛克等不同时期的绘画作品。

布拉格城堡火药塔与旧城广场的火药塔一样，原本都是作为守城护卫的要塞，后来则为存放火药之用。16世纪时，国王让术士居住于此研究炼铅成金之术，18世纪后改为圣维塔大教堂储藏圣器的地方，现在则是展出中古艺术、天文学和炼金术文物的博物馆。

黄金巷是布拉格古堡最著名景点之一，原本是仆人工匠居住之处，后来因为聚集不少为国王炼金的术士，因而得名。在19世纪之后，逐渐变成贫民窟。20世纪中期重新规划，将原本的房舍改为店铺，出售各类纪念品和手工艺品。

三、斯洛伐克

(一)概况

斯洛伐克共和国(The Slovak Republic),面积4.9035万平方公里,人口530多万(2005年12月),其中斯洛伐克族占85.69%,此外有匈牙利人、茨冈人、捷克人,还有乌克兰人、波兰人、日耳曼人和俄罗斯人。官方语言为斯洛伐克语。居民60.4%信奉罗马天主教,8%信奉斯洛伐克福音教,少数信奉东正教。首都布拉迪斯拉发(Bratislava),人口45.2万(2004年)。

行政区划:全国分为8州79个县,下设市、镇。布拉迪斯拉发为直辖市。重要节日:国庆日是8月29日(1944年)[①]。

(二)自然与人文环境

斯洛伐克位于欧洲中部、原捷克斯洛伐克联邦共和国的东部。北邻波兰,东邻乌克兰,南邻匈牙利,西南邻奥地利,西北邻捷克。地势北高南低,北部是西喀尔巴阡山脉较高的地带,大部分海拔1000~1500米,山地占据了国土的大部分地区。斯洛伐克属海洋性向大陆性气候过渡的温带气候。全国共有大小湖泊一百六十多个。多瑙河在斯洛伐克境内长达172公里,可行驶1500~2000吨的驳船。驾船逆流而上可抵德国的雷根斯堡,顺流而下,可经罗马尼亚进入黑海。

斯洛伐克的矿产资源主要有褐煤、硬煤,主要农作物有大麦、小麦、玉米、油料作物、马铃薯、甜菜等,主要出口商品有钢材、机械产品、化工产品、消费品、矿物燃料、金属和金属制品、电力设备等。

斯洛伐克风景优美,气候宜人,历史文物景点多,主要风景名胜大多集中在中部地区。北部的塔特拉山区多终年积雪的高山和清澈的湖泊,是滑雪胜地。中部有典型的喀斯特地貌,分布着大量的溶洞,已列入《世界遗产名录》。

---

① 1944年8月29日,为反抗法西斯统治,爆发了"斯洛伐克民族起义",为纪念这一历史事件,斯洛伐克将8月29日定为国庆日。

（三）布拉迪斯拉发

布拉迪斯拉发位于斯洛伐克的西南边陲，多瑙河畔小喀尔巴阡山麓，靠近斯洛伐克、奥地利、匈牙利三国交界处，距离奥地利首都维也纳不到60公里。是斯洛伐克最大的内河港口和政治、经济、文化及石化工业中心。

布拉迪斯拉发在1526年至1784年是匈牙利的都城，称为普莱斯堡，“一战”后成立了斯洛伐克，才改称现名。1993年斯洛伐克独立后成为斯洛伐克的首都。布拉迪斯拉发由新老两个城区组成。老城位于多瑙河的北岸，多巴洛克式古老建筑，其中最古老和最具有代表性的是位于山丘上的布拉迪斯拉发城堡，原是古罗马人建造的要塞，有一半的建筑被辟作斯洛伐克国家博物馆，在城墙上可以俯瞰全城及多瑙河沿岸风光。

大广场是布拉迪斯拉发市中心最大的广场，这里有建于1527年的罗兰喷泉，也是城里最古老的喷泉。广场旁的老市政厅建于1421年，1868年被辟为市政博物馆。主教宫位于主教广场旁，建于1778年至1781年，曾为匈牙利大主教的官邸，内有仿造法国凡尔赛宫的镜厅。斯洛伐克国家歌剧院始建于1776年，是斯洛伐克歌剧院和国家芭蕾舞团的演出地。圣马丁大教堂是建于13世纪的哥特式教堂，曾是匈牙利国王的加冕教堂。1563年至1830年有11位匈牙利国王和8位王后在此加冕。

米榭尔门是古城墙里保存下来的唯一一座中世纪的城门。城门之上是高51米绿色尖顶的钟塔。塔顶是天使圣米榭尔的雕像。塔内辟为小型兵器博物馆。格拉苏尔科维奇宫是建于1760年的洛可可式宫殿，1996年重建后成为斯洛伐克总统府。

大主教夏宫是17世纪文艺复兴式的宫殿，曾是匈牙利埃斯泰尔戈姆大主教的夏宫。18世纪由奥地利建筑师改建成庞大的巴洛克式宫殿。现为斯洛伐克政府机构的办公楼。

四、匈牙利

（一）概况

匈牙利共和国（The Republic of Hungary），面积9.303万平方公

里，人口 1006 万(2007 年 1 月 1 日)，其中马扎尔族约占 90%，少数民族有斯洛伐克、罗马尼亚、克罗地亚、塞尔维亚、斯洛文尼亚、德意志等族。官方语言为匈牙利语。居民主要信奉天主教(66.2%)和基督教(17.9%)。首都布达佩斯(Budapest)，人口 170 万(2006 年 1月 1 日)。

行政区划：全国划分为首都和 19 个州，设 22 个州级市、251 个市、2871 个乡。重要节日：独立日是 11 月 16 日(1918 年)，国庆日是 8 月 20 日(1949 年)，大屠杀纪念日是 4 月 16 日(1944 年)。

(二)自然与人文环境

匈牙利是位于欧洲中部的内陆国家，多瑙河及其支流蒂萨河纵贯全境。东邻罗马尼亚、乌克兰，南邻斯洛文尼亚、克罗地亚、塞尔维亚，西邻奥地利，北邻斯洛伐克，大部分地区为平原和丘陵。匈牙利属大陆性温带阔叶林气候。巴拉顿湖是欧洲最大的淡水湖。

匈牙利是一个具有中等发展水平的国家，工业基础较好。自然资源比较贫乏，铝矾土蕴藏量居欧洲第三位。森林覆盖率约为 18%。农业基础较好，在国民经济中占重要地位，主要农产品有小麦、玉米、甜菜、马铃薯等。

匈牙利旅游业比较发达，是外汇重要来源之一。2005 年旅游外汇收入24.6亿欧元，全年接待外国游客3855.5万人次。主要旅游地有布达佩斯、巴拉顿湖、多瑙河湾、马特劳山。

(三)布达佩斯

布达佩斯位于多瑙河畔，是匈牙利政治、经济、文化中心，是多瑙河水路交通要冲和中欧重要的陆上交通枢纽，工业产值约相当于全国的一半。布达佩斯是一座古老而美丽的城市，被誉为“多瑙河明珠”。布达佩斯原是隔多瑙河相望的一对姐妹城市——布达和佩斯，1873 年正式合并。

布达在多瑙河西岸，公元 1 世纪建市，1361 年开始成为匈牙利历代皇朝都城。这里群山环绕，丘陵起伏，林木苍翠，有富丽堂皇的旧王宫、建筑精致的渔人堡、大教堂等著名建筑群。山坡上别墅星罗棋布，是科研机关、医院、休养所等的分布区。

佩斯在多瑙河东岸，始建于公元 3 世纪初叶，地势平坦，是行政机关、工商企业、文化机构的分布区。这里有哥特式议会大厦、国家博物馆等各式古今高大建筑。英雄广场上有为纪念匈牙利建国1000周年而修建的匈牙利历代皇帝、英雄人物的雕像。在“3·15”广场上有爱国诗人裴多菲的雕像。

瓦茨街位于布达佩斯市中心，是布达佩斯最繁华的商业区，也是一条禁止一切车辆通行的步行街。在不宽的街道两侧，各种商店、豪华旅馆，栉比鳞次。布达佩斯曾在两次世界大战中遭到极大破坏，多瑙河上的所有大桥都是战后重新建造的。

五、德国

（一）概况

德意志联邦共和国（The Federal Republic of Germany），面积35.7021万平方公里（2006年12月31日），人口8231万（2006年12月31日），主要是德意志人，有少数丹麦人、索布族人、佛里斯兰人和吉普赛人，另有728.9万外籍人，占人口总数的8.8%。通用德语。约5300万人信奉基督教，其中2600万人信奉罗马天主教，2600万人信奉基督教新教，90万人信奉东正教。首都柏林（Berlin），人口339.5万（2006年12月31日）。

行政区划：分为联邦、州、市镇三级，共有16个州，13552个市镇。重要节日：新年是1月1日，五一国际劳动节是5月1日，德国统一日（国庆节）是10月3日。还有复活节、圣诞节等。

（二）自然与人文环境

1. 自然地理

德国位于欧洲中部，东邻波兰、捷克，南邻奥地利、瑞士，西邻荷兰、比利时、卢森堡、法国，北邻丹麦、濒北海和波罗的海，海岸线长1333公里，是欧洲邻国最多的国家。地势北低南高，北部的北德平原，平均海拔低于100米；中部的中德山地，由东西走向的高地块构成；西南部莱茵断裂谷地区两旁是谷壁陡峭的山地；南部是巴伐利亚高原和阿尔卑斯山区，拜恩阿尔卑斯山脉的主峰祖格峰海拔2963米，为全国最高峰。西北部海洋性气候较明显，往东、南部逐渐向大陆性气候过渡。平均气温

7月14℃～19℃,1月－5℃～1℃。年降水量500～1000毫米,山地更多。主要河流有莱茵河(流经境内865公里)、易北河、威悉河、奥得河、多瑙河。较大湖泊有博登湖、基姆湖、阿莫尔湖、里次湖。

2.文化

德国受意大利文艺复兴的影响,18世纪文学走向顶峰。歌德、海涅、席勒、莱辛、格林兄弟都是杰出的代表。20世纪最著名的作家有托马斯·曼、海因利希·曼、贝托尔特·布莱希特。作家海因里希·伯尔、贡特·格拉斯分别于1972年、1999年获得诺贝尔文学奖。

德国有三千多座博物馆,收藏内容十分丰富。每年都举行各种艺术节、博览会和影展等。法兰克福、莱比锡是德国图书出版业中心。德国图书出版量在世界上仅次于美国居第二位。音乐是德国人生活中不可缺少的组成部分。德国造就了各个不同时期的音乐大师,如贝多芬、巴赫、门德尔松、瓦格纳等。柏林爱乐乐团更是享誉世界。教堂、宫殿和古堡是德国重要的文化遗产。

3.经济与旅游业

德国是高度发达的工业国家,经济实力居欧洲首位,为世界第三大经济强国。自然资源贫乏,工业以重工业为主,农业发达,机械化程度很高。德国是商品出口大国,工业产品的一半销往国外,主要出口产品有汽车、机械产品、电气、运输设备、化学品、钢铁。旅游业、交通运输业发达。德国是啤酒生产大国,其啤酒产量居世界前列。

德国旅游业发达,2005年旅游过夜人次共3.44亿,其中国内游客入住约2.96亿人次,外国游客约0.48亿人次。著名景点有科隆大教堂、柏林国会大厦、波恩文化艺术展览馆、罗滕堡、慕尼黑德意志博物馆、海德堡古城堡、巴伐利亚新天鹅石宫、德累斯顿画廊等。

(三)主要旅游地

1.柏林

柏林位于德国的东北部,是著名的欧洲古都,始建于1237年,建城人是勃兰登堡边疆伯爵阿伯特,因伯爵的绰号叫"熊",后人就一直以一只站立的黑熊作为柏林城的城徽。1415年,柏林—科恩成为勃兰登堡邦国的首府。1871年俾斯麦统一德国后定都柏林。柏林也曾是德国纳粹希特勒在第二次世界大战中的大本营。1945年纳粹战败后，苏、美、英、法四个战胜国分区占领了柏林。在民主德国和联邦德国成立以后，柏林分为东、西两个城市，1961年德意志民主共和国修建了柏林墙，将东西两区隔离。1990年10月3日，两个德国统一，东、西柏林也再次合并为一个城市。次年6月德国联邦议院决定，柏林为德国统一后的首都和政府所在地。

柏林在森林和草地的环抱之中，公园、森林、湖泊和河流约占城市总面积的1/4。柏林是德国主要的工业城市，主要工业部门有电子、机器制造、化工、印刷、纺织和食品加工等。

柏林是欧洲的旅游胜地，古典与现代建筑艺术互相映衬，体现了德意志建筑艺术的特色。1957年落成的会议大厅是现代建筑的代表作之一，屋顶是向上张开的蚌壳状。在会议大厅北面，是帝国国会大厦。交响音乐厅、国家现代美术馆风格新颖。在古老的德皇威廉一世纪念堂两侧，建有八角形的新教堂和钟楼。附近的欧洲中心大厦是一座高20层的钢铁玻璃结构建筑。

菩提树下大街是欧洲著名的林荫大道，是由腓特烈二世主持修建的，长1.6公里，宽60米，两旁菩提树、栗树绿树成荫，有现代化的旅馆、商店、富丽堂皇的古老宫殿。

菩提树下大街西端的勃兰登堡门，是按照古希腊雅典卫城城门式样建造，用乳白色花岗岩筑成，高20米，由前后各6根陶立式圆柱支撑，分成5个门洞，城门上竖立着一座铜制的希腊胜利女神维克托里亚乘坐战车的雕像。1961年8月13日，民主德国政府围绕西柏林修筑了一道围墙，在东、西柏林分界处建起"柏林墙"，勃兰登堡门处在东、西柏林的交界点上，成了柏林墙的一部分。勃兰登堡门是德国分裂和统一的标志，也是柏林的象征。

菩提树下大街东端是乐园广场，广场南边原是普鲁士王宫，二次大战中化为废墟，现为马克思—恩格斯广场。广场一侧有用巨型玻璃镶嵌的"共和国宫"。附近矗立的电视塔高365米，在200多米处有一球形旋转餐厅，可以俯瞰柏林全貌。乐园广场北面是著名的"博物馆岛"，这里集中了国家美术馆等多个博物馆，收藏了世界各国珍贵的艺术品。

柏林是德国文化之都，有3所歌剧院、150家剧场和剧院、170座博物馆、300座画廊、130家电影院和400家露天剧场。柏林爱乐乐团更是享誉世界。历史悠久的洪堡大学和柏林自由大学都是世界著名学府。此外，每年都举行各种艺术节、博览会和影展等。

柏林植物园建于1904年，占地43公顷，是世界第3大植物园。园内有多个设有不同温度的温室，用来栽培来自世界各地的植物，有各类植物2.3万种。

2.无忧宫

无忧宫位于德国东部勃兰登堡州首府波茨坦市北郊，宫名取自法文原意“无忧”(或“莫愁”)。无忧宫及其周围的园林是普鲁士国王腓特烈二世(1745－1757)时期，仿照法国凡尔赛宫的建筑式样建造的，工程延续了约50年。整个园林占地290公顷，座落在一座沙丘上，有“沙丘上的宫殿”之称，为德国建筑艺术的精华。

无忧宫前是平行的弓形6级台阶，两侧由翠绿丛林烘托。宫殿前的大喷泉是用圆形花瓣石雕组成，四周用火、水、土、空气4个圆形花坛陪衬，花坛内塑有神像，其中以维纳斯像和水星神像造形最为精美、生动。

正殿中部为半圆球形顶，两翼为长条锥脊建筑。殿正中为圆厅，门廊面对一座大喷泉。瑰丽的首相厅的天花板装潢极富想象力，四壁镶金，光彩夺目。室内多用壁画和明镜装饰，璀璨辉煌。

无忧宫的东侧有珍藏124幅名画的画廊，多为文艺复兴时期意大利、荷兰画家的名作。在无忧宫的花园内有一座六角凉亭，被称为中国茶亭。茶亭采用了中国传统的伞状圆形屋顶、上盖碧瓦、黄金圆柱落地支撑的建筑结构。亭内桌椅完全仿造东方式样制造。亭前矗立着一只中国式香鼎。

3.科隆大教堂

科隆大教堂，位于科隆市中心的莱茵河畔，是世界上最完美的哥特式教堂，东西长144.55米，南北宽86.25米，厅高43.35米，顶柱高109米。中央是两座与门墙连砌在一起的双尖塔，高157.38米。整座建筑物占地8000平方米，建筑面积约6000平方米，全部由磨光石块砌成，大教堂的四周林立着无数座小尖塔。整个大教堂呈黑色，格外引人注目。

六、奥地利

（一）概况

奥地利共和国（The Republic of Austria），面积8.3871万平方公里，人口829.2万（2006年），其中外国人81.5万人，占9.8%，少数民族有斯洛文尼亚人、克罗地亚人和匈牙利人，约占人口的0.5%。官方语言为德语，全国有98%的人讲德语。居民73%信奉天主教。首都维也纳（Vienna），人口166万人（2006年）。

行政区划：全国分为9个州，15个有自主权的城市，州以下设市、区、镇（乡）。重要节日：独立日是4月27日（1945年），国庆日是10月26日（1965年）。

（二）自然与人文环境

1. 自然地理

奥地利是位于中欧南部的内陆国。东邻斯洛伐克、匈牙利，南邻斯洛文尼亚、意大利，西邻瑞士、列支敦士登，北邻德国、捷克。山地占全国面积的70%，东阿尔卑斯山脉横贯全境，大格罗克纳山海拔3797米，为全国最高峰。东北部是维也纳盆地，北部和东南部为丘陵、高原。奥地利属海洋性气候向大陆性气候过渡的温带阔叶林气候，平均气温1月为-2℃，7月为19℃，年平均降水量约700毫米。多瑙河流经东北部，在境内长约350公里。博登湖是奥地利、德国、瑞士三国共有，新锡德尔湖是奥地利与匈牙利的界湖。

2. 文化

奥地利的音乐和歌剧闻名于世。奥地利历史上产生了众多名扬世界的音乐家，如海顿、莫扎特、舒伯特、约翰·施特劳斯，还有出生于德国但长期在奥地利生活的贝多芬等。这些音乐大师在两个多世纪中，为奥地利留下了极其丰厚的文化遗产，形成了独特的民族文化传统。

奥地利萨尔斯堡音乐节，是世界上历史最悠久、水平最高、规模最大的古典音乐节之一。一年一度的维也纳新年音乐会，是世界上听众最多的音乐会。皇家歌剧院（现名维也纳国家歌剧院）建于1869年，是世界最有名的歌剧院之一。维也纳爱乐乐团，是举世公认的世界上首屈一指的交响乐团。

3.经济与旅游业

奥地利森林、水力资源丰富,森林占国土面积的42%。钢铁工业在国民经济中占有重要地位。农业发达,机械化程度高,农产品自给有余。主要出口产品是钢铁、机械、交通工具、化工制品、食品。服务业从业人员约占劳动力总数的56%,其中旅游业是最重要的服务行业。

奥地利旅游业发达,2006年接待游客3013万人次,其中外国游客2026万人次,游客主要来自德国、荷兰、瑞士、英国、比利时和卢森堡等国。全国有各类旅馆67600家,共有床位103.5万张。主要旅游地是蒂罗尔州、萨尔茨堡州、克恩滕州、施蒂利亚州、维也纳州。

(三)维也纳

维也纳位于奥地利东北部、阿尔卑斯山北麓维也纳盆地之中的多瑙河畔,三面环山,四周环绕着著名的维也纳森林。

公元1世纪罗马人曾在此建立城堡,1137年为奥地利公国首邑,13世纪末建造了大量哥特式建筑,15世纪以后成为神圣罗马帝国的首都和欧洲的经济中心。18世纪玛丽亚·铁列西娅母子当政期间打击教会势力,促进了社会进步和艺术的繁荣,使维也纳逐渐成为欧洲古典音乐的中心。

维也纳市内街道呈辐射环状,在宽50米、两旁林荫蔽日的环形大道以内为内城。内城为卵石街道,多为巴洛克式、哥特式和罗马式建筑,很少高层房屋。中世纪的圣斯特凡大教堂和双塔教堂的尖顶耸入云端,其中南塔高138米。环形大道两旁有博物馆、市政厅、国会、大学、国家歌剧院等重要建筑。环形大道与第二环行路之间为商业区、住宅区,其间也有宫殿、教堂等建筑。

第二环形路外为外城,西部有公园、别墅、宫殿等建筑。城区西南部的舍恩布龙宫是奥地利历史上繁荣时期的一个遗迹,东南部的美景宫为18世纪初卡尔皇帝为抵抗土耳其入侵立下战功的欧根亲王所造。

登上维也纳城西的阿尔卑斯山,葱郁起伏的"维也纳森林"和维也纳城市风光尽收眼底。

维也纳是一座音乐之城,海顿、莫扎特、贝多芬、舒伯特、约翰·斯特劳斯父子、格留克、勃拉姆斯等许多音乐大师都曾在此生活过，许多公园、广场上矗立着他们的雕像，不少街道、礼堂、会议大厅以他们的名字命名，还有他们的故居和墓地。维也纳拥有世界上最豪华的国家歌剧院、著名的音乐大厅、第一流水平的交响乐团。每年1月1日在维也纳音乐之友协会金色大厅举行新年音乐会。

维也纳是继纽约、日内瓦之后的第三个联合国城市，有1979年建成的奥地利国际中心，又称“联合国城”。

维也纳国家歌剧院是世界上一流的大型歌剧院，是“音乐之都”维也纳的主要象征，素有“世界歌剧中心”之称。位于市区的环行街旁，始建于1869年，原是皇家宫廷剧院，1918年变为国有，称“国家歌剧院”。“二战”时被炸毁，战后重建10年，恢复罗马式建筑原貌。内部设施完全现代化，配有最先进的音响设备。前厅和侧厅都用大理石砌成，内部绘有精美壁画或挂有大音乐家和名演员照片。观众席共有6层，可容有座观众1600人左右。

维也纳音乐厅建于1867年至1869年，是意大利文艺复兴式建筑，是维也纳最古老、最现代化的音乐厅，是每年举行“维也纳新年音乐会”的法定场所。音乐厅外墙黄红两色相间，屋顶上竖立着许多音乐女神雕像，古雅别致。1870年1月6日，音乐厅的金色大演奏厅举行首场演出。从1939年开始，每年1月1日在此举行维也纳新年音乐会，后因战争一度中断，1959年又重新恢复。

音乐厅内有两间收藏馆，一间是展览室，定期举行收藏品展览；一间是档案室，藏有大量历代手写的、木刻的、铅印的音乐书籍和乐谱，还有音乐大师的乐稿、书信和其他手迹。

多瑙塔位于维也纳市区北面的多瑙河公园内，建成于1964年，塔高252米，塔底直径31米。塔内设有两部高速电梯，在165米高的电梯终点上下各5米处，分别是露天咖啡馆和室内咖啡馆。在170米高的露天咖啡馆和160米高的室内咖啡馆，可远眺阿尔卑斯山和穿城而过的蓝色多瑙河美景，领略维也纳繁华的都市风貌和城郊的田园风光。咖啡厅每隔39分钟自转一周。

舍恩布龙宫位于维也纳西南部，也称美泉宫，是奥地利哈布斯堡王室的避暑离宫。1694年由玛利亚·特利萨女王下令修建。整座宫殿占地2.6万平方米，有1400个房间，其中44间是以18世纪欧洲流行的洛可可式建筑风格装修的，还有以东方古典样式装修的厅堂。房间内部的饰品和陈设也与建筑风格相一致，在琳琅满目的陶瓷摆设中，包括中国明朝万历年间的彩瓷大盘和描花古瓶。

宫内有哈布斯堡王朝历代帝王设宴的餐厅和华丽的舞厅。现在的奥地利政府仍在那里举行舞会或款待各国外交使节。在宫内，供人参观的几辆玛利亚·特利萨女王加冕大典时使用的鎏金马车，豪华无比。在长廊上，挂满了哈布斯堡王朝历代皇帝的肖像和记录他们生活场景的图画。在房间和回廊的拐角处是各种式样的火炉，其中俄式的大火炉造型最为奇特，堪称一景。在宫殿后面是一座大花园。

七、瑞士

（一）概况

瑞士联邦（Swiss Confederation），面积4.1284万平方公里，人口750.73万人，其中外籍人超过20%。德语、法语、意语、拉丁罗曼语为官方语言，居民中讲德语的占63.7%，法语20.4%，意大利语6.5%，拉丁罗曼语0.5%，其他语言8.9%。居民41.8%信奉天主教，35.3%信奉新教，11.8%信奉其他宗教，11.1%不信教。首都伯尔尼（Bern），市区人口12.72万。

行政区划：全国分为26个州，州下设区。重要节日：国庆日是8月1日（1291年）。

（二）自然与人文环境

瑞士是位于欧洲中部的内陆国家，东邻奥地利、列支敦士登，南邻意大利，西邻法国，北邻德国。全国地势高峻，分为西北部的汝拉山、南部的阿尔卑斯山和中部瑞士高原三个自然地形区，平均海拔约1350米。瑞士地属北温带，受海洋性气候和大陆性气候交替影响，气候变化较大。主要河流有莱茵河、罗讷河。湖泊众多，有1484个，最大的日内瓦湖（莱芒湖）面积约581平方公里。

瑞士是高度发达的工业国，工业技术水平先进，产品质量精良。水力资源丰富，利用率达 95%。森林覆盖率32.4%。主要农作物有小麦、燕麦、马铃薯和甜菜。

瑞士旅游业十分发达，是仅次于机械制造和化工医药工业的第三大创汇行业。2004 年游客过夜数为 6305 万人次，其中外国游客过夜数为 4858 万人次，游客主要来自德国、英国、美国、法国和意大利。2005 年旅游业收入 137 亿瑞郎。主要旅游地是苏黎世、日内瓦、卢塞恩、洛桑等地。

（三）日内瓦

日内瓦(Geneva)位于瑞士突出的西端，临近法国，最狭窄处只有 4 公里，东北临莱芒湖（日内瓦湖），西临汝拉山，南靠法国境内的阿尔卑斯山最高峰勃朗峰，是瑞士最美的城市之一，有“旅游者的圣地”之誉。许多地方的土地与法国共有，如克万特兰国际机场的一半属于法国。1 月最低气温－1℃，7 月最高气温26℃。人口约 20 万，通用法语，英语也很普及。

日内瓦是日内瓦州的首府，瑞士重要的工业和商业中心，是瑞士钟表业的诞生地。日内瓦是一个国际性城市，有联合国日内瓦总部、国际红十字会、国际卫生组织、世界贸易组织、联合国难民事务高级专员办事处、联合国儿童基金会、联合国救灾组织、国际劳工组织等国际机构。

16 世纪欧洲著名的宗教改革领袖加尔文以日内瓦为基地，创建了新教的加尔文派，并建立了政教合一的神权国家。加尔文教在欧洲的广为传播使日内瓦的名气越来越大，也使日内瓦成为 18 世纪反对旧体制的自由思想者的避难所。1798 法国占领日内瓦，使之成为法国莱芒省省会。1815 年日内瓦脱离法国加入瑞士联邦。

从 19 世纪后期开始，英国贵族以到瑞士旅行作为追求的时尚，使瑞士成为一个旅游国家，也使经营钟表、珠宝、贵金属的商人激增，日内瓦因此成为一个繁荣的商业城市。目前，日内瓦除了传统的钟表和珠宝首饰工业外，还有精密仪表、电机制造、化妆品、印刷、化工、食品等工业部门。

日内瓦湖和罗讷河是日内瓦风光最美的地方，日内瓦湖水面 580 平方公里，是阿尔卑斯山脉中最大的湖泊。湖中有一人工喷泉，喷出的水柱高达140余米，蔚为壮观。罗讷河由日内瓦湖流出，自东向西横贯日内瓦市中心，河中有两个美丽的小岛，其中的卢梭岛上有一个公园，园中有卢梭执笔沉思的铜像，以纪念这位诞生在日内瓦的伟大哲学家。

日内瓦市以罗讷河为界分为新、老两个城区，左岸的老城建筑拥挤，街道狭窄，保留着中世纪以来的许多名胜古迹；右岸的新城沿日内瓦湖而建，街道宽阔，树荫浓郁，到处是公园和高大的现代化建筑。

日内瓦湖滨的"英国花园"内有一座独特的花钟，花钟的钟面是碧绿的草坪，钟面上的12个阿拉伯字和各条分标是由不同季节的花朵组成的，钟的时针、分针同普通的钟表一样，能够准确指示时间。

万国宫位于日内瓦城区的东北角，原是第二次世界大战前的国际联盟大厦，现为联合国欧洲总部，占地约3.82万平方米，主楼前的广场绿草如茵，可以远眺阿尔卑斯山的皑皑雪峰。面对主楼的院子中央是巨大的青铜浑天仪和一面蓝色的联合国旗。万国宫有大小会议厅几十个，室内有众多雕塑、壁画。主楼北面的联合国图书馆藏有七十余万册图书和一万多种期刊，馆内还有一个国际联盟展览馆。

八、列支敦士登

列支敦士登公国(The Principality of Liechtenstein)，面积160平方公里，人口3.4913万(2005年12月31日)，其中外国人1.1919万，占34.1%，主要是瑞士人、奥地利人、意大利人、德国人。官方语言为德语。天主教为国教，居民80%以上信奉天主教，约7%信奉基督教，约13%属其他教派。首都瓦杜兹(Vaduz)，人口5047人(2005年官方统计)。

行政区划：分为11个市镇。重要节日：国庆日是8月16日(1906年，公爵弗朗茨·约瑟夫二世诞辰)。

列支敦士登是位于阿尔卑斯山中部和莱茵河谷的内陆国家。西以莱茵河与瑞士为邻，东邻奥地利。西部为狭长的冲击平原，约占总面积2/5，其余是山地，南部雷蒂亚山脉的格劳斯皮茨峰海拔2599米，为全国最高点。气候温和，平均气温1月1.1℃，7月19.9℃。

列支敦士登森林覆盖率34.8%，是发达的工业国家，工业是国民经济的支柱，真空镀膜产品、用于造船工业和建筑业的射钉枪、钻孔机以及假牙产品享有国际声誉。工业产品95%以上用于出口。低税收政策和银行保密法促进了金融业发展。1912年开始发行邮票，列国邮票闻名遐迩，也是国家财政的重要来源之一。农业以种植土豆、玉米、葡萄为主，所产牛奶的2/3供出口。

列支敦士登自然风光绮丽，王室藏画展、高山滑雪场、“袖珍国家”独有的魅力等为发展旅游业创造了有利条件。2005年共有43家旅馆，1248张床位，旅馆过夜人次11.1289万。

瓦杜兹是全国政治、经济和文化的中心，也是全国最大的城市和旅游中心，位于莱茵河东岸群山环抱的盆地中，原是一个古老的村镇，始建于1322年，1499年毁于瑞士罗马帝国之战，16世纪初重建，1866年成为首都，市内有很多17～18世纪古朴典雅的建筑。

瓦杜兹最著名的建筑是三姐妹山中的保存完好的瓦杜兹城堡，是始建于9世纪哥特式风格的王族住地，也是举世闻名的私人收藏博物馆，馆内珍藏历代大公收集的珍贵文物和艺术品。

瓦杜兹大部分建筑是平房，三层小楼的政府办公楼房是高层建筑，1930年建成的邮票博物馆是最引人注目的建筑。街道宽敞，树木成行，行人稀少，无车马喧闹之声，如公园一般。商店规模不大，商品除生活用品外，主要还有瑞士手表、旅游纪念品、军用小刀。

第五节 北欧

一、冰岛

（一）概况

冰岛共和国(The Republic of Iceland)，面积10.3万平方公里，人口30.8万(2006年)，其中绝大多数为冰岛人，属日耳曼族。冰岛语为官方语言，英语为通用语言。居民85.4%信奉基督教路德宗。首都雷克雅未克(Reykjavik)，人口11.6万人(2006年)。

行政区划:全国分为23个省、21个自治市和203个教区。重要节日:独立日是12月1日(1918年),国庆日是6月17日(1944年)。

(二)自然与人文环境

冰岛是欧洲最西部的国家,位于北大西洋中部,靠近北极圈,为欧洲第二大岛,海岸线长约4970公里。全境3/4是海拔400~800米的高原,其中1/8被冰川覆盖,冰川面积8000平方公里。冰岛几乎整个国家都建立在火山岩石上,有一百多座火山,其中活火山二十多座。华纳达尔斯赫努克火山海拔2119米,为全国最高峰。大部分土地不能开垦,是世界上温泉最多的国家。冰岛属寒温带海洋性气候,变化无常。因受墨西哥湾暖流影响,较同纬度其他地方温和。夏季日照长,冬季日照极短。秋季和冬初可见极光。冰岛多喷泉、瀑布、湖泊和湍急河流,最大河流锡尤尔骚河长227公里。

冰岛渔业、水力、地热资源丰富,其他自然资源匮乏。工业基础薄弱,工业除渔产品加工和针织等轻工业外,以炼铝等高能耗工业为主。渔业是经济支柱,渔产品出口占商品出口总额的近70%。冰岛的渔船队装备精良,鱼类加工技术在世界上占领先地位。冰岛所处纬度高,日照量少,仅南部有几个农场,可耕地面积1000平方公里,占全国总面积的1%。畜牧业占较主要地位,大部分农业用地被用作饲料草场。相应的毛纺业和制革业比较发达。温室种植多种蔬菜。服务业在国民经济中占重要地位,产值约占国内生产总值的一半,从业人数占总劳力的2/3以上。

冰岛从1980年起大力发展旅游事业,2005年接待外国游客87.1万人次,主要旅游景观有大冰川、火山地貌、地热喷泉、瀑布等。

(三)雷克雅未克

雷克雅未克位于冰岛西部法赫萨湾东南角、塞尔蒂亚纳半岛北侧,是冰岛最大的港口城市,西面濒海,北面和东面被高山环绕,受北大西洋暖流影响,气候温和,平均气温1月-1℃,7月11℃。雷克雅未克始建于874年,1786年正式建城,1944年6月成为冰岛共和国的首都。这里集中了全国近1/3的人口。

雷克雅未克地处北极圈附近,拥有许多温泉和喷气孔。传说公元9

世纪人们来此定居时，远远就看到岸上升起袅袅“白烟”，便误把温泉里蒸腾的水气认作烟雾，称此地为“雷克雅未克”，冰岛语意为“冒烟的城市”。

由于这里地热资源丰富，冰岛人早在1928年就在雷克雅未克建起了地热供热系统。全市铺设了370英里长的热水管道，首都10个区的热水来自4个地热区，此外还建立了10个自动化热水站，为全市居民提供热水和暖气。这里看不到锅炉和烟囱，天空蔚蓝，市容整洁几乎没有污染，故有“无烟城市”之称。

雷克雅未克市内建筑布局匀称，没有摩天大楼，住房小巧玲珑，且多涂成红红绿绿的颜色，五彩纷呈。市中心风景秀丽的特约宁湖畔，有议会大厅、政府大楼等主要建筑。

雷克雅未克是全国政治、商业、工业和文化中心以及重要渔港，工业约占全国的一半，主要有鱼类加工、食品加工，造船和纺织等。市内有建于1911年的冰岛大学、国家剧院、历史人文博物馆、国家画廊、茵那尔雕塑博物馆等文化机构。

二、丹麦

（一）概况

丹麦王国（The Kingdom of Denmark），面积4.3096万平方公里（不包括格陵兰和法罗群岛），人口545万人（2006年12月），其中丹麦人约占95%，外国移民约占5%。官方语言为丹麦语，英语为通用语。居民86.6%信奉基督教路德宗，0.6%信奉罗马天主教。首都哥本哈根（Copenhagen），人口50.4万（2007年1月）。

行政区划：全国为14个郡、271市和格陵兰、法罗群岛2个自治领。重要节日：国庆日是4月16日（1940年，女王玛格丽特二世生日），宪法日是6月5日（为纪念1849年6月5日颁布的丹麦王国宪法）。

（二）自然与人文环境

丹麦位于欧洲北部波罗的海至北海的出口处，包括日德兰半岛的大部及西兰、菲英、洛兰、法尔斯特、波恩荷尔姆等406个岛屿组成，面积4.3096万平方公里（不包括格陵兰和法罗群岛），海岸线长7314公里。南邻德国，西濒北海，北与挪威和瑞典隔海相望。全境地势低平，平均海拔约30米，日德兰半岛中部稍高，最高点海拔173米。丹麦属温带海洋性气候，气候温和，平均气温1月－2.4℃，8月14.6℃。年均降水量约860毫米。境内多湖泊河流，最长河流为古曾河，最大湖泊阿里湖面积40.6平方公里。

丹麦是发达的西方工业国家，自然资源较贫乏，除石油和天然气外，其他矿藏很少。森林覆盖覆盖率10%。工业在国民经济中占主导地位，农牧渔业及食品加工业高度发达。丹麦是欧盟最大渔业国，捕鱼量约占欧盟捕鱼总量的36%，北海和波罗的海为近海重要渔场。丹麦也是世界上最大的貂皮生产国。

旅游业是丹麦服务行业中的第一大产业，旅游业就业人数为7.1万人。年均接待外国游客约200万人。2004年旅游业收入346.36亿克朗，占当年国内生产总值的2.4%。主要旅游地有哥本哈根、安徒生故乡——欧登塞、乐高积木城、日德兰半岛西海岸、最北角斯卡晏等。

（三）哥本哈根

哥本哈根位于丹麦西兰岛东部，是全国的政治、经济、文化、商业、交通运输中心，全国最大和最重要的城市，也是北欧最大的城市和著名的古城。1996年被评为欧洲文化之都。哥本哈根虽然纬度较高，但由于受墨西哥湾暖流影响，气候温和，平均气温1～2月0℃左右，7～8月16℃，年平均降水量700毫米。

11世纪初，哥本哈根是个小渔村和进行贸易的场所，12世纪初发展成为商业城镇，1443年被定为丹麦首都。哥本哈根在丹麦语意为“商人的港口”或“贸易港”。由于统治欧洲时间最久的皇族玛格丽特女皇二世皇族居住于此，又称“女皇之城”。

哥本哈根是丹麦最大的商港，全国一半以上的对外贸易都经由这里进出口，有铁路通过火车轮渡与日德兰半岛及斯堪的纳维亚半岛各国相连接。全国1/3的工厂建在大哥本哈根区，主要工业项目有造船、机械、罐头、酿造等。

哥本哈根既是现代化的都市，又具有古色古香的特色，新兴的大工业企业和中世纪古老的建筑物交相辉映。古老的宫堡是最有代表性的古建筑物。克里斯蒂安堡位于市中心，是最古老的宫堡，1794 年被火焚后重建，曾是丹麦国王的宫殿，现为议会和政府大厦所在地。克伦堡宫位于厄勒海峡出口的岩石之上，是昔日的军事要塞，保存有当时的炮台和兵器。丹麦国王居住的阿马林堡王宫，位于哥本哈根市区东部的厄勒海峡之滨，是王室的主要宫殿。哥本哈根还有二十多个博物馆和十多个公园。

"美人鱼"铜像位于哥本哈根朗厄里尼港入口处的一块巨大岩石上，是丹麦雕塑家埃德华·埃里克森于 1912 年根据安徒生童话《海的女儿》中的女主角用青铜雕铸的。铜像高5.3英尺，同真人一般大小，整个人鱼小腿以上是人形，脚部是鱼鳍。铜像于 1913 年 8 月 23 日被安置在哥本哈根港，成为丹麦的象征。但"美人鱼"铜像曾多次遭受厄运，头部等多次遭到盗割。

三、挪威

（一）概况

挪威王国(The Kingdom of Norway)，面积38.5155万平方公里(包括斯瓦尔巴群岛、扬马延岛等属地)，人口 468 万(2006 年)，其中挪威人占 96%，外国移民约占4.6%。有萨米族约 3 万人，主要分布在北部。官方语言为挪威语，英语为通用语。居民 90%信奉国教基督教路德宗。首都奥斯陆(Oslo)，市区人口约 54 万(2006 年)。

行政区划：全国设 1 市(奥斯陆市)和 18 郡，郡下设市镇。重要节日：宪法日是 5 月 17 日(纪念 1814 年 5 月 17 日通过第一部宪法)。

（二）自然与人文环境

挪威位于北欧斯堪的纳维亚半岛西部。东邻瑞典，东北邻芬兰、俄罗斯，南与丹麦隔海相望，西濒挪威海，海岸线长2.1192万公里(包括峡湾)，多天然良港。斯堪的纳维亚山脉纵贯全境，高原、山地、冰川约占全境 2/3 以上。南部小丘、湖泊、沼泽广布。大部分地区属温带海洋性气候。

挪威是拥有现代化工业的发达国家，是西欧最大的铝生产国和出口国，镁的产量居世界第二，硅铁合金产品大部分供出口。水力资源丰富，已开发 63%。北部沿海是世界著名渔场。原油和天然气蕴藏量丰富，1970 年代兴起的近海石油工业已成为国民经济重要支柱，为西欧最大产油国、世界第三大石油出口国。

主要旅游地有奥斯陆、卑尔根、勒罗斯、北角等地。

（三）奥斯陆

奥斯陆位于挪威东南部，奥斯陆峡湾北端，背后是巍峨耸立的霍尔门科伦山，富有海滨城市的妩媚和依托高山密林的雄浑气势。城市周围的丘陵绿树成荫，湖泊、沼泽地星罗棋布。奥斯陆是挪威的航运和工业中心，工业主要有造船、电气、纺织、机械制造等，工业产值约占全国的 1/4。

奥斯陆始建于 1050 年左右，1624 年毁于大火，后来丹麦—挪威王国国王克里斯蒂安四世在城堡脚下兴建新城，改名为克里斯蒂安，一直沿用至 1925 年。现在市内大教堂前还竖有克里斯蒂安的塑像。1905 年挪威独立时政府就设在奥斯陆。

奥斯陆具有浓郁的中世纪色彩和别具一格的北欧风光，市内没有林立的摩天大楼，大多是六七层的楼房。挪威市政府厅所在地位于海港码头后面，是一座类似古代城堡的建筑，厅内有现代挪威艺术家以挪威历史为题材绘制的巨型壁画，被人们称为“挪威历史教科书”。在市政厅前面的广场上是种满鲜花的花圃和喷泉，附近是奥斯陆最繁华的闹市区。国家剧院建于 1899 年，门前竖立着挪威著名剧作家易卜生的雕像。白色王宫建于 19 世纪，位于市中心一个平坦的山岗上，前面的广场红沙铺地，有国王卡尔·约翰的铜像。市内主要公共建筑和古迹还有，建于 12 世纪的阿克斯教堂、建于 13 世纪的阿克斯城堡，以及奥斯陆第一座大教堂——圣哈尔瓦大教堂。

弗格洛纳公园是市内最大的公园，建筑精巧，装饰华丽，其中的维格兰雕塑公园最为著名。其中陈列着挪威著名雕刻家古斯塔夫·维格兰的 150 组雕塑，它们形态各异，变化多姿，充满了生活情趣，把欧洲的古老传统、现代艺术和挪威民族的风格融为一体，显示了艺术家的造诣和功力。公园后面海拔 371 米的霍尔门科伦山是举世闻名的滑雪运动胜地，每年 3 月的第一个星期天是滑雪节，这里都要举行滑雪比赛。在霍尔门科伦山上有一座滑雪博物馆，里面陈列着几副 2500 年前的滑雪板。此外，市中心的比斯雷特速度滑冰场在世界上也享有盛名。

奥斯陆市内有众多的文化设施和各种博物馆、美术馆、展览馆等。奥斯陆的国家展览馆陈列着挪威古代、中世纪、18～19 世纪的珍贵艺术品。在芒奇博物馆里，收藏着以擅长人物画和风景画著称的画家爱德华·芒奇的作品。在国家美术馆内，陈列着易卜生的大理石雕像。在与市中心一水相隔的比格岛上，有一座极具特色的挪威民俗博物馆，里面有许多从别处移建来的中世纪木结构教堂、住宅、作坊和马厩等。历史上，奥斯陆曾是挪威征服海洋的中心，在市内几个著名的航海博物馆内，还陈列着航海家、探险家使用过的船只。

四、瑞典

（一）概况

瑞典王国(The Kingdom of Sweden)，面积44.9964万平方公里，人口 912 万(2007 年 2 月)，其中瑞典人占 90%，外国移民及其后裔约 100 万人，北部萨米族是唯一的少数民族，约 1 万人。官方语言为瑞典语。国民 90%信奉基督教路德宗。首都斯德哥尔摩(Stockholm)，市区人口78.3万(2006 年 12 月)。

行政区划：全国划分为 21 个省和 289 个市。重要节日：独立日暨是国庆节 6 月 6 日(1809 年 6 月 6 日瑞典通过第一部现代宪法，1983 年议会正式宣布 6 月 6 日为瑞典国庆节)。

（二）自然与人文环境

瑞典位于北欧斯堪的纳维亚半岛东半部。西邻挪威，东北邻芬兰，东濒波罗的海，西南临北海，西南隔海临近丹麦，海岸线长 2181 公里。瑞典地形狭长，地势自西北向东南倾斜。北部为诺尔兰高原，克布讷凯塞峰海拔 2123 米，为全国最高峰。南部及沿海多为平原或丘陵。约 15%的土地在北极圈内，但受大西洋暖流影响，冬季不太寒冷。大部分地区属温带针叶林气候，最南部属温带阔叶林气候。平均气温 1 月北部 −16℃，南部 −0.7℃；7 月北部14.2℃，南部17.2℃。主要河流有约塔河、达尔河、翁厄曼河。湖泊众多，约9.2万个。最大的维纳恩湖面积

5585 平方公里，是欧洲第三大湖。

瑞典以高工资、高税收、高福利著称，拥有丰富的森林、铁矿、水力资源，发展了采矿—冶金、林业—造纸、电力、机械制造四大传统工业体系。农业和服务业也较为发达。主要出口产品有汽车及运输设备、机械和仪器、电子产品、木浆、纸张、医药化工和钢铁及金属制品。

瑞典是世界上外出旅游人数最多的国家之一，也是吸引旅游者的目的地之一，2004 年共接待外国旅客 700 万人次，主要旅游地有首都斯德哥尔摩、北部自然保护区、南部的哥德堡市和斯科纳省。

（三）斯德哥尔摩

斯德哥尔摩位于梅拉伦湖与波罗的海的交汇处，是北欧第二大城市，全市由 14 个大小岛屿组成，有“北方的威尼斯”之称。始建于 13 世纪中期，1436 年定为首都。老城区有七百多年历史，保存完好，狭窄的街道，有装饰着木雕和石刻的中世纪建筑物，有王宫、尼古拉教堂、政府大厦等建筑。动物园岛与老城遥遥相对，有斯康森露天博物馆、北欧博物馆、“瓦萨”沉船博物馆、游乐场等。国王街、王后街及附近的地下商店是斯德哥尔摩最繁华的商业中心。

瑞典王宫位于斯德哥尔摩市中心，是国王办公和举行庆典的地方，建于 17 世纪，正门由两只石雕狮子分立两旁，两名头戴红缨军帽、身穿中世纪服装的卫土持枪而立。王宫卫队每天中午按古老传统举行隆重的换岗仪式。

斯德哥尔摩也是一座文化名城，有建于 17 世纪初的皇家图书馆和五十多个专业性和综合性的博物馆。风景如画的皇后岛和米勒斯雕刻公园是斯德哥尔摩著名的旅游点。斯德哥尔摩音乐厅位于市中心，临近斯维亚大街，是每年 12 月举行诺贝尔奖颁发仪式的地方。

红色市政厅大厦位于梅拉伦湖边，高耸的塔尖上带有 3 个金色大王冠，是斯德哥尔摩市的象征。其中的巨大宴会厅“蓝厅”，是每年国王和王后为诺贝尔奖获得者举行盛大宴会的地方。

斯德哥尔摩的主要工业有冶金、机器制造、造纸、印刷、食品加工等。

五、芬兰

(一)概况

芬兰共和国(The Republic of Finland),面积33.8145万平方公里。人口527.7万人(2006年底),其中芬兰族占91.5%,瑞典族占5.5%,还有少量萨米人(曾称为拉普人)。芬兰语和瑞典语均为官方语言。居民83.4%信奉基督教路德宗,1.1%信奉东正教。首都赫尔辛基(Helsinki),人口56.5万(2006年)。

行政区划:全国共分为南芬兰、东芬兰、西芬兰、奥鲁、拉毕5个省和奥兰岛1个自治区。重要节日:独立日是12月6日(1917年)。

(二)自然与人文环境

芬兰位于欧洲北部,北邻挪威,西北邻瑞典,东邻俄罗斯,南濒芬兰湾,西濒波的尼亚湾,海岸线长1100公里。地势北高南低,北部曼塞耳基亚丘陵海拔200~700米,中部为海拔200~300米的冰碛丘陵,沿海地区为海拔50米以下的平原。芬兰有1/3地区位于北极圈内,北部气候寒冷、多积雪。大部分地区属温带海洋性气候,平均气温冬季-14℃~3℃,夏季13℃~17℃,年平均降雨600毫米。内陆水域面积占全国面积的10%,有岛屿约17.9万个,湖泊约18.8万个,有"千湖之国"之称。南部的塞马湖面积达4400平方公里,是芬兰第一大湖。

芬兰拥有极其丰富的森林资源,森林覆盖率超过60%,泥炭资源和渔业资源丰富。建立在森林基础上的木材加工、造纸和林业机械制造业为经济支柱,并具有世界先进水平,整个森林工业产量占世界总产量的5%,是世界第二大纸张、纸板出口国,占世界出口量的25%,也是世界第四大纸浆出口国。农林密切结合,几乎所有的农户都经营一定数量的林地。农畜产品自给有余。出口商品主要有机械设备、化工产品、金属、纸张纸板等。

芬兰注重发展旅游业,2006年旅游收入18.78亿欧元,占国内生产总值的1.1%,接待外国游客超过500万人次,游客主要来自俄罗斯、瑞典、德国、英国、法国、美国等。主要旅游地是赫尔辛基、图尔库、东部湖区、北部拉毕地区和奥兰岛。

(三)赫尔辛基

赫尔辛基位于芬兰南部丘陵起伏的半岛上,周围有四十多个小岛,濒芬兰湾,是波罗的海沿岸的海滨城市,也是芬兰的首都和全国最大的城市。市内湖泊众多,星罗棋布,千姿百态,郊外森林茂密。众多的海湾和水道,在城岛之间蜿蜒曲折,乘船从市区驶向波罗的海,沿途海岛如崛起的山峰,景观奇绝。

芬兰处于瑞典和俄国之间,历史上一直是俄瑞两国的争夺对象。芬兰12世纪后半期被瑞典占领,1809年后沦为沙皇俄国的殖民地。1812年芬兰首都从图尔库迁到赫尔辛基。迁都的主要原因,是赫尔辛基距离俄国首都圣彼得堡较近(290公里),而离瑞典首都斯德哥尔摩较远(420公里),便于沙俄对芬兰的控制。直到俄国1917年"十月革命"以后,芬兰才经苏维埃政府的同意,重新获得独立。

赫尔辛基处于高纬度地带,靠近北极圈,冬夏两季及其昼夜的长短极不均衡。冬天长达半年,每天日照时间不足5个小时,1~5月份,冰雪素裹。外出上街的人们或足登冰鞋,或驾着雪橇,方便灵活。夏天6~7月,白天长达20个小时,几乎没有黑夜,被誉为"日不落城"和"北欧白都"。

每年6月22~25日的芬兰仲夏节,赫尔辛基人全城出动,欢庆"不夜"之夏的到来。市内堆起几百处柴堆,午夜一到,便一齐点燃。少女们身着传统的民族服装,绕着火堆翩翩起舞,诗人朗诵着歌颂光明的诗章,歌手们纵情歌唱可爱的祖国。渐渐地,火堆熄灭了,灿烂的太阳照亮了城市,而公园、广场、街道和海岛上的歌舞晚会仍在进行。

在赫尔辛基乃至芬兰全国,有一个古老的生活习俗,即家家都有桑那浴。无论是农村,还是城市,建造住宅时优先考虑的项目就是桑那浴。

芬兰的桑那浴,起源于2000年前。相传,一家人正在烧饭时,突然下起暴雨,雨水滴漏在锅灶的石块上,蒸汽弥漫整个厨房,散发出一股沁人心肺的香味,使人感到特别舒畅。由此,这家人发明了桑那浴,并很快传遍了全国。现在,芬兰人不仅平时洗桑那浴,在一生的最重要时刻,更是离不开桑那浴。新郎新娘在结婚的前一天,要同在桑那浴中沐浴,相互交换桦树浴帚,表示和美生活的开始;亡故之人要在桑那浴里作最后一次洁身，然后才能入葬；要干什么大事，比如参加奥运会比赛、作长篇讲演、进行艺术表演或出征上前线，都少不了先来一个桑那浴；更有一些呱呱落地的婴儿，就是在桑那浴中诞生的。芬兰人真是从生到死都离不开桑那浴的民族。

所谓桑那浴，就是蒸汽浴。普通的桑那浴多是一座小木房，内部隔成蒸汽室和冲洗室两个小间。蒸汽室内设置一个大火炉，上面摆满卵石。靠墙立有梯式木架，供浴者坐卧。当卵石被烧得通红火热时，便向上面泼浇凉水，产生的水蒸汽立刻充满全室。不要几分钟，浴者就被蒸得大汗淋漓；实在熬不住时，就下到地面，用桦树棒蘸凉水，劈劈啪啪拍打身躯。汗一消，便到隔壁冲洗间淋浴。农村的“桑那浴”多选在河、海、湖、池水边，从桑那浴出来，便跳进水里游泳。如果是严冬，年轻人往往从桑那浴冲出来，跳到雪地里打滚。一热一冷，反复1～3次，全部洗浴过程，大约经历半小时。在大城市的宾馆、官邸，则有极为豪华的桑那浴。此外，还有许多公共桑那浴。

第六节　东欧

一、爱沙尼亚

（一）概况

爱沙尼亚共和国（The Republic of Estonia），面积4.5277万平方公里，人口139.2万人（2004年底），其中爱沙尼亚族92万（占68%），俄罗斯族35.1万（26%），乌克兰族2.7万（2%），白俄罗斯族1.4万（1%）。爱沙尼亚语为官方语言，英语、芬兰语、俄语、德语亦被广泛使用。绝大部分爱沙尼亚居民信奉基督教新教的路德宗，少数人信仰东正教。首都塔林（Tallinn），人口39.7万（2004年1月），其中爱沙尼亚族占53%、俄罗斯族占37%。

行政区划：全国共分15个省，254个城镇。重要节日：独立日是2

月24日(1918年2月24日爱沙尼亚脱离沙俄统治),恢复独立日是8月20日(1991年8月20日脱离苏联恢复独立)。胜利日是6月23日(1919年抗击德国军队获胜)

(二)自然与人文环境

爱沙尼亚位于波罗的海东海岸,东邻俄罗斯,南邻拉脱维亚,北濒芬兰湾,西南濒里加湾,海岸线长3749公里。境内地势低平,间有低矮丘陵,平均海拔50米。爱沙尼亚属海洋性气候,冬季最冷的1～2月平均气温－5℃,夏季最热的7月平均气温16℃,年平均降水量500～700毫米。主要河流有纳尔瓦河、派尔努河、埃迈厄吉河,多湖泊和沼泽,最大的湖是楚德湖和沃尔茨湖。

爱沙尼亚工农业较发达,但自然资源匮乏。农业以畜牧业为主,主要饲养奶牛、肉牛和猪,主要农作物有小麦、黑麦、土豆、蔬菜、玉米、亚麻和饲料作物。旅游、过境运输及服务业等支柱性产业持续增长。2004年旅游收入达119亿克朗(9.45亿美元),外国游客主要来自芬兰、挪威、俄罗斯、德国,主要旅游地有塔林、塔尔图、帕尔努、萨列马、希尤马岛。

(三)塔林

塔林位于爱沙尼亚西北部波罗的海芬兰湾南岸,是波罗的海沿岸重要的商港、工业中心和旅游胜地。1219年丹麦人在此地建立城堡,并于1227年至1346年占领塔林。"塔林"一词源系由"丹麦的"和"地堡"组成,意为"丹麦地堡"。1991年爱沙尼亚恢复独立后成为首都。塔林的工业主要有造船、机械制造、金属加工、化学、造纸、纺织和食品加工等。

塔林城区分为老城和新城两部分。在13世纪中叶,塔林老城区分为上城和下城,上城是上流社会、宗教阶层和封建权贵的聚集地,有著名的托姆别阿城堡;下城是商人和手工业者的居住地,有拉科雅广场,广场上的市政大楼为八面棱体的塔楼,楼顶端有老托马斯守护神的雕像,是塔林城的象征。新城的中心是维卢广场,新城内建有许多公园。

卡德里奥尔格公园(又称叶卡捷琳堡公园)位于海滨林荫路的汇合处,是沙俄彼得大帝下令建立的。公园里有一尊达16米的青铜天使像,公园附近有1960年建立的露天歌咏场,舞台呈抛物线形,背对大海,可容纳3万人同台演唱;听众席设在临海的天然半圆形台坛上,能容纳

15 万名听众。

塔林市内保存着许多著名的历史古迹，有城堡、教堂等 13～15 世纪的古建筑，其中的奥列维斯特大教堂是波罗的海沿岸最高的教堂，还有中世纪建造的古城墙、塔和古堡。

二、拉脱维亚

（一）概况

拉脱维亚共和国（The Republic of Latvia），面积为6.4589万平方公里，其中陆地面积6.2046万平方公里，内水面积 2543 平方公里，人口 229.64万（2006 年 1 月），其中拉脱维亚族占58.5%，俄罗斯族占 29%，白俄罗斯族占3.9%，乌克兰族占2.6%，波兰族占2.5%，立陶宛族占1.4%，还有犹太、吉普赛、爱沙尼亚等民族。官方语言为拉脱维亚语，通用俄语。居民主要信奉罗马天主教、新教路德宗和东正教。首都里加（Riga），人口73.17万人（2006 年 1 月），

行政区划：分为 26 个区和 7 个区级市，下设 70 个市、490 个村。重要节日：独立日暨国庆日是 11 月 18 日（1918 年）。

（二）自然与人文环境

拉脱维亚位于东欧平原西部，北邻爱沙尼亚，东邻俄罗斯，南邻立陶宛，东南邻白俄罗斯，西濒波罗的海，里加湾深入内陆，海岸线长度 496 公里。全境地势低平，平均海拔 87 米，地貌为丘陵和平原，东部和西部为丘陵。拉脱维亚属海洋性气候向大陆性气候过渡的中间类型，平均气温 1 月－4.6℃，7 月21.4℃，年平均降水量 732 毫米。主要河流是道加瓦河和高亚河。境内多湖泊和沼泽，面积超过 1 平方公里的湖泊有 140 个，较大的湖泊有卢班斯湖、拉兹纳湖、埃古列湖和布尔特涅克斯湖。

拉脱维亚经济基础较好，以工业和农牧业为主，是波罗的海沿岸经济发达的国家，是原苏联经济最发达和富饶的地区之一。农牧业十分发达，农作物以种植谷物、亚麻、甜菜、大麦、裸麦、马铃薯为主。畜牧业在农业中占主导地位，一半耕地用于种植饲料作物，主要饲养奶牛和猪。养蜂业十分普遍。

拉脱维亚2005年旅游收入3.36亿美元，接待外国游客377万人次，主要来自立陶宛、爱沙尼亚、俄罗斯、德国、波兰和芬兰等国。主要旅游地有里加古城、尤尔马拉海滨、希古达和采西斯风景区、露天民俗博物馆、隆达列宫等。

（三）里加

里加是波罗的海地区最大的枢纽城市及避暑疗养胜地，也是世界著名的港口，古时因里加河得名。里加濒临里加湾，市区跨道加瓦河两岸，北距波罗的海15公里。平均气温1月－4.9℃，7月16.9℃。工业有造船、电器、机械、车辆、玻璃、纺织、消费品和食品加工业等。

里加在古时是利弗人的居民点，1201年建为要塞城市，1282年参加汉撒同盟，成为波罗的海最重要的贸易中心。1709年至1710年被俄国人占领。1918年拉脱维亚独立，里加成为首都。1940年并入苏联，1991年拉脱维亚独立后，里加重新成为首都。

里加城区分老城和新城。老城在道加瓦河右岸，面积不大，有运河环绕，具有中古时代城市的特征，房屋低矮，街道狭窄，屋顶多用红瓦，每座屋顶上有一只闪光的金属制的公鸡——风信鸡。相传13世纪末叶起风信鸡就被当地居民认为是避邪之物，后来人们把鸡身两侧分别涂上金色和黑色，以辨别风向，现在风信鸡只是作为城市的特有标志。

老城区的许多古老建筑构造奇巧、外观精美。几座13世纪的大教堂，造型各异，尖顶上矗立着闪闪发光的金属公鸡。多姆教堂以其内部庞大的管风琴闻名于世，圣彼得大教堂是里加最高的教堂。其他有名的建筑还包括骑士团城堡、大行会会所和小行会会所等。市内还保留着中世纪的商人住宅和仓库。

新城位于风景秀丽的城市运河河湾处，绿树成荫，花丛处处。里加人喜欢称其为“花城”，素有“欧洲美人”之称。新城区街道宽敞整齐，建筑壮观，喷泉、纪念像、雕刻随处可见。著名的梅沙公园位于吉士湖畔，其中的歌咏场可容纳3万名观众，并可供1万人演唱。露天民俗博物馆位于尤格湖畔，是拉脱维亚民族的缩影。这里有葱郁的树木、柔软的草坪、矮小的农舍、古老的风力磨坊。

里加的人行道两侧，遍布着现代化的咖啡馆和饭馆，城市的商业娱乐活动及其繁荣。拉迪森—斯拉维扬斯卡馆店位于道加瓦河上，拥有全国最完备的会议设施，从这里可以俯瞰旧城区的美景。

里加的公园数量多，景致美，其中文化休息公园面积最大，米耶斯都拉公园历史最悠久。

滨海疗养区距市区 25 公里，细沙的海滨绵延 32 公里，遍布样式各异的大小别墅，还有几家豪华宾馆，在这些宾馆里，游客可以进行矿泉水按摩和泥浴。

三、立陶宛

（一）概况

立陶宛共和国（The Republic of Lithuania），面积6.53万平方公里，人口342.8万（2005 年 1 月），其中立陶宛族占83.45%，波兰族占6.74%，俄罗斯族占6.31%，还有白俄罗斯和乌克兰等民族。官方语言为立陶宛语，多数居民懂俄语。居民主要信奉罗马天主教，信徒约 275 万人，此外还有东正教、新教路德宗等。首都维尔纽斯（Vilnius），人口55.31 万（2005 年 1 月）。

行政区划：全国划分为 10 个县。重要节日：国庆日为 2 月 16 日（1918 年），恢复独立日为 3 月 11 日（1990 年），国家日是 7 月 6 日（1253 年）[①]。

（二）自然与人文环境

立陶宛位于波罗的海东岸，北邻拉脱维亚，东南邻白俄罗斯，西南邻俄罗斯加里宁格勒州和波兰，西濒波罗的海，海岸线长 99 公里。地势平坦，东部和西部是起伏的丘陵，平均海拔 200 米左右。立陶宛属海洋性气候向大陆性气候过渡的气候。平均气温 1 月 −5℃，7 月17℃。主要河流有涅曼河（内穆纳斯河），境内多湖泊。

立陶宛工农业比较发达，森林覆盖率为 30%以上。工业是立陶宛的支柱产业，主要由矿业及采石业、加工制造业、能源工业三大部门组成。首都维尔纽斯是全国工业中心，全市工业产值占立陶宛工业总产值

① 1253 年 7 月 6 日立陶宛国王明陶卡斯加冕。

的 2/3 以上。农业以水平较高的畜牧业为主，占农产品产值的 90%以上。农作物有亚麻、马铃薯、甜菜和各种蔬菜，谷物产量很低。

立陶宛 2004 年接待外国游客58.99万人，主要来自德国、波兰、拉脱维亚和爱沙尼亚等国，主要旅游地有维尔纽斯老城、特拉盖古堡、百浪港、尼达沙丘、首莱十字架山、杜鲁斯基宁盖等。

(三)维尔纽斯

维尔纽斯位于立陶宛东南部的内里斯河和维尔尼亚河汇合处，7 月最高气温32℃，1 月最低气温－4℃。公元前这里就已经有人定居，1323 年立陶宛大公国定都于维尔纽斯。维尔纽斯的工业产值占全国工业总产值的 2/3 以上，工业产品主要有车床、农机、电子计算器和电子仪器、纺织品、服装、食品等。市内有多座剧场、博物馆和美术馆等。

城区由老城和新城两部分构成。老城地处市中心，地形是一个小丘，丘上有格基明纳斯红色八角形古堡，堡上有一座三层楼高的古塔，在古塔上可以观赏整个城市风光。老城区有一百多座不同时代、不同风格的古建筑，其中的圣安娜教堂布局匀称，色调和谐，被誉为哥特式建筑中的明珠。

新城环绕在老城外围，有用白砖建造的思塔卡列尼斯、日尔姆纳斯、拉兹季纳伊等新区。内里斯河两岸绿树成荫，街头巷尾有花坛草坪点缀。

维尔纽斯东北郊有优良的浴场，瓦拉库姆皮亚是别墅集中地。西郊的特拉凯湖泊群湖水清澈，林木茂盛，景色宜人，是游览胜地。特拉凯过去曾是特拉凯公国的首府，保存有昔日的宫殿遗址和殿中的残存壁画。

四、白俄罗斯

(一)概况

白俄罗斯共和国(The Republic of Belarus)，简称白俄罗斯，面积20.76万平方公里，人口989.86万人(2003 年 1 月)，有一百多个民族，白俄罗斯族占81.2%，俄罗斯族占11.4%，波兰族占3.9%，乌克兰族占2.4%，犹太人占0.3%，其他民族占0.8%。官方语言为白俄罗斯语和俄语。居民多信仰东正教，西北部一些地区信奉天主教及东正教与天主教的合并教派。首都明斯克，人口171.3万(2002年1月)。

行政区划：全国划分为6个州和具有独立行政区地位的首都明斯克市，下设118个区、106个市、25个市辖区、106个镇、1456个村。重要节日：独立日是8月25日(1991年)，联合日是4月2日(1996年)。

（二）自然与人文环境

白俄罗斯是位于东欧平原西部的内陆国，东北邻俄罗斯，南邻乌克兰，西邻波兰，西北邻立陶宛、拉脱维亚，是欧亚两洲陆路交通的必经之路，有“交通枢纽国”之称。境内西北部多丘陵，东南部较平坦，以距波罗的海的远近不同而分属大陆性气候和海洋性气候，平均气温1月－6℃，7月18℃。白俄罗斯有“万湖之国”的美称，有湖泊1.1万个，大湖有4000个左右，最大的纳拉奇湖面积79.6平方公里，主要河流有第聂伯河、普里皮亚特河、西德维纳河、涅曼河和索日河。

白俄罗斯工业基础较好，森林覆盖率36%。农业和畜牧业较发达，马铃薯、甜菜和亚麻等产量较高。出口商品主要有矿产品、机械设备和交通运输工具、化工产品和橡胶、食品及农副产品等。

（三）明斯克

明斯克位于白俄罗斯中部、第聂伯河上游支流斯维斯洛奇河畔，是白俄罗斯的政治、经济、文化中心，明斯克州首府。这里1067年首见记载，14世纪属立陶宛，后归波兰，1793年又被俄国占领。明斯克历来是联系波罗的海沿岸与莫斯科、喀山等城市的贸易中心，第二次世界大战中几乎被夷为平地，战后重建并成为白俄罗斯重要的工业中心，工业产值占白俄罗斯的1/4以上，主要工业产品有重型车辆、电动机、轴承、机床等。

市中心为行政、文化、商业区，东部为工厂区并有文教和科研机构。西南部为铁路枢纽和轻工业区。

斯科里纳大街原名列宁大街，白俄罗斯独立后改用该国著名作家和诗人弗兰齐斯克·斯科里纳的名字命名，长11公里，宽48～70米，自东北至西南穿过明斯克，是明斯克市的中轴线和主要交通要道，横跨流经市区的斯维斯洛奇河。街道旁建筑多为第二次世界大战后重新修建。大街途经数个广场，其中著名的有胜利广场、独立广场(原列宁广场)、十月广场和雅库博·科洛斯广场。

胜利广场位于明斯克市中心,1947 年建成,长 225 米,宽 175 米。广场上的伟大卫国战争阵亡烈士纪念碑,高 40 米,碑身底部四面镶嵌大型金属浮雕群,表现白俄罗斯军民英勇抗敌的战斗历程。碑顶为象征英雄城市的五星勋章。纪念碑前是体现烈士不朽精神的长明圣火。广场两侧整齐排列的石碑上刻着原苏联12个英雄城市的名称。广场地下是宽敞的人行通道,通道的中央大厅内建有一个直径达 2 米的琥珀花环,花环内设有照明装置。当灯光亮起的时候,整个花环就像一团熊熊燃烧的火焰。胜利广场是白俄罗斯举行隆重纪念活动的主要场所之一。

伟大卫国战争历史国家博物馆位于明斯克市共和国宫左侧,是白俄罗斯最大、收藏品最多的一座卫国战争纪念馆。1944 年 10 月 22 日首次对外开放,主要展品来自 1942 年 10 月在莫斯科举办的“白俄罗斯的生活和战斗历程”展,反映了白俄罗斯军民在 1941 年至 1945 年间抗击德国法西斯的悲壮历史。1966 年博物馆正式迁入现在的三层建筑内,收藏着13.25万件各种照片、文物及艺术作品。博物馆内院是专门的展示坪,陈列着苏军第二次世界大战时期的武器装备实物。

圣灵主教大教堂是明斯克东正教重要的活动中心,始建于 1633 年,1642 年完工,属巴洛克建筑风格。最初曾是天主教女修道院的主教堂。1860 年,该教堂转为东正教教堂。1870 年教堂开设圣灵修士修道院。1918 年,修道院被关闭,圣灵大教堂的礼拜活动也被禁止。教堂变为消防队训练场地,随后被改为档案馆。1943 年教堂开始恢复东正教礼拜活动,所属修道院也得以恢复。1947 年,教堂顶部安放东正教大十字架。教堂中供奉着明斯克圣母圣像等宗教珍品。

五、乌克兰

(一)概况

乌克兰(Ukraine),面积60.37万平方公里,人口4688.64万(2006 年 2 月 1 日),有 110 多个民族,乌克兰族占 70%以上,其他为俄罗斯、白俄罗斯、犹太、克里米亚鞑靼、摩尔多瓦、波兰、匈牙利、罗马尼亚、希腊、德意志、保加利亚等民族。官方语言为乌克兰语,通用俄语。主要宗教为东正教和天主教。首都基辅(Kiyv),人口269.38万(2006年2月1日)。

行政区划:全国划分为24个州、1个自治共和国(克里米亚自治共和国),2个直辖市(基辅直辖市、塞瓦斯托波尔直辖市),共27个行政区划。重要节日:东正教圣诞节是1月7日,统一日是1月22日(纪念东西乌克兰合并),胜利日是5月9日(庆祝第二次世界大战中战胜德国法西斯和欧洲战事结束),宪法日是6月28日(纪念1996年颁布独立后制定的第一部宪法),独立日暨国庆日是8月24日(1991年),基辅解放纪念日是11月3日(1943年),乌克兰火箭兵和炮兵节是11月3日(1997年)

(二)自然与人文环境

乌克兰位于欧洲东部,黑海、亚速海北岸。北邻白俄罗斯,东北邻俄罗斯,西邻波兰、斯洛伐克、匈牙利,南邻罗马尼亚、摩尔多瓦。东西长1316公里,南北宽893公里,大部分地区属东欧平原,西部喀尔巴阡山脉的最高峰戈维尔拉山海拔2061米,南部有克里米亚山脉罗曼—科什山。东北为中俄罗斯高地的一部分,东南有亚速海近岸丘陵和顿涅茨岭。大部分地区为温带大陆性气候,克里米亚半岛南部为亚热带气候。平均气温1月−7.4℃,7月19.6℃。年降水量东南部为300毫米,西北部为600~700毫米,多集中在6~7月份。最长的河流第聂伯河发源于俄罗斯,流经乌克兰河段长981公里。还有南布格河、德涅斯特河、北顿涅茨河、普鲁特河、多瑙河(河口部分)等河流。境内有三千多个自然湖泊,主要有亚尔普格湖、萨赛克湖、卡古尔湖和阿利别伊湖等。

乌克兰工农业均较发达,在原苏联有"粮仓"之称。煤炭、冶金、机械、化学工业是其经济的四大支柱。水力资源和矿藏丰富,主要出口黑色冶金制品、机器设备、电机、化肥、铁矿石、农产品等。

乌克兰旅游业发达,2004年本国出境旅游公民1500万人次,接待外国游客1641万人次,旅游收入约为321亿格里夫尼亚。外国游客主要来自俄罗斯、白俄罗斯、波兰、德国、匈牙利、法国、美国、罗马尼亚、摩尔多瓦等国。截至2005年,乌克兰共有一千三百多个国家级文物保护单位,一百六十多处历史文化古迹,23个自然保护区和国家级天然公园(总面积77.19万公顷)。主要旅游地分布在基辅、克里米亚半岛、敖德萨、利沃夫、外喀尔巴阡山、切尔尼科夫等地。

（三）基辅

基辅位于乌克兰中北部,第聂伯河中游,是第聂伯河港口和重要的铁路枢纽,是全国政治、经济、文化、科学中心。基辅属温和的大陆性气候,1 月最低气温−26℃,8 月最高气温37℃。年均降水量 622 毫米。

基辅具有悠久而光荣的历史,曾是第一个俄罗斯国家基辅罗斯的中心,因而被誉为“俄国城市之母”。基辅始建于公元 6 世纪末至 7 世纪初,822 年成为封建国家基辅罗斯的国都,988 年改宗东正教。10～11 世纪十分兴旺,被称为第聂伯河上的“帝王之城”。到 12 世纪,基辅发展成欧洲的主要城市,拥有四百多座教堂,教堂艺术和手工制品闻名遐迩。1240 年被蒙古人攻陷,城市多处被毁,大部分居民被杀。1362 年被立陶宛公国占领,1569 年划归波兰,1686 年归属俄国,1918 年成为独立的乌克兰国家首都,“二战”中遭受严重破坏。1941 年苏军与德军经过 80 天激战后,德军占领基辅。1943 年苏军解放基辅。战后苏联政府授予基辅“英雄城市”称号以及金星勋章和列宁勋章。

基辅是原苏联的重要工业中心之一,工厂遍布全市,以市中心区以西和第聂伯河左岸最为集中。制造业种类繁多。

基辅市区有数十条林荫大道以及数百个街心花园和草坪,现代化的建筑掩映在绿树和鲜花丛中,有“花园城市”的美名。有近 30 座博物馆及历史名人故居。

市中心是旧城区,位于第聂伯河右岸,市内的大部分历史建筑也都集中在这里,其中著名的索菲亚大教堂建于 11 世纪,现为博物馆。旧城内外还有许多博物馆、剧院、公用楼、大百货商店。旧城北侧原是贸易和犹太人区,现为河港。南侧的彼切尔斯基区有乌克兰政府的许多主要建筑,如议会政府大厦等,建造于 11 世纪的佩切斯卡亚隐修院是前苏联历史上最著名和最重要的隐修院。

中心区四周是工业住宅区。住宅建筑群形成的单元(称“小区”)之间为公园和绿化带,包括乌克兰科学院的大型植物园和小型大学植物园。城市外围有数处森林公园。“二战”后,城市不断向第聂伯河左岸发展。

六、摩尔多瓦

（一）概况

摩尔多瓦共和国（The Republic of Moldova），面积3.38万平方公里，人口339.17万（2005年12月，不含“德左”地区人口），其中摩尔多瓦族占65%，乌克兰族13%，俄罗斯族13%，加告兹族3.5%，保加利亚族2%，犹太族2%，其他民族1.5%。官方语言为摩尔多瓦语，通用俄语。多数人信奉东正教。首都基希讷乌（Chisinau），人口79.19万（2006年1月）。

行政区划：全国共分32个区、3个直辖市（基希讷乌、伯尔兹、本德尔）及2个地方行政区（加告兹自治行政区、德涅斯特河左岸行政区）。重要节日：独立日是8月27日（1991年）。

（二）自然与人文环境

摩尔多瓦是欧洲中部的内陆国家，绝大部分国土介于普鲁特河和德涅斯特河之间。西邻罗马尼亚，北、东、南邻乌克兰接壤。地处平原，丘陵起伏，河谷和山谷相间，平均海拔147米。中部为科德腊高地，北部和中部属森林草原带，南部是辽阔的草原。最高点是西部的巴拉涅什特山，海拔430米。摩尔多瓦属温带大陆性气候，平均气温1月－3℃～－5℃，7月19℃～22℃。河流众多，但大部分短小，德涅斯特河和普鲁特河为境内两大河流。地下水资源丰富。

摩尔多瓦是一个以农业为主的国家，农业产值占其国内生产总值的50%左右。地下水资源丰富，约有2200个天然泉。摩尔多瓦食品工业较发达，主要有葡萄酒酿造、肉类加工和制糖业等。轻工业主要有卷烟、纺织和制鞋。其外汇收入的35%依靠葡萄酒出口。

（三）基希讷乌

基希讷乌位于摩尔多瓦中部德涅斯特河支流贝克河畔，平均气温1月－4℃，7月20.5℃。基希讷乌1466年首见记载，早期曾被斯特凡三世（大公）统治，后来归属土耳其。在1788年俄国和土耳其战争期间，基希讷乌遭到严重破坏。1812年基希讷乌被割让给俄国，“一战”后归属罗马尼亚，1940年重归苏联。1991年8月27日，摩尔多瓦独立，基希讷乌成为摩尔多瓦的首都。

基希讷乌是摩尔多瓦的工业中心，有众多的剧院、博物馆和旅游宾馆。“二战”期间该城损毁严重，仅有大教堂和建于1840年的凯旋门尚保持原貌，战后新建了一些现代化大厦。市内街道宽阔整洁，许多建筑物是用洁白的石料彻成的，广场、街心花园矗立着不少名人的塑像。基希讷乌气候温暖湿润，阳光充足，树木生长茂盛，宁静优美。

七、俄罗斯

（一）概况

俄罗斯联邦或俄罗斯（The Russian Federation，The Russia），面积1707.54万平方公里，居世界第一位，人口1.427亿人（2006年1月1日），有一百八十多个民族，其中俄罗斯族占79.8%，主要少数民族有鞑靼、乌克兰、巴什基尔、楚瓦什、车臣、亚美尼亚、摩尔多瓦、白俄罗斯、哈萨克、乌德穆尔特、阿塞拜疆、马里和日耳曼族。俄语是官方语言，各共和国有权规定自己的国语，并在该共和国境内与俄语一起使用。主要少数民族都有自己的语言和文字。50%～53%的俄民众信奉东正教，10%信奉伊斯兰教，信奉天主教和犹太教的各为1%，0.8%信奉佛教。首都莫斯科（Moscow），人口约1415万（2006年1月1日）。

行政区划：由89个联邦主体组成，包括21个共和国、6个边疆区、49个州、2个联邦直辖市（莫斯科、圣彼得堡）、1个自治州（犹太自治州）、10个民族自治区。重要节日：公历新年是1月1日，东正教圣诞节是1月7日，俄历新年是1月13日，祖国保卫者日（原苏联建军节）是2月23日，国际妇女节是3月8日，劳动者团结日（原国际劳动节）是5月1日，伟大卫国战争胜利日是5月9日，国家主权宣言通过日（国庆日）是6月12日，人民团结日是11月4日（系2004年新设立，为纪念莫斯科打败波兰入侵者日）。

（二）自然与人文环境

1. 自然地理

俄罗斯位于欧洲东部和亚洲北部，横跨欧亚大陆，北濒北冰洋，东濒太平洋，西接大西洋。东西最长9000公里，南北最宽4000公里。西北邻挪威、芬兰，西邻爱沙尼亚、拉脱维亚、立陶宛、波兰、白俄罗斯，西南邻乌克兰，南邻格鲁吉亚、阿塞拜疆、哈萨克斯坦，东南邻中国、蒙古、朝鲜。东面与日本和美国隔海相望。海岸线长3.3807万公里。大部分地区处于北温带，气候多样，以大陆性气候为主，温差普遍较大，平均气温1月为－1℃～－37℃，7月为11℃～27℃。年均降水量150～1000毫米。

2.文化

俄罗斯领土跨越欧亚两大洲，融合了东西方两种文化。俄罗斯有许多图书馆、博物馆、文化馆、俱乐部等群众性文化设施。博物馆按专业可分为革命历史博物馆、历史博物馆、艺术博物馆、各专业博物馆以及其他博物馆等。著名的大型革命历史博物馆有俄罗斯中央革命博物馆、国家历史博物馆、克里姆林宫博物馆、中央海军博物馆等。较大的艺术馆有莫斯科科列季亚克夫国家绘画陈列馆。

俄罗斯文学源远流长，在世界上享有盛誉，有普希金、莱蒙托夫、果戈里、别林斯基、陀斯妥耶夫斯基、托尔斯泰、契诃夫、高尔基、肖洛霍夫等世界驰名的大文豪和作家。美术源远流长，绘画有着悠久的历史，著名的艺术大师有列维坦列宾、苏里柯夫、克拉姆斯科伊等。宗教音乐和民间音乐有着深远的历史传统，歌剧、交响乐和室内音乐具有鲜明的民族气质，奔放豪迈。戏剧艺术体裁和形式多样，最早出现在宫廷里，19世纪进入繁荣时期。

俄罗斯的马戏团在俄罗斯也很受人们的欢迎，马戏团团员技艺精湛。俄罗斯民间艺术卓越，实用装饰艺术有金属、兽骨和石头的艺术加工，有木雕、木雕壁画、刺绣、带花纹的纺织品、花边编织等。最有名的工艺品有木制套娃、木刻勺、木盒、木盘等木制品。

3.经济与旅游业

俄罗斯自然资源十分丰富，种类多储量大，水力资源居世界第二位，核电占俄电力的10%。森林覆盖率50.7%，森林面积居世界第一位。木材蓄积量807亿立方米。工业基础雄厚，部门齐全。农牧业并重，主要农作物有小麦、大麦、燕麦、玉米、水稻和豆类。经济作物以亚麻、向日葵和甜菜为主。畜牧业主要为养牛、养羊、养猪业。出口商品主要有石油、天然气、电力、煤、机器设备、黑色及有色金属等。

旅游业是新兴经济部门，近年来发展较快，但在国民经济中还不占重要地位。2005 年俄入境外国人数为2219.9万人次。要旅游地有莫斯科、圣彼得堡、黑海疗养地、伏尔加河沿岸城市、滨海边疆区。

(三)主要旅游城市

1.莫斯科

莫斯科位于俄罗斯平原中部、莫斯科河畔，跨莫斯科河及其支流亚乌扎河两岸，是世界最大的城市之一，也是俄罗斯政治、经济、科学文化及交通中心。莫斯科地势平坦，仅西南部有捷普洛斯坦斯卡亚高地，最高点 253 米，属大陆性气候，1 月平均气温−10.2℃，最低气温−42℃，7 月平均气温18.1℃，最高气温37℃。年降水量 582 毫米，降雪量大，11 月初至来年 4 月中的积雪期平均长达 146 天，冬季长而天气阴暗。全市绿化面积约占总面积的 1/3，是世界上绿化最好的城市之一。

莫斯科始建于 12 世纪中期，1156 年尤里·多尔哥鲁基大公在莫斯科修筑泥木结构的克里姆林城堡。后来在克里姆林城堡及其周围逐渐形成若干商业、手工业和农业村落。13 世纪初成为莫斯科公国的都城。15 世纪中期到 18 世纪初，莫斯科是统一的俄罗斯国家的都城。1712 年彼得大帝迁都圣彼得堡，但莫斯科仍是俄罗斯最大的经济、政治和文化中心，仍发挥着俄国第二都城的作用。1755 年建立俄国第一所大学——莫斯科大学(今莫斯科国立罗蒙诺索夫大学)。1812 年被拿破仑率领的法军焚毁，但很快重建起来。

1918 年 3 月苏维埃政府和共产党中央委员会从彼得格勒(后改名圣彼得堡)迁到莫斯科，1922 年 12 月莫斯科正式成为苏联首都。

1960 年，莫斯科附近一些城镇纳入城市范围，组成大莫斯科区。1987 年，莫斯科市政当局将每年 9 月的第一个双休日定为城庆日，举行各类城庆活动。1991 年 12 月 21 日苏联解体，莫斯科成为俄罗斯联邦的首都。

莫斯科有 121 个剧院、110 个电影院、31 个歌舞厅和 72 个文化宫，国家大剧院、莫斯科艺术剧院、国家中央木偶剧院、莫斯科国家马戏团、俄罗斯国家交响乐团享有世界声誉。还有 65 座博物馆、美术馆，国立普希金艺术博物馆、特雷塔雅科夫美术馆、及兵器馆(克里姆林宫内)、国立历史博物馆等较为著名。

莫斯科是俄罗斯最大的工业中心,工业总产值居全国首位,工业门类齐全,机械制造、化工、食品加工、印刷工业很发达,市郊农业也很发达。莫斯科也是俄罗斯最大的商业中心,交通发达,是全国铁路、公路、河运和航空的枢纽,有 9 个客运火车站。地铁是莫斯科客运最大的交通工具。莫斯科有三个河港、四座机场。

莫斯科城市布局严整,呈环形和放射状,从内向外分别为街道环、园林路环、大莫斯科环城铁路和莫斯科环城公路。每个环区的作用和建筑风格各不相同,反映了莫斯科的不同发展阶段。克里姆林宫城堡处在全市中心,早期为第一个俄罗斯国家,后成为苏联国家的象征。

高尔基大街是全市的主要干道,也是最繁华的大街。列宁大街宽五十多米,加里宁大街是全市最现代化的大街。市区内有众多花园、街心花园、文化休息公园、绿化园林带。

莫斯科是一座历史名城,以布局严整的克里姆林宫和红场为中心,向四周辐射伸展。园林路环以内主要为政府机构和商业区,大部分国家机关和主要饭店、商店、剧场、博物馆、美术馆、图书馆。园林路环和环城铁路之间多工厂、火车站和货场。环城铁路以外是 20 世纪六七十年代发展起来的工厂和住宅区。

克里姆林宫位于莫斯科市中心,濒莫斯科河,曾为莫斯科公国和 18 世纪以前的沙皇皇宫。"十月革命"胜利后,成为苏联党政领导机关所在地。始建于 1156 年,初为木墙,后屡经扩建。克里姆林宫城堡内有精美的教堂、宫殿、钟塔、塔楼,建筑气势雄伟,举世闻名。在克里姆林宫的中心教堂广场,有巍峨壮观的圣母升天大教堂,有凝重端装的报喜教堂,有容纳彼得大帝以前莫斯科历代帝王墓地的天使大教堂。

克里姆林宫东侧的红场是国家仪典中心,红场内有列宁墓,南端有波克罗夫斯基教堂。

大彼得罗夫大剧院简称大剧院,位于莫斯科斯维尔德洛夫广场,是俄罗斯历史最悠久的剧院, 1805 年和 1853 年两次遭受火灾,1855 年至 1856 年重修改建,成为 19 世纪中叶俄罗斯建筑艺术的典范,也是欧洲最大的剧院之一，并于1919年起成为国立示范大剧院。该剧院雄伟壮丽，朴素典雅，内部设备完善，整个内部装饰完全是宫廷式的，具有极佳的音响效果。剧场呈椭圆形，正面是大舞台，高达18米，台前是深深的乐池，中间是一排排的观众席。其他三面是贴墙的包厢，总共五层，高21米。总统包厢在二层正中央，还有两个贵宾包厢设在舞台的左右两侧。包厢里放着几把鎏金包缎椅子，平时只供观赏。剧场可容纳2200名观众。

普希金广场位于莫斯科市中心，旧称苦行广场，因旧时广场上建有苦行修道院而得名。1937年，为纪念俄国伟大诗人普希金逝世100周年，改名为普希金广场。广场上耸立着1880年7月18日揭幕的普希金青铜纪念像。纪念像有四米多高，基座上刻有普希金的一首诗："在这残酷的世纪，我歌颂过自由，并且还为那些蹇滞的人们，祈求过怜悯和同情。"广场上有个小花园，园中有花岗石台阶、红色大理石喷泉、饰灯等。

莫斯科地铁是世界上规模最大的地铁之一，也是世界上最漂亮的地铁，有"地下的艺术殿堂"之称，1935年5月15日正式开通。现今，莫斯科地铁有8条辐射线和1条环行线，全长300公里，有150个站台。地铁站的建筑造型各异、华丽典雅。每个车站都由国内著名建筑师设计，铺设的大理石就有几十种，并广泛采用大理石、马赛克、花岗石、陶瓷和五彩玻璃，装饰出具有不同艺术风格的大型壁画及各种浮雕、雕刻，再配以各种别致的灯饰，像富丽堂皇的宫殿。地铁站以民族特点、名人、历史事迹、政治事件为主题而建造。

阿尔巴特街是莫斯科市中心的一条著名步行街，紧邻莫斯科河，是莫斯科的象征之一。阿尔巴特街曾是艺人和画家荟萃的天堂，保存有许多古色古香的建筑。著名诗人普希金从1830年起居住在这条大街上，普希金故居就坐落在阿尔巴特街53号。街上的小店铺一家挨一家，商品种类极其繁多，街头作画的艺人是阿尔巴特街上的一道风景。

2. 圣彼得堡

圣彼得堡(Saint Petersburg)位于俄罗斯西部波罗的海芬兰湾东端的涅瓦河三角州，是俄罗斯联邦第二大城市，整座城市由四十多个岛屿组成，市内水道纵横，七百多座桥梁把各个岛屿连接起来。历史上是俄罗斯政治、经济、文化中心，人口约500万(2003年5月)。

圣彼得堡因其地处北纬60度，仲夏时节，日照近20个小时，每年初夏都有“白夜”。“白夜”是圣彼得堡的奇观，通常发生在6～7月间，在夕阳西下与旭日东升之间只有短暂的若明若暗的间隙，人们无须借助灯光就可以在街上读书看报。

该城由彼得大帝始建于1703年，故称圣彼得堡，1914年改名彼得格勒。1924年1月列宁逝世后改称列宁格勒。1991年12月苏联解体后，恢复原名。

圣彼得堡曾作为俄罗斯的首都长达两个世纪，1917年的“二月革命”和“十月革命”均发生在这里。在卫国战争中，经受住了德国法西斯军队900天的围困，被后人称为英雄城。

圣彼得堡有许多18～19世纪的著名建筑，有彼得保罗要塞、彼得大帝夏宫、斯莫尔尼宫、冬宫、喀山大教堂、圣伊萨克大教堂等。许多俄国著名诗人和作家，如普希金、莱蒙托夫、高尔基等人都曾在此生活和从事创作。

圣彼得堡是俄罗斯重要的教学和科研中心之一，有彼得大帝时代建立起来的科学院，建有五十多所博物馆，有“博物馆城”之称。

圣彼得堡是俄罗斯仅次于莫斯科的第二大工业中心，也是重要的海港和造船基地。工业以舰船、动力机械等制造业为主。

彼得大帝夏宫位于芬兰湾南岸的森林中，距圣彼得堡市约30公里，占地近千公顷，是历代俄国沙皇的郊外离宫。夏宫是圣彼得堡的早期建筑。18世纪初，俄国沙皇彼得大帝下令兴建夏宫，其外貌简朴庄重，内部装饰华贵，是当时举行大型舞会、宫廷庆典等活动的地方，彼得大帝生前每年必来此度夏。1934年以后，夏宫辟为民俗史博物馆。如今，夏宫已成为包括18世纪和19世纪宫殿花园的建筑群，主要代表性建筑是一座双层楼的宫殿，当年彼得大帝住在一楼，他的妻子叶卡捷琳娜一世(彼得大帝的第二个妻子)住在二楼，楼上装饰极为华丽，舞厅的圆柱之间，都以威尼斯的镜子作装饰。

冬宫位于圣彼得堡宫殿广场上，原为俄国沙皇的皇宫，“十月革命”后辟为圣彼得堡国立艾尔米塔奇博物馆的一部分。初建于1754年至

1762年，是18世纪中叶俄国巴洛克式建筑艺术最伟大的纪念物。1837年被焚毁，1838年至1839年重建。“二战”期间再次遭到严重破坏，战后修复。

冬宫是一座蔚蓝色与白色相间的建筑，高三层，宫殿长约230米，宽140米，高22米，呈封闭式长方形，占地9万平方米，建筑面积4.6万平方米。宫内有厅室1057间，门1886座，窗1945个。冬宫的亚历山大柱于1830年至1839年建成，以纪念1812年亚历山大一世率俄军战胜拿破仑军队的伟绩。19世纪中叶，当时的俄国有一项特别的法律规定，圣彼得堡市所有的建筑物，除教堂外，都要低于冬宫。

冬宫面向涅瓦河，中央稍微突出，有3道拱形铁门，入口处有阿特拉斯巨神群像。宫殿四周有两排柱廊，气势雄伟。宫内以各色大理石、孔雀石、石青石、斑石、碧玉镶嵌；以包金、镀铜装璜；以各种质地的雕塑、壁画、绣帷装饰；色彩缤纷，气派堂皇。

18世纪下半叶，俄国女皇叶卡捷林娜二世在位时，曾下令拨出一部分房子用来收藏世界著名艺术珍品，并把这些房子称作“埃尔米达日”(隐宫)，后来随着收藏品不断增多，于1764年至1789年间又先后建了小埃尔米达日和大埃尔米达日。如今，在冬宫宽敞明亮的展厅里，共有各类文物270万件，其中绘画约1.5万幅，雕塑约1.2万件，版画和素描约62万幅，出土文物约60万件，实用艺术品26万件，钱币和纪念章约100万枚。藏品分原始文化史、古希腊罗马文化与艺术、东方民族文化与艺术、俄罗斯文化、西欧艺术史、钱币、工艺7个部分，并按地域、年代顺序陈列在三百五十多间展厅里，展览线路加起来有30公里长，因而有世界最长艺廊之称。

“十月革命”后，1922年苏联成立了国立埃尔米达日博物馆。冬宫成为该博物馆的一部分。1905年沙皇政府枪杀前往冬宫请愿群众的“流血星期日”事件，就发生在冬宫前面的广场上。1917年11月7日(俄历10月25日)，参加“十月革命”的起义群众攻下冬宫，在这里逮捕了资产阶级临时政府各部部长。

斯莫尔尼宫位于圣彼得堡市，是一座外观典雅的三层建筑。建于1806年至1808年，原为贵族女子学院。“斯莫尔尼”一词来自俄语“沥青”，初建时这里属于沥青厂。斯莫尔尼宫正面长 220 米，主体建筑的两翼各长 40 米。20 世纪 60 年代，在正门增建 8 根壮丽的圆柱和 7 个拱形门廊，和其右侧巴洛克式建筑风格的斯莫尔尼修道院合称斯莫尔尼建筑群。1917 年“十月革命”期间，布尔什维克党军事革命委员会设在斯莫尔尼宫，为“十月革命”的司令部。1917 年 11 月 7 日，列宁在斯莫尔尼会议大厅发表对俄国公民的号召书，宣布“一切政权归苏维埃”。1917 年 11 月中旬至 1918 年 3 月，列宁曾在这里办公和居住过。

思考题

1. 简述希腊、意大利、西班牙等南欧国家的自然与人文环境特点和主要旅游地的基本情况。

2. 简述西欧各国的自然与人文环境特点和主要旅游地的基本情况。

3. 简述中欧各国的自然与人文环境特点和主要旅游地的基本情况。

4. 简述俄罗斯的自然与人文环境特点和主要旅游地的基本情况。

第三章　美洲

学习目的

通过本章的学习，了解美洲的整体地理环境特点，了解各国的概况、自然与人文环境，熟悉各国主要旅游城市、主要旅游景区或景点的基本情况。

主要内容

●美洲地理概况

自然环境特点

居民构成

地理区域划分

●美洲各国的概况

国名　面积　人口　民族　语言　宗教信仰

首都　行政区划　重要节日

●美洲各国的自然与人文环境

自然地理　文化　经济　旅游业

●美洲各国的主要旅游地

主要旅游城市　主要旅游景区（点）

第一节　美洲概况

美洲是南美洲和北美洲的合称，也是“亚美利加洲”(America)的简称，又称“新大陆”。从1492年开始，意大利航海家哥伦布三次西航。他到达了美洲的巴哈马群岛，误以为是到了印度，就把自己发现的岛屿称为西印度群岛，并把那里的土著居民叫“印第安人”(Indian)，亦即印度人。

1499年至1504年，意大利探险家亚美利加到美洲探险，到达了南美洲北部地区。他证明哥伦布发现的是欧洲人所不知道的“新大陆”，而不是印度。后来意大利历史学家彼得·马尔太尔在他的著作中首先用“新大陆”称呼美洲。1907年德国地理学者马丁·瓦尔德西缪勒建议把整个新大陆称为亚美利加洲。

一、北美洲

北美洲位于西半球的北部。东濒大西洋，西濒太平洋，北濒北冰洋，南以巴拿马运河为界，同南美洲分开。大陆最东点是拉布拉多半岛的圣查尔斯角(西经55°40′，北纬52°13′)，最南点是巴拿马的马里亚托角(西经81°05′，北纬7°12′)，最西点是阿拉斯加半岛的威尔士王子角(西经168°05′，北纬65°37′)，最北点是布西亚半岛的默奇森角(西经94°26′，北纬71°59′)。全洲面积为2422.8万平方公里，约占世界陆地总面积的16.2%。

(一)自然环境

北美洲大陆北宽南窄，略呈倒置梯形。西部的北段和北部、东部海岸比较曲折，多岛屿和海湾。岛屿多分布在北部和南部，总面积大约为400万平方公里，为岛屿面积最大的洲。格陵兰岛面积217.56万平方公里，是世界第一大岛。

北美洲大陆地形从西到东可分为三个明显不同的南北纵列带。一是西部山地和高原，属科迪勒拉山系的北段，从阿拉斯加一直伸展到墨西哥以南。主要包括三条平行山地：西带南起美国的海岸山岭，向北入海，形成加拿大西部沿海岛屿，海拔一般为1000～1500米；东带为海拔2000～3000米以上的落基山脉，南北延伸约5000公里，是北美洲气候上的重要分界线；中带包括北部的阿拉斯加山脉、加拿大的海岸山脉、美国的内华达山脉和喀斯喀特岭等。阿拉斯加的麦金利山海拔6193米，为北美洲最高峰。东带和中带之间为高原和盆地。盆地底部海拔1300～1800来。盆地南部的死谷低于海平面85米，为西半球陆地的最低点。

二是东部山地和高原。圣劳伦斯河谷以北为拉布拉多高原，以南是阿巴拉契亚山脉。地势南高北低，北部一般海拔300～600米，南部海拔一般在1000～1500米之间。主峰米切尔山海拔2037米。阿巴拉契亚山脉东侧沿大西洋有一条狭窄的海岸平原，西侧逐渐下降，与中部平原相接。

三是中部平原，位于拉布拉多高原、阿巴拉契亚山脉与落基山脉之间，北起哈得孙湾，南至墨西哥湾，纵贯大陆中部，平原北半部是多湖泊和急流的地区，南半部属密西西比河平原，平原西部为世界著名的大草原。

北美洲地跨热带、温带、寒带，气候复杂多样。加拿大的北部和阿拉斯加北部边缘，在北极圈内，为冰雪世界，属寒带苔原气候；加拿大和阿拉斯加南部地区多属温带针叶林气候；美国的落基山脉以东地区属温带阔叶林气候和亚热带森林气候；西部内陆高原多属温带草原气候；太平洋沿岸的南部属亚热带地中海式气候；西印度群岛、中美洲东部沿海地区属热带雨林气候，也有热带飓风侵袭。

大陆中部广大地区位于北温带，由于西部山地阻挡，来自大平洋的湿润西风不能深入内地，所以大部分地区的降水来自东南方的大西洋，降水量从东南向西北逐渐减少。东南部大部分地区年平均降水量在1000毫米以上，平原的西北部和落基山脉以西在500毫米以下，太平洋沿岸迎西风的地区降水量剧增，有的地方年平均降水量约在2000毫米以上。

北美洲的大河，除圣劳伦斯河外，均发源于落基山脉。落基山脉以东的河流分别流入大西洋和北冰洋，以西的河流注入太平详。按河流长度依次为密西西比河、马更些河、育空河、圣劳伦斯河、格兰德河、纳尔逊河等。北美洲是多湖的大陆，淡水湖面积之广居各洲的首位，中部高平原区的五大湖，是世界最大的淡水湖群，其中以苏必利尔湖面积最大，其次为休伦湖、密歇根湖、伊利湖、安大略湖。

（二）居民

北美洲人口分布很不平衡，绝大部分人口分布在东南部地区。这里居住着美国 4/5、加拿大 2/3 的人口，其中以美国的纽约附近和美国与加拿大之间的伊利湖周围人口密度最大。西印度群岛中的波多黎各、马提尼克岛等处，也是人口密度大的地区。面积广大的北部地区和美国西部内陆地区人口稀少，有的地方甚至无人居住。

居民主要为英、法等欧洲国家移民的后裔，其次是黑人、印第安人、混血种人，还有少数格陵兰人、波多黎各人、犹太人、日本人和华侨。

（三）地理区域

北美洲分为东部地区、中部地区、西部地区、阿拉斯加、加拿大北极群岛、格陵兰岛、墨西哥、中美洲、西印度群岛 9 个区域。

东部地区东濒大西洋，海岸曲折，多港湾，北美洲大部分港口集中在这一地区，圣劳伦斯河谷以北的拉布拉多高原，多冰川湖，有湖泊高原之称；以南的阿巴拉契亚山脉西侧为阿巴拉契亚高原，山脉与大西洋间有狭窄的山麓高原和沿海平原。

中部地区位于拉布拉多高原—阿巴拉契亚山脉与落基山脉之间，北起丘吉尔河上游，南达墨西哥湾，长约 3000 公里，宽约 2000 公里的地区。

西部地区由高大的山脉和高原组成，属美洲科迪勒拉山系的北段，落基山脉是本区地形的骨架。多火山、温泉，地震频繁。

阿拉斯加位于北美洲西北部。大陆部分，山脉分列南北，中部为育空高原，太平洋沿岸地区多火山，地震频繁。

加拿大北极群岛是北美大陆以北，格陵兰岛以西众多岛屿的总称，面积约 160 万平方公里。

墨西哥位于北美洲的南部。

中美洲是中亚美利加洲的简称，指墨西哥以南、哥伦比亚以北的美洲大陆中部地区，面积约 52 万平方公里。中美洲东濒加勒比海，西濒太平洋，是连接南、北美洲的桥梁，包括危地马拉、洪都拉斯、伯利兹、萨尔瓦多、尼加拉瓜、哥斯达黎加和巴拿马。

西印度群岛位于大西洋及其属海加勒比海、墨西哥湾之间，面积约 24 万平方公里。15 世纪末哥伦布到此，误认为这里是印度附近的岛屿，因位于印度以西的西半球，便称为西印度群岛，沿用至今。西印度群岛包括巴哈马国、古巴、牙买加、海地、多米尼加共和国、安提瓜和巴布达、多米尼克国、圣卢西亚、圣文森特和格林纳丁斯、巴巴多斯、格林纳达、特立尼达和多巴哥、圣基茨和尼维斯等，此外还包括美国、英国、法国和荷兰的十多个属地。

西印度群岛在地理上分为巴哈马群岛、大安的列斯群岛、小安的列斯群岛三大组。巴哈马群岛由 14 个较大的岛屿、700 个小岛和暗礁以及 2400 个环礁组成，各岛海拔最高不到 60 米，属热带雨林气候，主要居住黑种人。大安的列斯群岛包括古巴、海地、牙买加、波多黎各诸岛及其附属岛屿，一半以上为山地，海地岛和波多黎各岛地震频繁。各岛北部属热带雨林气候，南部属热带草原气候。小安的列斯群岛包括背风群岛、向风群岛和委内瑞拉北面海上许多岛屿，多为火山岛，地震频繁，属热带雨林气候。

格陵兰岛位于北美洲东北，介于北冰洋与大西洋之间。面积约为 217.56万平方公里，是世界第一大岛，常被称为“格陵兰次大陆”。

二、南美洲

南美洲是南亚美利加洲的简称，位于西半球的南部。大陆北宽南窄，略似三角形。东濒大西洋，西濒太平洋，北濒加勒比海，南隔德雷克海峡与南极洲相望，一般以巴拿马运河为界，同北美洲分开。大陆最东点是巴西东端的布兰科角（西经 34°46′，南纬 7°09′），最南点是麦哲伦海峡的弗罗瓦德角（西经 71°18′，南纬 53°54′）①，最西点是秘鲁西北端

① 南美洲的最南点是火地群岛最南部的合恩角（西经 67°16′，南纬 56°00′）。

的帕里尼亚斯角(西经 81°20′,南纬 4°41′),最北点是北部瓜希腊半岛北端的加伊纳斯角(西经 71°40′,北纬 12°28′)。南北跨纬度 66°21′,南北相距约 7640 公里;东西跨经度 46°34′,东西相距约 5230 公里。面积约 1797 万平方公里(包括附近岛屿),约占世界陆地总面积的 12%。

在政治地理上,把美国以南的美洲地区,即墨西哥、中美洲、加勒比海地区(西印度群岛)、南美洲,称为拉丁美洲。拉丁美洲的面积为 2070 万平方公里(包括附近岛屿),占世界陆地总面积的13.8%。

南美洲大陆轮廓比较简单。全洲大部分地段山脉走向与海岸平行,形成平直陡峭的崖岸,缺少大半岛和海湾,海岸线总长约2.87万公里。岛屿也不多,主要分布在大陆南部沿海地区,主要岛屿有大陆西南近海的智利群岛,南端的火地群岛,东南面的马尔维纳斯群岛(福克兰群岛),北部近海的特立尼达、多巴哥岛等,均属大陆岛。远离南美洲大陆西北部的科隆群岛(加拉帕戈斯群岛),属于火山岛,因其自然地理景观与南美洲西岸荒漠地带一致,故被列为南美洲属岛。

(一)自然环境

1.地形

南美洲平均海拔 600 米,海拔 300 米以下的平原约占全洲面积的 60%,海拔 300～3000 米之间的高原、丘陵和山地约占全洲面积的 33%,海拔 3000 米以上的高原和山地约占全洲面积的 7%。

南美洲大陆地形分为三个南北向纵列带,西部为狭长的安第斯山,东部为波状起伏的高原,中部为广阔平坦的平原低地。安第斯山脉属科迪勒拉山系的南半段,南北延伸,全长约 9000 公里,是世界上最长的山脉,也是世界最高大的山系之一。该山脉由几条平行山岭组成,紧逼太平洋海岸,沿海平原很窄,其中位于秘鲁、智利、玻利维亚境内的一段山体宽度最大,东西宽约 400 公里。

安第斯山脉大部分海拔 3000 米以上,不少高峰海拔 6000 米以上,其中阿根廷境内的阿空加瓜山海拔为 6960 米,是南美洲最高峰。

科迪勒拉山系是太平洋东岸火山带的主要组成部分,安第斯山脉北段有 16 座活火山,南段有 30 多座活火山。尤耶亚科火山海拔 6723 米,是世界上较高的活火山。太平洋沿岸地区地震频繁。

南美洲东部有宽广的巴西高原、圭亚那高原，其中巴西高原面积五百多万平方公里，为世界上面积最大的高原。南部则有巴塔哥尼亚高原。南美洲平原自北而南有奥里诺科平原、亚马孙平原和拉普拉塔平原。其中亚马逊平原面积约560万平方公里，是世界上面积最大的冲积平原，地形坦荡，海拔多在200米以下。

2.气候

南美洲介于北纬13°和南纬57°之间，赤道横贯北部，大部分地区属热带雨林和热带草原气候。北部亚马逊平原一带，由于纬度低，受海风影响，各月平均气温都在26℃左右，属热带雨林气候。亚马逊平原南北两侧的马西高原和圭亚那高原，夏季高温多雨，冬季除沿海地区外，气候干燥，属热带草原气候。智利中部沿海地区属亚热带地中海式气候。南美洲是一个以湿润著称的大陆，暖季多雨，且沙漠面积较其他各洲为小的一洲。

全洲年水量各地不均，巴西高原东北一角，年平均降水量仅500毫米左右，其他地区则为1000～3000毫米；哥伦比亚西北部、厄瓜多尔、秘鲁北部、亚马逊平原西北部和圭亚那高原，全年多雨，年平均降水量为2000～3000毫米；巴拉那高原、潘帕斯（草原），各月降水比较均匀，夏季稍多，年平均降水量500～2000毫米左右；智利南部沿海地区，各月降水比较均匀，冬季稍多，年平均降水量2000～5000毫米，为世界上降水量最多的地区之一；巴塔哥尼亚高原，由于山脉阻挡西面的湿润和受巴塔哥尼亚强风的影响，年平均降水量不到250毫米；智利中部沿海地区，年平均降水量500～1000毫米左右；智利北部和秘鲁南部沿海地区，由于地处背风坡和秘鲁寒流的影响，年平均降水量不到50毫米。

3.水系

南美洲水系以安第斯山为分水岭，东西分属于大西洋水系和太平洋水系。太平洋水系源短流急，且多独流入海。大西洋水系的河流大多源远流长、支流众多、水量丰富、流域面积广。其中，亚马逊河是世界上最长、流域面积最广、流量最大的河流之一，其支流超过1000公里的有二十多条。

南美洲水系内流区域很小，内流河主要分布在南美西中部的荒漠高原和阿根廷的西北部。南美洲除最南部外，河流终年不冻。南美洲多瀑布，安赫尔瀑布落差达 979 米，为世界落差最大的瀑布。南美洲湖泊不多，安第斯山区的荒漠高原地区多构造湖，如的的喀喀湖、波波湖等；南部巴塔哥尼亚高原区多冰川湖；内流区多内陆盐沼。南美洲西北部的马拉开波湖是最大的湖泊。

（二）居民

南美洲人口分布不平衡，西北部和东部沿海一带人口较稠密，广大的亚马逊平原不到 1 人/每平方公里，是世界人口密度最小的地区之一。居民中白人约占一半，其次是印欧混血人和印第安人，黑人最少。

（三）地理区域

从地理区域上划分为：南美北部诸国，包括圭亚那、苏里南、法属圭亚那、委内瑞拉和哥伦比亚。安第斯山地中段诸国，包括厄瓜多尔、秘鲁、玻利维亚。南美南部诸国，包括智利、阿根廷、乌拉圭、巴拉圭。南美东部国家巴西。

第二节　北美洲

一、美国

（一）概况

美利坚合众国（The United States of America），面积962.9091万平方公里（其中陆地面积915.8960万平方公里），人口2.96亿（2005 年 7 月），其中白人占 75%，拉美裔占12.5%，黑人占12.3%，亚裔占3.6%，华人约 243 万，占0.9%。通用英语。56%的居民信奉基督教新教，28%信奉天主教，2%信奉犹太教，信奉其他宗教的占 4%，不属于任何教派的占 10%。首都华盛顿哥伦比亚特区（Washington D. C. ），人口约 57 万（2006 年）。

行政区划：全国共分 50 个州和 1 个特区（哥伦比亚特区），有 3042

个县。联邦领地包括波多黎各、北马里亚纳;海外领地包括关岛、美属萨摩亚、美属维尔京群岛等。重要节日:国庆日是7月4日(美国独立日,1776年)。

(二)自然与人文环境

美国领土包括北美洲中部的本土、北美洲西北部的阿拉斯加、太平洋中部的夏威夷群岛。美国本土,北邻加拿大,西南邻墨西哥,东南濒墨西哥湾与西印度群岛相望,西濒太平洋,东濒大西洋,海岸线长2.268万公里。东西长4500公里,南北宽2700公里。大部分地区属于温带大陆性气候,南部属亚热带气候。中北部平原温差很大,芝加哥平均气温1月-3℃,7月24℃;墨西哥湾沿岸平均气温1月11℃,7月28℃。

美国具有高度发达的现代市场经济,其劳动生产率、国内生产总值和对外贸易额均居世界首位。自然资源丰富,森林覆盖率达33%。工农业生产门类齐全,集约化程度高,汽车工业和建筑业在产业中占有重要地位,为美国经济的两大支柱。农业高度发达,机械化程度高,主要农产品有小麦、玉米、大豆等均占世界领先地位。粮食总产量占世界的1/5。美国是世界上最大的商品和服务贸易国。

美国旅游业发达,2005年接待外国游客超过4940万人次,主要来自加拿大、欧洲、墨西哥等地,参观的主要旅游城市是纽约、洛杉矶、奥兰多、迈阿密、旧金山等,参观的主要州是加利福尼亚州、佛罗里达州、纽约州、夏威夷州、内华达州等。

(三)主要旅游地

1. 旅游城市

(1)华盛顿　华盛顿全称为“华盛顿哥伦比亚特区”,是为纪念美国开国元勋乔治·华盛顿和发现美洲新大陆的哥伦布而命名的,由联邦政府直辖,位于马里兰州和弗吉尼亚州之间的波托马克河与阿纳卡斯蒂亚河汇合处的东北岸。特区总面积6094平方公里,市区面积174平方公里。

1789年,美国联邦政府正式成立后,乔治·华盛顿当选为首任总统。当国会在纽约召开第一次会议时,南北两方的议员都想把首都设在本方境内。国会最后达成妥协,由总统华盛顿选定南北方的天然分界线波托马克河畔作为首都地址，并聘请参加过独立战争的法国工程师皮埃尔·朗方主持首都的总体规划和设计。新都尚未建成，华盛顿便于1799年去世。为了纪念这位开国总统，这座新都在翌年建成启用时被命名为华盛顿。

华盛顿是美国的政治中心，白宫、国会、最高法院以及绝大多数政府机构均设在这里。

国会大厦位于华盛顿城区最高点“国会山”上，是华盛顿的象征，是一座乳白色建筑，有一个圆顶主搂和相互连接的东、西两翼大楼，是美国国会参众两院的所在地。

白宫位于华盛顿市中心区的宾夕法尼亚大街上，占地7.3万平方米，是华盛顿之后美国历届总统办公和居住的地方，是一座白色大理石圆形建筑。椭圆形的总统办公室设在白宫西厢房内，南窗外边是著名的“玫瑰园”。白宫正楼南面的南草坪是“总统花园”，美国总统常在这里举行欢迎仪式。

五角大楼位于华盛顿附近波托马克河畔的阿灵顿镇，是美国国防部所在地，为一座正五边形建筑，故名“五角大楼”。五角大楼是华盛顿面积最大的建筑，占地面积235.9万平方米，共有5层，高22米，总建筑面积60.8万平方米，使用面积约34.4万平方米，于1943年1月15日建成，同年5月启用，可供2.3万人办公。大楼南北两侧各有一大型停车场，可同时停放汽车1万辆。

1947年9月，美国第33任总统杜鲁门建立的国防部开始在此办公。从此，五角大楼便成了美国国防部的代称。楼里除国防部机关外，还包括下属的参谋长联席会议和陆、海、空军三总部。

五角大楼一层大厅内有银行、邮局、书店、诊疗所、电报局、各种商店。参谋长联席会议在二楼，铺有金色地毯，有“金厅”之称。国防部长办公室和陆军部在三楼。三楼走廊一角有为纪念独立战争以来的“最高荣誉勋章”获得者而设的“英雄厅”，其中挂着上面镌刻着姓名、籍贯、简历的铜牌3000多块。还有马歇尔、艾森豪威尔和麦克阿瑟3个元帅的“纪念走廊”，陈列着他们各时期的照片、军装、勋章、手枪，以及他们所签署的命令、文物等。三楼以上，为海军部和空军部。

华盛顿有许多纪念性建筑，离国会大厦不远的华盛顿纪念碑，高169米，全部用白色大理石砌成，乘电梯登上顶端可把全市风光尽收眼底。此外还有杰弗逊纪念堂和林肯纪念堂等。

华盛顿还是美国的文化中心之一。创建于1800年的国会图书馆驰名世界，华盛顿歌剧院、国家交响乐团、肯尼迪艺术中心等都是美国著名的文化机构。华盛顿还有美国国家艺术博物馆、自然历史博物馆、宇航博物馆等许多著名博物馆。

华盛顿市徽的外形看上去像是一只正在展翅的鹰，图案近景是华盛顿纪念碑，远景为国会山和波托马克河。华盛顿市的市树为美洲橡树，市花为鹃菊，市鸟为红尾雀，市歌为《年轻的故乡华盛顿》。

(2)纽约(New York) 纽约位于纽约州东南哈得逊河口，濒临大西洋，由曼哈顿、布鲁克林、布朗克斯、昆斯、里士满5个区组成，市区人口七百多万，包括郊区在内的大纽约市人口1800万。纽约是美国第一大都市和第一大商港，是全世界金融中心之一，也是联合国总部所在地。联合国总部大厦坐落在曼哈顿岛东河岸边。

纽约只有三百多年历史，最早的居民点在曼哈顿岛的南端，原是印第安人的住地。1524年意大利人弗拉赞诺最早来到河口地区，1609年英国人哈得逊沿河上溯探险，该河便以他的名字命名。1626年荷兰人以价值大约60个荷兰盾(相当24美元)的小物件从印第安人手中买下曼哈顿岛辟为贸易站，称之为“新阿姆斯特丹”。1664年，英王查理二世的弟弟约克公爵占领了这块地方，改称纽约(即新约克，英国有约克郡)。1686年纽约建市。独立战争期间，纽约是乔治·华盛顿的司令部所在地和他就任美国第一任总统的地方，也是当时美国的临时首都。到19世纪中叶，纽约逐渐成为美国最大的港口城市和集金融、贸易、旅游与文化艺术于一身的国际大都会。

曼哈顿岛是纽约的核心，在五个区中面积最小，仅57.91平方公里，是一个东西窄、南北长的小岛，是美国的金融中心，集中了世界金融、证券、期货、保险等行业的精华。位于曼哈顿岛南部的华尔街是美国财富和经济实力的象征，也是美国垄断资本的大本营和金融寡头的代名词。这条长度仅540米的狭窄街道两旁有2900多家金融和外贸机构，其中有著名的纽约证券交易所和美国证券交易所。

纽约是摩天大楼最多的城市。代表性的建筑有帝国大厦、克莱斯勒大厦、洛克菲勒中心等。帝国大厦有一百多层，巍峨壮观。纽约还是美国文化、艺术、音乐、出版中心，有众多的博物馆、美术馆、图书馆、科学研究机构和艺术中心。美国三大广播电视网和一些有影响的报刊、通讯社的总部都设在这里。

纽约也是美国的工业中心之一，服装、印刷、化妆品等行业均居全国首位，机器制造、军火生产、石油加工和食品加工也占有重要地位。市内多数河流都通大西洋，港口规模巨大，设备优良，终年不冻。纽约也是铁路交通重要枢纽。纽约的地下铁道全长一千多公里，是目前世界上最长、最快捷的地铁交通系统。纽约有三个国际机场，其中著名的肯尼迪国际机场承担着全国50%的进出口货物空运业务和35%的国际客运业务。

纽约是美国少数民族最为集中的地区。黑人有100万以上，主要聚居在哈莱姆街区。著名的唐人街有15万华人。还有众多的意大利人和犹太人。

华尔街(Wall Street)是纽约市曼哈顿区南部一条街道，长不超过1英里，宽仅11米，是美国一些主要金融机构的所在地，也是西方金融中心。

华尔街是英文“墙街”的音译。荷兰统治时，这里筑过一道防卫墙。英国人赶走荷兰人后，拆墙建街，因而得名。这条街上的联邦厅曾是美国第一届国会的所在地，首任总统华盛顿就是在这里宣誓就职的，如今大门前矗立着华盛顿像以纪念此事。

华尔街两旁竖立着摩天大楼，街道如同峡谷，抬头只能望见一线天。华尔街是金融和投资高度集中的象征。设有纽约证券交易所、美国证券交易所、投资银行、政府和市办的证券交易商、信托公司、联邦储备银行、各公用事业和保险公司的总部，还有棉花、咖啡、糖、可可等商品交易所。

(3)波士顿(Boston)　波士顿位于美国东北部，是马萨诸塞州的首府，濒大西洋，是优良的海港城市，人口65万。周围有哈佛大学、麻省理工学院所在地剑桥市等十多个市镇，这些城镇的结合体被称为大波士顿区。

波士顿有三百六十多年的历史，被称为美国“最古老的城市”。1620年，一批因受宗教迫害的英国清教徒乘坐“五月花”号船，来到马萨诸塞州附近拓居。其中有一支由约翰·温斯洛普率领的队伍在查尔斯河入海口的南部建立了定居点，其中有许多人来自英国林肯郡的波士顿镇，所以把他们的定居点用故乡的名字命名。1632 年，波士顿成为马萨诸塞州的首府。直至 18 世纪中叶，波士顿一直是北美洲第一大城市。

1773 年，波士顿居民为反对英国政府征收高额茶叶税的茶叶政策，登上东印度公司的三条茶船，把价值1.8万英镑的茶叶倒入海中，这就是著名的“波士顿倾茶事件”。该事件为美国独立战争的爆发埋下了导火线。

1775 年 4 月 18 日，英国总督得知离波士顿不远的康科德藏有民兵的军火武器，于是派出士兵前往查缴没收。工兵保尔·瑞维尔得知消息后，星夜疾驰，通知各个村庄的民兵组织起来，迎击英军。英军和民兵在莱克星顿发生激战，英军尽管赶到康科德，夺取了部分武器，但损失惨重，被迫退回波士顿。莱克星顿的枪声，揭开了美国独立战争的序幕。因此，在美国建国的历史进程中，波士顿具有不可磨灭的作用。

波士顿的教育事业在美国首屈一指，被誉为世界科技教育与研究的重镇。1635 年这里诞生了北美最早的拉丁语学校。波士顿有八十多所大专院校，为全国各州之冠，著名学府有哈佛大学、麻省理工学院、波士顿大学、东北大学等。波士顿还有美国一流的美术馆、科学博物馆等。

(4)费城(Philadelphia)　费城全称是费拉德尔菲亚，位于美国东北部宾夕法尼亚州的特拉华河畔，人口约 200 万。费城有三百多年的历史。费城是美国革命的发祥地，被誉为美利坚合众国的摇篮。美国独立战争期间许多事件都发生在这里，1774 年和 1775 年两次“大陆会议”的召开，1776 年 7 月 4 日《独立宣言》的签署，1787 年美国第一部宪法的诞生。1790 年至 1800 年费城还是美国的首都。相关历史古迹，如独立宫、自由钟、国家独立历史公园、独立大道、富兰克林博物馆等，均保存完好。

独立宫是一座朴实无华的两层旧式红砖楼房，乳白色的门窗，乳白色的尖塔，正屋和塔之间镶嵌着一座大时钟。这里是美国的《独立宣言》和宪法的诞生地，还曾是美国独立战争的指挥中心，室内保留着当时的会议场景和家具装饰。

独立宫附近的自由钟是美国独立的象征。这口钟高约 1 米，重约 943 公斤，铸于英国伦敦，1752 年运到费城。1776 年 7 月 4 日伴随着洪亮的钟声，《独立宣言》首次公诸于世。1783 年 4 月 16 日自由钟的钟声又宣告了美国独立战争的胜利。此后，每逢 7 月 4 日美国国庆日，都要敲响象征美国独立的钟声。

费城是美国早期发达的金融商业城，也是文化名城，美国第一家图书馆就诞生于此。目前全市有四十多家图书馆，藏书五百多万册。费城现有三十多所高等院校，较著名的大学有宾夕法尼亚大学和坦普尔大学。

(5)芝加哥(Chicago)　芝加哥位于美国中北部、密歇根湖与芝加哥河交汇处，是美国第三人城市，人口约 270 万，是美国黑人、犹太人聚居较多的城市。气候夏日酷热，冬季不寒，终年多风，号为“风城”。

芝加哥既有早期传统式的西欧古建筑，又有现代摩天大楼。现在的城市是 1871 年大火之后重建的，摩天大楼数量仅次于纽约。目前世界上 5 座最高的摩天大楼中，有 3 座在芝加哥，市中心的西尔斯大厦有 110 层，高 443 米，是美国第一高楼。

芝加哥是美国的水陆空交通枢纽，海洋巨轮从大西洋经加拿大的圣劳伦斯湾、五大湖和伊利诺伊—密歇根运河，可直达处于内陆的芝加哥码头。芝加哥商品交易所和芝加哥期货交易所是美国最大的期货市场。

芝加哥还是美国中部的高等教育中心。芝加哥大学被誉为“诺贝尔奖”获得者的摇篮，培育出三十多位诺贝尔奖获得者。芝加哥西郊的阿岗国家研究院、贝尔实验室、费米实验室，是世界著名的科研机构。

1886 年 5 月 1 日，芝加哥的几十万工人为争取八小时工作制举行罢工示威游行，“五・一”国际劳动节和“三・八”国际劳动妇女节，都源于这座具有工人运动光荣传统的城市。

(6)洛杉矶(Los Angeles) 洛杉矶位于加利福尼亚州南部,是美国第二大城市,也是美国西海岸风景秀丽的海滨城市。洛杉矶濒临太平洋东侧的圣佩德罗湾和圣莫尼卡湾,背靠圣加布里埃尔山。大洛杉矶市区包括洛杉矶县和奥兰治、文图拉两县的一部分,以及贝弗利希尔斯、帕萨迪纳、长滩等八十余个大小城镇。

洛杉矶城区处在三面环山、一面临海的开阔盆地中,地面平坦,平均海拔84米,局部为丘陵,最高点埃尔西峰海拔1549米。这里干燥少雨,四季阳光明媚,气候温和宜人,平均气温1月13.7℃,7月23.4℃。年均降水量约360毫米,以冬季降水为主。

洛杉矶原为印第安人的牧区村落,1769年8月2日(天主教圣母节第二天),西班牙远征队为寻找开设教会地点来到这里,1781年正式成为西班牙殖民地,称为“天使女王圣母马丽亚的城镇”,后简称“天使之城”,西班牙语的音译即洛杉矶。1818年美国人首次到此。1821年划界时,洛杉矶归属墨西哥,1846年美、墨战争后割让给美国,成为美国领土。1848年西部“淘金热”吸引来大批移民。1850年设市,同年加利福尼亚成为美国第31个州,当时洛杉矶人口仅1600人。

19世纪末20世纪初,随着石油的发现,洛杉矶迅速发展成美国西部最大的城市。“二战”后成为美国的特大城市,现在是美国石油化工、海洋、航天工业、电子工业的最大基地,也是美国主要的科技中心之一,有著名的硅谷,是仅次于纽约的金融中心。

洛杉矶是美国的文化娱乐中心,是举世闻名的电影城和旅游城,有绵延的沙滩、明媚的阳光、“电影王国”好莱坞、游乐胜地迪斯尼乐园、峰秀地灵的贝佛利山庄。洛杉矶市区广阔,布局分散,各种庭院式建筑遍布于郁郁葱葱的平地山丘之上。市中心有十几幢数十层的高楼。洛杉矶道路面积占全市面积30%左右,是美国高速公路最发达和拥有汽车最多的城市。

洛杉矶是美国西部最大的工业中心,制造业产值约占加利福尼亚州的1/2。洛杉矶还是现代化的深水海港。

洛杉矶是一个多民族、多种文化色彩的国际性城市,少数民族约占全市人口的一半,并拥有众多移民聚居的社区。洛杉矶也是美国华人的主要聚集地之一，约有40万华人。中国城是一新一老的“唐人街”，新唐人街建于20世纪中期，位于北百老汇区的闹市和高山区之间。

(7)旧金山(San Francisco) 旧金山又译为“圣弗朗西斯科”或“三藩市”，位于加利福尼亚州西北部，太平洋和圣弗朗西斯湾之间半岛的北端，三面临海，是美国西部重要的海港城市、金融、贸易、文化中心。“圣弗朗西斯科”是1847年墨西哥人用西班牙文命名的，1848年这里发现金矿后，移民蜂拥而至，掀起了淘金热。大批华工来此安家落户，他们称这座城市为旧金山，以区别澳大利亚的新金山。1906年的大地震损毁了市内的许多设施和建筑。

旧金山的水域面积占总面积的2/3，市内地势起伏，共有大小丘陵42座，主要山丘双峰山、戴维森山、苏特罗山等海拔在270米以上，最有名的是诺布山、电报山。这里气候冬季温和多雨，夏季凉爽多雾。年平均气温最低11℃，最高17℃。年平均降水量790毫米，集中在11月至来年4月。旧金山盛产各种水果、蔬菜以及鲜花。

旧金山湾是天然深水港湾，是美国最繁忙的国际港口之一。湾西岸即旧金山半岛的东岸，是旧金山市区所在地；湾东岸是奥克兰。东西两岸都是工商业区，之间由4座大桥相连，其中最重要的旧金山—奥克兰湾桥，是世界上最长的钢结构高架桥，包括引桥长约13.3公里，其中桥身长7.2公里，共有51座桥墩，最深的桥墩深入水下达73.8米。该桥于1933年5月动工，1936年11月完成。

金门大桥横跨金门海峡，1933年1月动工，1937年5月建成，使用2.4万吨钢缆，总长2737米，两个主桥墩约为65层楼高，主桥墩之间的距离为1280多米。金门桥气势宏伟，外形壮观，色调独特，已成为旧金山的标志。

旧金山也是一座文化都市，市内有世界闻名的柯伦剧院和金门剧院。北海湾有一条长约9公里的海滩，是全国艺术家的一个活动中心。美国近代作家杰克·伦敦的故居位于郊区，已被辟为纪念馆。旧金山是一座国际化城市，市内的唐人街据称是亚洲以外最大的华人社区。

(8)休斯敦(Houston) 休斯敦是美国东南部最大的城市，得克萨斯州第一大都市、全美最大的石油工业中心和第三大港，位于得克萨斯州东南沿海，通过长 80 公里的通海运河与墨西哥湾相连。市区面积 1440 平方公里。大市区包括哈里斯等 6 县和附近中小城镇，面积 16278 平方公里。

休斯敦地处平坦的沿海平原，河湖众多，平均海拔仅 15 米。气候湿热，1 月平均气温为12.6℃，7 月平均气温为28.9℃，年降水量 1150 毫米，夏秋之交常受飓风侵袭。市内黑人占 30%，拉丁西班牙后裔占 10%。教育十分发达，市内公园很多。

休斯敦市周围石油钻探井架林立，油管纵横，炼油和石油化学工业发达。休斯敦以宇航和医疗科研闻名于世，有“太空城”之美誉。美国国家宇航局下属最大的太空研究中心——约翰逊航天中心，位于休斯敦东南 35 公里的克利尔湖畔。该中心 1961 年启用后，进行过几十次载人宇宙飞行，包括 1969 年“阿波罗－17”号宇宙飞船的首次登月飞行。

2. 著名旅游地

(1)科罗拉多大峡谷　科罗拉多大峡谷位于美国亚利桑那州西北部，由美国大峡谷国家公园管理，1979 年被列入《世界遗产名录》。

美国西部的科罗拉多高原，横跨犹他、科罗拉多、亚利桑那、新墨西哥四个州，海拔 1500～3000 米，地表较为平坦，基岩裸露。高原上的科罗拉多河，从东北至西南贯穿高原注入加利福尼亚湾。科罗拉多河及其支流流经之处，峡谷深邃，悬崖壁立，气势雄伟。其中，亚利桑那州的科罗拉多大峡谷，自北部州界的马布尔峡谷至内华达州界附近的格兰德瓦什崖，长约 349 公里，两岸崖壁之间宽 6～29 公里，深约 1800 米，谷底水面线宽度不足 1 公里，最窄处仅 120 米，谷壁呈阶梯状，多悬崖、峭壁、险峰、奇石，是世界上最著名的峡谷之一。

由于科罗拉多高原气候干燥，岩石的原始色泽得以保持。自谷底向上，从几十亿年前的古老花岗岩、片麻岩，到近期各个地质时代的砂岩、页岩、泥岩、灰岩等岩层，保持水平或微倾斜状态，各岩层不仅硬度不同，且色彩各异，其中巨厚的砂岩多呈浅黄、橙红、紫红、紫罗兰色，有时还夹杂着奶油色的薄层，在阳光照射之下，绚丽灿烂，景色随时间变换。

在科罗拉多高原上，与深邃的峡谷映衬对照，在厚层的砂岩之中，还有天生桥、多种台、柱、堡等千姿百态、栩栩如生的砂岩侵蚀地貌形态，如在犹他州东南部的圣胡安地区、南部纳瓦霍山西北、拱国立公园等地的天生桥外形千变万化，造型奇特。

(2)黄石国家公园　黄石公园位于怀俄明州自然森林区内，是美国设立最早、规模最大的国家公园，以数量繁多的热喷泉、大小间歇喷泉地貌、绚丽多彩的高山、岩石、峡谷、河流，种类繁多的野生动物闻名于世。黄石公园也是世界上第一个国家公园，以丰富多彩的地质现象见长，有众多的间歇泉和温泉，还有彩色的黄石河大峡谷、化石森林、黄石湖。这里拥有灰熊、狼、野牛、麋鹿等野生动物，是美国最大的野生动物庇护所和著名的野生动物园。1978 年黄石公园被列入《世界遗产目录》，1995 年列入《受到威胁的世界遗产名录》，2003 年 7 月召开的第 27 届世界遗产大会上，被从《濒危世界遗产清单》上有条件除名。

公园的主体部分位于怀俄明州的西北角，部分延伸到蒙大拿州西南部和爱达荷州的东部，是一片覆盖着茂密森林的相对平坦的火山高原，平均海拔约 2400 米的开阔火成岩高原，全境 99%尚未开发，有落基山脉的最高峰，是美国众多大河的发源地，有山峦、石林、冲蚀熔岩流、黑曜岩山等地质奇观。周围环绕着加勒廷山支脉、迪顿山脉、阿布萨罗卡山脉和其他白雪皑皑的山峦。众多的湖泊彼此串连形成著名的溪流群，河道有的危岩嶙峋，有的光秃平坦，有的苔痕遍布，有的林木丛生。

黄石国家公园自然景观分为玛默区、罗斯福区、峡谷区、间歇泉区、湖泊区 5 大区。每个景区各具特色，但都有奇异的地热景观。公园内有温泉约 3000 处，其中间歇泉约 300 处，许多喷水高度超过 30 米，有的喷泉能发出吼声，有的泉水呈现碧蓝的色彩，有的常年间歇喷发。园内道路总长八百多公里，小径总长一千六百多公里，黄石湖、肖肖尼湖、斯内克河、黄石河分布其间，四周被森林环绕。

黄石河自黄石峡谷贯穿整个黄石公园到达蒙大拿州境内，形成神奇的黄石大峡谷，两岸峡壁颜色变换如曲折的彩带。

黄石大峡谷位于钓鱼桥和高塔之间，由黄石湖流出的河水，流经大约 38 公里地带所造成的险峻峡谷，通称黄石大峡谷。在这里黄石河及其支流深深地切入峡谷，形成许多激流瀑布，是黄石公园最壮丽、最华美的景色。两道壮丽的瀑布，轰鸣着泄入大峡谷，上瀑布高130米，下瀑布高100米。峡谷中还有光怪陆离、五光十色的风化火山岩，峡壁从上到下都闪烁着耀眼的光泽，在阳光下绚烂夺目。

二、加拿大

（一）概况

加拿大（Canada），面积998.467万平方公里，居世界第二位，其中陆地面积909.3507万平方公里，淡水覆盖面积89.1163万平方公里。人口3242.29万（2006年1月），其中英裔居民占28%，法裔占23%，其他欧裔占15%，土著居民（印第安人、米提人、因纽特人）约占2%，其余为亚裔、拉美裔、非洲裔等，现有华人约109.5万人。英语和法语同为官方语言。居民信奉天主教的占45%，信奉基督教新教的占36%。首都渥太华（Ottawa），首都地区（包括安大略省的渥太华市、魁北克省的赫尔市及其周围城镇）人口114.9万（2005年）。

行政区划：全国分10个省和3个地区（西北地区，育空地区；努纳武特地区，由因纽特人自己管理）。重要节日：独立日暨国庆日是7月1日（1867年）。

（二）自然与人文环境

加拿大位于北美洲北部，北濒北冰洋，西濒太平洋，东濒大西洋，南邻美国本土，西北邻美国的阿拉斯加州，东北隔巴芬湾与格陵兰岛相望。海岸线约长2.4万公里。东部为丘陵地带，南部与美国接壤的大湖和圣劳伦斯地区地势平坦，多盆地。西部为科迪勒拉山区，是加拿大最高的地区，许多山峰海拔在4000米以上。最高山洛根峰，位于西部的落基山脉，海拔为5951米。北部为北极群岛，多系丘陵低山。中部为平原区。因受西风影响，大部分地区属大陆性温带针叶林气候。东部气温稍低，南部气候适中，西部气候温和湿润，北部为寒带苔原气候。北极群岛，终年严寒。中西部最高气温达40℃以上，北部最低气温低至－60℃。加拿大是世界上湖泊最多的国家之一。

加拿大是西方七大工业化国家之一，制造业和高科技产业较发达，资源工业、初级制造业和农业也是国民经济的主要支柱。镍、锌、铂、石棉的产量居世界首位，铀、金、镉、铋、石膏居世界第二位。森林资源丰富，覆盖率和产材林率分别占国土面积的44%和29%，每年出口大量木材、纤维板、新闻纸。工业以石油、金属冶炼、造纸为主，农业以麦类为主，主要种植小麦、大麦、亚麻、燕麦、油菜籽、玉米等作物。领土面积中有89万平方公里被冰雪覆盖，淡水资源占世界的9%。渔业很发达，75%的渔业产品出口，是世界上最大的渔业产品出口国。加拿大以贸易立国，对外资、外贸依赖很大。主要出口汽车及零配件、其他工业制品、林产品、金属和能源产品。

加拿大旅游业发达，直接从事旅游服务业的人数62.57万人，旅游收入在世界排名第九。2005年接待外国游客3616.01万人，旅游收入256.49亿加元，占国内生产总值的2.22%。主要旅游城市有温哥华、渥太华、多伦多、蒙特利尔、魁北克市等。

（三）主要旅游地

1. 渥太华

渥太华位于安大略省东南部与魁北克省交界处。整个首都地区包括安大略省的渥太华市、魁北克省的赫尔市和其周围城镇。渥太华河由西向东将整个城区分为南北两部分，南部居民是英国移民后代，讲英语；北部居民是法国移民后代，讲法语。里多河在城区自南向北汇入渥太华河。渥太华为加拿大第四大城市，是水、陆、空交通枢纽。水力资源丰富，以轻工业为主，有造纸、木材加工、食品、机械制造等工业。

渥太华处于低地，平均海拔约109米，属大陆性寒温带针叶林气候。夏季空气湿度较大，有海洋性气候的特点。冬季干燥寒冷，最低气温曾达－39℃。平均气温1月－16℃～－6℃，7月15℃～26℃。据统计，渥太华每年约有8个月夜晚温度0℃以下，故有“严寒之都”之称。春季，色彩艳丽的郁金香在整个城市到处盛开，故有“郁金香城”的美誉。

17世纪初法国探险家查普雷恩来到这里，之后英法殖民者纷至沓来，逐渐成为木材集散地。渥太华在印第安语中，意为“贸易”。1756年至1763年间，英法殖民者之间爆发了“七年战争”。法国战败，把其在加拿大的殖民地割让给了英国。1800年美国人开始在渥太华河北岸伐木，以后发展为赫尔城。1812年至1814年英美战争期间，里多河成为渥太华和金斯顿之间的水上安全通道。美军战败，英国从此确立了在加拿大的地位。1826 年英国皇家工程兵中校约翰·拜在此修建运河，加速了该地的发展，当时的工程指挥部所在地被称为“在拜镇”。1850 年这里真正成为镇，1855 年又成为市，并以从休伦湖迁来的印第安部落的名称重新命名为渥太华。1867 年英国议会通过《不列颠北美法案》，成立加拿大自治领，定渥太华为首都。

1900 年一场大火使渥太华受到严重的破坏。1937 年法裔建筑师雅克·格勒贝对渥太华市区重新进行规划，市区道路呈棋盘状，铁路被移到了郊外，政府各部大楼建在郊外，城市居民区、商业区、办公区、文化区、科技教育区的规划和建设全部采用现代英式、法式、美式建筑风格，工业区置于下风地带，所有街道和空地全部实现公园化、绿地化。

渥太华市中心区分为上城和下城。里多运河以西为上城，围绕国会山集中了不少政府机关。国会大厦位于渥太华河畔国会山麓，是渥太华著名的建筑群，中央有陈设各省标志的大厅和一个高88.7米的和平塔，塔顶有个带着 53 个铃铛的钟琴，塔内有战争纪念碑。塔的左、右分别是众议院和参议院，后面是规模宏大的国会图书馆。1915 年大厦曾遭火灾，1916 年至 1927 年重建。在国会山南的里多运河附近有联邦广场，广场上耸立着 1939 年 5 月建成的国内战争纪念碑。国会大厦对面的威灵顿大街，有联邦政府大厦、司法大楼、最高法院、中央银行等。

里多运河以东为下城区，是讲法语居民的聚居区，有市政厅、国家档案馆、加拿大造币厂、渥太华历史博物馆、法国罗马天主教的圣母玛丽亚大教堂等建筑；还有联邦火车站和具有法国建筑风格的铁路旅馆劳利大楼。

加拿大总督府位于上城和下城之外的伊士斯特维尤镇洛克立弗公园南面，距国会山不远。总督府花园内有一片专供各国国家元首植树留念的“友谊林”。

渥太华也是一个文化城市，市内的艺术中心有国家画廊和各种博物馆。渥太华还是一个花园城市，郊区到处是草坪、花圃。1826 年至 1832 年为军事目的修建的里多运河，现在是著名游乐中心。当年河上的水闸、水坝等石砌工程，已成为历史性文物，夏季河上可行驶游艇，冬季是天然滑冰场。

渥太华冬季寒冷漫长，冰上运动十分发达，冰球运动享有盛名，现代化的室内冰球场遍及全市。

2.多伦多

多伦多(Toronto)位于北美五大湖的中心安大略湖的西北岸，濒临屯河和恒比河，地势平坦，风景秀丽，船只可经圣劳伦斯河进入大西洋，是加拿大大湖区重要的港口城市。“多伦多”在印地安语中意为“汇集之地”，原是印地安人在湖边交易狩猎物品的场所。

多伦多是安大略省的省会，人口四百三十多万，是加拿大的经济中心和第一大城市，位于加拿大心脏地区，接近美国东部工业发达地区，主要产业部门有汽车工业、电子工业、金融业、旅游业。多伦多移民众多，48%的居民是来自世界各地的移民，是北美地区有名的华人聚居地，约有四十多万华人。

多伦多是著名的旅游城市，新市政大厦位于市中心，这座新颖别致的建筑由三部分组成，中间是一个蘑菇状的多功能活动大厅，两侧高度不一的弧形办公大楼相对而立，远望如一对内含珍珠半开的蚌壳。

西恩塔位于安大略湖畔，高553米，是多伦多城市的标志，也是世界最高的无支架建筑之一。西恩塔既是电视发射塔，又是旅游和文化活动胜地。塔的地面层设有餐厅、商店，塔内335～360米处有一似横卧轮胎状的空中楼阁，内有仪器房、旋转餐厅、电视广播台等。塔内446米高处的“太空甲板”，是专为游人观景而设置的塔楼，是世界最高的观景点。塔内的透明升降机，便于游客观光。观景台上面的旋转餐厅每小时自转一周。登上西恩塔，可以尽揽多伦多全城风光，天气晴朗时，可远眺尼亚加拉大瀑布的喷雾奇景，甚至可以看到一百二十多公里以外的美国。

3.温哥华

温哥华(Vancouver)位于大不列颠哥伦比亚省南端，西濒太平洋，三面环山，一面傍海。由于南面受太平洋季风和暖流影响，东北部落基山的屏障，气候终年温和湿润，环境宜人，是加拿大著名的旅游胜地。

温哥华人口约180万，是加拿大第三大城市，也是加拿大西部最大的工商、金融、科技、文化中心。温哥华是加拿大西海岸最大的港口城市，有天然不冻的深水港，严冬平均温度也在0℃以上。

温哥华之名源自英国航海家乔治·温哥华。1791年，乔治·温哥华首次到达该地区探险。1859年开始在这里设立市政机构，1886年4月6日正式设市。华裔移民是在19世纪中叶作为淘金者和修铁路的劳工，首先从温哥华进入加拿大的。温哥华地区现有华人约30万，占该地区人口的1/6，汉语为当地第二大语言。这里的"唐人街"闻名北美。

4. 尼亚加拉瀑布

尼亚加拉瀑布(Niagara Falls)位于加拿大和美国交界的尼亚加拉河上，位于多伦多附近，号称世界七大奇景之一，也是北美最壮丽的自然景观之一。尼亚加拉河连接伊利湖和安大略湖，长56公里，河水在流经一道石灰岩构成的断崖处，形成瀑布，水势澎湃，声震如雷。

河床绝壁上的山羊岛将整个瀑布分隔成两部分，分别流入加拿大和美国，形成大小两个瀑布。小瀑布在美国境内，称为美国瀑布，落差55米，瀑布的岸长328米。大瀑布在加拿大境内，形状犹如马蹄，称为加拿大瀑布或马蹄瀑布，落差56米，岸长约675米。两个瀑布的高度和幅宽是随水量的变动而变化的，只有6%的河水从美国瀑布流下，94%的水是从加拿大瀑布流下。加拿大瀑布的水量大，水冲到河里呈青色，美国瀑布的水则呈蓝色。冬天，瀑布表面会结一层薄薄的冰，瀑布便会寂静下来。

加拿大瀑布水量丰沛浩瀚，气势磅礴，轰鸣声震耳欲聋。瀑布跌落升腾的水气，有时高达一百多米，风和日丽时会形成七色彩虹。美国瀑布由于瀑布下面的河床的岩石起伏不平，因此水流呈漩涡状落下，与垂直而下的加拿大瀑布大异其趣。美国瀑布还有一个水流细薄的小瀑布，如新娘的婚纱，称为"婚纱瀑布"，因此这里成为情侣幽会和新婚夫妇度蜜月的胜地。

由于两个瀑布都是面向加拿大，所以要到加拿大一边欣赏瀑布，也可以坐船在尼亚加拉河上观赏。瀑布下游有一座彩虹桥横跨尼亚加拉河，桥上也根据河上边界而划分，一端属加拿大，一端属美国。桥旁两国各自设立了海关。在加拿大境内还可以搭乘电梯降到地下，通过隧道到达突出的平台，近距离欣赏加拿大瀑布的正侧面，并且伸手即可触摸到瀑布之水。入夜后，瀑布在各种颜色灯光的照射下，景象比白天更加多姿多彩。

安大略省政府在尼亚加拉瀑布附近建有一个大型的水力发电站。距离发电站不远处斜坡上有一个巨大的“花钟”，面积达345平方米，钟面由约2.5万种花卉植物构成。花种的设计图案每年都不一样，由粗大的钢条制成的时针、分针、秒针，能够准确报时。花钟附近的莱拉克花园，每到春夏季节，鲜花盛开，如同铺就了五颜六色的鲜花地毯。

在加拿大境内离瀑布不远处有两座高塔型建筑，在上面可以观看尼亚加拉瀑布的全景。靠近美国瀑布的“天塔”内设有自由戏院、游戏场所、餐厅等。靠近马蹄瀑布的“传统之塔”，高百米，耸立于高60米的山丘之上，可以远望多伦多市、美国的水牛城、安大略湖、尼亚加拉河上游，及瀑布附近的水文站。

尼亚加拉瀑布所在的尼亚加拉瀑布市，人口十多万，以旅游业为支柱，也是加拿大著名的赌城，有许多餐馆、旅馆、博物院和售卖纪念品的商店，所售的纪念品多数以尼亚加拉瀑布和加拿大的国徽——枫叶作为背景或图案。

三、墨西哥

（一）概况

墨西哥合众国（The United States of Mexico），面积196.4375万平方公里，人口1.06亿万（2005年），其中印欧混血种人占90%，印第安人占10%，还有白人等。官方语言为西班牙语，有8%的人讲印第安语。居民中92.6%信奉天主教，3.3%信奉基督教新教。首都墨西哥城（Mexico City），人口2200万（含卫星城）。

行政区划：分为31个州和1个联邦区（墨西哥城），州下设市（镇）和村。重要节日：独立日是9月16日（1810年）。

（二）自然与人文环境

1.自然地理

墨西哥位于北美洲南部，北邻美国，南邻危地马拉、伯利兹，东濒墨西哥湾和加勒比海，西南濒太平洋。海岸线长1.1122万公里，其中太平洋海岸7828公里，墨西哥湾、加勒比海岸3294公里。著名的特万特佩克地峡将北美洲和中美洲连为一体。全国5/6为高原及山地。墨西哥高原居中，两侧为东西马德雷山，南为新火山山脉和南马德雷山脉，全国最高峰奥里萨巴火山，海拔5700米。东南为地势平坦的尤卡坦半岛，沿海多狭长平原。

墨西哥气候复杂多样。沿海和东南部平原属热带气候，年平均气温为25℃～27.7℃。墨西哥高原终年气候温和，山间盆地为24℃，地势较高地区17℃左右；西北内陆为大陆性气候。大部分地区每年10月至来年4月为旱季，5～9月为雨季，雨季集中了全年75%的降水量。年平均降水量西北部不足250毫米，内地为750～1000毫米，墨西哥湾沿岸中部与太平洋沿岸南部为1000～2000毫米。主要河流有布拉沃河、巴尔萨斯河、亚基河。湖泊多分布在中部高原的山间盆地中，最大的是查帕拉湖，面积1109平方公里。

仙人掌是墨西哥的国花，国徽上也绘有仙人掌的图案。墨西哥是仙人掌的故乡，在仙人掌的两千多个品种中，墨西哥有一半以上，因此享有“仙人掌王国”的美誉。

2. 文化

墨西哥是美洲大陆印第安人古老文明中心之一，这里曾出现过闻名于世的玛雅、托尔特克、阿兹台克、奥尔梅加、特奥蒂华坎等古印第安文化。玛利雅奇音乐和萨巴特奥舞蹈，融合了西班牙和印第安音乐舞蹈的特色，成为墨西哥独特的民族艺术形式。公元前兴建于墨西哥城北的太阳金字塔和月亮金字塔是这一灿烂古老文化的代表。太阳和月亮金字塔所在的特奥蒂瓦坎古城等21处古迹，已被列入《世界遗产名录》。

3. 经济与旅游业

墨西哥是拉美经济大国，国内生产总值居拉美第一位，矿产资源丰富，白银产量多年来居世界之首，素有“白银王国”之称，铋、镉、汞产量占世界第二位，重晶石、锑产量居世界第三位，碘、水银居第四位，还是拉美第一大石油生产国和出口国。森林面积约占领土总面积的1/4。水力资源丰富，生产能力约1000万千瓦。海产主要有对虾、金枪鱼、沙丁鱼、鲍鱼等，其中对虾和鲍鱼是传统的出口产品。工矿业门类比较齐全。

墨西哥也是世界主要蜂蜜生产国，年产量达6000万公斤，居世界第四位，90%用于出口。

墨西哥的主要农作物有玉米、小麦、高粱、大豆、水稻、棉花、咖啡、可可等。墨西哥古印第安人培育出了玉米，享有“玉米的故乡”之美誉。剑麻产量居世界前列。畜牧业主要饲养牛、猪、羊、马、鸡等。主要出口商品为原油、汽车、汽车配件、咖啡豆、蔬菜、钢材及化工、机械产品。

墨西哥旅游资源丰富，旅游业较发达，是世界第八大旅游国，已成为继美国、加拿大之后美洲第三个重要旅游地。2004年接待外国游客2050万人次，旅游外汇收入106.21亿美元。悠久的历史文化、独特的高原风情和人文景观、漫长的海岸线，为墨西哥发展旅游提供了得天独厚的有利条件，有墨西哥城、阿卡普尔科、蒂华纳、坎昆等著名旅游胜地。

（三）主要旅游地

1.墨西哥城

墨西哥城位于墨西哥高原南部特斯科科湖的湖积平原上，海拔2240米，周围有17个城镇，气候凉爽宜人，全年分为雨季和旱季，6月至10月初为雨季，降水量占全年的75%～80%，居民大部分兼有欧洲和美洲印第安人的血统，信奉天主教。墨西哥城是全国的政治、经济和文化中心，生产总值占全国的48%，集中了全国近一半的工业、商业，超过一半的服务业，2/3的金融业。

“墨西哥”源于阿兹台克民族战神的别名“墨西卡利”。墨西哥城是西半球最古老的城市，前身是阿兹台克人于1325年建成的铁诺支蒂特兰城，1521年被西班牙人占领，遭到严重破坏，后来西班牙殖民者在废墟上修建了许多欧洲式宫殿、教堂、修道院等建筑，取名为墨西哥城，并以“宫殿都城”之誉驰名欧洲，1821年墨西哥独立时定为首都。20世纪30年代以后，墨西哥城增建了现代化的高楼大厦，保留了浓郁的民族文化色彩，成为一座绚丽多姿的现代化城市。

墨西哥城四周群山环绕，南端的波波卡特佩特尔火山海拔5452米，山顶终年积雪，东侧的特斯科科湖是阿兹台克和托尔特克文化的发祥地。市内和城市周围有很多古印地安人文化遗迹。

墨西哥城是世界旅游名城，有五十多个博物馆，四十多个艺术画廓。主要的名胜古迹有宪法广场、马德罗大街、假日公园、改革大街、人类学博物馆、现代艺术博物馆、墨西哥城博物馆、国家历史博物馆、革命博物馆、瓜达卢佩圣母大教堂、圣多明各广场和教堂、查普尔特佩克森林公园、特奥蒂瓦坎古城遗址。

墨西哥城市区呈长方形,老城区位于东北部和东部,新城区在西部和南部,北部的瓜达卢佩·伊达尔戈为宗教圣地。市区道路呈方格形,也有环形和辐射形的。起义大道纵贯南北,长 25 公里,是繁华的商业区,有 47 层的墨西哥饭店,47 层的办公大楼,高 142 米、44 层的拉丁美洲塔,还有火车站、拉美最大的高等学府国立自治大学等。

人类学博物馆位于查布尔特佩克公园内,占地12.5万平方米,是拉丁美洲最大和最著名的博物馆之一,展示墨西哥文化的起源和印第安人的民族、艺术、宗教、生活。博物馆的建筑融印第安传统风格与现代艺术为一体。

改革大街横贯东西,长三十多公里,与起义大道中段相交叉,是一条风景街、历史街,有众多的广场、纪念碑、雕像、喷泉、纪念馆、文化娱乐场所。大街中段每隔二三百米就有一尊如真人大小的名人青铜雕像,有发现美洲大陆的探险家哥伦布、拉美独立运动的领袖博利瓦尔等古代英雄和近代的杰出领导人,造型精美,风格各异。两雕像间有高2.75米的青铜大花瓶。

宪法广场是墨西哥城的核心,周围矗立着国家宫、市政大厦、博物馆和拉美最大的教堂等建筑。墨西哥城是著名的壁画之都,壁画以分布广、画面大、色彩鲜艳、题材广泛著称,并且富有浓郁的民族风格。全国80%以上的壁画集中在这里,其中以联邦自治大学主楼四壁光彩夺目的壁画最有名。

墨西哥城市中心有一座 15 米高的塔式钟楼,是 1921 年 9 月墨西哥的华人侨商为庆祝墨西哥独立 100 周年建立的,当地人习惯称为"中国钟"。钟楼顶层安放的铜钟是当时清政府赠送的一座大型机械钟,至今还能准确报时。

三种文化广场位于塔库巴街,由阿兹特克金字塔废墟、16 世纪西班牙殖民者修建的教堂、20 世纪建造的外交部大楼组成。广场展示了古老的阿兹特克文明、西班牙殖民文化与墨西哥现代文明，象征墨西哥丰富多彩的历史文化与兼容并包的民族特征。

太阳金字塔和月亮金字塔位于墨西哥城北部40公里，是阿兹台克人建造的特奥蒂瓦坎古城遗迹的主要组成部分，也是阿兹台克文化最重要的遗迹。太阳金字塔高65米，体积100万立方米，是当年祭祀太阳神的地方。

12月12日的瓜达卢佩圣母节是墨西哥城的重要节日。瓜达卢佩圣母是墨西哥的庇护神。每年圣母节，瓜达卢佩圣母大教堂都要举行隆重的宗教仪式，大批外地天主教信徒赶来参拜圣母原像。

墨西哥城地处盆地，加上经济发展、人口数量多，所以空气污染比较严重。

2. 特奥蒂瓦埃(Teotihuacan)

特奥蒂瓦埃位于墨西哥城东北面约50公里，是古代中美洲最大的城市，人口曾超过20万，也是早期墨西哥最大的城市。公元前100年至公元150年左右已发展成大致上今天的规模，250年至600年间为最发达时期，600年至900年渐被弃置，以巨大的金字塔和羽蛇神石刻著名。

特奥蒂瓦埃在印第安语中意为“诸神之都”，处于波波卡特佩尔火山和依斯塔西瓦特尔火山山谷之间，面积二十多平方公里，是古印第安玛雅人中的一支——托尔蒂克人的宗教圣地和经济中心。公元1～150年之间，托尔蒂克人在这里兴建了大量宏伟的建筑，建造了拥有5万人的城市，公元450年在城市的全盛时期，人口多达20万，成为当时中美洲的第一大城。在特奥蒂瓦埃的遗址中，可看到精湛的壁画、雕刻、彩绘陶器等古印第安文化的瑰宝。

太阳金字塔和月亮金字塔是特奥蒂瓦埃古城遗址的主要建筑，都是古印第安人举行宗教仪式的祭坛。太阳金字塔是特奥蒂瓦埃最高最大的建筑物，是祭祀太阳神的地方，基本上是正方形，坐东朝西，塔的基址长225米，宽222米，塔高66米，共有5层，由下而上层层堆叠逐渐缩小，正面有数百级台阶直达顶端。塔的四面呈“金”字的等边三角形，底边与塔高之比，恰好等于圆周与半径之比。内部用泥土和沙石堆建，从下到上各台阶外表都镶嵌着巨大的石板，石板上雕刻着五彩缤纷的图案。塔顶原为太阳神庙，是当年杀人以祭祀太阳神的地方。

太阳金字塔具有非常精确的天文方位。天狼星的光线，经过南边墙上的气流通道，可以直射到长眠于上层厅堂中的死者的头部；北极星的光线，经过北边墙上的气流通道，可以直射到下层厅堂。塔的每面有91级台阶，四面共364级，加上塔顶平台，共365级，正好是一年的天数。九层塔座的阶梯又分为18个部分，正好是玛雅历一年的月数。

月亮金字塔邻近太阳金字塔，坐落在城北，是祭祀月亮神的地方，建筑风格和太阳金字塔一样，规模较小，比太阳金字塔晚200年建成。月亮金字塔坐北朝南，基址长150米，宽120米，塔高46米，也分5层，外部叠砌的石块上绘有许多色彩斑斓的壁画，塔前的宽阔广场可容纳上万人。

逝者大街长约2.5公里，宽达40米，其南端通往长方形城堡遗址。城堡后面有羽蛇神庙，古印第安人称克祭尔夸特神庙。传说克祭尔夸特是托尔蒂克人的第一任君主，被托尔蒂克人尊奉为空气和水之神。羽蛇神庙的建成较太阳金字塔和月亮金字塔晚，规模也较小，但建筑技巧更加高超。

月亮金字塔南面有蝴蝶宫，是宗教上层人物和达官贵人的住所，也是全城最华丽的地方。圆柱上刻着极为精致、颜色鲜艳的蝶翅鸟身图样，地下排水系统纵横交错。宫殿下面是饰有美丽羽毛的海螺神庙。

3. 尤卡坦半岛(Peninsula of Yucatan)

尤卡坦半岛位于墨西哥东南部，墨西哥湾和加勒比海之间，是古玛雅文化的发祥地之一。尤卡坦半岛平均宽约320公里，海岸线长约1100公里，面积19.76万平方公里，大部分属于墨西哥的坎佩切州、金塔纳罗奥州和尤卡坦州，中南部和东南部分别属于危地马拉和伯利兹。尤卡坦半岛由珊瑚和多孔石灰岩构成，形成低矮台地，自北东向南逐渐抬升，平均海拔不足200米。北部和西部沿岸多荒凉的沙滩，东部沿岸多陡峭的悬崖，海湾众多。尤卡坦半岛属热带气候，北部多热带草原，南部为热带森林。四周海滩上椰树成林，棕榈摇曳，沿海渔业资源丰富，半岛上还有桃花心木等多种珍贵树木。西北部无河流，饮水靠雨水和地下井，现代人利用风车将井水提到地面。主要作物有玉蜀黍、甘蔗、烟草、咖啡，盛产剑麻。南部以木材加工和口香糖制造业为主，还有几个油田。

玛雅文明诞生于墨西哥尤卡坦半岛及与其相连的中美洲的一些国家的热带丛林，尤卡坦半岛被称为“玛雅人的故乡”。玛雅文化大约发端于公元前1800年，玛雅人培育了玉米、番茄、南瓜、辣椒等许多农作物品种，古玛雅人在数学、天文、历法、医学、绘画、雕刻等方面都达到极高水平，创造了当时世界上最准确的历法，在数学方面他们发明了“0”，创造了象形文字，为人类的发展作出重要贡献。公元初年，玛雅人就已在尤卡坦半岛南部贝登·伊查湖的东北建立了城市，之后在窝马辛塔河流域和半岛最南端建立了新城，但这些古城没有留下痕迹。5～6世纪尤卡坦半岛北部的玛雅人建立了奇琴—伊察城。10～11世纪在奇琴—伊察城西南兴起了马亚潘和乌希马尔两个城国，由于战乱、风灾、瘟疫，使这些城市逐渐衰败，变得荒凉残破。1517年西班牙殖民者从尤卡坦半岛登陆，占领了墨西哥全境，玛雅人的大部分文化成就遭到破坏。目前，半岛密林深处的玛雅人城市遗迹，有雕刻精美、造形生动的神像，有用蜂蜜、蛋清和石灰调浆粉刷的纪念碑，祭坛、住宅和其他场的遗迹依稀可辨，还有镌刻着古老象形文字的石头。

坎昆(Cancun)位于加勒比海北部，尤卡坦半岛东北端海滨，东隔尤卡坦海峡与古巴岛相望。坎昆在玛雅语中意为“四条蛇”，是欢乐和幸福的象征。坎昆地处热带，全年平均气温达27.5度，每年分雨、旱两个季节，7～10月是雨季，几乎天天阵雨不断，雨后天空晴朗时，常会出现美丽的彩虹，坎昆因此得名。

1972年墨西哥政府在坎昆投资建设旅游区和自由贸易中心，重点发展旅游业。1975年开始接待游客。坎昆市划分为国际机场、市区、旅馆区3个部分，市区的各行各业都为旅游业服务，市内的旅馆建筑风格多样，色彩各异。坎昆的白色海滩长20公里，珊瑚风化而成的细沙洁白柔软。海滩上建有以棕榈叶为顶，以石为柱的玛雅式凉亭和小屋。岛上还有玛雅文化的圣米盖里托古迹废墟等建筑。

坎昆市附近有许多海上公园，是以海上项目为主的娱乐天地，有潜水、游泳、快艇、海洋馆等娱乐项目和设施，有的公园晚上有仿玛雅人表演。坎昆附近有女人岛(Isla Mujeres)、科苏梅尔岛(Isla Cozumel)等,都是阳光海滩、水上活动中心和潜水旅游胜地。

奇琴—伊察(Chichen Itza)位于尤卡坦半岛北部,坎昆西南200公里,是世界上名气最大的玛雅古城邦。大约在公元3世纪时,玛雅人开始在这里居住,慢慢建起气势宏大的都城,公元11世纪到13世纪达到鼎盛期,成为当时尤卡坦半岛的政治、军事和宗教中心之一。

在玛雅语中,“奇”意为“口”,“琴”意为“井”,“伊察”是当时居住在当地的印第安部族的名称。奇琴伊察意为“伊察人的井口”。尤卡坦半岛多为珊瑚质石灰岩构造,土壤疏松,降水渗入地下形成地下河,当地表的石灰岩裂隙受到侵蚀塌陷时,就形成了与地下河相通的天然井,成为古玛雅人的饮用水源。奇琴—伊察共有7口井,北边的一口被玛雅人称为“圣井”,是专门用于举行祭祀仪式的。这口井的井口直径为60米,从井口到水面为22米,水深约20米,因为水面漂浮的微生物和水藻井水成绿色。

圣井旁有一间蒸汽沐浴房。用活人祭祀是玛雅人的习俗。每当举行祭祀仪式时,把挑选出来的人送到沐浴房净身,给他们披上金饰后投入圣井,其中没被淹死的人被认为是带回了神的旨意,被奉为“圣灵”。

库库尔坎金字塔位于圣井以南,是奇琴—伊察最有名的建筑。“库库尔坎”在玛雅语中意为“带羽毛的蛇神”。库库尔坎金字塔为四方形,塔基每边长60米,塔高24米,共分9层,顶部建有一座神庙。塔的四面都有台阶,北面台阶靠近地面的部分装饰了一个巨大的羽蛇头。塔的每一面台阶都是91级,一直通到塔顶,4个面共为364级,加上平台上进入神庙的一级,共365级,等于一年的天数。古玛雅人的许多建筑都与时令和节气有关。

每年的春分和秋分,太阳西斜,阳光照射在金字塔的西面时,在北边高出塔体斜面台阶的墙上就出现一道波浪形的影子,影子从台阶上端一直延伸到下端,同北面的大羽蛇头相接。随着太阳慢慢西下,金字塔上的波浪形黑影缓慢蠕动,如同一条巨蛇从天上降落到人间,景象十分壮观。每到春分和秋分,众多游人来此争睹这一奇景。羽蛇神的造型和中国龙的造型有相似之处,有人认为中国和墨西哥的古文化有密切的联系。

奇琴—伊察遗址还有勇士庙、千柱群、观象台、球戏场、天象台等建筑。虽然13世纪后奇琴—伊察开始衰败并被遗弃，但在后来很长的时间里，周边的玛雅人仍到这里的圣井朝圣、祭祀。

图伦(Tulum)遗址位于坎昆南约130公里，濒加勒比海，是墨西哥保存最好的玛雅和托尔特克人的古城，也是唯一修建在海边的玛雅古城，是玛雅文化衰亡前的一个港口，16世纪西班牙人到来后渐遭废弃。

4. 瓜达拉哈拉

瓜达拉哈拉市是墨西哥哈利斯科州州府，人口约200万，是墨西哥第二大城市。瓜达拉哈拉位于中央高原西缘格兰德河左岸，海拔1585米，气候温和干燥，7～9月为雨季。瓜达拉哈拉始建于1531年，原为古老的陶瓷业中心和农牧区商业中心，1940年以后成为墨西哥西部最大的商业、金融和工业中心，铁路、公路、航空交通枢纽，有化学、金属加工、纺织、汽车装配、水泥、制鞋、食品等工业，附近建有水电站。瓜达拉哈拉还是重要的文化中心，有三所大学、五十多座教堂、许多博物馆。

查帕拉湖位于哈利斯科州东北部海拔1800米的高原上，瓜达拉哈拉城南约50公里，是墨西哥最大湖泊，属火山壅塞湖，东西长约77公里，南北宽约16公里，面积约1080平方公里，平均深度10米，富产淡水鱼。莱尔马河从东面注入，圣地亚哥河从东北角流出。湖中有两个小岛，秋冬多水鸟，北岸有查帕拉镇；气候宜人，风景优美，为游览胜地。

5. 阿卡普尔科—德华雷斯

阿卡普尔科—德华雷斯是墨西哥南部著名的港口及旅游城市。位于格雷罗州太平洋沿岸的阿卡普尔科湾畔。海湾呈半月形，长6公里，宽3公里，最大水深100米，是墨西哥太平洋沿岸的良港和世界最佳天然锚地之一。阿卡普尔科1599年正式建市，1565年至1815年是墨西哥与菲律宾进行贸易的主要港口。

整个城市依海湾而建，属热带气候，5～11月炎热潮湿，但从12月至来年4月温和舒适，极适于发展旅游业。当地99%的居民依靠旅游业为生。在海岸边有二十多处金黄色的海滩，四季都可以进行游泳、钓鱼等娱乐活动，海滩上还散落着很多小凉棚。海边还有一道狭小的海沟，两边悬崖高耸，是表演悬崖跳水的绝佳场所。市区内的圣迭戈古堡，经历了19世纪初墨西哥人民争取独立的最后一次战斗。

第三节 中美洲

一、危地马拉

危地马拉共和国(The Republic of Guatemala)，面积10.8889万平方公里，人口1297.4万(2001年)，其中土著印第安人占43%，余为印欧混血种人和欧洲移民后裔。官方语言为西班牙语，另外还有玛雅语等23种土语。绝大多数居民信奉天主教，25%的居民信奉新教。首都危地马拉城(Guatemala City)，人口265万。

行政区划：全国划分为22个省，省下设326个市镇。重要节日：独立日暨国庆日是9月15日(1821年)。

危地马拉位于中美洲北部，北、西北邻墨西哥，东北邻伯利兹，东南邻洪都拉斯和萨尔瓦多，南濒太平洋，东濒加勒比海的洪都拉斯湾，海岸线长约500公里。以亚热带森林气候为主，气温16℃～20℃。5～10月为雨季，11月至来年4月为旱季。

危地马拉森林覆盖率31%(1998年)，工业基础薄弱，但在中美洲各国中相对发达。农业在国民经济中占重要地位，约占整个国内生产总值的1/4，全国一半以上劳动力从事农业生产。危地马拉是中美洲第二大咖啡生产国，经济作物出口是外汇收入的主要来源。

旅游业是危地马拉第二大外汇来源。外国游客主要来自美国、欧洲、中美洲其他国家。危地马拉多姿多彩的生态环境、丰富的考古和人文资源是其重要的旅游资源。主要旅游地有危地马拉老城区、蒂卡尔、奇奇卡斯特南戈、亚柯哈和纳库穆等玛雅文化遗址，阿蒂特兰湖及一些火山风光。每年的12月至来年1月、7～8月和复活节是旅游黄金季节。

二、洪都拉斯

洪都拉斯共和国(The Republic of Honduras),面积11.2492万平方公里,人口700万(2005年),其中印欧混血种人占86%,印第安人占10%,黑人占2%,白人占2%。官方语言为西班牙语。大多数居民信奉天主教。首都特古西加尔巴(Tegucigalpa)[①],人口约77万(2001年)。

行政区划:全国分为18省,省下设区和市。重要节日:独立日暨国庆日是9月15日(1821年)。

洪都拉斯位于中美洲北部,东南邻尼加拉瓜,西南邻萨尔瓦多,西邻危地马拉,北濒加勒比海,南濒太平洋的丰塞卡湾,海岸线长1033公里。沿海属热带雨林气候,年平均气温31℃;中部山区凉爽干燥,年平均气温为23℃。全年分两季,6~10月为雨季,其余为旱季。

洪都拉斯为拉美最不发达国家之一。森林覆盖率约50%,盛产松木、杉木及红木等优质木材。工业以传统的木材加工和制糖业为主,银产量曾居中美洲首位。农业是国民经济的主导产业,盛产香蕉,其他农产品有咖啡、甘蔗、玉米和棉花等。粮食不能自给。主要传统出口产品有咖啡、香蕉、食糖、虾、木材等,还有锌、铅、银等矿产品。

20世纪90年代以来,洪都拉斯旅游业发展迅速,收入逐年增加,2000年创汇2.45亿美元。洪都拉斯是玛雅文化发祥地之一,曾是玛雅人的首府和宗教、文化中心。主要旅游地有科潘古城遗址、拉巴西群岛、约华湖等。

三、伯利兹

伯利兹(Belize),面积2.2963万平方公里,人口24.98万,多为混血种人和黑人,混血种人占总人口的44.1%,克里奥尔人占31%,还有印第安人、玛雅人、印度人、华人和白人。官方语言为英语,近半数居民通用西班牙语或克里奥尔语。居民中62%信奉天主教,28%信奉基督教新教,另有少数伊斯兰教徒。首都贝尔莫潘(Belmopan),人口8130

---

① 宪法规定首都由特古西加尔巴城和科马亚圭拉城(Comayaguela)共同组成。

(2000 年)。

行政区划:全国分为 6 区。重要节日:独立日是 9 月 21 日(1981)。

伯利兹位于中美洲东北部,西北邻墨西哥,西、南邻危地马拉,东濒加勒比海,海岸线长 322 公里。境内多山地、沼泽和热带丛林。南半部以玛雅山脉为主体,山脉为西南—东北走向,其支脉科克斯科姆山的维多利亚峰海拔1121.97米,是全国最高峰。北半部海拔低于 61 米,大部为沼泽。伯利兹属热带雨林气候,年平均气温25℃~27℃,南方雨量高达 4550 毫米。有伯利兹河、纽河和翁多河流经境内。

伯利兹经济以农业为主,工业不发达。近年来,旅游业、渔业和轻工业有较快发展。境内森林覆盖率达 70%以上,产红木、苏木和染料木等贵重木材,其中红木被称为国木。沿海渔业资源丰富,盛产龙虾、旗鱼、海牛及珊瑚等。主要农作物有甘蔗、水果、水稻、玉米、可可等,粮食基本能自给。主要出口糖、香蕉、成衣、水果、木材、海产品。

伯利兹旅游业起步较晚,但有发展潜力,2000 年过夜游客人数19.6万人,游船游客5.8万人,旅游收入为1.21亿美元。主要旅游地有玛雅遗迹、世界第二大珊瑚礁蒂洛斯卡约斯、普拉森西亚海滩、八大野生动物保护区等。

四、萨尔瓦多

萨尔瓦多共和国(The Republic of El Salvador),面积2.072万平方公里,人口 630 万(2000 年),其中印欧混血人占 89%,印第安人 10%,白人 1%。西班牙语为官方语言。居民大部分信奉天主教。首都圣萨尔瓦多(San Salvador),人口 183 万。

行政区划:全国划为 14 个省,省下设 262 个市镇。重要节日:独立日暨国庆日是 9 月 15 日(1821 年)。

萨尔瓦多位于中美洲北部。东北邻洪都拉斯,西北邻危地马拉,南濒太平洋。经济以农业为主,工业基础薄弱,农作物有玉米、高粱、菜豆、水稻、棉花、甘蔗、水果、蔬菜、可可、烟草、靛青、剑麻等。

萨尔瓦多是玛雅文化发祥地之一,有火山、高山湖泊、海滨浴场等景观,主要旅游地有伊洛潘戈湖、伊萨尔科火山等。

五、尼加拉瓜

尼加拉瓜共和国(The Republic of Nicaragua),面积12.1428万平方公里,人口514.2万(2005 年),其中印欧混血种人占 69%,白人占17%,黑人占 9%,印第安人占 5%。官方语言为西班牙语,在大西洋海岸也通用苏莫语、米斯基托语和英语。居民多数信奉天主教。首都马那瓜(Managua),人口93.75万(2005 年),最高气温32℃,最低气温23℃。

行政区划:全国划分为 6 个大区和 3 个特区,共辖 16 个省,省下设市镇 137 个。重要节日:独立日暨国庆日是 9 月 15 日(1821 年)。

尼加拉瓜位于中美洲中部,北邻洪都拉斯,南邻哥斯达黎加,东濒加勒比海,西濒太平洋,海岸线长约 820 公里。尼加拉瓜属热带雨林气候,1～5 月为旱季,6～12 月为雨季,年平均气温25℃。尼加拉瓜湖面积8029 平方公里,为中美洲最大的湖泊。

尼加拉瓜经济严重依赖外援,以农牧业为主,咖啡、糖、旅游是经济的三大支柱。森林覆盖率为 43%,出口松木和桃花心木。尼加拉瓜是拉美主要产金国之一,工业基础薄弱,鱼虾等水产较丰富。农牧渔业是主要出口创汇部门,主要农作物有棉花、咖啡、甘蔗、香蕉、玉米、水稻、高粱等,主要传统出口产品有咖啡、棉花、水产、糖、金、银等,非传统出口产品有豆类、肉、香蕉。

尼加拉瓜旅游资源丰富,内战结束后旅游业发展较快,主要旅游地有马那瓜、古都莱昂、尼加拉瓜湖、马萨亚火山公园、加勒比海滨等。

六、哥斯达黎加

哥斯达黎加共和国(The Republic of Costa Rica),面积5.11万平方公里,人口 382 万人(2000 年),其中白人和印欧混血种人占 95%,黑人占 3%,印第安人2.4万,华侨、华人约 5 万。官方语言为西班牙语。95%的居民信奉天主教。首都圣何塞(San Jose),都市区人口31.3万。

行政区划:全国共分 7 个省,下设 81 个县,421 个区。重要节日:独立日暨国庆日是 9 月 15 日(1821 年)。

哥斯达黎加位于中美洲南部,北邻尼加拉瓜,东南邻巴拿马,东濒加勒比海，西濒太平洋，海岸线长 1200 公里。高原地区气温为23℃～26℃，沿海地区气温为29℃～36℃。

哥斯达黎加经济发展水平在中美洲名列前茅，铝矾土、铁、煤、森林等自然资源丰富，农业以咖啡、香蕉、甘蔗为主，对外贸易和服务业在国民经济中占重要地位。主要出口香蕉、咖啡、肉类、蔗糖、海产、花草、成衣等。

哥斯达黎加旅游业发达，是外汇收入主要来源，游客主要来自北美洲、中美洲、欧洲等地，旅游胜地有伊拉苏、波阿斯火山、西班牙殖民文化遗址等。哥斯达黎加国土的 1/4 是自然保护区和国家公园，主要旅游地有圣何塞、伊拉苏火山、波阿斯火山等。

七、巴拿马

（一）概况

巴拿马共和国(The Republic of Panama)，面积7.5517万平方公里，人口285.6万(2000 年)，其中印欧混血种人占 65%，黑人 13%，白人 11%，印第安人 10%。西班牙语为官方语言。85%的居民信奉天主教，4.7%信奉基督教新教，4.5%信奉伊斯兰教。首都巴拿马城(Panama City)，人口46.93万(2000 年)。

行政区划：全国共分 9 个省和 5 个特区，省以下划为县。重要节日：独立日暨国庆日是 11 月 3 日(1903 年)。

（二）自然与人文环境

巴拿马位于中美洲地峡，东邻哥伦比亚，西邻哥斯达黎加，南濒太平洋，北濒加勒比海，海岸线长 2988 公里。中部的巴拿马运河从北至南沟通大西洋和太平洋。全境地势起伏，沟谷纵横，除南北沿海平原外，多为山地。巴拿马属热带海洋性气候，白天湿润，夜间凉爽，年平均气温23℃～27℃。全年分旱、雨两季，4～12 月为雨季，其余为旱季。雨季降水充沛。

巴拿马运河区、地区金融中心、科隆自由贸易区、商船队是巴拿马经济的四大支柱。服务业收入在国民经济中占有重要地位。热带森林覆盖率达 70%以上，主要有红木、雪松、棕榈树、橡胶树等。工业基础薄弱，主要农作物有水稻、玉米、豆类，主要经济作物有香蕉、糖、甘蔗、咖啡。主要出口产品为香蕉、海虾、鱼、食糖、咖啡、服装等，

旅游业是巴拿马第三大收入来源，占国内生产总值10%左右，著名旅游区有巴拿马运河的阶梯式大闸门、孔塔多拉旅游胜地、圣布拉斯群岛和雷岛等。

(三)巴拿马运河与巴拿马城

1. 巴拿马运河(Panama Canal)

巴拿马运河位于巴拿马中部，通过巴拿马地峡沟通大西洋与太平洋，是南北美洲的分界线，全长81.3千米，水深13～15米，宽150～304米，可以通航7.6万吨级的轮船。整个运河的水位高出两大洋26米，设有6座船闸。船舶通过运河一般需要9个小时。从运河中线分别向两侧延伸16.09公里所包括的地带，为巴拿马运河区，总面积为1432平方公里。

1534年西班牙国王卡洛斯一世曾下令对巴拿马地峡进行勘察，并计划在其最窄的地段开凿一条运河，因当时技术条件和施工能力所限，西班牙人只铺就了一条沿着山脚穿越地峡的驿道。1881年开通苏伊士运河的法国运河公司，首先获得了巴拿马运河的开凿权，由于自然条件恶劣，工程于1889年被迫中断。

1903年美国策动巴拿马脱离哥伦比亚独立，同年11月18日与巴拿马政府签订《巴拿马运河条约》。根据该条约，美国享有在巴拿马开凿运河和经营运河的永久垄断权及运河区的永久使用、占领和控制权，美国一次性支付给巴拿马1000万美元作为所谓“签约补偿”。1904年开始开凿运河，有五十多个国家的劳工参加了施工，1914年完工。1977年9月巴美签署《新运河条约》(又称托里霍斯—卡特条约)。1999年12月31日，巴拿马收回运河主权。新条约规定，巴拿马运河由两国官员组成的运河管理委员会管理，运河区的司法和移民机构、海关、邮局等逐步交由巴拿马管辖和经营，新条约期满后，由巴拿马承担运河的管理和防务。

1996年，香港和记黄埔集团有限公司获得了巴拿马运河两端的巴波亚和克里斯托瓦尔港的经营权。管理期限为25年，到期后可再延长

25 年。

2. 巴拿马城

巴拿马城位于巴拿马运河太平洋岸河口附近西岸的半岛上，属南美洲。城市面临巴拿马湾，背靠安康山谷，风景如画。原为印第安人渔村，旧城始建于 1519 年，1903 年巴拿马脱离哥伦比亚宣布独立后，该城成为首都，是全国的经济中心。市区工商业主要为巴拿马运河区发展需要服务，有炼油、轧钢、制鞋、服装、食品、烟草等工业部门。巴拿马城也是著名的国际金融中心，各国货币在银行、市场自由流通。

巴拿马城分为古城、老城、新城三部分。古城 1671 年被海盗洗劫后烧毁，残存的仅是主教堂的一些大型砖石建筑。老城是行政和文化区域，有总统府等重要政府机关、主要文化单位、商场等，街道狭窄，建筑多有浓厚的西班牙风格。新城的中央大街为全城最宽阔繁华的街道。著名建筑物有圣何塞大教堂、国民警卫队旧俱乐部大厦、总统府、国家宫、圣弗朗西斯科教堂、国家博物馆、民族博物馆、运河博物馆等。

第四节 西印度群岛

一、巴哈马

(一)概况

巴哈马国(The Commonwealth of the Bahamas)，国土总面积(含水域)25.9万平方公里，陆地面积1.3939万平方公里，人口32.5万(2005年)，其中黑人占 85%，其余为欧美白人后裔和少数亚裔人。官方语言为英语。多数居民信奉基督教。首都拿骚(Nassau)，位于新普罗维登斯岛，人口22.2万。

行政区划：主要岛屿上设地方专员。主要岛屿有：新普罗维登斯岛、大巴哈马岛、安德罗斯岛、阿巴科岛、伊柳塞拉岛。其中新普罗维登斯岛居住着全国 70%以上的人口，大巴哈马岛居住着全国约 16%的人口。

重要节日:独立日暨国庆日是7月10日(1973年)。

(二)自然与人文环境

巴哈马位于西印度群岛的最北部的巴哈马群岛上。美国佛罗里达州东南海岸对面、古巴北侧。由七百多个大小岛屿和两千四百多个岩礁和珊瑚礁组成。群岛由西北向东南延伸,长1220公里,宽96公里。仅有29个较大的岛屿上有居民。大部分岛屿地势低平,最高海拔63米。北回归线横贯群岛中部,属亚热带气候,气候温和,年平均气温23.5℃。无河流。

巴哈马是加勒比地区最富裕的国家之一,渔业资源丰富,其海域是世界重要渔场之一,主要农作物有甘庶、蕃茄、香蕉、玉米、菠萝和豆类等。旅游业和金融服务业是国民经济最重要的部门,产值占国内生产总值90%左右。主要出口渔产品、化工制品、药品、朗姆酒、食盐。

(三)旅游业

旅游业是巴哈马国民经济的第一大支柱产业。每年平均接待游客500万人次,收入二十多亿美元,占国内生产总值的50%以上。2005年接待外国游客505万人次,主要来自美国、加拿大和欧洲。全国共有旅店客房约1.5万间。天堂岛上的亚特兰蒂斯饭店举世闻名,共有客房2500间。

巴哈马以美丽的海滨风光闻名于世,首都拿骚的海边有由红珊瑚粉末形成的彩色海滩。在比米尼岛海岸,有一条没入水中约4.6米、平坦开阔的石路,被人们猜想为古代亚特兰蒂斯人创造的“亚特兰蒂斯之路”,充满神秘气氛。比米尼岛上有美国著名作家海明威的故居。海明威在这里生活了三年,创作了获诺贝尔文学奖的著作——《老人与海》。

游人可以潜水、乘坐平底玻璃船或游览潜艇,观赏海底世界,也可以乘坐小型飞机观赏群岛的全貌。巴哈马有世界一流的高尔夫球运动胜地,亚特兰蒂斯度假村有加勒比海最大的赌场,大西洋游乐城有世界上最大的水族馆。

在巴哈马国家美术馆,可以感受到巴哈马的现代文化。在每年6月和12月的狂欢节中,当地人身着盛装,异彩纷呈的游行队伍合着牛铃、鼓和口哨的节奏欢快地舞蹈。

二、大安的列斯群岛

大安的列斯群岛(Greater Antilles)是西印度群岛中的主要岛群，位于北美大陆和南美大陆之间，加勒比海北缘。由大致东西向横列的古巴、海地(又称伊斯帕尼奥拉)、波多黎各、牙买加四个大岛和开曼群岛等组成，面积 21 万平方公里，人口约 2700 万，约占西印度群岛面积、人口的 90%。除最大的古巴岛以平原为主外，各岛多为山地，海地岛中部海拔 3175 米的杜阿尔特峰，为西印度群岛的最高峰。大安的列斯群岛属热带海洋性气候，年平均气温25℃～26℃，8 月最热。年降水量在山地迎风的东北坡达 1500 毫米以上，背风的西南坡在 1000 毫米左右。盛产甘蔗、可可、咖啡、烟草等经济作物，为世界主要蔗糖产区。有铝土、铁等开采、冶炼及机器制造工业。

(一)古巴

1. 概况

古巴共和国(The Republic of Cuba，Republica de Cuba)，面积11.086万平方公里，人口 1123 万(2004 年)，其中白人占 66%，黑人占 11%，混血种人占 22%，华人占 1%。官方语言为西班牙语。居民主要信奉天主教、非洲教、新教和古巴教。首都哈瓦那(La Habana)，人口 220 万(2004 年)。

行政区划：全国划为 14 个省(包括省级市哈瓦那市)，1 个特区(青年岛特区)，省下设 169 个市。重要节日：独立日是 5 月 20 日(1902 年)，国庆日是 1 月 1 日(1959 年)，起义日是 7 月 26 日。

2. 自然与人文环境

古巴位于加勒比海西北部，是西印度群岛中最大的岛国。东与海地相望，南距牙买加 140 公里，北离美国佛罗里达半岛 217 公里。由古巴岛、青年岛(原松树岛)等一千六百多个大小岛屿组成，海岸线长约 6000 公里。大部分地区地势平坦，东部、中部是山地，西部多丘陵，主要山脉为马埃斯特腊山，其主峰图尔基诺峰海拔 1974 米，是全国最高峰。全境大部分地区属热带雨林气候，仅西南部沿岸背风坡为热带草原气候，年平均气温为25.5℃。1 月气温最低，平均气温21℃。5～10 月为雨季，常遭飓风侵袭，其他月份为旱季。除少数地区外，年降水量在 1000 毫米以上。最大河流为考托河，流经平原中部，雨季容易泛滥。

古巴经济长期维持以蔗糖生产为主的单一经济发展模式，是世界主要产糖国之一，被誉为“世界糖罐”。工业以制糖业为主，占世界糖产量的 7%以上，人均产糖量居世界首位，蔗糖的年产值约占国民收入的 40%。农业主要种植甘蔗，甘蔗的种植面积占全国可耕地的 55%，其次是水稻、烟草、柑橘等，古巴雪茄烟享誉世界。沸石蕴藏量仅次于美国和原苏联。森林覆盖率约 21%，盛产贵重的硬木。

古巴旅游资源丰富，海滨地带阳光明媚、海水清澈、海滩洁白，是世界一流的旅游和疗养地。全国有适宜旅游海滩约 300 个，其中巴拉德罗海滩是世界著名旅游胜地。近年来，旅游业成为国家重点发展项目、第一大创汇产业和重要就业来源。2004 年接待外国游客 205 万人次，主要来自加拿大、欧洲等国家，旅游毛收入 23 亿美元，直接就业人数约 10 万。

3. 哈瓦那

哈瓦那是古巴政治、经济、文化和旅游中心，北濒墨西哥湾，东临阿尔门达雷斯河，是西印度群岛中最大的城市和世界上最美丽的城市之一，有“加勒比海的明珠”之称。哈瓦那地处热带，气候温和，四季宜人，年平均气温25℃。最热月（8 月）平均气温24℃～32℃，最冷月（1 月和 2 月）平均气温18℃～27℃。最干月（2 月和 3 月）平均降水 46 毫米，最湿月（10 月）平均降水 173 毫米。

哈瓦那始建于 1519 年，1898 年起成为首都，可分为旧城和新城两部分。旧城位于哈瓦那湾西侧的一个半岛上，面积不大，街道狭窄，有许多西班牙式的古老建筑，是总统府所在地。大部分华侨也集居于此。哈瓦那老城是建筑艺术的宝库，拥有各个时期不同风格的建筑，1982 年被联合国教科文组织列为“人类文化遗产”。新城濒加勒比海，建筑整齐美观，有豪华的旅馆、公寓、政府机关大厦、街心花园等，是拉丁美洲著名的现代化城之一。

市区中心何塞·马蒂革命广场旁立着民族英雄何塞·马蒂的纪念碑和巨大铜像。在 9 号街的广场上，有一高达 18 米的赤色圆柱形大理石纪念碑，这是1931年古巴人民为了表彰华侨在古巴独立战争中建立的功勋而建。在黑色底座上刻着“在古巴的中国人没有一个是逃兵，没有一个是叛徒”的碑文。市内还有1704年建的古老教堂，1721年建的哈瓦那大学，1538年至1544年建立的城堡，等等。

哈瓦那是著名良港，海湾狭长，湾底建有隧道沟通两岸。在海湾进口处左岸的莫罗城堡建于1632年，陡峰峭壁，地势险要，最初是为防御海盗修建；19世纪中叶起成为西班牙殖民当局的监狱，1978年古巴政府在此建设旅游点。海湾对面是卡瓦尼亚高地的圣卡洛斯城堡，从17世纪末哈瓦那修筑起城墙和城门后，每晚9点钟都要准时举行鸣炮仪式，宣布关闭城门和港口。鸣炮的传统至今仍保留着，并已成为重要的旅游项目。

海明威博物馆位于哈瓦那以东大约15公里处，原为维希亚庄园所在地，是美国著名作家海明威在古巴最后22年的居所。海明威在此完成了名著《老人与海》、《丧钟为谁而鸣》。1961年海明威去世后，1962年这里成为海明威博物馆，保存了2.2万余件海明威生前的物品。

圣塔玛丽亚海滩是哈瓦那的著名海滩之一，这里山环水抱，风景优美，是美好的避暑胜地。哈瓦那狂欢节历史悠久，是古巴最著名的狂欢节之一。

（二）牙买加

1. 概况

牙买加(Jamaica)，面积1.0991万平方公里，人口270万(2005年)，黑人和黑白混血种人占90%以上，其余为印度人、白人和华人。英语为官方语言。多数居民信奉基督教，少数人信奉印度教和犹太教。首都金斯敦(Kingston)，人口97万。

行政区划：划为康沃尔、米德尔塞克斯、萨里3个郡，郡下设14个区。重要节日：独立日是8月6日(1962年)，国庆日是每年8月的第一个星期一(1962年)。

2. 自然与人文环境

牙买加位于加勒比海的西北部，东隔牙买加海峡与海地相望，北距古巴约140公里，是加勒比第三大岛，海岸线长1220公里。“牙买加”在印第安人阿拉瓦克语中是“泉水之岛”的意思。牙买加属热带雨林气候，年平均气温27℃。

铝土、蔗糖、旅游业是牙买加国民经济中最重要部门和外汇收入主要来源。矿产资源主要有铝土，储量约19亿吨，为世界第三大铝土生产国。森林覆盖率约20%，所出产的材质多为杂木。主要种植甘蔗和香蕉，其他还有可可、咖啡和红胡椒等。主要出口铝矾土、氧化铝、蔗糖和香蕉等。

旅游业是牙买加重要经济部门和主要外汇来源，游客大部分来自美国。

3. 金斯敦

金斯敦是世界第七大天然深水良港，旅游疗养胜地。位于牙买加东南海岸，附近有肥沃的瓜内亚平原，四季如春，气温一般在23℃～29℃之间。城市三面是苍绿的丘陵和山峰，一面是碧波荡漾的大海，风景如画，有“加勒比城市的皇后”之誉。

久居这里的原始居民是印第安人的阿拉瓦克族，1509年至1655年被西班牙占领，以后沦为英国殖民地。城南5公里处的皇家港，是英国早期建造的海军基地。1692年大地震时，皇家港大部被毁，之后金斯敦取而代之，成为重要的港口城市。18世纪金斯敦发展为商业中心，也是殖民主义者贩卖黑奴的场所，1872年成为牙买加首府，1907年遭大地震破坏。

金斯敦城市空气清新，道路整洁。市区除政府机关外，大型建筑物不多。商店、电影院、旅馆等集中在卑支诺斯街中段。市中心有广场、议会大厦、圣托马斯教堂、博物馆等。北郊的国家体育场经常进行赛马活动。附近是商业中心，被称为新金斯敦。城东端有罗克福德古堡。兰山脚下8公里处有热带果树品种齐全的植物园。兰山产的咖啡质量上乘，闻名世界。

（三）海地

1. 概况

海地共和国(The Republic of Haiti)，是东加勒比海岛国，面积约2.7797万平方公里，人口792.9万(2003年)，主要是黑人，约占95%，黑白混血人种和白人后裔占5%，人口密度在拉美国家中位居第一。官方语言为法语和克里奥尔语，90%居民通用克里奥尔语。居民中信奉罗马天主教的占80%，信奉新教的占5%，其余信奉耶稣教和伏都教。农村中盛行伏都教。首都太子港(Port-au-Prince)，都市区人口197.7万(2003年)。

行政区划：全国分为9个省，省下设41个区，区下设133个市镇。重要节日：独立日暨国庆日是1月1日(1804年)。

2. 自然与人文环境

海地位于加勒比海中的伊斯帕尼奥拉岛(海地岛)西部，东邻多米尼加共和国，南濒加勒比海，北濒大西洋，西隔向风海峡和牙买加海峡，分别与古巴和牙买加相望，海岸线长1080余公里。全境3/4为山地，沿海、沿河地带有狭窄平原。“海地”一词就是印第安语中“多山之国”的意思。全国最高峰为拉萨尔山脉的拉萨尔山，海拔2680米。北部属热带雨林气候，南部为热带草原气候。主要河流有阿蒂博尼特河，该河谷地为重要农业区。

海地是世界上最贫穷的国家之一，75%的人生活在赤贫状态下，全国只有20%的居民能用上自来水，文盲率高达80%。经济以农业为主，工业基础较薄弱，农业基础设施薄弱，耕作技术落后。全国近2/3人口从事农业生产，粮食不能自给。主要农业产品有咖啡、棉花、可可、大米、玉米、高粱、香蕉、甘蔗等。

旅游业收入是海地外汇主要来源之一。游客大部分来自美国和加拿大。主要旅游地有太子港和海地角。

3. 太子港

太子港是海地最大城市、西印度群岛著名良港，位于加勒比海伊斯帕尼奥拉岛西部、戈纳夫湾东南岸，面对戈纳夫岛。太子港始建于1749年，1770年取代海地角成为法属圣多明各殖民地首府。1804年海地独立，太子港成为首都。

太子港曾于1794年、1820年、1888年三次遭受地震、飓风、战火破坏，发展缓慢。城市的建筑为圆梯形，由低处向山坡上伸展，城市街道狭窄。地势较低的闹市区周围和工厂附近，是一般黑人和工人的住宅区，简陋拥挤。山坡上的小楼、别墅是富裕人的住所。市中心的独立英雄广场中央，有一座高大的独立战争英雄纪念碑。市内主要的建筑和古迹有国家宫、新大教堂、政府大厦、最高法院、圣安娜教堂、圣何塞教堂、圣弗朗西斯科教堂、圣安东尼奥教堂和圣阿莱霍医院。

太子港是全国的文化中心，有国家图书馆、国家博物馆、考古博物馆、现代艺术博物馆等。

太子港的工业区是全国唯一的工业基地，有制糖、轧米、水泥、剑麻加工、制鞋、服装、体育用品等厂家，其中棒球产量居世界首位。

（四）多米尼加

多米尼加共和国（The Dominican Republic），面积4.8万平方公里，人口850万（2000年估计），其中黑白混血种人和印欧混血种人占73%，白人占16%，黑人占11%。官方语言为西班牙语。90%以上居民信奉天主教，其余信奉基督教新教和犹太教。首都圣多明各（Santo Domingo），人口230万。

行政区划：全国划分为29个省和1个国家区，省下设市和乡。重要节日：独立日暨国庆日是2月27日（1844年）。

多米尼加位于加勒比海伊斯帕尼奥拉岛东部。西邻海地，南濒加勒比海，北濒大西洋，东隔莫纳海峡同波多黎各相望。境内地势较高，多山，科迪勒拉山脉分中央、北部和东部三条横贯全国。中部的杜阿尔特峰海拔3175米，为西印度群岛的最高峰。中北部有锡瓦奥谷地，西部有大片干旱沙漠。北部、东部属热带雨林气候，西南部属热带草原气候。主要河流为北亚克河、尤约河。西南部的恩里基略湖为第一大湖，是拉美陆地最低点，湖面在海平面以下四十多米。

多米尼加原是印第安人居住地，1492年沦为西班牙殖民地，1496年西班牙人在岛上建立圣多明各城，成为欧洲殖民者在美洲的第一个永久性居民点。1795年多米尼加又归属法国，1809年复归西班牙，1821年11月脱离西班牙独立，1822年2月被海地侵占，1844年2月27日再次宣告独立，成立多米尼加共和国。1861年至1865年多米尼加再度被西班牙占领。1916年至1924年美国对其实行军事统治。从1930年起，由美国扶持的特鲁希略家族统治长达30年之久。

多米尼加政府一向重视旅游业发展。2000年旅游收入为28.95亿美元，接待游客297.3万，主要客源为美国、加拿大及西欧国家；全国有旅游客房52192间。主要旅游地有圣多明各、加勒比湾、拉罗马纳、卡纳港、普拉塔港和金色海滩等。

三、小安的列斯群岛

小安的列斯群岛(Lesser Antilles)，又称加勒比群岛，是西印度群岛东部和南部的圆弧状岛群，位于北美大陆和南美大陆之间，加勒比海东缘和南缘。由维尔京群岛、背风群岛、向风群岛及南美大陆委内瑞拉以北众多岛屿组成。面积1.29万平方公里，人口约300万。

南北走向的东部岛群，包括背风群岛和向风群岛，分内、外两列岛弧；内列由火山锥构成，地势高峻，火山与地震活动频繁；外列是石灰岩台地，地势低平，熔岩地形发育。这里属热带海洋性气候，年平均气温25℃～26℃；迎风坡年降水量超过1500毫米，秋季降雨比率高。

东西走向的南部岛群，包括靠近南美大陆的特立尼达岛、荷属安的列斯群岛及诸多小岛，多为南美大陆安第斯山脉向加勒比海延伸的低丘或山地，除特立尼达岛湿热外，降水较少，夏季降雨比率高，干湿季分明。经济以农业、旅游业为主，有食品和农产品加工业，特立尼达岛石油工业发达。

小安的列斯群岛海水清澈，海滩洁净，是著名的旅游度假胜地。

(一)安提瓜和巴布达

安提瓜和巴布达(Antigua and Barbuda)，面积441.6平方公里，人口7.3万(2005年)，绝大多数为非洲黑人后裔。英语为官方语言和通用语。多数居民信奉基督教。首都圣约翰(Saint John's)，人口2.9万。

行政区划：全国共分为安提瓜、巴布达、雷东达3岛。安提瓜岛设6个行政区，即圣约翰、圣彼得、圣乔治、圣菲利普、圣玛丽和圣保罗。重要节日：独立日是11月1日(1981年)。

安提瓜和巴布达位于加勒比海小安的列斯群岛的北部，由安提瓜岛、巴布达岛、雷东达岛组成。主岛安提瓜岛面积280平方公里，为火山岛；西南部是古老的火山丘陵，海拔平均300米以上，最高点博盖峰海拔405米；东北部是崎岖的石灰岩丘陵；中部为平原。岛上无河流。巴布达岛面积160平方公里，南距安提瓜40公里，为珊瑚岛，地势平坦，最高点海拔44米。雷东达岛1.6平方公里，在安提瓜岛西南55公里处，是无人居住的荒礁。属热带气候，但有海风调节，气温适中，年平均气温27℃。年均降水量约1020毫米。

安提瓜和巴布达工业基础薄弱，农业包括家畜业、林业和渔业，粮食不能自给，主要农产品有玉米、蔬菜、水果及少量海岛棉等。安提瓜岛生产少量活鱼和龙虾。

旅游业是国民经济中最重要的部门，在国民经济中占主导地位，旅游收入约占国内生产总值的60%，占国家外汇收入的85%，全国有35%的劳动力从事旅游业。安提瓜岛以海滩、国际赛艇比赛和狂欢节而著名。巴布达岛发展较为落后，但岛内各种野生动物吸引了大量游客。2003年过夜游客约20万人次，游轮游客约47万人次。游客主要来自美国、欧洲、加拿大以及加勒比海其他国家。

（二）多米尼克

多米尼克国（The Commonwealth of Dominica），曾译“多米尼加联邦”，面积751平方公里，人口7.66万，主要为黑人和黑白混血种人。英语为官方语言。多数人信奉天主教，少数信奉新教。首都罗索（Roseau），人口2万。

行政区划：全岛分10区。重要节日：独立日是11月3日（1978年）。

多米尼克位于东加勒比海小安的列斯群岛东北部，东濒大西洋，西濒加勒比海，南与马提尼克岛隔马提尼克海峡，北同瓜德罗普隔多米尼克海峡相望。年平均气温25℃～32℃。

多米尼克工业基础薄弱，因经常受到热带风暴和飓风侵袭，经济脆弱，但蕴藏有大量的浮石，地热和水力资源较丰富，森林覆盖率约50%。近年来，大力发展花卉业、水产养殖、水果和蔬菜生产。盛产香蕉、椰子、柑橘、芒果等，主要出口香蕉、果汁和其他水果等，其中香蕉出口收入占国家外汇收入的50%。罗索是最大的港口，其次是朴次茅斯。

旅游业是支柱产业，旅游收入超过国内生产总值的一半。多米尼克旅游资源丰富，有热带雨林、温泉、冷泉、瀑布等景观，发展潜力较大。利用雨林、火山等自然条件的生态旅游发展较快。2004 年全国有客房 889 间，到港邮轮 287 艘次，接待游客46.2万人次，过夜游客8.17万，主要来自加勒比国家、美国、加拿大和欧洲。

（三）圣卢西亚

圣卢西亚(Saint Lucia)，面积 616 平方公里，人口16.5万(2005 年)，其中 90%以上是黑人，5.5%为黑白混血种人，另有少数白人和印度人。英语为官方语言和通用语，当地居民普遍讲克里奥语(Creole)，也叫帕图阿语(Patois)。绝大多数居民信奉天主教。首都卡斯特里(Castries)，人口 6 万(2005 年)。

行政区划：全岛分 10 区。重要节日：独立日是 2 月 22 日(1979 年)。

圣卢西亚是座火山岛，位于东加勒比海向风群岛中部，北邻马提尼克岛，西南邻圣文森特岛，境内山峦起伏，景色优美。最高山峰莫基米山，海拔 959 米。圣卢西亚属热带气候。年平均气温27℃。有众多短小的河流和肥沃的河谷。

圣卢西亚有丰富的地热资源，南部有硫磺矿。农业和旅游业在国民经济中占主要地位，农业以香蕉种植业为主，还有椰子、可可、香料等，香蕉出口是外汇收入的主要来源。

全国有近 4500 间旅馆房间，2005 年接待游客 75 万多人次，游客主要来自北美和欧洲国家。

（四）圣文森特和格林纳丁斯

圣文森特和格林纳丁斯(Saint Vincent and the Grenadines)，面积 389 平方公里，人口11.2万(2000 年)，其中黑人占65.5%，混血种人 19%。英语为官方语言。多数居民信奉基督教新教和天主教。首都金斯敦(Kingstown)，人口2.3万(1992 年统计)。

重要节日：独立日暨国庆日是 10 月 27 日(1979 年)。

圣文森特和格林纳丁斯位于东加勒比海向风群岛中，在巴巴多斯以西约 160 公里处。由主岛圣文森特和格林纳丁斯岛等组成，为火山岛国。

圣文森特和格林纳丁斯属于中低收入国家。农业是经济的基础，有少量的农产品加工及小型制造业。主要种植香蕉、葛根、甘薯、甘蔗、椰子等，是世界上最大的葛粉生产国。主要出口香蕉、蔬菜和葛粉。离岸金融业和旅游业占有重要地位。旅游区主要集中在具有优质海滩的格林纳丁斯群岛。

（五）巴巴多斯

巴巴多斯(Barbados)，面积 431 平方公里，岛屿最宽处 23 公里，最长处 34 公里，人口27.8万人(2004 年)，其中 90%以上是非洲黑人后裔，4%为欧洲人后裔。通用英语。居民多信奉基督教。首都布里奇敦(Bridgetown)，人口约10.8万。

行政区划：全国分为 11 个区。重要节日：独立日暨国庆日是 11 月 30 日(1966 年)。

巴巴多斯位于东加勒比海小安的列斯群岛最东端，海岸线长 101 公里。全岛最高点海拔 340 米。巴巴多斯属热带雨林气候，7～11 月为雨季，2～3 月为旱季。气温通常在23℃～30℃之间。岛上无河流。

旅游业、制造业和农业是巴巴多斯的三个主要经济部门。无重要矿产资源，全国领土的 65%为可耕地。甘蔗种植占重要地位。有少量畜牧业。主要出口蔗糖和糖浆、朗姆酒、食品、饮料、化学药品、电子产品等。

巴巴多斯发展旅游的自然条件优越，旅游业是其主要经济支柱之一，2003 年过夜游客 53 万人，游轮游客57.1万人。游客主要来自英国、美国和其他加勒比国家。

（六）格林纳达

格林纳达(Grenada)，面积 344 平方公里，人口10.3万(2005 年)，其中黑人约占 81%，混血人占 15%，白人及其他人种占 4%。英语为官方语言和通用语。居民多信奉天主教。首都圣乔治(St. George's)，人口约 1 万(1998 年)。

行政区划：全国划分为 6 个区和卡里亚克岛、小马提尼克岛。重要节日：独立日暨国庆日是 2 月 7 日(1974 年)。

格林纳达位于东加勒比海向风群岛的最南端，南距委内瑞拉海岸约160公里，由主岛格林纳达及卡里亚库岛、小马提尼克岛等组成，属热带海洋性气候，年平均气温26℃。过境飓风容易造成灾害。

格林纳达工业不发达，经济主要依赖农业，农作物以肉豆蔻、香蕉、可可、椰子、甘蔗、棉花和热带水果为主，是世界上第二大肉豆蔻生产国，产量占全球需求量的1/4，有“香料之国”之称。主要出口肉豆蔻、香蕉、可可等。

近年来，格林纳达旅游业有较大发展。2003年游客总数为28.93万人次，游客30%来自欧洲，25%来自美国，4%来自加拿大。

（七）特立尼达和多巴哥

特立尼达和多巴哥共和国（The Republic of Trinidad and Tobago），面积5128平方公里，其中特立尼达岛面积4827平方公里，多巴哥岛301平方公里，人口130万（2005年），其中印度裔人占40.3%，黑人占39.6%，混血种人占18.4%，欧洲人占0.6%、华人占0.4%，还有阿拉伯后裔等。英语为官方语言和通用语。居民29.4%信奉天主教，10.9%信奉英国圣公会教，23.8%信奉印度教，5.8%信奉伊斯兰教。首都西班牙港（Port of Spain），人口42万。

行政区划：全国分为8个郡、5个市和1个半自治行政区（多巴哥岛）。重要节日：独立日暨国庆日是8月31日（1962年），狂欢节是在每年的2月份。

特立尼达和多巴哥位于小安的列斯群岛东南端，西南和西北与委内瑞拉隔海相望。由小安的列斯群岛中的特立尼达和多巴哥两个岛屿组成，属热带雨林气候，气温20℃～30℃。

特立尼达和多巴哥拥有世界最大的天然沥青湖，湖面积约47公顷，估计储藏量1200万吨。石油业是最重要的经济部门。工业产值占国内生产总值近50%，以石油、天然气开采和炼油为主，是世界上最大的氨肥和甲醇出口国。农业主要种植甘蔗、咖啡、可可、柑橘、椰子和水稻等。75%的食品靠进口。

旅游业目前占GDP总量的13.8%，从业人员占全国就业人口的16.7%。旅游业是特立尼达和多巴哥第三大外汇来源，2004年接待外国游客49.68万人次，游客主要来自美国、英国、加拿大及加勒比其他国家。

西班牙港位于特立尼达岛西岸，北纬 11 度，恰好是南北美洲的中心，所以被称为“美洲的中枢”。这是一座美丽的滨海花园城市和深水良港，终年炎热，年平均气温25℃。这里原为印第安人村落，1774 年起成为特立尼达首府。城市建筑多为西班牙式两层楼宇，也有中世纪尖拱簇柱的哥特式、英国维多利亚女王时代与乔治王朝时代式和法国及意大利式的建筑。市内棕树、椰林比比皆是。有印度人庙宇和阿拉伯人的清真寺。市北的马拉加斯湾，沿岸沙滩细洁，是中美洲著名的海水浴场。城北的植物园建于 1818 年，栽有世界各地的热带植物。

（八）圣基茨和尼维斯

圣基茨和尼维斯联邦(The Federation of Saint Kitts and Nevis)，原称圣克里斯托弗和尼维斯(St. Christopher and Nevis)，仍通用。面积 267 平方公里，其中圣基茨 174 平方公里，尼维斯 93 平方公里。人口 38763 人(2003 年)，其中黑人占 94%，另有白人和混血种人。英语为官方和通用语。居民多数信奉基督教。首都巴斯特尔(Basseterre)，人口 1.85万。

重要节日：独立日是 9 月 19 日(1983 年)。

圣基茨和尼维斯位于东加勒比海背风群岛北部，波多黎各与特立尼达和多巴哥之间，西北是荷属安的列斯的萨巴岛和圣尤斯特歇斯岛，东北是巴布达岛，东南为安提瓜岛。由圣基茨、尼维斯和桑布雷罗等岛屿组成。国家的轮廓就像个棒球棒加一个棒球。属热带海洋性气候，平均气温26℃。年均降雨量圣基茨 1400 毫米，尼维斯 1220 毫米。

制糖业和旅游业是国民经济主要支柱产业，外汇收入的主要来源。工业主要是制糖业，农业以种植甘蔗和棉花为主，其他农产品有椰子、水果、香蕉等。尼维斯岛的农业规模小，主要生产水果、蔬菜和牲畜供自用，还生产海岛棉。主要出口蔗糖，占总出口的 60%。旅游业是经济发展最迅速的部门，也是外汇收入的重要来源，主要旅游地圣克里斯托弗岛的巴斯特尔等。

第五节 南美北部

一、哥伦比亚

(一)概况

哥伦比亚共和国(The Republic of Colombia),面积114.1748万平方公里(除岛屿和领海外),人口4124.29万(2005 年),其中印欧混血种人占 60%,白人占 20%,黑白混血种人占 18%,其余为印第安人和黑人。官方语言为西班牙语。多数居民信奉天主教。首都波哥大(Bogota),人口677.6万(2005 年,不包括郊区)。

行政区划:全国分 32 个省(包括波哥大首都区)。重要节日:独立日暨国庆日是 7 月 20 日(1810 年)。

(二)自然与人文环境

哥伦比亚位于南美洲西北部,东邻委内瑞拉、巴西,南邻厄瓜多尔、秘鲁,西北邻巴拿马,北濒加勒比海,西濒太平洋,海岸线长 2900 公里。境内可分为西部山地区和东部平原区。东部平原南部和太平洋沿岸属热带雨林气候,1000～2000 米的山地属亚热带森林气候,西北部属热带草原气候。

哥伦比亚历史上是以生产咖啡为主的农业国,自然资源丰富,煤炭、石油、绿宝石为主要矿藏。煤炭储量居拉美首位,绿宝石储量居世界第一位。工矿业以制造业为主,主要出口产品有石油和石油产品、咖啡、煤炭、镍、绿宝石、黄金、香蕉、鲜花等,其中绿宝石出口占世界第一位,鲜花出口占世界第二位。咖啡产量和出口量均居世界前列。

哥伦比亚是拉美重要的旅游国之一,旅游业较发达。2003 年接待外国游客 62 万人,2002 年旅游业收入为3.89亿美元。主要旅游区有卡塔赫纳、圣玛尔塔、圣菲波哥大、圣安德列斯和普罗维登西亚群岛、麦德林、瓜希拉半岛、博亚卡等。

(三)波哥大

波哥大(Bogota)是哥伦比亚全国政治、经济和文化中心以及全国交通枢纽,位于东科迪勒拉山脉西侧苏马帕斯高原上,处于蒙塞拉特山和瓜达罗普山脚下的山谷盆地中,海拔 2640 米,气候凉爽,四季如春,年平均气温14℃。城市近郊山岭环绕,林木苍翠,景色壮丽,保留着丰富的历史文化遗产,是南美洲大陆上的著名旅游胜地。

波哥大最初为印第安奇布查人的文化中心。1536 年西班牙殖民者残杀了这里没能逃亡的印第安人。1538 年 8 月 6 日起兴建波哥大圣菲城,1819 年至 1831 年成为大哥伦比亚首都,1886 年成为哥伦比亚共和国的首都。

波哥大是一座现代化城市,市区主要街道笔直宽阔,大街小巷、宅旁空地和房屋阳台上,都种植着各种花卉。波哥大城的名胜古迹名扬世界,有 16～17 世纪建的大学、博物馆、天文台、教堂等古老建筑。市中心和东部为商业区,西部和南部为工业区,北部为富人区,南部是穷人区。

市中心有以民族英雄、"拉美解放者"西蒙·玻利瓦尔命名的广场,中央矗立着玻利瓦尔骑着骏马的高大雕像,广场四周有最高法院、大教堂、国会大厦、市政府、总统府等形态各异的雄伟建筑。圣卡尔洛斯宫是一座已有三百多年历史的古老建筑,富丽堂皇,曾后先后作为圣菲皇家图书馆和独立后的国家总统府。当年玻利瓦尔曾在宫内居住过,院内有他亲手栽种的胡桃树。国会大厦座落在玻利瓦尔雕像后面,修建在波哥大建城时的遗址上,内有反映奴隶获得自由时狂欢场面的大型壁画,椭圆形玻璃大厅是举行隆重宴会的地方,大厦建筑式样别致。

波哥大城内古老教堂众多,有著名的圣伊格纳西奥教堂、圣弗朗西斯科教堂、圣克拉拉教堂、贝拉克鲁斯教堂等。圣伊格纳西奥教堂建于 1605 年,保存完好,教堂内摆设在祭台上的一件件金制品,制作精美、巧夺天工,是出自古代印第安人之手的稀世珍品。

市区内有国家博物馆、现代艺术博物馆、自然博物馆、黄金博物馆等。黄金博物馆位于市中心的圣坦德尔公园内,是世界规模最大的黄金博物馆,也是哥伦比亚的重要古迹之一,陈列着古印第安人制作的金器和金饰手工艺品。馆内的黄金大厅,展出的是数百件稀世珍品。考古、种族与历史博物馆是位于市区的一座年代久远的“圆形监狱”，馆内收藏有上千具木乃伊和大批珍贵的历史文物。

特肯达乌瀑布离市区不远，高 152 米，蔚为壮观，被列为哥伦比亚的奇景之一。蒙塞拉特山位于城北，是举世闻名的旅游胜地，山顶有古老的白色小教堂，可览全城景色。

二、委内瑞拉

（一）概况

委内瑞拉玻利瓦尔共和国（The Bolivarian Republic of Venezuela），面积91.67万平方公里①，人口 2656 万（2005 年），其中印欧混血种人占 58%，白人占 29%，黑人占 11%，印第安人占 2%。官方语言为西班牙语。居民 98%信奉天主教，1.5%居民信奉基督教。首都加拉加斯（Caracas），人口 322 万。

行政区划：全国划分为 21 个州、1 个首都区、2 个边疆地区（亚马逊和阿马库罗三角洲边缰区）和 1 个联邦属地（由 72 个岛屿组成）。州下设 191 个专区、736 个市。重要节日：独立日暨国庆日是 7 月 5 日（1811 年）。

（二）自然与人文环境

委内瑞拉位于南美洲北部，东邻圭亚那，南邻巴西，西邻哥伦比亚，北濒加勒比海。全境除山地外基本上属热带草原气候，山地温和，平原炎热。每年 6～11 月为雨季，12 月至来年 5 月为旱季。马拉开波湖位于西北部，面积1.43万平方公里，与委内瑞拉海湾相连，是拉美最大的湖泊，湖区周围的沼泽地为世界著名的石油产区。

委内瑞拉是拉美经济较发达国家之一，矿产资源丰富，水力和森林资源也很丰富，森林覆盖率为 56%。石油部门为国民经济支柱产业。农业发展缓慢，粮食不能自给。

2005 年委内瑞拉接待外国游客15.11万人，旅游外汇收入1.45亿美元，游客主要来自欧美和拉美各国。著名旅游地有安赫尔瀑布、玛格

① 对现在圭亚那管辖之下约15.9万平方公里的埃塞奎博地区有主权要求。

丽塔岛等。

(三)主要旅游地

1. 加拉加斯

加拉加斯是委内瑞拉的首都和联邦区首府，全国的政治、经济、文化、金融中心，也是南美洲著名的历史古城，位于加勒比海南岸阿维拉山南麓的阿维拉山谷，海拔 1000 米，地处热带，气候温和，常年如春，被誉为“春城”。风光秀丽，有“天府之都”之誉。

加拉加斯始建于 1567 年，1811 年委内瑞拉独立后被定为首都。市区为东西走向，北面是濒临加勒比海的阿维拉山。市内有古代建筑、“城堡”，还有许多现代化的高楼大厦，是委内瑞拉最大的城市。

加拉加斯是 19 世纪南美争取民族独立的英雄、委内瑞拉的国父西蒙·玻利瓦尔的故乡。玻利瓦尔广场绿树成荫，中心矗立着持刀挥帽的玻利瓦尔铜像。市内的玻利瓦尔大学风景宜人，玻利瓦尔大道车水马龙，城西还有“玻利瓦尔中心”。议会大厦位于市中心，又称“国会山”，附近有著名的“金子楼”，各种首饰一应俱全。中央公园附近一座五十多层的摩天大楼是中央政府部门的办公楼。红木公园位于两条高速公路交叉的三角地带，附近有马库杜、阿苏尔、纳依瓜达、小加拉加斯海滩，是游览胜地。

2. 安赫尔瀑布

安赫尔瀑布(Angel Falls)又称丘伦梅鲁瀑布、天使瀑布，位于委内瑞拉东南部卡罗尼河支流丘伦河上，落差 979 米，底宽 150 米。该瀑布隐藏在密林丛生的高山幽谷之中，不可能步行抵达瀑布的底部。雨季时人们可以乘船进入，其他时间只能从空中观赏瀑布。

1935 年西班牙人卡多纳首次发现了原本只有当地印第安人才知晓的丘伦梅鲁瀑布。1937 年美国探险家詹姆斯·安赫尔在空中对瀑布进行考察时坠机，委内瑞拉也因此将瀑布命名为“安赫尔”。

3. 玛格丽塔岛

玛格丽塔岛(Isla Margarita)位于委内瑞拉东北部的加勒比海中，南距阿拉亚半岛 19 公里，长 68 公里，宽 5～35 公里，面积 1072 平方公里，实际是由大桥相连的两个岛组成。西部多山，炎热干燥，为牧羊区；

东部山势稍缓，沿海多平原和天然港湾，为肥沃农业区，种植玉米、甘蔗、棉花、豆类等作物。人口11.8万，多为印第安人。采珍珠、捕鱼和旅游业为主要收入来源。有渔产品加工业和编织业。

该岛盛产珍珠，是加勒比海中的一个度假天堂。11月至来年1月，天气晴朗，海风拂面，非常舒适。岛上居民约3万人，主要从事旅游业和珍珠捕捞业。在这里度假可以从事深水钓鱼、玩帆船、潜水等海上活动。该岛最大城市的波拉马尔位于东部海岸，是该岛最大的度假地，城市居民饮水由大陆以海底水管输入。该岛还是一个自由港，商业十分繁荣，主要销售美国和欧洲的商品。

三、圭亚那

（一）概况

圭亚那合作共和国（The Cooperative Republic of Guyana），面积21.4969万平方公里①，人口75（2004年估计），其中印度人后裔占48%，黑人占33%，混血种人和印第安人占27%，其余为华人和其他人种。英语为官方语言和通用语，也使用克里奥尔语、乌尔都语、印第安语和印地语。居民50%信奉基督教，33%信奉印度教，9%信奉伊斯兰教。首都乔治敦（Georgetown），人口约25万。

行政区划：全国分为10个行政区。重要节日：独立日是5月26日（1966年），国庆日是2月23日（1970年）。

（二）自然与人文环境

圭亚那位于南美洲东北部，西北邻委内瑞拉，南邻巴西，东邻苏里南，东北濒大西洋。地形复杂，物种繁多。属热带雨林气候，年降雨量1500～2000毫米，日平均气温24℃～32℃。境内河流广布，主要有埃塞奎博河、德默拉拉河、伯比斯河。

圭亚那地广人稀，经济较落后，自然资源丰富，是初级产品生产和出口国，铝矾土、蔗糖、大米为其三大经济支柱。森林覆盖率83%，水力

① 包括现在圭亚那管辖之下、与委内瑞拉有争议的面积约15.9万平方公里的埃塞奎博地区，不包括与苏里南有纠纷的面积约1.7万平方公里的科兰太因河上游地区。

资源丰富。主要种植水稻、甘蔗,还有椰子、水果、蔬菜、烟草等。主要出口糖、铝土、大米、黄金,是加勒比地区最大的鱼虾出口国。

圭亚那有大面积未开发的热带雨林,具有发展生态旅游的潜力,多瀑布,但基础设施落后,影响旅游业的发展。2005年接待游客约11.65万人次,其中49%的游客来自美国,24%来自加勒比地区,23%来自欧洲和加拿大。

(三)主要旅游地

乔治敦位于德梅拉拉河口右岸,北濒大西洋,是全国最大城市和港口。地势低洼,海拔仅2米,筑有防波堤和排水系统。乔治敦始建于1630年,是沿海地区农产品和内地林、矿产品的集散地和加工中心,有制糖、酿酒、木材加工、家具、小型机械、水产加工、水果罐头和造船等工业。市内建筑多为木结构,有博物馆、植物园等。

凯厄图尔瀑布位于圭亚那中部埃塞奎博河支流波塔罗河上,落差226米,宽91～106米,景色极为壮丽。1930年辟为凯厄图尔国家公园,有多种珍稀野生动物。

四、苏里南

(一)概况

苏里南共和国(The Republic of Suriname),面积16.382万平方公里①,人口49.3万(2004年),其中印度斯坦人占35%,克里奥尔人占32%,印度尼西亚人占15%,丛林黑人占10%,印第安人占3%,华人占3%,其他人种占2%。各民族均有自己的语言。荷兰语为官方语言,通用苏里南语。居民40%信奉基督教,33%信奉印度教,20%信奉伊斯兰教。首都帕拉马里博(Paramaribo),人口19.4万。

行政区划:全国划为1市(帕拉马里博市)和9省。重要节日:独立日暨国庆日是11月25日(1975年)。

(二)自然与人文环境

苏里南位于南美洲北部,北濒大西洋,西邻圭亚那,东邻法属圭亚

① 包括同圭亚那有争议的1.7万平方公里。

那，南邻巴西，属热带雨林气候，年平均气温23℃～27℃。

苏里南经济基础相对薄弱，自然资源较丰富，国民经济主要依靠铝矿业、加工制造业和农业，近年来开始积极发展石油工业。森林和水力资源丰富。森林覆盖率95%。铝矿业是最重要的生产部门，是世界第八个最重要的铝矾土生产国。主要农作物有稻米、水果、蔬菜，还有甘蔗、棕榈、咖啡、可可等。稻米播种面积占可耕地面积的近一半，43%的稻米出口，占出口总值的8%，占世界稻米贸易量的5%。捕虾业也是重要的创汇产业。主要出口产品为铝矾土、铝锭、氧化铝，其次为稻米、虾、木材和水果等。

(三)帕拉马里博

帕拉马里博位于苏里南河下游西岸，距河口约20公里，全国经济和交通中心，也是苏里南的主要港口。这里原为印第安人渔村，1667年为荷兰殖民者占有。市内有小型轻工业和食品工业，附近有规模较大的木材加工业。市内多木结构建筑，富于荷兰建筑风格，有博物馆、植物园。附近的泽兰迪亚堡，是17世纪的古迹。

第六节　安第斯山地中段

一、厄瓜多尔

(一)概况

厄瓜多尔共和国(The Republic of Ecuador)，面积25.637万平方公里，人口1260万(2002年)，其中印欧混血种人占41%，印第安人占34%，白种人占15%，黑白混血种人占7%，黑人和其他人种占3%。官方语言为西班牙语，印第安人通用克丘亚语。居民94%信奉天主教。首都基多(Quito)，人口140万(2002年)。

行政区划：划分为22个省，下设215个市、1081个区。重要节日：独立日暨国庆日是8月10日(1809年)。

(二)自然与人文环境

厄瓜多尔位于南美洲西北部,东北邻哥伦比亚,东南邻秘鲁,西濒太平洋,海岸线长930公里。赤道横贯国境北部,东西部属热带雨林气候,山区盆地为热带草原气候,山区属亚热带森林气候。平均气温沿海地区为23℃~25℃,东部地区23℃~27℃。年平均降水量2000~3000毫米,山区1000毫米。

厄瓜多尔是南美地区经济相对落后的国家,工业基础薄弱,以"香蕉之国"闻名于世,石油是重要的经济支柱。森林覆盖率42.5%,水力和渔业资源丰富。香蕉、可可、咖啡为传统出口农产品,池虾养殖和出口量在国民经济中日益重要。

旅游业是厄瓜多尔第四大创汇行业,约有50万人直接或间接从事旅游业。2005年接待游客86万人次。主要旅游地有基多、瓜亚基尔、昆卡、因巴布拉省、东部亚马逊河流域、加拉帕戈斯群岛(龟岛)。基多市、龟岛、昆卡市被联合国教科文组织列入《世界文化与自然遗产名录》。

(三)基多

基多是南美洲最古老的城市之一,地处皮钦查火山东南麓的狭窄山谷,海拔2819米。气候温和湿润。年均气温13℃,年均降水量2621毫米,雨季主要集中在10月至来年5月。古时为基图(Quitu)王国所在地。基图王国历史上为印第安部落联盟中的最大成员,11世纪以后由卡拉印第安人君主统治,1487年成为印加帝国的北部重镇,1534年被西班牙人侵占,1830年厄瓜多尔独立后成为首都。基多是厄瓜多尔全国两大工业中心之一,有纺织、服装、制药、制革、食品、木材加工、金银制品和金属加工、石油化工等工业,并以象牙和木器雕刻著称。

城区分为新、老两部分,南部的老城区是行政和商业中心。北部的新城区是工业区和住宅区。市内有历史悠久的教堂、广场、纪念碑、博物馆、天文台等。耶稣会教堂是拉丁美洲最古的老教堂之一,珍藏有许多雕刻、塑像、绘画名作,是反映拉丁美洲不同发展时期历史的艺术宝库。城北20公里有赤道纪念碑。

圣弗朗西斯科修道院始建于1550年,融合了波斯、阿拉伯和摩尔的建筑风格,是南美最古老、最宏大的宗教建筑物,包括一座大教堂、几座小教堂和几条回廊，被称为厄瓜多尔的“艺术宝库”，里面珍藏着贝尔纳多·德雷加达尔的雕塑、萨马涅夫的绘画作品、卡斯皮卡拉的木刻精品。

赤道纪念碑位于城北 24 公里，通高 8 米，用棕色花岗岩制成。碑身四面代表东、南、西、北四个方向。

二、秘鲁

（一）概况

秘鲁共和国(The Republic of Peru)，面积128.5216万平方公里，人口 2722 万(2005 年)，其中印第安人占 41%，印欧混血种人占 36%，白人占 19%，其他种族占 4%。西班牙语为官方语言，一些地区通用克丘亚语、阿伊马拉语和其他三十多种印第安语。居民 96%信奉天主教。首都利马(Lima)，人口781.67万(2005 年)。

行政区域：全国划分为 24 个省和 1 个直属区（卡亚俄区）。重要节日：独立日暨国庆日是 7 月 28 日(1821 年)。

（二）自然与人文环境

秘鲁位于南美洲西部，北邻厄瓜多尔、哥伦比亚，东邻巴西，南邻智利，东南邻玻利维亚，西濒太平洋，海岸线长 2254 公里。安第斯山纵贯南北，山地占全国面积的 1/3。全境可分为三个区域。西部沿海区为狭长的干旱地带，有断续分布的平原，属热带沙漠、草原气候，干燥而温和，年平均气温12℃～32℃，年均降水量不足 50 毫米；中部高原区主要为安第斯山中段，平均海拔约 4300 米，是亚马逊河的发源地；瓦斯卡兰山海拔 6768 米，为秘鲁最高点；气温变化大，年平均气温1℃～14℃，年降水不足 250 毫米；东部为亚马逊林区，属热带雨林气候，年平均气温 24℃～35℃，年降雨 2000 毫米以上。主要河流有乌卡亚利河、马拉尼翁河等。

“秘鲁”一词在印第安语中意为“玉米之仓”。秘鲁为传统农矿业国，经济属拉美中等水平。矿业资源丰富，是世界 12 大矿产国之一，铋、钒储量居世界首位，铜占第三位，银、锌占第四位。森林覆盖率 58%，在南美洲仅次于巴西。水力和海洋资源极为丰富。秘鲁还是世界主要鱼粉、鱼油生产国。

秘鲁是印加文明的发祥地，旅游资源丰富。2005 年接待外国游客达148.5万人次，旅游外汇收入13.71亿美元，占国内生产总值的1.81%。主要旅游地有利马大广场、托雷塔格莱宫、黄金博物馆、库斯科城、马楚—皮楚遗址等。

（三）主要旅游地

1. 利马

利马是秘鲁的首都、利马省首府，跨里马克河南、北岸，“利马”之字来源于里马克河。东北有圣克里斯托瓦尔山，西连太平洋岸的港口城市卡亚俄。利马是闻名于世界的“不雨城”，四季无雨，只有 12 月至来年 1 月间，常有繁雾。降雨特点是浓湿雾形成的露珠以霏霏的粉状飘落下来。降雨期，天空灰茫茫一片，阴霾多日不散，迷雾蒙蒙，路面湿润，草木滴水。年降水量仅 10～50 毫米。四季如春，最冷月平均温度为16℃，最热月平均温度为23.5℃。利马始建于 1535 年，长期为西班牙在南美洲的殖民地。1821 年秘鲁独立，将利马定为首都。

利马城区分新、老两部分。老城在北面，靠近里马克河，多殖民统治时期的建筑，老城多广场，用大块石板铺砌的道路以武装广场为中心向四周辐射。武装广场周围有一些高大建筑，广场西南的乌尼昂大街（团结大街）是最繁华的商业中心。市中心地区的圣马丁广场上，矗立着美洲独立战争中建有奇功的民族英雄圣马丁将军骑马塑像。广场中间是宽阔的尼科拉斯德皮埃罗拉大街，大街的西端是“五月二日广场”。广场往南有达博洛格内西广场，这两个广场之间宽阔的街道是新城的商业中心。新城的玻利瓦尔广场周围有许多博物馆。利马近郊还有著名的秘鲁“金子博物馆”。

费利佩城堡位于秘鲁首都利马以西 14 公里处，始建于 1747 年，是西班牙殖民者在美洲地区修建的规模最大、最坚固的军事防御工事，具有 16 世纪欧洲城堡的建筑风格。在充满战乱的一个多世纪里，这个城堡从未被攻克过。它占地面积 7 万平方米，城墙长 1580 米，高5.88米，宽 12～14 米，全部用石料砌成。整体呈不等边五角形，每边上建有碉堡，分别命名为国王、王后、圣费利佩、圣卡洛斯、圣何塞，每个碉堡上均建有弹药库。国王和王后碉堡是城堡内两座用石块砌成的最醒目的建筑，碉堡上还建有骑士塔楼，两堡各有一座吊桥供出入。从碉堡的塔楼上，能向四周360度集中开火，同时，两楼又独立于城堡内其他建筑，如果敌军占领附近据点，则塔楼可以收起吊桥，关闭大门，继续作战，并为内部人员提供给养。

费利佩城堡现为秘鲁陆军军事博物馆，部分设施为部队营房。在高大威严的石门前，有两名身着古代卫兵服饰的哨兵肃然而立，一座木制吊桥横跨在16米宽的护城河上。

2. 库斯科

库斯科是秘鲁东南部库斯科省的省会，是西班牙殖民者在印加帝国故都的废墟上建立起来的，曾是古印加帝国的都城，位于海拔3410米的安第斯山高原盆地，秘鲁人称其为"安第斯山王冠上的明珠"和"古印加文化的摇篮"。在巨大的印加建筑物基础上面，西班牙人修建了华丽的宫殿、大教堂、修道院等建筑，以独特的建筑、绘画、造型艺术著称于南美，又以保存有大量印加古迹和巴洛克式建筑而闻名于世。城中有精美的石砌墙垣和太阳庙遗址等古印加文明的痕迹，1983年联合国教科文组织将其作为文化遗产，列入《世界遗产名录》。

库斯科气候凉爽，年平均气温12.8℃，年均降水量813毫米。降雨量较少的6～8月是旅游的旺季。

3. 马丘比丘

马丘比丘位于库斯科西北130公里，坐落在海拔约2350米的山脊上，临乌鲁班巴河谷的峭壁高600米。马丘比丘奇楚亚语意为"古老的山"，也被称作"失落的印加城市"，是保存完好至今的前哥伦布时期的印加遗迹，在1981年，马丘比丘周围约3.26万公顷土地被列为秘鲁的历史保护区，以保护这里的遗迹、地貌、动植物群，尤其是当地生产的兰花。1983年被列入《世界遗产名录》，是文化与自然双重遗产。

马丘比丘是大约建于1440年，直到1532年西班牙征服秘鲁时一直有人居住，是印加贵族的乡间修养场所，围绕着庭院建有一个庞大的宫殿和供奉印加神祇的庙宇，还有供人居住的房子。有人估算，在马丘比丘居住的人数最多不超过750人。整个遗迹由约140个建筑物组成，包括庙宇、避难所、公园和居住区。这里还建有超过100处阶梯，每个通常由一整块巨大的花岗岩凿成。大量的水池之间由穿凿石头制成的沟渠和下水道联系，通往原先的灌溉系统。

马丘比丘的全部建筑都是印加传统风格，技艺高超，如磨光的规则形状的墙、美妙的接缝技巧，墙上石块之间的缝隙连匕首都无法插进去。建筑用数量庞大的石块，包括重达20吨的巨石，究竟是如何搬运的，至今仍是个迷。

登上神圣的瓦纳比丘山峰，可以俯瞰马丘比丘的全貌，日出日落时分是欣赏城堡和美妙光影效果的最佳时机。印加帝国拥有发达的道路系统，道路网络汇集于印加帝国首都库斯科，其中一条道路通往马丘比丘城。

三、玻利维亚

（一）概况

玻利维亚共和国(The Republic of Bolivia)，面积109.8581万平方公里，人口约800万(2005年12月)，其中印第安人占54%，印欧混血人种占31%，白人占15%。官方语言为西班牙语，主要民族语言有克丘亚语和阿依马拉语。92.5%的居民信奉罗马天主教，其余的信奉卫理公会和耶稣教。首都：政府、议会所在地拉巴斯(La Paz)，人口120万(2003)；法定首都(最高法院所在地)苏克雷(Sucre)，人口21.6万(2001年)。

行政区划：全国共分为9省。重要节日：独立日暨国庆节是8月6日(1825年)。

（二）自然与人文环境

玻利维亚是位于南美洲中部的内陆国。西北邻秘鲁，西南邻智利，东北邻巴西，东南邻巴拉圭，南邻阿根廷。全境可分为三个地形区。东部和东北部大部分为亚马逊河冲积平原，约占全国面积的3/5，人口稀少。中部为山谷地区为东科迪勒拉山脉的山麓地带，农业发达，分布有许多大城市。西部为著名的玻利维亚高原，平均海拔在4000米以上。东部和中部为热带草原气候，向西部山地过渡到亚热带森林气候，内陆高原属山地气候。低地炎热潮湿，年平均气温25℃；高原温和，年平均气温15℃；高山寒冷，年平均气温10℃。年平均降水量从东北往西由2000毫米递减至100毫米。主要河流有贝尼河、马莫雷河、圣米格尔河。与秘鲁交界处有的的喀喀湖，终年通航。

玻利维亚为南美最贫穷的国家之一。森林覆盖率为48%。矿产资源丰富，的的喀喀湖附近的锌矿是世界最大的锌矿之一，铁储量在拉美仅次于巴西，是世界著名的矿产品出口国。工业和农业落后，主要农作物有玉米、水稻、小麦、薯类、大豆等，主要经济作物有棉花、咖啡、烟草、甘蔗、向日葵、古柯等。

玻利维亚近年来重视发展旅游业，旅游业成为继大豆和天然气之后的第三大创汇产业，但旅游基础设施相对落后。2005年接待外国游客42.2万人，旅游收入1.87亿美元，游客多来自秘鲁、阿根廷、美国、巴西及西欧国家。主要风景旅游点有的的喀喀湖、殖民遗迹、耶稣传教区、亚马逊河流域地区等。

（三）主要旅游地

1. 拉巴斯

拉巴斯是玻利维亚的行政首都和商业中心，是中央政府和议会所在地。位于玻利维亚西部阿尔蒂普拉诺高原外的一个山谷中，拉巴斯河流经城内。城市四周群山环抱，伊利马尼山在城市的一侧高耸入云。整个城市建立在倾斜的山坡上，海拔高度3627米，高差约800百米，是世界上海拔最高的首都。气候属于亚热带山地气候，年平均气温14℃。居民中40%是印第安人。

“拉巴斯”在西班牙语中意为“和平之城”，是西班牙人于1548年在印加村落的基础上建立的，18～19世纪时是高原地区的主要供应点和众多采矿活动的中心。1898年玻利维亚大部分政府机构从苏克雷迁往拉巴斯，拉巴斯成了事实上的首都，全国的政治和经济中心，全国第一大城市。拉巴斯也是高原上最大的商业城市。城内的工业有食品加工、纺织、制造、玻璃、家具和电力设备等。城内有国立艺术博物馆、考古博物馆等。

全城以拉巴斯河岸的穆里略广场为中心，依地势分为三层。低层是高级住宅区；中层是行政中心和商业区，有总统府、政府宫、大使馆、高等学府、大小商店；高层是印第安人住宅区，多简陋低矮的住房。

穆里略广场的中央耸立着南美争取民族独立的先驱者佩德罗·多明戈·穆里略的铜像。广场附近有政府机构、国会大厦、大教堂等。白色的总统府是三层小楼，新颖别致，门前有穿着传统的天蓝色上衣和红色长裤的卫兵。广场的四周为老城区，道路狭窄，房屋低矮。广场以西是闻名全国的圣克鲁斯元帅大道，路面宽阔，从城西北向东南贯穿全城，西端有玻利瓦尔纪念像，西端有苏克雷纪念像。

布宜诺斯艾利斯大街一带是拉巴斯著名的闹市，既有露天市场也有现代化的商业街。

蕾瓦瓦纳科公园内有印加帝国古城遗址和美洲最驰名的古迹太阳门。太阳门用整块巨石凿成，上面有人形浮雕，每年 9 月 21 日，当旭日初升时，阳光恰好从门中央射出，具有神秘色彩。

在拉巴斯附近有印加时代一个古帝国的首都蒂瓦纳库城，传说建于公元前 1600 年。遗址中有一座扩音壁，石壁长 43 米，有圆孔，耳朵贴在圆孔上可以清晰地听到远处对着石壁说话的声音。

2.苏克雷

苏克雷(Sucre)是玻利维亚法定首都，最高法院所在地。位于玻利维亚中南部东科迪勒拉山脉东麓卡奇马约河谷地，海拔 2790 米。年平均气温21.8℃。年降水量 700 毫米。人口21.6万(2001 年)。因市内主要建筑和居民住宅均呈白色，故称“白色城市”。苏克雷的主要工业有石油提炼、冶金、纺织、水泥、卷烟和水果罐头。

苏克雷城原为印第安人村落，名为丘基萨卡。1538 年建城，1559 年西班牙殖民者在这里设立了美洲殖民地司法最高机关大审问院。1624 年耶稣会在这里创建了美洲最早的大学——圣佛朗西斯科·哈比埃尔大学。1809 年 5 月 25 日在此爆发南美洲反对西班牙统治的第一次起义，并于 1825 年 8 月 6 日在这里宣布玻利维亚独立。1839 年，苏克雷城成为玻利维亚的首都。1840 年以第一任总统苏克雷之名命名，1898 年成为法定首都。

苏克雷城区有众多的塔、钟楼、纪念碑等建筑，具有哥特式、文艺复兴式、巴洛克式、混合式、新古典主义和古典主义等多种风格，多呈白色，并且用砖角、阳台、铸铁的花格图案和木制的百叶窗，成功地融合了拉丁美洲当地和西班牙建筑风格。1991 年苏克雷古城被列入《世界遗产名录》。

苏克雷城市的中心是巨大的“5 月 25 日广场”。广场正南是建于 1701 年的白色的新古典主义式建筑物“自由之家”，其中的独立厅是 1825 年西班牙承认玻利维亚独立签署《独立宣言》的地方。广场对面的苏克雷大教堂始建于 1551 年，17 世纪末增建了两个侧廊，侧廊有瓜达尔佩圣母小礼拜堂，安置有 1601 年制作的南美最珍贵的圣母像。大教堂 5 层高的钟楼是苏克雷的标志性建筑。钟楼的四角有 4 位福音使者和 12 名使徒的站立雕像。圣拉萨罗教堂始建于 1538 年，是苏克雷最古老的教堂。方济会的拉·莱可莱塔修道院建于 1691 年，是城中最古老最美丽的修道院。

3. 的的喀喀湖

的的喀喀湖位于南美洲安第斯山区的利亚奥高原上，是秘鲁和玻利维亚两国的界湖。海拔 3810 米，是世界上海拔最高的大淡水湖。湖水面积 8300 平方公里，是世界上最高的可通行大船的大湖，也是南美洲第二大湖。湖盆从西北向东南延伸 190 公里，最宽处 80 公里。水深一般在 20 米以上，平均水深 100 米，最深处 304 米。湖水呈淡绿色，清澈见底。湖泊的 3/5 在玻利维亚境内，2/5 在秘鲁境内。湖水由高山雪水汇集多条河川补给，向南经德萨瓜德罗河入玻利维亚波波湖。的的喀喀湖湖岸曲折，多半岛、湖湾。科帕科瓦半岛和塔拉科半岛把湖面分为两个水域，即大湖丘古伊多、小湖维那马卡。湖中有 41 个岛屿，其中面积最大的的的喀喀岛上有印加时代的神庙遗址，太阳岛(伊斯拉—德索科岛)和月亮岛(伊斯拉—德拉鲁纳岛)是印第安文化摇篮，被视为圣迹。从西岸秘鲁的普诺到南岸玻利维亚的瓜基之间有定期的班轮航运来往。

的的喀喀湖地区是古代印第安人著名的印加文化发祥地之一，是印第安人培植马铃薯的原产地。

湖中原来盛产鳟鱼和体长达 30 厘米的巨蛙，由于滥捕过度，目前秘鲁和玻利维亚政府都已经制定禁止滥捕鳟鱼的法令。湖边盛产高大的芦苇和香蒲草，生活在湖上的乌罗人，用芦苇和香蒲编织成一种名叫“托托拉”的草船，两头尖翘，可轻巧灵便地航行在湖光山色之中。这种草船只能使用一年左右时间就因逐渐被水浸透而放弃。湖中有许多居住着三五户人家的“浮动小岛”，是用当地出产的香蒲草捆扎而成的。人们在浮岛上常年生活、打渔，甚至可以在上面种植蔬菜。这种草船和浮岛构成了的的喀喀湖上的独特风貌。

蒂亚瓦拉科文化遗址位于的的喀喀湖东南 21 公里处，海拔约 4000 米。有许多巨大的石像和石柱，其中最著名的古迹是雨神“维提科恰”的石塑像。这里还有用整块巨大的石块做的太阳门，门上有被太阳光线围着的人形浅浮雕。

第七节　南美南部

一、智利

（一）概况

智利共和国（Republic of Chile），面积75.6626平方公里（其中陆地面积75.6253万平方公里，岛屿面积 373 平方公里），人口1609.34万（2004 年），其中印欧混血种人占 75%，白人占 20%，印第安人占 4.6%。官方语言为西班牙语，在印第安人聚居区使用马普切语。15 岁以上人口中信仰天主教的占69.90%，信仰福音教的占15.14%。首都圣地亚哥（Santiago），人口646.53万（2004 年）。

行政区划：全国分为 13 个大区，下设 50 个省和 341 个市。重要节日：独立日暨国庆日是 9 月 18 日（1810 年）。

（二）自然与人文环境

智利位于南美洲西南部，安第斯山脉西麓，东邻阿根廷，北邻秘鲁、玻利维亚，西濒太平洋，南与南极洲隔海相望。海岸线总长约 1 万公里。

南北长 4352 公里，东西宽96.8～362.3公里，是世界上最狭长的国家。东为安第斯山脉的西坡，约占全境东西宽度的 1/3；西为海拔 300～2000 米的海岸山脉，大部分地带沿海岸伸展，向南入海，形成众多的沿海岛屿；中部是由冲积物所填充的陷落谷地，海拔 1200 米左右。位于智利、阿根廷边境上的奥霍斯—德尔萨拉多峰，海拔 6885 米，为全国最高点。境内多火山，地震频繁。主要岛屿有火地岛、奇洛埃岛、惠灵顿岛等。气候南北差异大，北部是常年无雨的热带沙漠气候，中部是冬季多雨、夏季干燥的亚热带地中海式气候，南部为多雨的温带阔叶林和寒带草原气候。年均最低和最高气温分别为8.6℃和21.8℃。全国有河流三十余条，较重要的有比奥比奥河等。

智利属于中等发达水平的国家，矿藏、森林和水产资源丰富，矿业、林业、渔业、农业是国民经济四大支柱。素称“铜矿之国”，已探明的铜蕴藏量达 2 亿吨以上，居世界第一位，约占世界储藏量的 1/3，铜的产量和出口量也均为世界第一。渔业资源丰富，是世界第五大渔业国。森林覆盖率20.8%，盛产温带林木，木质优良，是拉美第一大林产品出口国，主要林产品为木材、纸浆、纸张等。智利是以经济开放而著称于世的贸易国家。

智利政府重视发展旅游业，在维护原有海滨和南部风景区的基础上，不断开发新的旅游景点，完善旅游服务设施。2004 年接待外国游客 200 万人次，旅游外汇收入 15 亿美元，游客主要来自阿根廷等周边国家、北美和欧洲。

（三）主要旅游地

1. 圣地亚哥

圣地亚哥位于智利中部，是南美洲第四大城市，是全国文化活动中心，全国近 54%的工业集中于此。圣地亚哥前临马波乔河，东依安第斯山，西距瓦尔帕来索港约 185 公里，海拔 600 米。夏季干燥温和，冬季凉爽多雨雾。年均最高气温22.6℃，最低气温8.8℃。

圣地亚哥始建于 1541 年，1818 年迈普战役（智利争取独立战争中决定性战役）后成为首都，19 世纪因发现银矿后迅速发展，其后屡遭地震、洪水等自然灾害的破坏，历史性建筑荡然无存。现今的圣地亚哥是一座现代化城市。奥希金斯大街是圣地亚哥的主要街道，长 3 公里，宽 100 米，横贯全城，林荫遮道，每隔不远就有一座喷泉和造型生动的纪念铜像。大街西端有解放广场，附近有宪法广场、大街东边有巴格达诺广场。市中心有武装部队广场。市区和近郊有天主堂、主教堂、市政厅、古老的智利大学、天主教大学、南美洲最大的图书馆(藏书 120 万册)、历史博物馆、国家美术馆以及公园、动物园和古迹。圣卢西亚山靠近市中心，海拔 230 米，为著名风景区。圣克里斯托瓦尔山位于市区东北，海拔 1000 米，山项上竖立一尊巨型大理石圣母雕像，为当地一大胜景。郊区引安第斯山水灌溉，农业发达。

2.复活节岛

复活节岛(Easter Island)以其摩艾石像(Moai)而驰名于世，位于南纬 28°和西经 108°交会点附近，是智利瓦尔帕莱索省的属岛，当地称“拉帕努伊岛”，意为“石像的故乡”；又名赫布亚岛，意即“世界之脐”。该岛孤立于东南太平洋上，东距智利西岸 3700 公里，西距皮特凯恩岛 1900 公里，是波利尼西亚最东面的岛屿。呈三角形，长22.5公里，面积 117 平方公里。由三座死火山的熔岩流和凝灰岩所构成，最高点海拔 600 米。土地贫瘠，西南部的平原和岛东端一隅有较好的耕地。岛上没有河流，土地干旱，人们依靠火山口湖和池塘等蓄雨水，用导管将水从宽 1000 米的拉努·科火山口湖引向西南部平原。海岸悬崖陡立，高达近 300 米，缺乏天然港口。这里气候属亚热带类型，年平均气温约22℃，1 月平均气温25℃，8 月21℃。年平均降雨量约 1000 毫米，6～7 月多雨，9 月少雨。岛上植物十分贫乏，主要是草木植物及稀少的灌木。甘薯为居民主要食粮，是最重要的农作物，其他有葫芦、甘蔗、香蕉、芋头等。

1686 年英国航海家爱德华·戴维斯首次登上这个小岛时，发现荒凉的岛上竖立有许多巨大的石像，故称其为“悲惨与奇怪的土地”。1722 年 4 月 5 日，荷兰海军上将雅各布·罗格文再次发现该岛，因为当天是耶稣复活节，于是将其命名为“复活节岛”。罗格文等在岛上发现许多耸立着的石雕人像，它们背靠大海，面对陆地，排列在海岛的岸边上。每个石像形态不同，大小也不一样。1770 年西班牙航海家冈萨雷斯到了这个岛上，1774 年英国的航海测量家库克再次到达这里。

这些航海家们很快就把复活节岛的所见所闻传遍了欧洲和全世界，于是吸引了一些专家学者来到这个岛上进行考察研究。复活节岛上的摩艾石像有440个左右，另外在山体岩石上已雕刻、但未完工剥离下来的有好几百个。石像高度一般在5～6米，小的3～4米，最高大的一个高21.8米。大约有30个石像的头上戴着石帽，石帽是另外雕刻好后戴上石像身体的，一些石帽上涂有红色。石像都没有刻出下身的脚。雕好的石像形态各不相同，但都是耳朵很长，鼻子高大，嘴唇很薄。石像身上还刻有图案花纹，雕好的石像竖立在60米长、3米高的平台上。石像是用岛上火山岩雕刻的，石像的重量一般在10吨以上，最小的估算也在5吨以上。

大约在1770年，拉帕努伊人开始互相推倒属于敌人的石像，砍下石像的头。当库克船长在1774年到达该岛时，发现许多石像从祭坛上倒在地上。1864年西方传教士抵达该岛时，发现所有的石像被推倒。

西方人的到来给拉帕努伊人带来的是更大的厄运。1772年荷兰人一上岸，就向围观的拉帕努伊人发射了至少30枪，杀死了10～12名拉帕努伊人，其中包括酋长或祭司。自1805年起，西方殖民者开始到岛上抓拉帕努伊人当奴隶。1862年全副武装的秘鲁海盗乘八艘船只而来，抓走了一千多人，包括所有的男性，并将他们运到秘鲁，卖给了当地奴隶主，充当开采鸟粪的奴隶。在国际舆论的谴责下，秘鲁政府不得不命令奴隶贩子将拉帕努伊人放回。由于劳累和疾病，这批拉帕努伊人仅剩下约100人，在返回复活节岛的途中又染上了天花，只有15人带着重病回到家乡。这15人也把天花带到了复活节岛，造成岛上居民的疾病和死亡，最后只剩下数百人。第二年，法国传教士踏上复活节岛，把灾难中的拉帕努伊人都改造成了基督徒，同时也彻底地消灭了岛上的文化。在19世纪70年代，幸存的拉帕努伊人纷纷搬到塔希提岛。到1877年，岛上人口只剩下了111人。1888年复活节时，智利政府宣布吞并复活节岛，将岛上大部分土地租给牧羊公司，直到1953年。

在西方人未到该岛前，这里还处于人类的石器时代，只有语言，没有文字，岛民原来都靠捕鱼为生。现今岛上人口约2300人，属波利尼西亚人种，大多从事旅游服务业。被推倒的摩艾石像重新立起，从智利引进了大棕榈树，旅游业是岛上的唯一收入来源。

岛上最大的传统节日是一年一度的“鸟人节”。每年春天，全体岛民齐聚奥龙戈火山顶，选举自己的首领“鸟人”，祭拜自己的神明。

岛上动物种类较少，脊椎动物有鱼类和具有长途飞行能力的海鸟，还有蜘蛛、昆虫、蚯蚓、蜗牛、蜈蚣等。1866 年传教士引入绵羊、马、牛、猪等牲畜。还有不知何时传入的野猫。

二、阿根廷

（一）概况

阿根廷共和国(Republic of Argentina)，面积278.04万平方公里(不含马尔维纳斯群岛)，人口 3626 万(2001 年)，其中白种人占 95%，多属意大利和西班牙后裔，其余为混血种人、印第安人及其他人种。官方语言为西班牙语。87%的居民信奉天主教，其余的信奉基督教新教及其他宗教。首都布宜诺斯艾利斯(Buenos Aires)，人口 278 万，包括近郊 19 个区的大布宜诺斯艾利斯共 1383 万人(2001 年)。

行政区划：全国划分为 24 个行政单位。由 22 个省、1 个地区(火地岛行政区)和联邦首都(布宜诺斯艾利斯)组成。重要节日：国庆节是 5 月 25 日(1910)，独立日是 7 月 9 日(1816 年)。

（二）自然与人文环境

阿根廷是拉美第二大国，位于南美洲东南部，西邻智利，北邻玻利维亚、巴拉圭，东北邻巴西、乌拉圭，东濒大西洋，南与南极洲隔海相望，海岸线长四千多公里。地势由西向东逐渐低平。西部安第斯山绵延起伏，约占全国面积的 30%；东部和中部的潘帕斯草原是著名的农牧区；北部主要是格兰查科平原，多沼泽、森林；南部是巴塔哥尼亚高原。主要山脉有奥霍斯·德萨拉多山、梅希卡纳山，阿空加瓜山海拔 6964 米，是南美洲最高峰。北部属热带气候，中部属亚热带气候，南部为温带气候。年平均气温北部24℃，南部5.5℃。巴拉那河全长 4700 公里，为南美第二大河。主要湖泊有奇基塔湖、阿根廷湖、别德马湖等。

阿根廷是综合国力较强的拉美国家，气候适宜，土地肥沃，物产丰富。水力资源丰富，森林覆盖率约 30%，沿海渔业资源丰富。工业门类较齐全，工业产值占国内生产总值的1/3，核工业发展水平居拉美前列，是世界葡萄酒主要生产国之一。农牧业发达，主要种植小麦、玉米、大豆、高粱和葵花籽等，畜牧业占农牧业总产值的40%。国土面积的55%是牧场，全国牲畜的80%集中在潘帕斯大草原。阿根廷是世界粮食和肉类的重要生产国和出口国，素有"粮仓肉库"之称。

阿根廷旅游业发达，是南美主要旅游国家，旅游业是第三大创汇产业。2004年接待外国游客335.26万人次，旅游收入24.91亿美元。全国有自然保护区35个，总面积365.5万公顷。阿根廷有世界自然和文化遗产8处。主要旅游地有布宜诺斯艾利斯、巴里洛切、伊瓜苏大瀑布、莫雷诺冰川等。

（三）主要旅游地

1. 布宜诺斯艾利斯

布宜诺斯艾利斯位于阿根廷东部沿海的拉普拉塔河的河口右岸，海拔25米，气候温暖，年平均气温约16℃，四季温差不大，年均降水量为950毫米。布宜诺斯艾利斯是阿根廷的政治、经济、文化、交通中心，是南美洲最繁华的商业和工业中心，集中了全国35%以上的人口，2/3的工业产值，近一半的国民生产总值，对外贸易额为全国的45%。

"布宜诺斯艾利斯"在西班牙语中意为"好空气"，城市居民几乎都是欧洲移民的后裔，城市布局、街景以及居民的生活方式、风俗习惯、文化情趣，处处显露出欧洲风情，被誉为"南美洲巴黎"。市内以街心公园、广场、纪念碑和雕塑众多著称。城市建筑多受欧洲文化影响，保留有几个世纪前的西班牙和意大利风格的古代建筑。在议会大厦前的议会广场上，有纪念1813年制宪大会和1816年议会的"两议会纪念碑"，碑顶上手持花束的铜像是共和国的象征。其他各种青铜雕像和白石雕像难以胜计。

布宜诺斯艾利斯有5个主要繁华区。1区以五月广场为中心，是政治和商业区，许多著名的大街由广场呈辐射状向四周伸展。五月广场的中心是一座金字塔型的纪念碑，是为纪念1810年争取独立和自由的五月革命而修建的，塔顶上有自由女神塑像。坐落在五月工场的总统府，通称玫瑰宫，建于1856年，建筑呈粉红色，庄重美观。玫瑰宫前方是庄重的大教堂，建于1723年，内有民族英雄圣马丁的墓。玫瑰宫对面的五月革命历史博物馆，原市参议会，是一座西班牙式的白色建筑。五月大街起于五月广场，止于西端的议会大厦广场，全国议会大厦墙面有动人的浮雕。1区内还有世界著名的科隆剧院，被称为世界三大剧院之一，建于1908年，富丽堂皇，具有法国文艺复兴时期的建筑风格，只演出歌剧和芭蕾舞剧，有3600个座位。2区称圣特尔莫区，是布宜诺斯艾利斯的发源地和最早的港口，具有城市发展各个时期的特征，是历史文化保护区，区内的纪念碑、教堂、雕塑、广场，甚至是一些餐馆和民舍都充满着神奇色彩。3区邻近拉普拉塔河，建有许多博物馆，还有被称为布宜诺斯艾利斯殖民时期建筑之精华的罗马大教堂。4区位于城南海滨，是意大利移民的集居地。5区称帕莱莫区，街道宽阔，花繁草茂，湖水如镜；区内的街心公园建有许多著名的雕塑以及民族英雄纪念碑和解放共和国纪念碑；区内还有动物园、植物园，植物园占地7.8万平方米，拥有世界上最主要的植物。

2.巴里洛切

巴里洛切(Bariloche)位于阿根廷西南部的奥内格罗省境内的安第斯山麓，是阿根廷最为著名的国家公园。依山傍水，其自然风光、建筑风格、人文景致酷似欧洲的阿尔卑斯山地区，居民以德国、瑞士、奥地利移民后裔为主，故有“小瑞士”、“南美瑞士”之称。

巴里洛切城海拔770米，临纳乌埃尔瓦湖，城内建筑多为尖顶的木结构房屋，是四季咸宜的旅游胜地。夏天山上林木茂盛，可以骑马猎鹿；冬天是滑雪者的天堂，优良的高山滑雪场离市区不远，总面积二千多公顷，滑雪道总长近百公里。巴里洛切没有污染环境的工业，主要产品是巧克力糖。商店里售卖各式各样的巧克力，有些店家还一边现场自制巧克力　边出售。

这里也是滑雪胜地，每年隆冬8月巴里洛切的冰雪节，有滑雪和冰球比赛，湖中的摩托艇和山林间的摩托车竞赛，还有具有地方特色的伐木比赛。冰雪节的高潮是选举冰雪皇后。

3.伊瓜苏瀑布

伊瓜苏瀑布位于阿根廷与巴西边界上伊瓜苏河与巴拉那河汇合点

上游23公里处，是世界五大瀑布之一。1934年，阿根廷在伊瓜苏瀑布区建立了670平方公里的国家公园。1984年，伊瓜苏瀑布被列入《世界自然遗产名录》。

“伊瓜苏”在印第安语中意为“大水”，1541年西班牙探险者巴卡首先发现了该瀑布。伊瓜苏河发源于巴西南部，宽阔的河面从巴拉那高原边缘落入一个狭窄的峡谷，形成马蹄形的伊瓜苏瀑布，高82米，宽4公里，悬崖边缘树木丛生的岩石使瀑布分成275股急流或泻瀑，高度60～82米不等。年平均流量为1756立方米/秒，在11月至来年3月的雨季中，瀑布最大流量可达1.275万立方米/秒。从瀑布底部向空中升起近150米的水雾，蔚为壮观，最佳参观季节是1～3月。

目前阿根廷和巴西都在瀑布附近设立了伊瓜苏国家公园。在巴西一侧可以看到瀑布的全貌，在晨曦中尤其壮观。在阿根廷一侧可近距离观赏瀑布。

4.莫雷诺冰川

莫雷诺冰川(Moreno Glacier)所在的阿根廷冰川国家公园坐落于阿根廷南部，安第斯山脉南段巴塔哥尼亚山脉东侧，属圣克鲁斯省。冰川公园所在的冰川湖名为阿根廷湖，湖的面积达1414平方公里。莫雷诺冰川是世界上最壮观的冰川，绵延30公里，总面积257平方公里。巨大的莫雷诺冰川沿宽阔的山谷流入湖中，每天都向前推进，在湖水面上方浮着厚70米的“冰墙”，延伸接近湖的对岸。在这里可以近距离观赏到冰舌不断在湖面上崩落并发出轰鸣，冰块在湖水中漂浮的壮观景象。

三、乌拉圭

(一)概况

乌拉圭东岸共和国(Oriental Republic of Uruguay)，面积17.7万平方公里，人口324万(2005年)，其中白人占90%以上，印欧混血种人占8%。官方语言为西班牙语。居民56%的人信奉天主教。首都蒙得维的亚(Montevideo)，人口136万(2002年)。

行政区划：全国共分19个省。重要节日：独立日暨国庆日是8月25日(1825年)。

(二)自然与人文环境

乌拉圭位于南美洲东南部,乌拉圭河与拉普拉塔河的东岸,北邻巴西,西以乌拉圭河与阿根廷为界,东南濒大西洋,海岸线长约 660 公里。境内地势平坦,多为丘陵和草原,平均海拔 116 米。南部是起伏的平原,北部和东部有少数低山分布,西南部土地肥沃,东南部多斜坡草地。大库奇利亚山脉由南向东北延伸至巴西边境,海拔 450～600 米。属温带气候,1～3 月为夏季,气温17℃～28℃,7～9 月为冬季,气温6℃～14℃。年降水量由南至北从 950 毫米递增到 1250 毫米。内格罗河发源于巴西高原,流经中部,注入乌拉圭河,全长八百多公里。内格罗河上的内罗格水库,面积约 1 万平方公里,是南美最大的人工湖之一。

乌拉圭是一个传统农牧业国家,工业不发达,以农牧产品加工业为主。盛产大理石、紫水晶石、玛瑙、乳白石等。林业和渔业资源丰富,盛产黄鱼、鱿鱼和鳕鱼。可耕地和牧场面积占国土面积的 90%,其中 85% 为牧场。农作物以稻米为主,是世界第六大稻米出口国。畜牧业在国民经济中占重要地位,肉类、羊毛、皮革等传统产品出口约占出口总额的 2/3。主要出口肉类、羊毛、皮革、稻米、水产品。

乌拉圭旅游业较发达。2005 年接待外国游客191.7万人次,旅游外汇收入为5.4亿美元。境外游客主要来自阿根廷、巴西、巴拉圭、智利等周边国家。主要旅游地是埃斯特角和蒙得维的亚。

(三)主要旅游地

1. 蒙得维的亚

蒙得维的亚位于拉普拉塔河下游,濒临南大西洋,人口约占全国总人口的一半。它是乌拉圭全国政治、经济、交通和文化的中心,乌拉圭的最大海港,也是乌拉圭的海上门户。

该城虽处南纬 35 度的温带地区,但一年四季温差不大,气候宜人,遍地树木花草,空气清新。城区公园密布,适于游泳的几处大型海滩附近已建成环境幽静的住宅区。办公楼房和居民住宅多为欧式建筑风格。年平均气温16℃,1 月平均气温为23℃,7 月平均气温为10℃。每年 5 月至 10 月多雾。全年平均降雨量约 1000 毫米。

“蒙得维的亚”的原意是葡萄牙语“我看到山了”。蒙得(MONTE)

是“山”,维的亚(VIDEO)为“我看到了”。据传,17世纪,葡萄牙探险队首次抵达这里时,一水手发现老城西北部一座海拔仅139米的小山时惊呼:“我看到山了”,蒙得维的亚市由此得名。但此说并不被学术界认可。蒙得维的亚开始是一个军事要塞和港口的混合体,有着悠久的移民传统。蒙得维的亚市建于1726年至1730年间,当时西班牙人德萨瓦拉(Bruno Mauriciode Zabala)于1726年的圣诞节时在此建立军事要塞,并安置了13户居民。蒙得维的亚市不仅是乌拉圭全国政治、经济、贸易、金融和文化中心,且为拉美南角地区历史较悠久的主要港口城市之一。

蒙得维的亚市的交通运输有铁路、公路及空运向全国辐射,并通向阿根廷及巴西等国。该市还集中了全国3/4的工业,以肉类冷藏和加工业规模最大,还有纺织、面粉、石油冶炼、化学及制革等工业。蒙得维的亚港拥有闻名于世界的构思独特的阳台,被誉称为“阳台王国”。港口距全国最大的国际机场车程约30分钟,有定期航班飞往世界各地。蒙得维的亚港也是南美洲的主要港口之一。

蒙得维的亚市汇集全国70%的工业,商业发达,文化普及,金融市场活跃。从1994年使用光纤电缆与外部通信,人均计算机占有量和哥斯达黎加同居拉美首位,人均数字程控电话比巴西多三倍,比智利多两倍。全国计算机用户都可与Internet联网,主要出版物可通过该国际网络在世界各地阅读。有五家电视台和三家有线电视台,18家电台和四家发行全国的日报。该市是拉美一体化协会总部、南方共同市场秘书处的所在地。

2. 埃斯特角

埃斯特角(东角)半岛位于蒙得维的亚以东约300公里的马尔多纳多,是消夏和疗养旅游胜地,风光秀丽,草木常青,在郁郁葱葱的树木花丛中,建有众多的别墅、宾馆、疗养院。半岛东西两侧海滩上的海滨浴场各具特色。半岛东临大西洋,海面浪涛汹涌,人称“狂暴海滩”。半岛西临马尔多纳多湾,海面却常年风平浪静,素以“温顺海滩”著称。两个不同景色的海滩为不同爱好者提供了各自满意的活动场所。

埃斯特角旅游设施齐全,每年接待30～50万游客,旅游收入约占乌拉圭全国旅游收入的一半。这里还是经常举行国际会议的地方，1967年美洲国家首脑会议在此召开，1986年在此召开的关贸总协定缔约国部长级乌拉圭会议，即“乌拉圭回合”会议，使乌拉圭和埃斯特角闻名天下。在埃斯特角的附近，有高尔夫球场、跑马场、游艇码头、健身房、舞厅和赌场。

四、巴拉圭

（一）概况

巴拉圭共和国（The Republic of Paraguay），面积40.67万平方公里，人口560万（2001年），其中印欧混血种人占95%，其余为印第安人和白人。西班牙语和瓜拉尼语为官方语言，瓜拉尼语为民族语言。大多数居民信奉天主教。首都亚松森（Asuncion），人口55万。

行政区划：全国划分为17个省和一个特别区（首都亚松森）。重要节日：独立日暨国庆日是5月14日（1811年）。

（二）自然与人文环境

巴拉圭是南美洲中部的内陆国家，北邻玻利维亚，东邻巴西，西、南邻阿根廷。地处拉普拉塔平原北部，巴拉圭河从北向南把全国分成东、西两部分。东部为丘陵、沼泽和波状平原，集中了全国90%以上的人口；西部为原始森林和草原。巴拉圭属亚热带气候，夏季平均气温27℃，冬季平均气温17℃。年均降水量东部为1500毫米，西部500毫米。

巴拉圭经济以农、牧、林业为主，是拉美最落后的国家之一，贫困人口占70%。主要经济活动集中在首都亚松森和东方市。盐矿和石灰石储量较大，水力资源丰富。森林覆盖率为39%，原始森林占森林总面积的54%，出产珍贵的硬质木材。工业基础薄弱。农业是国民经济的主要支柱，主要农产品有大豆、棉花、烟草、小麦和玉米等。畜牧业曾在经济中占有重要地位。主要出口产品有棉花、大豆、肉产品、木材。

巴拉圭水力资源丰富，蕴藏量约为56000兆瓦。1973年，巴拉圭同巴西达成协议，在帕拉那河上合建伊泰普水电站，总装机容量为12600兆瓦（共有18台700万千瓦的涡轮发电机）。此外，巴拉圭还同阿根廷合建亚西雷塔—阿皮培水电站，设计装机容量为300万千瓦。电力自给有余，大部分出口巴西和阿根廷。

旅游业是巴拉圭外汇收入主要来源之一，旅游收入达5.59亿美元，1997年接待旅游者约420万人次，国外旅游者主要来自阿根廷和巴西。主要旅游地亚松森、伊泰普水电站、东方市等。

（三）主要旅游地

1. 亚松森

亚松森是全国最大的城市，位于皮科马约河和巴拉圭河汇合处的巴拉圭河东岸。地势平坦，海拔47.4米。12月至来年2月为夏季，平均气温27℃；6～8月为冬季，平均气温17℃。年平均降水量1266毫米。

“亚松森”在西班牙语中意为“升天节”。该市始建于1537年，早期曾是西班牙拉普拉塔总督辖区首府，1811年巴拉圭独立时被定为首都。1864年至1870年发生了巴拉圭战争，亚松森被巴西、阿根廷、乌拉圭三国联军占领，由巴西统治到1876年。

亚松森是全国最大的农牧产品集散地和加工中心，有纺织、卷烟、造船、榨油、制糖、制革、面粉加工等工业，也是全国最大的河港。亚松森曾是西班牙总督的驻地，保存有古西班牙风格的建筑物，如庄严肃穆的西班牙式教堂、古朴典雅的住宅、幽静的庭院等，它们与造型优美的现代化建筑都掩映于绿荫之中。

亚松森是一座美丽如画的内河港口城市，是“森林与水之都”。在山坡高丘之上，遍布橘园，故也称“橘城”。国民独立大街横贯全市，沿街有英雄广场、中央银行、政府大厦、议会大厦等现代化建筑。棕榈树大街是全市繁华的商业区。

政府大厦始建于巴拉圭战争时期，具有法国巴黎卢浮宫的建筑风格。宪法广场一侧是白色素雅的国会大厦，另一侧是古色古香的拉恩卡纳西翁大教堂。英雄广场有一座为纪念过去战争中牺牲的战士而建的公墓。帕尔玛大街、埃斯特雷利亚大街、奥利瓦大街也是亚松森热闹的商业区，其中帕尔玛大街是群众游行聚集的地方，喧闹繁华，有民族英雄纪念碑。宽阔的洛佩斯元帅大街是每年举行传统阅兵式的地方。

亚松森市有许多大型公园，如骑士公园、卡洛斯·安托尼奥·洛佩斯公园、法国罗德里盖斯公园等。亚松森植物园位于城郊，是南美洲规模较大的植物园之一，园中名贵树木繁多。

伊帕卡拉伊湖距亚松森 45 公里，驰名世界，湛蓝的湖水长 24 公里，宽 4 公里，巴拉圭人称“蓝色的湖”。这里环境幽静，环湖的树林有柠檬树、面包树、兰科树等，林间空地是异彩纷呈的鲜花，充满绚丽的亚热带情调。湖畔有造型别致的旅馆、别墅、划船俱乐部等。

2.伊泰普水电站

伊泰普水电站位于巴西西南部与巴拉圭和阿根廷的交界处，巴西与巴拉圭之间的界河巴拉那河上，是世界上仅次于中国三峡水电站的第二大的水电站，由巴西与巴拉圭共建，发电机组和发电量由两国均分。“伊泰普”在印地安语中意为“会唱歌的石头”。伊泰普水电站于 1974 年 10 月 17 日动工，1991 年 5 月 6 日竣工。大坝全长 7744 米，水库面积 1350 平方千米，水深 250 米，库容 290 亿立方米。伊泰普人工湖的大半在巴西，小半在巴拉圭境内。水电站主坝为混凝土空心重力坝，高 196 米，海拔 225 米，长 1500 米。目前共有 18 台发电机组，每台 70 万千瓦，总装机容量 1260 万千瓦，年发电量可达 790 亿度。

大坝的西侧是水库的溢洪道，十几道闸门敞开，库水能以每秒4.6万立方米的流量倾泻而出，飞卷的波浪高达几十米，形成一道壮丽的人工瀑布，蔚为壮观。

伊泰普水电站的修建也促进了周边地区的经济特别是旅游业的发展，附近的福斯杜伊瓜苏已变成一座颇具规模的城市。

第八节 南美东部 巴西

(一)概况

巴西联邦共和国(The Federative Republic of Brazil)，国土面积851.42万平方公里，人口1.8159亿(2004 年)，占世界人口的2.8%，居拉美首位，其中白人占54.38%，黑白混血种人占39.88%，黑人占5.21%，黄种人占0.39%，印第安人占0.14%。官方语言为葡萄牙语。居民71%信奉天主教。首都巴西利亚(Brasilia),人口205.1万(2000年)。

行政区划:全国共分为26个州和1个联邦区(巴西利亚联邦区),州下设5507个市。重要节日:独立日暨国庆日是9月7日(1822年),印第安人日是4月19日。

(二)自然与人文环境

1.自然地理

巴西是拉丁美洲面积最大的国家,位于南美洲东南部。北邻法属圭亚那、苏里南、圭亚那、委内瑞拉、哥伦比亚,西邻秘鲁、玻利维亚,南邻巴拉圭、阿根廷、乌拉圭,东濒大西洋,海岸线长约7400公里。国土面积约占南美洲总面积的46%,仅次于俄罗斯、加拿大、中国、美国,为世界第五大国。全境地形分为亚马逊平原、巴拉圭盆地、巴西高原、圭亚那高原,其中亚马逊平原约占全国面积的1/3。巴西80%位于热带地区,最南端属亚热带气候,年平均气温16℃~19℃。北部亚马逊平原属热带雨林气候,年平均气温27℃~29℃。中部高原属热带草原气候,分旱、雨季。有亚马逊、巴拉那、圣弗朗西斯科三大水系。亚马逊河横贯巴西西北部,全长6751公里,在巴西境内流域面积390万平方公里;巴拉那河系包括巴拉那河和巴拉圭河,流经西南部,多激流和瀑布,有丰富的水力资源;圣弗朗西斯科河系全长2900公里,流经干旱的东部地区。

2.自然资源

巴西自然条件得天独厚。巴西矿产资源丰富,铁矿砂储量为250亿吨,储量、产量、出口量均居世界第一位,铁矿砂品位多数在60%以上,且为露天矿。铀矿、铝矾土和锰矿储量均居世界第三位。还有较丰富的铌、铬、镍、黄金、石棉等。横贯北部的亚马逊河是世界上流域最广、流量最大的河流。素有"地球之肺"之称的亚马逊森林面积达750万平方公里,占世界森林面积的1/3,其中大部分位于巴西境内。全国森林覆盖率为57%。木材储量658亿立方米。水力资源丰富,拥有世界18%的淡水,可利用的水电资源蕴藏量达1.43亿千瓦。南部的巴拉那河是世界第五大河,河上既有壮观的伊瓜苏大瀑布,还有巴西与巴拉圭合建的伊泰普水电站。

3.经济与旅游业

巴西是拉美第一经济大国，有较为完整的工业体系，工业产值居拉美之首。重要工业部门有钢铁、汽车、造船、石油、化工、电力、制鞋等。巴西是南美钢铁大国，为世界第六大产钢国，也是拉美第一、世界第九汽车生产大国。核电、通信、电子、飞机制造、信息、军工等领域也具有一定优势。巴西是世界第一大咖啡生产国和出口国，有“咖啡王国”之称，甘蔗、柑橘的产量也居世界首位。大豆产量居世界第二，玉米产量居世界第三。巴西是仅次于美国和德国的世界第三大糖果生产国。全国可耕地面积约4亿公顷，被誉为“21世纪的世界粮仓”。巴西的畜牧业非常发达，以养牛为主。

巴西的旅游业久负盛名，为世界十大旅游创汇国之一。2004年接待外国游客470万人次，创汇32.2亿美元，旅游业产值占国内生产总值的10%。全国主要旅游地有里约热内卢、圣保罗、萨尔瓦多、巴西利亚、伊瓜苏大瀑布、马瑙斯自由港、黑金城、巴拉那石林和大沼泽地等。

(三)主要旅游地

1.巴西利亚

巴西利亚位于巴西中部戈亚斯高原上，海拔1170米，气候凉爽宜人，是新兴的具有巴西现代建筑特色的现代化城市，与周围8个卫星城镇组成联邦区。巴西利亚是继萨尔瓦多、里约热内卢两个沿海城市后的第三个首都。1956年总统库比契克作出迁都巴西利亚以加快内地开发的决定。巴西利亚始建于1956年，1960年4月21日落成并正式成为巴西的首都，城市设计和建筑风格融世界古今建筑艺术于一城，有“世界建筑艺术博物馆”之誉，1987年被列入《世界遗产名录》，是数百座世界文化遗产城市中历史最短的。

巴西利亚包括新区、老区和工人“住宅区”三部分。新区位于帕拉诺阿湖畔，酷似一架头部向东的飞机，隐喻着巴西的飞速发展。“机头”由立法、司法、行政三大机构驻地组成的三权广场，是巴西总统府、联邦最高法院和国会政府政府机关所在地；“机身”是城市的交通主轴，是一条长约8公里、宽250米的大道；大道上有乳白色的政府大楼、教堂、国家剧院、公园、会议中心、商业中心等建筑；向南北伸展长达16公里的机翼是平坦宽阔的立体公路，沿路排列着规划整齐的居民区、商业网点、旅馆区等;“机舱”后部是运动区、文化区;“机尾”是长途汽车站和仪器加工、汽车修配等工业区;“栅尾”是为首都服务的工业和印刷出版区。巴西利亚被建成飞机形状,是为了充分展现蓬勃发展的时代精神。

老区最著名的建筑是位于卫星城的普拉纳尔迪纳历史中心,它是联邦区内规模最大、最古老的建筑群。

巴西利亚的著名建筑有伊塔玛拉蒂宫、巴西利亚大教堂、电视塔等。伊塔玛拉蒂宫为外交部所在地,整座大楼是玻璃外结构。大楼四周水池环绕,白云、蓝天、水、高楼群构成一幅美丽非凡的图景。巴西利亚大教堂的建筑风格超群,建筑物的主要部分在地下,露出地面的是一只状若荆冠、覆盖玻璃的金属顶盖。顶盖下是悬在空中的神像。基督和圣徒们犹如身在蓝天白云中。电视塔高218米,是巴西利亚的最高点。登塔俯瞰,都市风光尽收眼底。

2.里约热内卢

里约热内卢(Rio De Janeiro)简称里约,位于巴西东南部大西洋西岸,海拔2.3米,在向北伸入的瓜纳巴拉湾西岸,有长达14公里的跨湾公路大桥与东岸的尼泰罗伊市相连。里约热内卢也是巴西的第二大工业城市和最大的商业中心,其工业总产值占全国的约15%,纺织、服装、化学、医药、印刷出版、冶金等行业在全国均居重要地位。它还是巴西最大的海港,里约热内卢州首府,人口约900万,是仅次于圣保罗的第二大城市。

“里约热内卢”在葡萄牙语中意为“一月的河”,1502年1月葡萄牙人来到海湾,误以为这里是一条大河的入海口。城市建于1565年,1763年至1960年为首都。虽然1960年4月巴西迁都巴西利亚,但现今这里仍设有相当多的联邦政府机关以及社团组织和公司的总部,故亦称巴西“第二首都”。

里约热内卢有众多保存完好的古建筑物,它们大多被辟为纪念馆或博物馆,其中巴西的国立博物馆就是当今世界最著名的大博物馆之一,收藏的物品共有一百余万件。里约市内设有六十多家各种类型的博物馆,七十多家图书馆,85座大小剧场,82家俱乐部。

里约热内卢依山傍水,气候宜人,风景优美,是巴西和世界著名的旅游观光胜地。主要名胜有耶稣山、面包山、尼特罗伊大桥、马拉卡纳体育场、植物园等。里约的海滩举世闻名，其数目和延伸长度为世界之最，全市共有海滩 72 个，其中科巴卡巴纳、依巴内玛是最著名的两个海滩。

里约热内卢被誉为“狂欢节之都”，因为巴西狂欢节是世界上规模最大、参加人数最多、内容最丰富、气氛最热烈的狂欢节，而里约热内卢又是巴西各大城市狂欢节之最。

每年的 2 月中下旬，巴西举国欢腾三天三夜。届时，里约热内卢的大街小巷张灯结彩，彩旗飞扬，到处披上节日的盛装。人们倾城出动，潮水般涌上街头，男女老少个个浓妆艳抹，尽情地扭动腰肢，挥动双手，大跳桑巴舞。各种音乐、舞蹈、戏剧演出和比赛此起彼伏。盛大的化妆游行把节日欢庆活动推向高潮，大型彩车簇拥着选举产生的“国王”、“王后”领先开路，在浩浩荡荡的队伍中，魔鬼、天使、美女、妖仙、武士、达官、贵人、黑奴等以各种奇形怪状的打扮招摇过市；观众为自己喜爱的人物喝彩，投以鲜花、彩带。

3. 萨尔瓦多

萨尔瓦多是巴西东部巴伊亚州的首府，东濒大西洋。萨尔瓦多古城位于万圣湾和大西洋之间的半岛上，始建于 1549 年，1549 年至 1763 年是巴西第一座首都，是“新世界”的第一个奴隶市场。1985 年被列入《世界遗产目录》。萨尔瓦多是巴西的文化发源地，拥有浓厚的巴伊亚文化，还有葡萄牙天主教堂及建筑艺术、西非黑奴文化、迷人的沙滩，是巴西人向往的度假胜地。萨尔瓦多历史上曾是非洲黑奴贸易的中心，目前还拥有巴伊亚的神秘色彩，可以体验到非洲人的传统音乐、舞蹈、艺术、食品、生活习惯等。

萨尔瓦多古城曾是殖民地统治时期非洲奴隶贸易的主要中心之一。1558 年第一批非洲奴隶到达这里，从事甘蔗种植。17 世纪，当葡萄牙在西班牙统治之下时，萨尔瓦多经常被荷兰人袭击，当时为了防卫建立了许多堡垒。1625 年萨尔瓦多又一次被葡萄牙人统治，18 世纪中叶成为葡萄牙最主要的贸易中心。

萨尔瓦多古城沿一个陡坡分为上城和下城，可以通过升降机或徒步往来于两城之间。上城拥有古朴典雅、保存较好的巴洛克式建筑群和许多小广场、公用的建筑物、住所、花园。街道众多而狭窄，路面用黑白石子铺成各式各样的花纹图案。下城有位于港口附近的莫德罗市场，是异常繁华热闹的手工艺品市场。

萨尔瓦多城是16～18世纪欧、非与北美三洲文明的重要交汇地，也是将文艺复兴时期城市建筑成功移植到殖民地城市的典范，是拉美地区教堂最多的城市。有哥特式、巴洛克式教堂，最大的瓦西利亚教堂，最古老的马特里斯·圣母康塞桑教堂。现被辟为宗教美术馆的圣弗朗西科教·德阿西斯教堂，是最华丽的教堂，装饰使用了300千克黄金和80千克白银。

在萨尔瓦多古城的佩洛尼奥区、圣安东尼奥区、索德雷区分布着三千多座古建筑，其中佩洛尼奥区拥有欧洲殖民统治时期在拉美修建的最大建筑群，不少建筑具有葡萄牙古老的建筑风格。

4.圣保罗

圣保罗位于巴西高原东南边缘大崖壁的马尔山山麓，铁特河、塔曼杜阿泰河、皮涅鲁斯河汇合处。地面较为平坦，海拔700～850米。因位于南回归线附近，受高原地形和大西洋影响，气候温和湿润，冬暖夏凉，最冷的7月平均气温14℃，最热的2月平均气温21℃。年均降水量1384毫米，夏季多雨，冬季稍干。

圣保罗是巴西最大的城市、最大的工业中心，圣保罗州首府，东南距外港桑托斯63公里，大圣保罗人口超过1300万。该城虽然处在南回归线附近，但因地势比较高，夏季多雨凉爽，冬季干燥偏冷，无严寒，是一座气候宜人、林木苍翠、风光秀丽的城市。

圣保罗最早是印第安人的村落。1554年1月25日葡萄牙殖民者来到这里，因当日是天主教纪念圣徒圣保罗的日子，因此得名圣保罗。1711年设立圣保罗市。19世纪末期，因附近地区大面积种植咖啡和外国移民大量涌来，城镇开始迅速发展起来。

圣保罗高楼林立，商业十分繁荣，商业区主要集中在迪雷塔大街、“十一月十五日”大街、圣本托大街、安东尼奥·普拉多广场、共和国广场一带。共和国广场中心的花园里，设有工艺品集市。市中心地区有一个占地2.7万平方米的大市场，商品繁多，种类齐全，而且价格较低廉，热闹非凡。巴西素有“咖啡王国”的称号,咖啡产量约占世界总产量的1/8,而圣保罗附近地区是巴西的重要咖啡产地,市区大街小巷各类咖啡馆比比皆是。

圣保罗市区博物馆众多,其中著名的有圣保罗美术博物馆、巴西美术博物馆、家具博物馆、航空博物馆、科学博物馆、印第安民间艺术和手工艺品博物馆等。圣保罗市区还有许多著名建筑物,其中最引人注目的天主教大教堂,是南美洲最大的教堂之一,始建于20世纪30年代,落成于圣保罗建城400周年的1954年,是一座典型的哥特式建筑,气势宏伟,多姿多彩,地下室里保存着许多圣徒的遗骨。

(四)旅游文化热点

1.咖啡王国

咖啡原产于非洲的埃塞俄比亚,1727年传入巴西。巴西地处热带和亚热带,气候条件很适合种植咖啡,加之劳动力廉价,咖啡种植业迅速兴起。到19世纪,咖啡的种植几乎遍及巴西全国,随后又形成了持续近一个世纪之久的“咖啡繁荣期”。咖啡大面积种植,给巴西带来了财富和繁荣。20世纪初,巴西的咖啡产量占世界总产量的75%以上,是世界上最大的咖啡生产国和出口国,而且咖啡质优味浓,故有“咖啡王国”之称。

咖啡是巴西国民经济的重要支柱之一,全国有咖啡种植园50万个,种植面积约220万公顷,从业人口约600万,年产咖啡约200万吨。巴西人酷爱咖啡,在各地城市和乡村,咖啡屋随处可见,几乎随时随地都可以喝到浓郁芳香的热咖啡。

2.足球大国

巴西是世界足球大国。足球运动不仅是巴西民众的共同爱好,也是整个民族的骄傲。巴西职业球队居世界之冠,正式登记注册的足球俱乐部有2万个以上,从事足球运动的人有百万以上,拥有球王贝利和济科、苏格拉底、卡雷卡、罗纳尔多、里瓦尔多、罗马里奥等一大批世界级的足球巨星。

3.狂欢节

巴西狂欢节被称为世界上最大的狂欢节,有“地球上最伟大的表演”之称，在每年2月的中旬或下旬举行3天。在巴西的狂欢节上，每个人都不愿表现自我，而是想成全别人。有的男人希望自己拥有女性的特征；而有的平时内向的女人则大跳狂热的舞蹈，尽量地模仿他人的敏捷和有力的动作。狂欢节中常常出现“易装癖”，这是历史的产物。巴西狂欢节对女性化的狂热程度在世界上可以说是独一无二的。

在巴西各地的狂欢节中，里约热内卢狂欢节是世界上最著名、最令人神往的盛会。相传里约热内卢狂欢节始于19世纪中叶。最初，狂欢节的规模不大，仅限于贵族举行的一些室内化妆舞会，人们戴上从巴黎购买的面具，尽情地欢乐。1852年，葡萄牙人阿泽维多指挥的乐队走上了街头。随着节奏明快的乐曲，不管是黑人还是白人，也不管是穷人还是富人，男女老少都跳起来了，整个城市欢腾起来了。阿泽维多的这一行动获得了巨大的成功，成为里约热内卢狂欢节发展史上的一个里程碑，标志着狂欢节成了大众的节日。

里约热内卢狂欢节最早并没有固定的场所，全市各主要大街上都是桑巴舞表演的舞台。由于狂欢节时值盛夏，天气炎热，游行活动都在夜晚进行。现今市内有一座能容纳数万观众的桑巴舞赛场，用于狂欢节活动。节日期间，这里到处张灯结彩，辉煌迷人。人们不拘平日礼节，没大没小，尽情欢乐。全城男女老少几乎倾巢而出，载歌载舞庆祝节日，连续三天三夜。白天在灿烂明媚的阳光照耀下，夜晚在五彩缤纷的焰火辉映中，簇拥着节日“国王”和“王后”的游行队伍一直川流不息。人们戴着滑稽的假面具，脚踩高跷，身着艳丽的奇装异服，以乐队为前导，表演着各种以神话故事、民间传说和现实生活为题材的滑稽剧、讽刺剧和黑人舞蹈、印第安人舞蹈等民族歌舞；尤其是“桑巴舞”，节奏铿锵，旋律紧张，令人如醉如痴，近乎疯狂。真可谓名副其实的狂欢。所以巴西人认为“没有桑巴舞，就不存在狂欢节”。

巴伊亚州首府萨尔瓦多市的狂欢节独具特色。由于巴伊亚人不愿将狂欢节市场化，所以这里的狂欢节得以保持它的原汁原味。此外，在音乐方面，巴伊亚是全国最发达和最重要的地区，这里到处充满了音乐和舞蹈，它是巴西传统和狂欢节精神最真实的体现。

狂欢节不仅丰富了巴西人民的文化艺术生活，而且对巴西音乐的发展影响巨大。从1910年起，音乐家们每年都要专门为狂欢节创作新的狂欢节进行曲、桑巴舞曲、抒情歌曲和戏谑歌曲等，从而丰富了巴西音乐宝库。加之节日期间评选优秀音乐，歌曲，舞蹈和各种表演艺术并给予可观的奖励，这些都大大促进了巴西音乐和文化艺术的发展。

每年2月中下旬，当巴西全国举行为期三大的狂欢节活动期间，世界各地的游客纷纷专程蜂拥而来，一睹盛况。

4.桑巴舞

桑巴舞被称为"巴西的国舞"。桑巴舞起源于非洲。"桑巴"一词是从非洲的安哥拉第二大部族基姆本杜语中的"森巴"演变而来的。"森巴"原是一种激昂的肚皮舞，以上下抖动腹部、摇动臀部为主要特征，是安哥拉最流行的一种舞蹈动作，后来随着贩卖黑奴活动的兴起而开始向外传播。从16世纪30年代到19世纪中叶的三百多年中，葡萄牙殖民者从安哥拉和非洲其他地区向巴西贩卖黑奴1200万人。在把黑奴塞进船舱运往新发现的大陆拉丁美洲的时候，白人奴隶贩子担心路途遥远，黑奴在船舱中一窝几十天，到岸时腿脚不灵便，卖不出好价钱。因此，他们就每天把拥挤在船舱中的黑奴赶到甲板上，以敲打酒桶和铁锅为伴奏，让他们跳森巴舞，以活动筋骨。

桑巴舞最早流行于巴西的巴伊亚州首府萨尔瓦多一带。萨尔瓦多是葡萄牙人最早在巴西登陆殖民的地方，被贩卖到当地种植园里和采矿场的黑奴，在繁重的劳动之余，以跳这种家乡舞苦中作乐。在后来的几个世纪中，这种舞蹈逐渐吸收了来自欧洲的波希米亚的波尔卡舞、来自古巴的哈巴涅拉舞和巴西当地流行的马克西克歇舞的一些特点，逐渐形成现代的桑巴舞。

20世纪初，巴伊亚州的妇女将这种舞蹈带到当时的巴西首都里约热内卢，并开始从沿海流向内地，从贫民窟流向上层社会，从黑人、黑白混血的"穆拉塔人"传播到白人中间。同时，一直以西班牙六弦吉他和尤克里里四弦琴为主伴奏的乐器，逐渐被里约热内卢贫民窟中的铜鼓、大锣、钹等打击乐器所取代。1928年巴西的第一座桑巴舞学校"让人去说闲话"在里约热内卢建立。1932年巴西举行首次情人节桑巴舞游行观摩比赛，受到人们的欢迎和好评。从此，现代桑巴舞很快就风靡巴西全国。

桑巴舞是一种集体性的交谊舞蹈，参加者少则几十人，多则上万人。这种舞蹈以鼓、锣等打击乐伴奏。舞步简单，双脚前移后退，身体侧倾，前后摇摆。男女舞者成对原地或绕舞厅相伴而舞，也可分开来各跳各自的舞步。男舞者钟情于脚下各种灵巧的动作，两脚飞速移动或旋转。女舞者则以上身的抖动以及腹部与臀部扭动为主。桑巴舞可在舞厅和舞台上演出，多数是在露天的广场和大街上集体表演。舞者围成圆圈或排成双行，边唱边舞。舞者狂放不羁，动作幅度很大，节奏强烈，激情似火。大鼓、铜鼓、手鼓等打击乐器，高亢激越，声浪滚滚，烘托出紧张炽热、烈火扑面的气氛。在气氛达到高潮之时，乐声往往戛然而止，高难的舞蹈动感瞬间成为寂静的雕塑。动与静的瞬间变化，大起大落的惊人和谐，制造出一种特有的惊喜感与震撼美。

桑巴舞演员服饰华美绝伦，无论男女都身着色彩艳丽的服装。男演员足蹬长靴，穿着欧洲古代骑士一样的马甲，或披着非洲大酋长式的长袍。女演员的衣饰则更为讲究。她们要么穿着将周身裹得严严实实的图案华美的拖地长裙，要么就只挂上小得不能再小的几近赤身裸体的"三点式"，甚至胸部完全裸露，只在乳头上涂抹一点彩饰。她们的头饰更为别致，或戴华丽的王冠，或插五彩的鸟羽，或顶一团火似的翎毛。色彩艳丽的衣饰上还缀满五光十色的珠玉。

思考题

1. 简述美国的自然与人文环境特点和主要旅游地的基本情况。
2. 简述加拿大的自然与人文环境特点和主要旅游地的基本情况。
3. 简述墨西哥的自然与人文环境特点和主要旅游地的基本情况。
4. 简述古巴的自然与人文环境特点和主要旅游地的基本情况。
5. 比较秘鲁、智利、阿根廷、巴西的自然与人文环境，说明主要旅游地的基本情况。

第四章　大洋洲

学习目的

通过本章的学习，了解大洋洲的整体地理环境特点，了解各国的概况、自然与人文环境，熟悉各国主要旅游城市、主要旅游景区或景点的基本情况。

主要内容

● **大洋洲地理概况**

自然环境特点

居民构成

地理区域划分

● **大洋洲各国、地区的概况**

国名　面积　人口　民族　语言　宗教信仰

首都　行政区划　重要节日

● **大洋洲各国、地区的自然与人文环境**

自然地理　文化　经济　旅游业

● **大洋洲各国、地区的主要旅游地**

主要旅游城市　主要旅游景区(点)

第一节　大洋洲概况

大洋洲(Oceania)的范围有狭义和广义之分,狭义的大洋洲指太平洋中的波利尼西亚、密克罗尼西亚、美拉尼西亚三大岛群。广义的大洋洲除三大岛群外,还包括澳大利亚、新西兰、新几内亚岛,共有两万多个岛屿。陆地总面积约 897 万平方公里,约占世界陆地总面积的 6%,是世界上面积最小的一个洲。

大洋洲的最东点是复活节岛(西经 109°23′,南纬 27°08′)①,最南点是麦阔里岛(东经 158°55′,南纬 54°36′),最西点是德克哈托格岛(东经 113°00′,南纬 25°48′),最北点是夏威夷群岛最北部的库雷岛(西经 178°25′,北纬 28°25′)。东西跨经度 137°37′,南北跨纬度 83°01′。

(一)自然环境

大洋洲大陆海岸线长约1.9万公里。岛屿面积约为 133 万平方公里,其中新几内亚岛最大,是世界第二大岛。澳大利亚大陆西部为沙漠和半沙漠广布的高原,中部为平原,东部为山地。新几内亚岛、新西兰的北岛和南岛是大陆岛,岛上多高山,平原狭小,山脉多在海拔 2000 米以上。新几内亚岛最高点查亚峰,海拔 5030 米,是大洋洲的最高点。大洋洲有活火山约 60 座(不包括海底火山),澳大利亚东部和北部沿海岛屿是太平洋西岸火山带的组成部分,也是世界著名的地震带。夏威夷岛上的冒纳罗亚火山,是大洋洲中最高的活火山,海拔 4170 米,最近一次爆发在 1950 年。大洋洲的瀑布和湖泊均较少,最大的湖泊北艾尔湖,面积约 8200 平方公里;最深的湖泊是新西兰南岛西南端的蒂阿瑙湖,深达 276 米。

大洋洲大部分处在南、北回归线之间,绝大部分地区属热带和亚热

---

① 另有以迪西岛(西经 124°48′,南纬 24°40′)或萨拉—伊—戈麦斯岛(西经 105°28′,南纬 26°28′)为最东点之说。

带，除澳大利亚的内陆地区属大陆性气候外，其余地区属海洋性气候。气温最高的地点是澳大利亚昆士兰州的克朗克里，极端最高气温达53℃。澳大利亚中西部沙漠地区气候干旱，年平均降水量不足250毫米，是大洋洲降水最少的地区。夏威夷的考爱岛东北部年平均降水量高达12000毫米，是世界上降水量最多的地区之一。

新几内亚岛北部和美拉尼西亚、密克罗尼西亚、波利尼西亚三大岛群全年多雨，迎风坡平均降水量多在2000毫米以上，美拉尼西亚北部、新几内亚岛北部、马绍尔群岛南部年平均降水量可达3000～5000毫米，背风坡1000毫米左右。澳大利亚北部和新几内亚岛东南沿海属暖季降水区，年平均降水量750～2000毫米，暖季降水量约占全年降水量的50%～80%。澳大利亚东南部及新西兰属全年降水比较均匀、冬季稍多的温带降水区，年平均降水量大多在500～1000毫米；澳大利亚南部和西南沿海属地中海式冬季降水区，冬季降水量约占全年降水量的40%～60%。

波利尼西亚的中部和密克罗尼西亚的加罗林群岛附近是台风的源地，澳大利亚东部和新西兰1～4月受台风影响。澳大利亚东南部，冬季受极地吹来的"南寒风"的影响，气温低于10℃。

（二）居民

大洋洲居民约占世界总人口的0.5%，是除南极洲外世界上人口最少的一个洲。城市人口占总人口的60%以上，是各洲中城市人口比重最大的一洲。70%以上的居民是欧洲移民的后裔；当地居民约占总人口的20%，主要是美拉尼西亚人、密克罗尼西亚人、巴布亚人、波利尼西亚人；印度人约占总人口的1%；此外还有混血种人、华人、日本人等。绝大部分居民通用英语，太平洋三大岛群上的当地居民，分别用美拉尼西亚语、密克罗尼西亚语和波利尼西亚语。绝大部分居民信基督教，少数信天主教，印度人多信印度教。

（四）地理区域

大洋洲可以分为澳大利亚、新西兰、新几内亚、美拉尼西亚、密克罗尼西亚、波利尼西亚等几个地理单元。

澳大利亚，简称澳洲，包括澳大利亚大陆和塔斯马尼亚等岛屿。"澳大利亚”一词意即南方大陆，欧洲人在17世纪初叶发现这块大陆时，误以为是直通南极的陆地。

新西兰包括北岛、南岛、斯图尔特岛及其附近一些小岛，是新西兰麻、考力代绵羊的原产地。

新几内亚包括新几内亚岛及其沿海属岛共81.8万平方公里。新几内亚岛，印尼语称“伊里安岛”，岛上原住居民称“巴布亚岛”，面积为78.5万平方公里，是太平洋最大岛屿和仅次于格陵兰的世界第二大岛，位于西太平洋的赤道南侧，西邻亚洲东南部的马来群岛，南隔阿拉弗拉海和珊瑚海与澳大利亚大陆东北部相望。

全岛东西长约2400公里，中部最宽处640公里。全岛多山，中部群山盘结，自西北伸向东南，形成连绵延续的中央山脉。大部分山地、高原、海拔都在4000米以上。汇集西部的高耸山脉，总称为“雪山山脉”，其中最高峰为查亚峰(旧称卡斯滕士峰)，海拔5030米，为大洋洲最高点。东段为马勒山脉，山势向东逐渐降低。全岛不少山峰都是死火山锥，还有近期喷发的火山，地震频繁。这些东西向的高大山岭，到处悬崖峭壁，是全岛南北交通的障碍。在中部山脊的南北两侧，有宽窄不一的沿海平原。南部的里古—弗莱平原为该岛最大的平原，沿海多沼泽和红树林。海岸曲折，多港湾。沿海有许多火山岛和珊瑚礁。

东南部沿海地区属热带草原气候，海拔1000米以上地区属山地气候，其余地区属热带雨林气候。高山地区终年积雪。北半部年平均降水量在3000毫米以上，南部1000～2000毫米。1～4月受热带飓风影响。较大的河流都发源于中部山区，分由南北坡地流注海洋。主要河流在北部有曼伯拉莫河、塞皮克河、拉穆河、马克姆河，在南部有迪古尔河和弗莱河。

随着气候的区域差异的高度变化的影响，植被的垂直分布十分明显：海拔在1000米以下的沿海低平地区以热带雨林为主，植物种类繁多，森林茂密，四季常青，其中攀缘植物特别茂盛。在3500米以上的高山地区生长有蕨类、高山草甸乃至苔藓地衣之类的寒温带植物。4400米以上为永久积雪带。野生动物也随着气候和植物分布的地区差异，有各种不同的种类。

新几内亚岛居民种族复杂，一般身材比较矮小，主要属美拉尼西亚人和巴布亚人。各地区间人口密度悬殊很大，东部人口比西部稠密，沿海又较内地山区稠密。除沿海有若干中小港口城市外，在东部山区有不少新兴的中小城镇。高山区和沿海沼泽地区人口极稀少。东部居民讲美拉尼西亚语或皮钦语，西部居民通用马来语。但由于地形复杂和交通困难等原因，各地区语言复杂，差异很大。少数沿海城镇居民信奉基督教和伊斯兰教，广大内地仍广泛保存原始社会的习俗和笃信神巫术。家族观念根深蒂固，生活水平还很低下。

全岛以东经 141°为界，分为东、西两大部分，东半部为巴布亚新几内亚；西半部称伊里安查亚或西伊里安，是印度尼西亚的领土。

美拉尼西亚，意为“黑人群岛”，位于西太平洋，赤道同南回归线之间，陆地总面积约15.5万平方公里。居民主要是美拉尼西亚人。当地居民通用美拉尼西亚语，英语为官方语言。主要有俾斯麦群岛、所罗门群岛、圣克鲁斯群岛、新赫布里底群岛、新喀里多尼亚岛、斐济群岛。

密克罗尼西亚，意为“小岛群岛”，位于中太平洋，绝大部分位于赤道以北，陆地总面积 2584 平方公里。居民主要是密克罗尼西亚人。主要有马里亚纳群岛、加罗林群岛、马绍尔群岛、瑙鲁岛、吉尔伯特群岛等。群岛分列为两弧，中隔马里亚纳海沟。群岛以珊瑚礁为主，有许多大环礁和礁湖，也有火山岛。属热带雨林气候，高温多雨。加罗林群岛附近是台风源地之一。主产香蕉、甘蔗、椰子和磷酸盐等。

波利尼西亚，意为“多岛群岛”，位于太平洋中部，陆地总面积约20000 平方公里。居民主要是波利尼西亚人，主要有夏威夷群岛、中途岛、威克岛、图瓦卢群岛、汤加群岛、社会群岛、土布艾群岛、土阿莫土群岛、马克萨斯群岛、纽埃岛、萨摩亚群岛、托克劳群岛、库克群岛、莱恩群岛、菲尼克斯群岛、约翰斯顿岛、瓦利斯群岛、富图纳群岛、皮特凯恩群岛等。由火山岛和珊瑚礁组成。赤道附近各岛属热带草原气候，其他各岛属热带雨林气候。波利尼西亚中部是台风源地之一。矿物有磷酸盐、镍、铬等。沿海产珍珠。盛产并出口椰干，还产可可、甘蔗、天然橡胶等。

第二节 澳大利亚、新西兰、巴布亚新几内亚

一、澳大利亚

(一)概况

澳大利亚联邦(The Commonwealth of Australia),面积769.2万平方公里,人口2051.86万(2006 年 3 月),其中 70%是英国及爱尔兰后裔,18%为欧洲其他国家人后裔,6%为亚裔,华人、华侨约 56 万人(2003 年 10月),土著居民占2.3%,约 46 万人。通用英语。居民 70%信奉基督教(其中 28%信奉天主教,21%信奉英国国教,21%信奉基督教及其他教派),5%信奉佛教、伊斯兰教、印度教和犹太教。非宗教人口占 26%。首都堪培拉(Canberra),人口约 32 万(2005 年)。

行政区划:全国分为新南威尔士、维多利亚、昆士兰、南澳大利亚、西澳大利亚、塔斯马尼亚 6 个州,北部地方、首都直辖区 2 个地区。重要节日:澳大利亚日暨国庆日是 1 月 26 日(1788 年)。

(二)自然与人文环境

1.自然地理

澳大利亚位于南太平洋和印度洋之间,由澳大利亚大陆和塔斯马尼亚等岛屿组成,四面濒海,东南隔塔斯曼海与新西兰相望,北部隔帝汶海和托雷斯海峡与东帝汶、印度尼西亚、巴布亚新几内亚相望,海岸线长3.6735万公里。全国分为东部山地、中部平原和西部高原 3 个地区,沙漠和半沙漠占全国面积的 35%。澳大利亚大陆西部为高原,海拔200~500 米,也有一些海拔 1000~1200 米的横断山脉,大部分为沙漠和半沙漠;大陆中部为平原,海拔在 200 米以下,北艾尔湖湖面在海平面以下 16 米,为大洋洲的最低点;大陆东部为山地,一般海拔 800~1000 米,东坡较陡,西坡缓斜,科修斯科山海拔 2230 米,是全国最高峰。东部沿海的大堡礁是世界最大的珊瑚礁。北部属热带,大部分属温

带。年平均气温北部27℃，南部14℃，内陆地区干旱少雨，年降水量不足200毫米，东部山区500～1200毫米。

外流区域约占大洋洲总面积的48%。墨累河是外流区域中最长和流域面积最大的河流。内流区域（包括无流区）约占大洋洲总面积的52%，均分布在澳大利亚中部及西部地区，主要的内流河都注入北艾尔湖。

2.经济与旅游业

澳大利亚是一个后起的工业化国家，自然资源丰富，有“骑在羊背上的国家”和“坐在矿车上的国家”之称，盛产羊、牛、小麦、蔗糖，同时也是世界重要的矿产资源生产国和出口国。铅、镍、银、钽、铀、锌的探明储量居世界首位，是世界上最大的铝土、氧化铝、钻石、铅、钽生产国，黄金、铁矿石、煤、锂、锰矿石、镍、银、铀、锌等的产量也居世界前列。澳大利亚也是世界上最大的烟煤、铝土、铅、钻石、锌及精矿出口国，第二大氧化铝、铁矿石、铀矿出口国和第三大铝、黄金出口国。森林覆盖率20%，天然森林面积约1.55亿公顷（2/3为桉树），用材林面积122万公顷。

澳大利亚农牧业发达，农牧业产品的生产和出口在国民经济中占有重要位置，是世界上最大的羊毛和牛肉出口国。农牧业用地占全部国土面积的59%。主要农作物有小麦、大麦、油籽、棉花、蔗糖和水果。渔业资源丰富，捕鱼区面积比国土面积还多16%，是世界上第三大捕鱼区，有三千多种海水和淡水鱼以及三千多种甲壳及软体类水产品，其中已进行商业捕捞的约600种。最主要的水产品有对虾、龙虾、鲍鱼、金枪鱼、扇贝、蚝、牡蛎等。

澳大利亚工业以矿业、制造业和建筑业为主。20世纪70年代以来，服务业迅速发展，占国内生产总值的比重已达70%左右。

旅游业是澳大利亚发展最快的行业之一。2003年度，接待海外游客474.59万人次，创汇收入167亿澳元，约占澳出口收入的11%。澳大利亚旅游资源丰富，著名的旅游地有悉尼、墨尔本、布里斯班、阿得雷德、珀斯、大堡礁、黄金海岸、达尔文等。

(三)主要旅游地

1.旅游城市

(1)堪培拉　堪培拉位于澳大利亚首都直辖区东北部,东北距悉尼240公里,西南距墨尔本500公里。城区处于澳大利亚山脉区的开阔谷地上,海拔760米,总面积2395平方公里,50%以上的面积为国家公园或保留地,莫朗格洛河横贯市区。堪培拉气候温和,四季分明,全年降雨量平均,四季阳光普照。原为牧羊地,1824年初建居民点,称坎伯里,1836年更名堪培拉。1899年成立联邦区后划归首都直辖区,1913年按规划始建,1927年联邦政府从墨尔本迁此。

1901年至1927年澳大利亚联邦首都设在繁华的墨尔本,随着悉尼的繁荣,悉尼市民希望悉尼成为澳大利亚的首都。因而澳大利亚政府决定,在悉尼和墨尔本之间建造一个新的首都堪培拉。

堪培拉是澳大利亚的政治中心,主要经济部门是银行、饭店、公共服务业,旅游业发达。堪培拉的城市设计十分新颖,环形及放射状道路将行政、商业、住宅区有机地分开。全城树木苍翠,四周森林环绕,绿意盎然,邻近自然秀丽的乡村,每年9月举办花节,迎接春天的到来,被誉为"大洋洲的花园城市"。

堪培拉由美国建筑家伯利·格里芬设计,以其名字命名的格里芬湖位于堪培拉国会山和首都山之间,将市区分为南北两部分。湖的北面以城市广场为中心,分为住宅区、教育区、商业区。湖的南面以首都山为中心,是政府的行政区域。格里芬湖是建成于1963年的人工湖,长约9公里,宽约为300~1200米,周边长约40.5公里,水域的面积约为664公顷。湖两边的联邦桥和国王桥,把城市南北连为一体。湖心有为纪念库克船长上岸200周年而建的"纪念库克船长喷泉",喷水时水柱高达137米。每日10~12时和14~16时对游客开放两次,在夏令时期间,19~21时增加开放时间。湖中阿斯彭岛上的钟塔,是英国为纪念堪培拉奠基50周年而赠送的。

澳大利亚联邦议会大厦位于格里芬湖的南面的首都山,占地32公顷,为矩形,建筑面积二十五万多平方米,有四千五百多间房间和可容纳两千多辆汽车的停车场。大厦的内部是由澳洲本土不同种类的木材建筑而成，展示了澳大利亚的精湛艺术和工艺美术，其中陈列着名画、雕塑、饰精品、照片等许多艺术品。大厦的画廊里有澳大利亚联邦成立以来历届总理的画像。西面的参议院和东面的众议院由一条长长的走廊相连。在国会休会期间，每天9～17点议会大厦内的大部分区域对游客开放。

议会大厦附近有国立美术馆、国立肖像馆、国家图书馆、战争纪念馆、澳洲文献馆、澳洲博物馆等建筑。

(2)悉尼(Sydney) 悉尼位于澳大利亚东南部杰克逊湾周围的低丘之上，是新南威尔士州的首府，是用当时英国内务大臣悉尼子爵的名字命名的。200年前第一批英国的拓荒者在这里登陆，是澳洲历史最悠久的城市，也是澳大利亚第一大城市，人口约410万，是澳大利亚最繁华的现代化、国际化城市，有"南半球纽约"之称。

悉尼是澳大利亚全国最大经济中心，工商业发达，也是澳大利亚的重要门户，港湾总面积为55平方公里，口小湾大，是世界上著名的天然良港。悉尼海港大桥建成于1933年，长达1149米，其单孔跨度503米，桥面高出海平面59米，连接市区南北，是南半球第一大拱桥。大桥下的罗克斯岬是早期移民登陆地点，桥旁是塔朗加动物园。

悉尼是全国重要的文化中心，有全国创办最早的悉尼大学和澳大利亚博物馆。市区东部港汉参差，是天然浴场与冲浪胜地。悉尼是澳大利亚华侨和华人聚居最多的地区，有著名的唐人街。

悉尼歌剧院(Sydney Opera House)位于市区北部的环形码头，建成于1973年，三面临水，面对大桥，背倚植物园，以新颖、风姿绰约的风帆形造型著称于世，犹如一组扬帆出海的船队，又如一枚枚白色的巨形贝壳。

悉尼歌剧院不仅是澳洲的艺术殿堂，更是悉尼的灵魂，是世界上最大的表演艺术中心之一，由音乐厅(Concert Hall)、歌剧院(Opera Theater)等部分组成。音乐厅是悉尼歌剧院最大的厅堂，有2679个座位，通常用于举办交响乐、室内乐、歌剧、舞蹈、合唱、流行乐、爵士音乐会等大型演出。歌剧院有1547个座位，主要用于歌剧、芭蕾舞、舞蹈等表演。另外还有一个小型的戏院和剧场，分别容纳544名和398名观众，通常用于举办戏剧、舞蹈、讲座、会议。

悉尼塔位于市中心，是悉尼城的又一标志，塔高304.8米，为南半球最高的建筑物。登上圆锥形塔楼，悉尼市容一览无遗。

(3)墨尔本(Melbourne)　墨尔本位于澳大利亚的东南部，濒临菲利普港海湾，耶拿河横穿市区，是维多利亚州的首府，澳大利亚第二大城市。墨尔本属温带气候，四季分明，夏季平均气温14℃～25℃，冬季气温6℃～13℃，春秋两季气候温和。有四百多座公园，到处是绿地和花园。冬季高山上有积雪，是滑雪的好地方。

1835 年之前墨尔本基本上没有人居住，1840 年人口达到 1 万，1842 年设镇，1847 年设市。1851 年在墨尔本市西北 100 公里的巴拉腊特发现黄金后，大批淘金者和移民从世界各地涌入，1851 年的人口是2.9万，1854 年达到12.3万。墨尔本是继美国旧金山(三藩市)之后发现的重要黄金产地，被称为新金山。1901 年至 1927 年墨尔本曾经是澳大利亚的首都。1956 年墨尔本主办了第十六届夏季奥林匹克运动会，是在南半球第一次举行的夏季奥运会。

墨尔本有人口约 340 万，是移民聚居的城市。1/3 的墨尔本居民为生于澳大利亚以外的移民，除主要语言英语外，还使用希腊语、意大利语、法语、西班牙语、中文、越南语、黎巴嫩语、韩国语等约 70 种语言。不同族群聚居成区，在生活习惯、节庆、饮食等各方面具有不同特色。由于淘金热和"二战"的移民，让墨尔本的街道充满了异国情趣，有土尔其街、希腊街、越南街、中国城等。

墨尔本是澳大利亚的工业重镇，有重型机械、纺织、造纸、电子、化工、金属加工、汽车、服装、食品等工业都很兴旺，工业现代化程度很高。商业、金融、交通等均十分发达。墨尔本也拥有一个现代化的繁忙港口墨尔本港。

墨尔本以绿化、时装、美食、娱乐活动、文化及体育活动而著称。墨尔本的绿化覆盖率高达 40%，维多利亚式的建筑物、有轨电车、各种剧院、画廊、博物馆以及绿树成荫的花园、街道构成了墨尔本市典雅的风格。

墨尔本皇家植物园位于墨尔本市中心以南约 5 公里，建造于 1845

年，占地40公顷，有三万多种奇花异草，其中有大量稀有植物和澳大利亚本土特有的植物，花园以19世纪园林艺术布置，保留着上个世纪的一些建筑和风貌，是全世界设计最好的植物园之一。

墨尔本的唐人街是全澳最早华人的集中地，中国餐馆林立。旧国会大厦建于1856年，现在是维多利亚省立法议会所在地，建筑别具风格。墨尔本旧监狱是重要的历史遗迹，维多利亚艺术中心是重要的文化活动场所。

墨尔本西南100公里有一条大洋路，沿路有壮丽的海岸风光、奇岩怪石，还有曾为淘金者度假胜地的女王崖、欧特威雨林区、矗立于海中的十二使徒岩、拱门、伦敦桥、阿德湖峡等景观。

2.其他著名旅游地

(1)大堡礁(Great Barrier Reef)　大堡礁位于澳大利亚东北海岸，昆士兰州以东，南回归线与巴布亚海之间的南太平洋热带海洋区域，南北长2300公里，东西宽20～240公里，总面积479万平方公里，平均水深2400米。大堡礁属于珊瑚礁，最初形成于2500万年前，目前海域内共有约700座大小珊瑚岛，分别由大约350种珊瑚构成，被称为世界八大奇观之一。

珊瑚礁由无数微小的珊瑚虫构成。珊瑚虫是生长在热带海洋中的腔肠动物，能分泌石灰质，经过漫长岁月，形成了造型各异，千姿百态的珊瑚礁。在大堡礁蔚蓝的海域中，珊瑚礁多姿多彩，构成了迷人的海底世界。这里还生长着海参、海星、鸭嘴兽、蝴蝶鱼等5500种海洋生物。

凯恩斯(Cairns)位于澳大利亚大陆东海岸最北端，人口12万，作为通往大堡礁的大门，是澳大利亚最知名的旅游城市之一，被誉为“澳洲热带雨林第一城”，旅游项目有海滩漫步、潜水、观赏海底世界，冲浪、滑沙、游泳、钓鱼，享受阳光浴，游览原始雨林，观赏澳洲独特的野生动植物原始生态等。

威特桑德群岛是大堡礁海域中的观光度假胜地，拥有独特的热带雨林风情，完善的旅游服务设施，最为知名的有哈密尔岛、天梦岛、长岛等。

(2)爱尔斯岩(Uluru，Ayers Rock)　爱尔斯岩位于澳大利亚中部的沙漠地区，距离爱丽斯泉西南约340公里。爱尔斯岩于1873年首先被欧洲探险家所发现，用当时南澳洲殖民地总督亨利·爱尔斯的名字命名。爱尔斯岩土著语称为“乌鲁鲁”，意为“见面集会的地方”。该岩石周长9公里，占地面积约1200公顷，海拔867米，相对高度348米，四壁陡峭，气势雄峻，突兀于茫茫荒原之上，是世界上最大的一块独立的岩石，1987年被列入《世界自然遗产名录》。

艾尔斯岩的色彩随天气变化而变换着，黎明时显现出鲜明的粉红色或朱红色，傍晚在夕阳下呈现出橙红色。当夕阳下坠到地平线的时候，它仿佛是一座吸满光芒的孤岛。当太阳落到地平线下时，它又变成一座火红的圆盖。当月亮升空后，它在黑暗中露出一个暗淡的轮廓。

石上有“声音谷”，内壁呈波浪纹，风吹进石谷，可发出奇怪的呼啸声。

“乌鲁鲁”被居住在附近的土著人敬若神明，尊为“圣岩”。他们认为“乌鲁鲁”就是宇宙的中心，祖先神圣的住宿地，巨石上有些幽暗的洞穴，这里是土著人进行神圣祭典的殿堂，洞壁上存留着史前壁画和崖刻，大多是动物形态和信仰的图腾。这些壁画崖刻似乎描述着他们祖先的业绩和神圣故事，使得艾尔斯岩不仅是大自然美景，也成为土著人的历史博物馆。

爱尔斯岩正西方32公里的奥尔加山有三十多座圆顶般的山峰。

(3)黄金海岸(The Gold Coast)　黄金海岸位于澳大利亚东部，是昆士兰州的知名旅游胜地，在首府布里斯班市以东约75公里。这里拥有70公里长的天然洁净的冲浪海滩，全年大约有300天阳光普照，适合冲浪板和帆板运动，也有安全平静的水域。距离黄金海岸约40公里处，有葱郁的亚热带雨林，在海拔1000米的亚热带雨林中，可以进行丛林步行、攀岩、悬挂滑翔、骑马、热气球等户外活动。

黄金海岸附近还有列入《世界自然遗产名录》的国家公园，园内有珍奇的热带野生动植物、壮观的瀑布，还可以参观果园和牧场农庄，体验采摘果实、挤牛奶、剪羊毛等活动。离黄金海岸不远处的4个世界级的主题公园内，有各种惊险刺激的游乐项目。

二、新西兰

(一)概况

新西兰(New Zealand),面积约27.0534万平方公里,人口415.4万(2006年11月),其中欧洲移民后裔占78.8%,毛利人占14.5%,亚裔占6.7%,75%的人口居住在北岛。奥克兰地区的人口占全国总人口30.7%,惠灵顿地区的人口约占全国总人口的11%。奥克兰市是全国人口最多的城市;南岛克赖斯特彻奇市是全国第二大城市。官方语言为英语、毛利语。居民70%信奉基督教新教和天主教。首都惠灵顿(Wellington),是地球上最靠南的都城,人口42.4万(2001年12月)。

行政区划:全国分为12个大区,设有74个地区行政机构(其中包括15个市政厅、58个区议会和查塔姆群岛议会)。重要节日:国庆日是2月6日(1840年),称威坦哲日(Waitangi Day)。

(二)自然与人文环境

1. 自然地理

新西兰位于太平洋西南部,西隔塔斯曼海与澳大利亚相望,相距1600公里,北邻汤加、斐济。由北岛、南岛及其附近一些小岛组成,两岛隔库克海峡相望,海岸线长6900公里。境内多山,平原狭小,山地和丘陵占全国面积的75%以上。北岛多火山和温泉,北岛第一峰鲁阿佩胡火山高2797米,山上有新西兰最大的湖泊陶波湖,面积616平方公里。南岛多冰川和湖泊,南岛的库克峰海拔3764米,为全国最高峰。南阿尔卑斯山中的弗朗茨·约瑟夫和富克斯冰川,是世界上海拔最低的冰川。山外有一系列冰川湖,其中蒂阿瑙湖面积342平方公里,是新西兰第二大湖。苏瑟兰瀑布,落差580米。

新西兰绝大部分属温带海洋性气候,四季气候温和,温差不大,阳光充足,雨量丰富,植物生长十分茂盛。年降水量500～2500毫米。河流短而湍急。

2. 文化

毛利人有着悠久的历史和灿烂的文化,其雕刻艺术技艺精湛,从房檐到手杖都异常精美。毛利人的舞蹈别具一格,鲜艳的服装、美丽的花环、项上的绿佩玉、腰上系着的蒲草裙，都充分展现了毛利人独特的民族风情。毛利人的迎宾舞蹈已成为新西兰官方迎接贵宾的最高礼仪。

3.经济与旅游业

新西兰是经济发达国家，以农牧业为主。森林覆盖率约30%，主要产品有原木、木浆、纸、木板等。水力资源丰富，全国80%的电力来自水力发电。渔产丰富，是世界第四大专属经济区。工业以农林牧产品加工为主，产品主要供出口。农业高度机械化，主要农作物有小麦、大麦、燕麦、水果。畜牧业发达，是新西兰经济的基础。农牧产品出口量占其出口总量的50%。羊肉、奶制品出口量居世界第一位，羊毛出口量居世界第二位。新西兰还是世界上最大的鹿茸生产国和出口国，生产量占世界总产量的30%。

旅游业是新西兰主要的经济支柱之一，带来巨额的外汇收入。2005年接待外国游客239.5万人次，主要来自澳大利亚、英国、美国、日本、韩国、中国、德国、加拿大、新加坡等国。主要旅游地有惠灵顿、奥克兰、北岛温泉城—罗托鲁瓦、陶波、基督城、皇后镇等。

（三）主要旅游地

1.惠灵顿

惠灵顿位于新西兰北岛的最南端，背山面海，东面临尼科尔森港，是往来南北二岛的交通枢纽。除临海地段有一片平地外，整个城市依山建筑，四季如春，阳光充沛，空气清新。惠灵顿是新西兰全国政治、工业、金融中心。惠灵顿的尼科尔森港是仅次于奥克兰的全国第二大港，港宽5公里，长20公里，航道入口最窄处为1097米，水深为11米。港区面积达83平方公里。

1840年，英国同当地毛利人族长签订条约后，大批英国移民来到这里，之后逐步扩建城镇，1815年以战胜拿破仑的英国名将惠灵顿公爵的名字为该镇命名。新西兰沦为英国殖民地后，一度把奥克兰定为首都，但新西兰南岛居民认为奥克兰远在北岛北部不宜作为首都，1865年选定了惠灵顿为首都。惠灵顿居民中9%为毛利人，其余大部分为英国和爱尔兰移民的后裔。

惠灵顿市内的政府大厦修建于1876年，是南太平洋最宏伟的木结构建筑之一。保罗大教堂修建于1866年，市政大厅修建于1904年。战争纪念馆建于1932年，里面的钟琴上有49个吊钟，钟上镌刻着第一次世界大战时新西兰人参战战场的名称。

惠灵顿市区西南部的维多利亚山，风景秀丽，山坡上保存着1893年至1906年的总理塞顿使用过的办公室。维多利亚山附近是英国航海家库克的纪念碑岛。维多利亚山北面的卡因加罗国家人造森林，占地15万公顷，绵延100多公里，是世界上最大的人造林之一。

惠灵顿动物园以其特有的珍奇动物著称，园内珍藏着新西兰国鸟"几维"鸟。几维鸟没有翅膀，没有尾巴，长嘴。新西兰称为"几维"的水果，是20世纪初从中国引进的猕猴桃，经过精心培育和改良，已经成为新西兰最重要的出口果品，在国际市场上享有盛誉。

惠灵顿有许多火山公园，公园里的沸泉、沸泥塘、喷气孔等地热景观。惠灵顿的一些饭店为旅游者安排打猎、钓鱼、水上快艇游览、直升飞机旅行、自行车越野、雕刻、吹玻璃等各种活动。

2.奥克兰

奥克兰(Auckland)位于新西兰北岛怀特马塔港湾和马纳考港之间宽26公里的奥克兰地峡，是新西兰第一大城市和最大海港。人口一百多万，其中属于波利尼西亚人的毛利人和太平洋岛国的移民多达十余万人，被称为世界波利尼西亚族中心。整座城市建在火山灰堆上，当地有已熄灭的火山喷口和火山峰约50座。奥克兰气候温和，雨量充沛，城南的威卡托河流域是新西兰最富庶的牧区之一。

奥克兰1840年开始建镇，1841年至1865年是新西兰的首都，1871年成为市。奥克兰是新西兰的主要工业基地，海港桥把市区与北岸近郊住宅区连接起来。市区有战争纪念博物馆、奥克兰市美术馆、公共图书馆、市政厅等，还有供游泳和冲浪运动的海滩、高尔夫球场、体育场、公园和保护地。

奥克兰是座美丽的花园城市，有19世纪极富殖民地色彩的建筑物。奥克兰狮子园是南太平洋最大的野生动物园，"彩虹仙境"是新西兰最大的游乐场，"海底世界"有多种海洋动植物，还有工艺品历史博物馆和现代博物馆。奥克兰港湾优美，海水清澈，是开展海上帆船活动的胜地，有“帆船之都”之美誉。

3. 基督城

基督城(Christchurch)是新西兰南岛的第一大城市，具有浓厚的英国气息，是英国以外最具英国色彩的城市，道路洁净，花团锦簇，草木繁盛，环境雅致，随处可见19世纪的典雅建筑，有“花园城市”的美誉。搭上城内的怀旧电车，可漫游市中心的哥德式天主教堂和外围宽敞的广场地带、艺术画廊及博物馆、捐躯战士纪念碑。基督城的南极中心内展示着考察南极各组织的资料，有模拟南极地貌气候、生态环境的主题展览。

从基督城出发，可方便地到达新西兰南岛的女王城(皇后镇)、丹尼丁、库克山等旅游地。

三、巴布亚新几内亚

巴布亚新几内亚独立国(The Independent State of Papua New Guinea)，面积为46.284万平方公里，人口590万(2005年)，其中98%属美拉尼西亚人，其余为密克罗尼西亚人、波利尼西亚人、华人和白人。官方语言为英语，地方语言约820种。皮金语在全国大部分地区流行，南部的巴布亚地区多讲莫土语，北部的新几内亚地区多讲皮金语。居民95%信奉基督教，传统拜物教也有一定影响。首都莫尔斯比港(Port Moresby)，人口约25万(2002年)。

行政区划：全国划分为18个省，首都行政区(莫尔斯比港市)和布干维尔自治区。重要节日：独立日暨国庆日是9月16日(1975年)。

巴布亚新几内亚位于太平洋西南部，西邻印度尼西亚的伊里安查亚省，南隔托雷斯海峡与澳大利亚相望。由北部的新几内亚和南部的巴布亚两部分组成，包括新几内亚岛(伊里安岛)东部和布干维尔、新不列颠、新爱尔兰等六百多个岛屿，海岸线全长8300公里，包括200海里专属经济区在内的水域面积达240万平方公里。海拔1000米以上属山地气候，其余属热带雨林气候。5～10月为旱季，11月至来年4月为雨季，沿海地区平均温度21℃～32℃，山地比沿海低5℃～6℃。年平均降水量2500毫米。

巴布亚新几内亚是发展中国家，资源丰富，经济落后，工业基础薄弱。相当一部分居民仍过着原始部落自给自足的生活。矿产、石油和经济作物种植是巴布亚新几内亚经济的支柱产业。金、铜产量居世界前列，石油、天然气蕴藏丰富。林业、渔业资源丰富。主要农产品为椰干、可可豆、咖啡、天然橡胶和棕榈油。

在巴布亚新几内亚，旅游业在国民经济中有一定地位。旅游资源丰富，开发潜力大。最受欢迎的活动是跋山涉水、驾驶独木舟、观鸟、钓鱼、潜水、冲浪等，也可到村庄体验当地人的民俗风情。在阿里山省还有一座活火山。

莫尔斯比港位于新几内亚岛的东南部，是巴布亚新几内亚的第一大城市，背倚欧文·斯坦利山脉，市郊濒临海湾，为天然良港。1883 年至 1884 年被英国人占领，第二次世界大战时为盟军主要基地，战后曾为澳大利亚巴布亚领地和联合国托管地的行政中心，1975 年定为新独立的巴布亚新几内亚首都。

莫尔斯比港城市中多高大的热带林木，鲜花盛放，景色优美。著名的建筑有议会大厦、国家博物馆，还有首都植物园等重要景点。在商业区的东面有海滨浴场，碧蓝的海水、一望无际的金色沙滩、葱郁的松林。近海的海面上的“水上村庄”，是用细木桩做屋脚架于水面之上 2～3 米高的一幢幢茅草屋。在郊外还有鲁纳瀑布、索格里台地、瓦里拉塔国立公园、第二次大战时太平洋战争的遗迹。当地的土著文化丰富，有热烈的歌舞、原始的面具、古老的仪式。

第三节　美拉尼西亚

一、所罗门群岛

所罗门群岛（The Solomon Islands），面积2.8369万平方公里，人口 48 万（2001 年），其中 93％是美拉尼西亚人种，还有少数波利尼西亚人，密克罗尼西亚人和欧、亚移民，还有一些华人。全国有87种方言，通用皮金语，官方语言为英语。居民95%以上信奉基督教新教和天主教。首都霍尼亚拉(Honiara)，人口4万人(2000年)。

行政区划：全国分为9个省和1个市(首都霍尼亚拉市)。重要节日：独立日暨国庆日是7月7日(1978年)。

所罗门群岛位于西南太平洋，属美拉尼西亚群岛，西距巴布亚新几内亚485公里，西南距澳大利亚1600公里，包括地理上所罗门群岛大部、圣克鲁斯群岛、翁通爪哇群岛等，共九百多个岛屿。最大的瓜达尔卡纳尔岛的面积6475平方公里。境内多火山、河流。属热带雨林气候，终年炎热，无旱季。首都霍尼亚拉年均气温28℃，年均降水量3000～3500毫米。

所罗门群岛独立以来，经济有较大发展，已由过去的单一经济，逐步转变为农、渔、矿、林、旅游等多样化经济。牛肉、粮食、蔬菜基本自给。主要出口产品为木材、渔产品、棕榈油、椰干及可可。所罗门群岛旅游业潜力大，目前受旅馆、航班等因素限制。沿海地势较平坦，海水清澈透明，能见度极好，被视为世界上最好的潜水区之一。

霍尼亚拉位于瓜达尔卡纳尔岛北岸、克鲁斯岬角西面，是所罗门群岛的主要港口，也是南太平洋地区美丽的海滨城市。霍尼亚拉是当地土语，意为“西南风劲吹的地方”，因为这里一年四季都吹西南风。霍尼亚拉市内没有高楼大厦，到处是青翠的树木、如茵的绿草、五彩的鲜花，清新宁静。工业有制造家具、木船和饮料的小工厂。

霍尼亚拉市内有植物园、植物标本馆、博物馆、唐人街，唐人街入口处对面有中华公园。市区海滨有白色细而软的沙滩，是良好的游泳场所。坦比亚啤酒花园离市区45公里，有美拉尼西亚人风格的平房和舒适的海滩。

二、瓦努阿图

瓦努阿图共和国(The Republic of Vanuatu)，面积1.219万平方公里，水域面积84.8万平方公里，人口20万(2004年)，属美拉尼西亚人种的瓦努阿图人占95%，另外是法裔、英裔、华裔以及一些附近岛国人。官方语言为英语、法语、比斯拉马语，通用比斯拉马语。84％的居民信奉基督教。首都维拉港(Port Vila)，人口4万(2004年)。

行政区划：全国分为6个省，2个市(维拉港和卢甘维尔市)。重要节日：独立日是7月30日(1980年)。

瓦努阿图位于太平洋西南部新赫布里底群岛上，西南距悉尼2250公里，东距斐济约1000公里，西南离新喀里多尼亚400公里。由八十多个岛屿组成，其中68个岛有人居住，较大岛屿有埃斯皮里图(又名桑托)、马莱库拉、埃法特、埃皮、彭特科斯特、奥巴。瓦努阿图属典型的热带海洋气候，全年分旱、雨两季，5～10月为旱季，11月至来年4月为雨季。

瓦努阿图经济落后，被联合国列为最不发达国家之一。农业和旅游业是瓦努阿图的经济支柱。森林覆盖率36％。渔业资源丰富，盛产金枪鱼。国土41％为肥沃的可耕地，但农业生产方式落后，主要农产品是椰干、卡瓦、可可、咖啡、芋头、木薯、红薯、香蕉等。主要出口产品有椰干、可可、牛肉、卡瓦等。

旅游业是瓦努阿图的支柱产业之一和最大的外汇收入来源，产值约占国民生产总值的40％。2005年接待外国游客约6.2万人次，多数来自澳大利亚、新西兰、新喀里多尼亚。瓦努阿图被誉为“潜水天堂”。塔纳岛上有可以近观的火山，彭德考斯特岛是世界蹦极的发源地，海德威岛建立了世界上第一个海底邮局。当地还有底蕴丰厚的土著文化。

首都维拉港位于瓦谢法省的埃法特岛，平均气温旱季约22℃，雨季约28℃。年降雨量约2200毫米，11月至来年5月有热带旋风袭击。维拉港处于地震带，轻度有感地震时有发生。卢甘维尔市位于瓦努阿图最大岛屿桑托岛，是第二大城市。

三、斐济

斐济群岛共和国(The Republic of The Fiji Islands)，陆地面积1.8333万平方公里，水域面积129万平方公里，人口84.02万(2004年12月)，其中51％为斐济族人，44％为印度族人。官方语言为英语、斐济语和印地语，通用英语。居民53％信奉基督教，38％信奉印度教，8％信奉伊斯兰教。首都苏瓦(Suva),人口16.7万。

行政区划:全国共有2个直辖市(苏瓦、劳托卡),4大行政区,14个省。还有附属领土罗图马岛①。重要节日:独立日暨国庆日是10月10日(1970年)。

斐济位于西南太平洋中心,跨东西两半球,180度经线贯穿其间,因而成为世界上既是最东又是最西的国家,是南太平洋地区的交通枢纽。全境由332个岛屿组成,多为珊瑚礁环绕的火山岛,其中106个岛有人居住,主要有维提岛和瓦鲁阿岛等。维提岛是最大的岛屿,其东南端有首都苏瓦,西南端有著名的旅游胜地楠迪。斐济属热带海洋性气候,年平均气温22℃~30℃,常受飓风袭击。

斐济人世居于此。1643年荷兰航海者塔斯曼首先来到斐济,19世纪上半叶欧洲人开始移入,1874年10月10日沦为英国殖民地。1879年至1916年,大批印度人作为英国"殖民制糖公司"的合同工到此地种植甘蔗。1945年"斐济族事务法令"重新确认当地斐济族人对土地的拥有权。1970年10月10日斐济独立,并成为英联邦成员,1987年改称"斐济共和国",并脱离英联邦,1997年9月30日,恢复英联邦成员国地位。1998年7月27日斐济实施新宪法,改国名为斐济群岛共和国。

斐济自然资源较丰富,渔业资源丰富,是南太平洋国家中经济发展较好的国家,制糖业和旅游业是国民经济的两大支柱。盛产甘蔗、椰子、香蕉、菠萝,糖生产占农业产值的一半和出口总值的70%,因此被誉为"甜岛"。出口产品主要有原糖、糖蜜、服装、黄金、木材、椰油和其他农产品。

从20世纪80年代起,斐济旅游业迅速崛起,现已成为南太平洋诸岛的旅游中心,旅游收入约占国内生产总值的20%,是最大的外汇收入来源。全国约有4万人从事旅游工作,占就业人数的15%。2004年

① 罗图马岛是位于南太平洋斐济群岛西北390公里外的火山岛,属斐济。该岛在南纬12°30′、东经1777°05′,长13公里、宽4公里,陆地面积47平方公里,人口6830,主要是波利尼西亚人。岛上有优良环岛公路,有机场。西北岸阿豪镇是行政中心和港口。主产并输出椰子。baike. baidu. com/view/648692. htm6K//2006－12－9;wikipedia. qwika. com/en2zh/Rotuma22K//2006－12－20

接待外国游客50.7万人次，旅游收入7.445亿斐元。游客主要来自澳大利亚、新西兰、北美洲、西欧、日本等国。

斐济首都苏瓦热带风光绚丽，是南太平洋地区有名的天然良港和旅游胜地。

第四节　密克罗尼西亚

一、瑙鲁

瑙鲁共和国(The Republic of Nauru)，陆地面积21.1平方公里，水域面积 32 万平方公里，人口1.3万(2006 年)，其中瑙鲁人占 75%，其余为其他南太平洋岛国人、华人、菲律宾人和欧洲人后裔。英语为官方语言，通用瑙鲁语。居民多数信奉天主教，少数信基督教新教。未设首都，行政管理中心在亚伦区(Yaren District)。

行政区划：全国划分为 14 个区。重要节日：独立日是 1 月 31 日(1968 年)，宪法日是 5 月 17 日，返乡日(Angam Day)是 10 月 26 日。

瑙鲁为单一岛屿，位于太平洋中部，东经 166°56′和南纬 0°31′，赤道以南约 60 公里，是密克罗尼西亚群中的一个椭圆形珊瑚岛，全岛长 6 公里，宽 4 公里，海岸线长约 30 公里，最高点海拔 61 米。全岛 3/5 被磷酸盐所覆盖。属热带雨林气候。瑙鲁的经济主要依靠开采和出口磷酸盐。属热带雨林气候，气温24℃～33℃，年平均降水量 1500 毫米。

瑙鲁为单一经济，曾经是太平洋岛国首富，主要收入来源是向澳大利亚、新西兰出口磷酸盐。农产品十分有限，主要是椰子。几乎所有食品和饮用水都依赖进口。渔业资源较丰富，待开发。

二、基里巴斯

基里巴斯共和国(The Republic of Kiribati)，陆地面积 812 平方公里，水域面积 350 万平方公里，人口约8.45万(2001 年)，其中 90%以上属密克罗尼西亚人种，其余为波利尼西亚人和欧洲移民。英语为官方语言，通用基里巴斯语和英语。居民多数信奉罗马天主教和基里巴斯新教。首都塔拉瓦(Tarawa)，人口3.7万(2000年)。

重要节日：独立日是7月12日(1979年)。

基里巴斯位于太平洋中西部，由吉尔伯特、菲尼克斯(凤凰)、莱恩(线岛)3大群岛的33个岛屿组成，东西延绵约3870公里，南北约2050公里，占据了中太平洋上520万平方公里的海域，其东部著名的圣诞岛到最西部的巴纳巴岛(大洋岛)距离达3200公里。基里巴斯是世界上唯一地跨赤道、横越国际日期变更线的国家，又是世界上唯一地跨南北两半球和东西两半球的国家。基里巴斯属热带海洋气候。年平均气温32℃，年平均降水量1600毫米。

基里巴斯渔业资源丰富，主要农产品有椰子、面包果、香蕉、木瓜等。

三、密克罗尼西亚联邦

密克罗尼西亚联邦(The Federated States of Micronesia)，陆地面积705平方公里，水域面积298万平方公里，人口10.8004万(2006年)，其中密克罗尼西亚人占97%，亚洲人占2.5%，其他人占0.5%。官方语言为英语，大量居民讲当地语。天主教徒占50%，新教徒占47%，其他教派和不信教者占3%。首都帕利基尔(Palikir)，位于波纳佩州(Pohnpei)。

行政区划：全国共分为4个州，州以下分为市。重要节日：独立日暨国庆日是11月3日，宪法日是5月10日。

密克罗尼西亚联邦位于北太平洋，属加罗林群岛，东西延伸2500公里，海岸线长6112公里，由607个大小岛屿组成，其中波纳佩、科斯雷、雅浦、特鲁克为4个主要大岛，为火山型和珊瑚礁型岛屿，多山地，属热带气候，年均气温27℃，年降水量约2000毫米，4～11月为雨季，1～3月为旱季。

密克罗尼西亚经济落后，经济长期严重依赖外援，绝大多数人的经济生活以村落为单位。附近海域是世界著名的金枪鱼产地，还有蟹、贝类、龙虾以及淡水鳗、虾等资源。无粮食种植,靠自然生长。随处可见椰子、香蕉、面包果、木瓜、菠萝等热带果木,出产优质胡椒。出口产品主要是椰干、胡椒和渔业产品。

密克罗尼西亚旅游资源较为丰富,拥有秀丽的热带风光,保存着独特的民族传统文化和风俗,还有纳马杜古城堡、石币银行等古迹。旅游业是该国重点发展的产业之一,但仍处于开发阶段。2005 年接待游客 18932 人次,美国游客最多。

四、马绍尔群岛

马绍尔群岛共和国(The Republic of Marshall Island),陆地面积 180 平方公里(包括比基尼环礁、埃尼威托克环礁和夸贾林环礁),水域面积213.1万平方公里,人口7.363万(2002 年),居民主要为密克罗尼西亚人种,大部分居住在马朱罗和夸贾林两岛上。他们按语言分为 9 个种族群体。马绍尔语为官方语言,通用英语。居民中54.8%为新教徒,25.8%为神召会教徒,8.7%为天主教徒,1.5%的人不信教。首都马朱罗(Majuro)。

行政区划:全国分为 33 个市。重要节日:国庆日是 5 月 1 日(1979 年)。

马绍尔群岛位于中太平洋,在夏威夷西南约 3200 公里和关岛东南约 2100 公里,西面为密克罗尼西亚联邦,南面是瑙鲁和基里巴斯。由 29 个环礁岛群和 5 个小岛共 1225 个大小岛屿组成,分布在 200 多万平方公里的海域上,形成西北—东南走向的两列链状岛群。东部为拉塔克群岛(日出群岛),西部为拉利克群岛(日落群岛)。海岸线长370.4公里。在 34 个环礁或岛中,有 10 环礁(或岛)已经无人居住。绝大多数人口集中在首都和夸贾林岛上。属热带气候,年均气温27℃,年均降雨量为 3350 毫米,5~11 月为雨季,12 月至来年 4 月为旱季。

马绍尔群岛海域面积广大,海底有钴壳和锰结核等矿产资源。有些岛屿上蕴藏磷酸盐,渔业资源丰富,捕鱼、养鱼业有较大的发展潜力。出产椰子、可可、芋头、面包果等。财政收入主要来源为外国援款、税收以及捕鱼费和船只注册费。出口商品主要是冷冻鱼,其他依次为椰油、椰饼、手工艺品等。

五、帕劳

帕劳共和国(The Republic of Palau),陆地面积458平方公里,水域面积62.9万平方公里,人口1.9409万(2002年),多属密克罗尼西亚人种。官方语言为帕劳语,通用英语。全国73%居民信奉基督教,其中40.7%信罗马天主教,24.7%信基督教新教。首都科罗尔(Koror),人口1.23万(1999年)。

行政区划:全国分成18个州。重要节日:独立日是10月1日(1994年)。

帕劳位于西太平洋,是太平洋中密克罗尼西亚群岛加罗林群岛西端的岛群,关岛以南约1100公里,是太平洋进入东南亚的门户之一。在南北长640公里的海面上,由二百多个火山岛和珊瑚岛组成,海岸线长1519公里,其中只有9个岛上有常住居民。最大岛屿为巴伯尔岛(Babeldaob),面积352平方公里,在本地区仅次于关岛。帕劳属热带气候,年均温度27℃,年降水量3000毫米以上。

帕劳经济主要依靠外国援助和一些最基本的粮食和渔业生产。粮食不能自给。主要农产品有鸡蛋、水果、蔬菜、猪肉、槟榔果等。盛产金枪鱼。出口主要为鲜鱼和服装。

旅游业是帕劳支柱产业之一,2002年接待游客为47025人次,游客主要来自我国台湾省、日本和美国。岩石岛(Rock Islands)是太平洋最纯净的海洋生态系统之一。

六、关岛(美)

关岛(Guam)为美国海外属地,面积549平方公里,人口15.7557万(2001年),其中查莫罗人(为西班牙人、密克罗尼西亚人和菲律宾人的混血后裔)约占43%,其余主要为菲律宾人和来自美国大陆的移民,还有密克罗尼西亚人、关岛土著人及亚裔等。英语为官方语言,通用查莫罗语及日语。85%的居民信奉天主教。首府阿加尼亚(Agana),人口1139人(1990年)。

关岛位于中太平洋西部马里亚纳群岛南端，北纬13.48°，夏威夷以西5300公里处。关岛属热带雨林气候，年均气温26℃。年降雨量2000毫米。附近常有地震发生。

岛内收入主要依靠旅游业和美军在该岛海空基地的开支。游客主要来自日本。服务业是当地的主要产业。主要工业有建筑、轻工、食品加工、炼油等。主要农作物有烟草、水果等。渔业资源丰富。

第五节　波利尼西亚

一、汤加

汤加王国(The Kingdom of Tonga)，陆地面积747平方公里，水域面积25.9万平方公里，人口11万(2005年)，其中98%是汤加人(属波利尼西亚人种)，其余为欧洲人、亚洲人及其他太平洋岛屿人，华人约占汤加人口的6‰。通用汤加语和英语。居民多数信奉基督教。首都努库阿洛法(Nukualofa)，人口约6万(2005年)。

汤加国名源于国内主岛的名称，是由当地的土著居民对其主岛“汤加塔布”的称呼演变发展而来的。在当地的土语中，“汤加”为“圣地”或“神岛”之意。后来逐渐泛指整个群岛。

行政区划：全国划分为5个区，区以下设23县。重要节日：独立日是6月4日(1970年)。

汤加位于南太平洋西部，波利尼西亚的西南部、国际日期变更线西侧。汤加群岛又称友爱群岛，西距斐济650公里，西南距新西兰1770公里，由汤加塔布、埃瓦、哈派、瓦瓦乌、纽阿等群岛组成，共176个岛屿(其中36个有人居住)。汤加属热带雨林气候，年平均气温南部23℃，北部27℃。年平均降水量1793毫米。5～8月为旱季，12月至来年4月为雨季。11月至来年3月常有飓风和暴雨。各岛均无河流。

汤加经济以农业为主，粮食不能自给。工业不发达，严重依赖外援。

农业、渔业、旅游业是国民经济的三大支柱。渔业和森林资源丰富,基本无矿产资源。农作物以山药、芋头、薯类等根茎作物为主,其他农产品有南瓜、椰干、西瓜、香草、香蕉、芋头、卡瓦、胡椒等。主要出口南瓜、鱼类、椰果、卡瓦、檀香木、香草和根茎作物,其中南瓜和鱼类占出口总额60%以上。

汤加景色秀美、气候宜人、空气清新、民风独特。旅游业是政府收入和解决就业的重要行业之一,旅游服务业是汤加经济的第二大产业,占汤加GDP的14%。2004年旅游业产值达到4910万潘加,接待游客约5.66万人次,主要来自新西兰、美国、澳大利亚和欧洲。

二、萨摩亚

萨摩亚独立国(The Independent State of Samoa),陆地面积2934平方公里,水域面积12万平方公里,人口17.7287万人(2005年7月),其中绝大多数为萨摩亚人(属波利尼西亚人种),还有少数南太平洋其他岛国人、欧洲人和华裔以及混血人种。官方语言为萨摩亚语,通用英语。多数居民信奉基督教。首都阿皮亚(Apia),人口约3.6万(2001年)。

行政区划:全国分为11个行政区,其中乌波卢岛5个,萨瓦伊岛6个,其余小岛都划归乌波卢岛。只有首都阿皮亚一个城市。重要节日:独立日暨国庆日是6月1日(1962年)。

萨摩亚位于太平洋南部,萨摩亚群岛① 西部,由萨瓦伊和乌波卢2个主岛及7个小岛组成。境内大部分地区为丛林覆盖。萨摩亚属热带雨林气候,年平均气温28℃,年均降水量2000~3500毫米左右。5~10月为旱季,11月至来年4月为雨季。

萨摩亚是农业国,被联合国列为最不发达国家之一。森林覆盖率约46%,盛产金枪鱼。工业基础十分薄弱,主要种植椰子、可可、咖啡、芋头、香蕉、木瓜、面包果。主要出口鲜鱼,还有椰奶、服装、啤酒等产品。

---

① 萨摩亚群岛位于斐济东北,为南太平洋海、空交通的枢纽。主要由乌波卢岛、萨瓦伊岛及土土伊拉岛等13个岛屿和珊瑚礁组成,陆地总面积3144平方公里。群岛分东、西两部分,西萨摩亚是已经独立的萨摩亚独立国,东萨摩亚仍为美国占领。

萨摩亚气候宜人、风光旖旎，旅游业是主要经济支柱之一和第二大外汇来源，2004 年接待国外游客9.872万人次，主要来自美属萨摩亚、新西兰、澳大利亚、美国、欧洲。影响其旅游业发展的主要因素是酒店设施简陋和交通不便。

三、图瓦卢

图瓦卢(Tuvalu)，位于萨摩亚群岛西北，陆地面积 26 平方公里，水域面积约 130 万平方公里，人口1.01万(2001 年)，属波利尼西亚人种，图瓦卢人占 97%，基里巴斯占 1%，欧裔占 1%，其他占 1%。英语是官方语言，图瓦卢语为通用语言。居民信奉基督教。首都富纳富提(Funafuti)。

重要节日：国庆日是 10 月 1 日(1978 年)。

图瓦卢位于中太平洋南部，在国际日期变更线西侧，南接斐济，北临基里巴斯，由 9 个环形小珊瑚岛群组成，其中 8 个有人居住①，南北两端相距 560 公里，由西北向东南绵延散布在约 130 万平方公里的海域里。富纳富提为主岛，面积不超过 2 平方公里，海拔高度不超过 5 米。图瓦卢属热带海洋性气候，年平均气温29℃，年平均降水量 3000 毫米。各岛均无河流。

图瓦卢经济资源匮乏，土地贫瘠，农业落后，几乎无工业。家族是生产和生活的最基本单位。集体劳动，主要从事捕鱼和种植椰子、香蕉、芋头，所获物品在家族内平分。买卖主要是以物易物。外汇收入主要靠外援、邮票和椰干出口、收取外国在图瓦卢海域的捕鱼费和在瑙鲁磷矿工作的侨民汇款。居民多从事椰子种植和捕鱼。

富纳富提岛略呈瓢形，是由三十多个礁屿组成的环礁，东部各礁屿大部相连成串，西部许多礁屿孤立存在。富纳富提紧挨着国际日期变更线西边，处在热带地区，气温较高，雨量充沛。3～10 月为旱季，11 月至来年 2 月为雨季。植物生长茂盛，椰子树、香蕉树、面包果树高高耸立。

① “图瓦卢”在波利尼西亚语中意为“八岛之群”。

四、库克群岛(新)

库克群岛(The Cook Islands),位于萨摩亚群岛东面,分南、北两部分,陆地总面积240平方公里,海域面积200万平方公里,人口1.4万(2004年),其中库克毛利人(属波利尼西亚人种)占92%,欧洲人占3%。通用库克群岛毛利语和英语。居民69%信奉基督教新教,15%信奉罗马天主教。库克群岛公民均持新西兰护照,既是英国臣民又是新西兰公民。首都阿瓦鲁阿(Avarua),位于拉罗汤加岛(Rarotonga)。

重要节日:宪法日暨国庆日是8月4日。

库克群岛位于南太平洋,南纬8°~23°,西经156°~167°,由15个岛屿和岛礁组成,分布在200万平方公里的海面上,属波利尼西亚群岛。库克群岛属热带雨林气候,年均气温24℃,年均降雨量2000毫米。南部的8个岛多山,岛上最高海拔652米,盛产蔬菜和热带水果,首都位于该岛6个村庄中的阿瓦鲁阿。北部星罗棋布的7个小岛,土质相对贫瘠,多产珊瑚。

旅游业是经济支柱产业,旅游业收入约占国内生产总值的一半以上。2003年接待游客超过8.7万人次,游客主要来自新西兰、欧盟、澳大利亚、美国、加拿大、法属波利尼西亚。工业有水果加工及生产香皂、香水、旅游纪念品的小型工厂若干家,以及加工纪念硬币、邮票、贝壳以及手工艺品的作坊。农渔业出产椰干、香蕉、柑桔、菠萝、咖啡、芋头、芒果和木瓜等。饲养猪、山羊和家禽等。海洋资源丰富,黑珍珠养殖业发展较快。

五、夏威夷(美)

夏威夷(Hawaii)位于太平洋中北部,面积为1.6705万平方公里。夏威夷群岛除波利尼西亚后裔土著人外,还有中国人、日本人、美国大陆人、菲律宾人、朝鲜人、西班牙人等,而以亚洲人后裔居多,混血人种占1/4以上。夏威夷的官方语言是英语和夏威夷语,但英语是日常生活使用的主要语言。公元4世纪前后,波利尼西亚人乘独木舟来到这里并在此定居,为这片岛屿起名"夏威夷",意为"原来的家"。1959年8月21

日成为美国的第 50 州，人口约 89.5 万，在 50 州内列第 47 位。州府檀香山(Honolulu，又译火奴鲁鲁)。

夏威夷群岛是地处太平洋中部的火山群岛，由 8 个主要岛屿、124 个小岛，及环绕在各岛屿附近的礁岩组成，从西北到东南长 3840 公里。夏威夷东距美国西海岸的旧金山 3857 公里，西距中国上海约 8000 公里。夏威夷群岛的主要大岛都在北回归线以南，岛上有许多火山口，属热带海洋性气候，阳光充足、气候温和、四季如春，是世界著名的避暑、避寒旅游疗养胜地。夏威夷州是美国的太平洋海空军基地，及美、亚、澳三州航运中心，地位十分重要。

夏威夷州别名“爱洛哈之州”(Aloha State，夏威夷人向人问候或离别之时，常说“爱洛哈”，意为爱)。1000 多年前波里尼西亚人到达夏威夷，1778 年英国航海家库克船长到达夏威夷群岛。1795 年卡米哈米哈酋长征服了其他部落，建立夏威夷王国。1898 年夏威夷被美国吞并，1959 年成为美国的一个州。

夏威夷州的主要收入来源是旅游业、国防工业、蔗糖业、菠萝业。主要农产品是甘蔗和菠萝，渔业也是当地经济的重要组成部分。旅游收入约占当地总产值的 60%。夏威夷接待的游客主要来自美国本土和日本。来自亚洲或太平洋各岛上的人约占夏威夷总人口的 60%，其中日本人最多，其次是菲律宾人、土著人、中国人、朝鲜人、越南人、老挝人和泰国人。各民族通婚现象已司空见惯。

夏威夷是世界旅游业最发达的地方之一。这里拥有明媚的热带自然风光，一年四季各种奇花异卉满山绽放。迷人的海滩、土著人的草裙舞令人流连忘返。海上活动有风帆、滑水、潜水等项目。

夏威夷群岛的 8 个主要岛屿中，有人群居住的岛有 7 个，从西到东依次为：尼豪岛(Niihau Island)、考艾岛(Kauai Island)、瓦胡岛(Oahu Island)、莫洛凯岛(Molokai Island)、拉奈岛(Lanai Island)、毛伊岛(Maui Island)、夏威夷岛(Hawill Island)，其中夏威夷岛最大，也称大岛(The Big Island)；毛伊岛是第二大岛，尼豪岛是私人岛；毛伊岛西南的卡霍奥拉维岛(Kahoolawe Island)为无人岛，是美国空军和海军基地。

夏威夷岛由五座火山组成，其中基拉维厄火山为世界活火山之最。冒纳罗亚火山每隔若干年喷发一次，炽烈的熔岩从山隙中缓缓流出，成为夏威夷的一大奇观。

瓦胡岛是第三大岛，是夏威夷群岛的主岛，岛上有著名的夏威夷首府檀香山、威尔基海滩(Waikiki Beach)、珍珠港，全州80%的居民居住在该岛上。檀香山是夏威夷州的工商业中心，为旅游胜地，威尔基海滩全年风和日丽，碧水蓝天，适宜游泳、冲浪、荡舟、捕鱼。瓦胡岛上的波利尼亚文化中心，依山傍水，热带植物繁茂，有代表夏威夷、萨摩亚、斐济、汤加、塔西堤、马克萨斯、毛利7种不同文化的村落，各村落建筑均保持几百年前的传统风貌。市中心还有意大利文艺复兴时期风格的伊拉奥尼皇宫。

夏威夷岛上有夏威夷国家火山公园，公园自冒纳罗亚山顶的火山口，一直延伸到海边，可以观赏到火山喷发的壮观景象及其形成的多种火山地貌景观。

夏威夷的主要物产为蔗糖与凤梨(菠萝或黄梨)，后者产量约占全世界产量3/4。夏威夷州主要收入来源是国防工业、旅游业、蔗糖业、凤梨(菠萝)业。

夏威夷由于许多日常生活消费品都依赖进口，一般物价都比美国本土高出一些，但夏威夷有许多的特产和商品，价廉物美。

思考题

1. 简述澳大利亚的自然与人文环境特点和主要旅游地的基本情况。

2. 简述新西兰的自然与人文环境特点和主要旅游地的基本情况。

3. 比较美拉尼西亚、密克罗尼西亚、波利尼西亚各国和地区的自然与人文环境特点和主要旅游地的基本情况。

第五章　非洲

学习目的

通过本章的学习，了解非洲的整体地理环境特点，了解各国的概况、自然与人文环境，熟悉各国主要旅游城市、主要旅游景区或景点的基本情况。

主要内容

- **非洲地理概况**

  自然环境特点

  居民构成

  地理区域划分

- **非洲各国的概况**

  国名　面积　人口　民族　语言　宗教信仰

  首都　行政区划　重要节日

- **非洲各国的自然与人文环境**

  自然地理　文化　经济　旅游业

- **非洲各国的主要旅游地**

  主要旅游城市　主要旅游景区（点）

第一节　非洲概况

非洲是“阿非利加洲”(Africa)的简称，“阿非利加”在希腊文中意为“阳光灼热”。位于东半球的西南部，地跨赤道南北，西北部的部分地区伸入西半球。东濒印度洋，西濒大西洋，北隔地中海和直布罗陀海峡与欧洲相望，东北以狭长的红海与苏伊士运河邻亚洲。非洲大陆的最东点是索马里境内哈丰半岛顶端的哈丰角(东经 51°24′、北纬 10°27′)，最南点是南非境内的厄加勒斯角(东经 20°02′、南纬 34°51′)，最西点是塞内加尔境内的佛得角(西经 17°33′、北纬 14°45′)，最北点是突尼斯境内的吉兰角(本赛卡角)(东经 9°50′、北纬 37°21′)。非洲是人类诞生地，尼罗河流域是世界古代文明的摇篮之一，尼罗河下游的埃及是世界四大文明古国之一。

(一)自然环境

非洲大陆及附近岛屿面积约 3020 万平方公里，约占世界陆地总面积的20.2%，仅次于亚洲，为世界第二大洲。非洲大陆海岸比较平直，缺少海湾与半岛，大陆海岸线全长3.05万公里。非洲是世界各洲中岛屿数量最少的一个洲，除世界第四大岛马达加斯加岛外，其余多为小岛，岛屿总面积约 62 万平方公里，占全洲总面积不到 3%。非洲大陆北宽南窄，南北最长约 8000 公里，东西最宽约 7500 公里。

非洲为一高原大陆，平均海拔 750 米。海拔 500～1000 米的高原占全洲面积 60%以上。海拔 2000 米以上的山地和高原约占全洲面积5%。海拔 200 米以下的平原多分布在沿海地带。地势大致以刚果民主共和国境内的刚果河河口至埃塞俄比亚高原北部边缘一线为界，东南半部较高，西北半部较低。东南半部被称为高非洲，海拔多在 1000 米以上，有埃塞俄比亚高原、东非高原和南非高原，埃塞俄比亚高原海拔在2000 米以上，有“非洲屋脊”之称。南非高原上有卡拉哈迪盆地。西北半部被称为低非洲，海拔多在 500 米以下，大部分为低高原和盆地，有尼罗河上游盆地、刚果盆地和乍得盆地等。

非洲较高大的山脉多矗立在高原的沿海地带，西北沿海有阿特拉斯山脉，东南沿海有德拉肯斯山脉，东部有肯尼亚山和乞力马扎罗山。乞力马扎罗山是座活火山，海拔 5895 米，为非洲最高峰，山顶终年积雪。非洲东部有世界上最大的裂谷带，分东西两支，东支南起希雷河河口，经马拉维湖，向北纵贯东非高原中部和埃塞俄比亚高原中部，经红海至死海北部，长约 6400 公里；西支南起马拉维湖西北端，经坦噶尼喀湖、基伍湖、爱德华湖、艾伯特湖，至艾伯特尼罗河河谷，长约 1700 公里，宽几十公里到三百余公里，形成一系列狭长而深陷的谷地和湖泊，其中阿萨勒湖的湖面在海平面以下 156 米，为非洲大陆最低点。东非大裂谷带内及其附近，分布着一系列死火山和活火山，其中高大的火山海拔在 5000 米以上。东非大裂谷带也是非洲地震最频繁、最强烈的地区。非洲中、西部亦有不少高大火山。

非洲的沙漠面积约占全洲面积的 1/3，是沙漠面积最大的洲。北部的撒哈拉沙漠是世界上最大的沙漠，面积 777 万平方公里；西南部有纳米布沙漠和卡拉哈迪沙漠。

非洲有“热带大陆”之称，赤道横贯非洲的中部，年平均气温在20℃以上的热带占全非洲的 95％，其中一半以上地区终年炎热气候特点是高温、少雨、干燥，气候带分布呈南北对称状。非洲降水量从赤道向南北两侧减少，降水分布极不平衡，有的地区终年几乎无雨，有的地方年降水多达 10000 毫米以上。全洲 1/3 的地区年平均降水量不足 200 毫米。东南部、几内亚湾沿岸及山地的向风坡降水较多。全洲有将近一半的地区有着炎热的暖季和温暖的凉季。

非洲的外流区域约占全洲面积的68.2％。大西洋外流水系多为源远流长的大河，有尼罗河、刚果河、尼日尔河、塞内加尔河、沃尔特河、奥兰治河等。尼罗河全长 6671 公里，是世界最长的河流。刚果河的流域面积和流量仅次于亚马逊河，位居世界第二位。印度洋外流水系包括赞比西河、林波波河、朱巴河及非洲东海岸的短小河流、马达加斯加岛上的河流等。非洲的内流水系及无流区面积为 958 万平方公里，约占全洲总面积的31.8％。其中河系健全的仅有乍得湖流域。奥卡万戈河流域和撒哈拉沙漠十分干旱，多间歇河，沙漠中多干谷。内流区还包括面积不大的东非大裂谷带湖区，河流从四周高地注入湖泊，湖区雨量充沛，河网稠密，不同于其他干旱内流区。

非洲的湖泊集中分布于东非高原，少量散布在内陆盆地。高原湖泊多为断层湖，狭长水深，呈串珠状排列于东非大裂谷带，其中维多利亚湖是非洲最大的湖泊和世界第二大淡水湖，坦噶尼喀湖是世界第二深湖。埃塞俄比亚高原上的塔纳湖是非洲最高的湖泊，海拔1830米。乍得湖为内陆盆地的最大湖泊。

（二）居民

非洲是人类诞生地，尼罗河流域是世界古代文明的摇篮之一。非洲人口约7.48亿，约占世界人口总数的13%，仅次于亚洲，居世界第二位。人口的出生率、死亡率、增长率均居世界各洲的前列。人口分布极不平衡，尼罗河沿岸及三角洲地区，每平方公里约1000人。撒哈拉、纳米布、卡拉哈迪等沙漠和一些干旱草原、半沙漠地带每平方公里不到1人。还有大片的无人区。非洲是世界上民族成分最复杂的地区，大多数民族属于黑种人，其余属白种人和黄种人。非洲有七百多个民族和部族，语言十分复杂，将方言土语计算在内约有一千五百多种。

非洲的语言约有800种，一般分为4个语系。居民多信奉原始宗教和伊斯兰教，少数人信奉天主教和基督教。

（三）地理区域

非洲目前有56个国家和地区，在地理上习惯将非洲分为北非、东非、西非、中非和南非五个地区。北部非洲通常包括埃及、苏丹、利比亚、突尼斯、阿尔及利亚、摩洛哥、亚速尔群岛、马德拉群岛。东部非洲通常包括埃塞俄比亚、厄立特里亚、索马里、吉布提、肯尼亚、坦桑尼亚、乌干达、卢旺达、布隆迪和塞舌尔。西部非洲通常包括毛里塔尼亚、西撒哈拉、塞内加尔、冈比亚、马里、布基纳法索、几内亚、几内亚比绍、佛得角、塞拉利昂、利比里亚、科特迪瓦、加纳、多哥、贝宁、尼日尔、尼日利亚和加那利群岛。中部非洲通常包括乍得、中非、喀麦隆、赤道几内亚、加蓬、刚果、刚果民主共和国、圣多美和普林西比。南部非洲通常包括赞比亚、安哥拉、津巴布韦、马拉维、莫桑比克、博茨瓦纳、纳米比亚、南非、斯威士兰、莱索托、马达加斯加、科摩罗、毛里求斯、留尼汪、圣赫勒拿等。

第二节　北部非洲

一、埃及

(一)概况

阿拉伯埃及共和国(The Arab Republic of Egypt),面积100.145万平方公里,人口7367万(2006年),其中绝大多数生活在河谷和三角洲。官方语言为阿拉伯语,通用英语和法语。伊斯兰教为国教,信徒主要是逊尼派,占总人口的84%。科普特基督徒和其他信徒约占16%。首都开罗(Cairo),人口776.5万(2004年12月),是阿拉伯和非洲国家人口最多的城市。

行政区划:全国划分为26个省和卢克索直辖市,省下设县、市、区和村。重要节日:独立日是2月28日(1922年),国庆日是7月23日(1952年)。

(二)自然与人文环境

1.自然地理

埃及跨亚、非两大洲,大部分位于非洲东北部,只有苏伊士运河以东的西奈半岛位于亚洲西南部。西邻利比亚,南邻苏丹,东北邻巴勒斯坦、以色列,东濒红海,北濒地中海,海岸线长约2900公里。

全境95%为沙漠。东部沙漠(阿拉伯沙漠)的沙伊卜巴纳特山海拔2187米,是埃及最高峰。世界第一长河尼罗河从南到北流贯全境,境内长1350公里,两岸形成宽约3～16公里的狭长河谷,在首都开罗以北形成2.4万平方公里的三角洲,99%的人口聚居在仅为国土面积4%的河谷和三角洲地带。苏伊士运河是连接亚、非、欧三洲的交通要道。主要湖泊有大苦湖和提姆萨赫湖,阿斯旺高坝形成的纳赛尔水库,水面5000平方公里,是非洲最大的人工湖。

埃及全境干燥少雨。尼罗河三角洲和北部沿海地区属地中海型气候,1月平均气温12℃,7月26℃;年平均降水量50～200毫米。其余大部分地区属热带沙漠气候,炎热干燥,沙漠地区气温可达40℃,年平均降水量不足30毫米。

2.文化

尼罗河下游的埃及是世界四大文明古国之一。公元前5000年埃及就出现了农业,懂得了栽培谷物和兴修水利。公元前4241年,埃及人就制定出人类最早的太阳历,1年365天分为三季,1季4个月,每月30天,最后一个月多加5天作为宗教节假日,每年与回归年的误差仅约1/4天。公元前35世纪古埃及人就创造了象形文字,公元前19世纪就能够计算正方形的边长和截头角锥体的体积,约公元前21世纪就近乎精确地确定圆周率为3.16。

古埃及在建筑、雕刻、绘画等艺术方面也取得了巨大成就,尼罗河畔开罗附近的宏伟金字塔和狮身人面像是约公元前27世纪古埃及人的建筑杰作。

3.经济与旅游业

埃及属开放型市场经济,以农业为主。阿斯旺水坝是世界大型水坝之一,年发电100亿度。主要农作物有棉花、小麦、水稻、玉米、甘蔗、水果、蔬菜等。主要出口农产品有棉花、土豆、大米。财政来源除税收外,运河收入、旅游收入、侨汇、石油收入构成埃及国民经济的四大支柱。

埃及历史悠久,文化灿烂,名胜古迹众多,具有发展旅游业的良好条件,政府非常重视发展旅游业,旅游业收入是埃及第一大外汇来源,2005年旅游收入64亿美元,游客总数达860万人次。主要名胜古迹有金字塔、狮身人面像、卢克索神庙等。

(三)名胜古迹

埃及古代文明遗迹众多,分布于尼罗河谷、地中海沿岸、西部沙漠的金字塔、神庙、古墓是其中的突出代表。开罗近郊吉萨高地上的胡夫、海夫拉、门卡乌拉三座金字塔和一座狮身人面像距今约有4700年历史。金字塔和狮身人面像堪称人类建筑史上的奇迹。卢克索位于开罗以南700多公里处的尼罗河畔,是埃及文化古迹集中的旅游胜地。埃及历史名城亚历山大位于尼罗河三角洲西北部，享有“地中海明珠”的美誉。

1. 开罗

开罗位于尼罗河三角洲的顶端，横跨尼罗河两岸，是阿拉伯和非洲国家人口最多的城市，整个中东地区的政治、经济和商业中心，阿拉伯联盟总部所在地，欧亚非三洲的交通枢纽，也是世界上最古老的城市之一。大开罗包括开罗、吉萨、盖尔尤比3个省，人口约1675万（2004年12月），夏季平均气温最高34.2℃，最低20.8℃；冬季最高19.9℃，最低9.7℃。

开罗的历史可追溯到公元前约3000年的古王国时期，作为首都也有千年以上的历史。开罗市内既有苏丹·哈桑清真寺、艾资哈尔清真寺、萨拉丁城堡、阿布丁宫等古代伊斯兰建筑，也有现代化的高楼大厦。清真寺宣礼塔遍布全城，因而开罗被誉为“千塔之城”。由中国工程技术人员援建的开罗国际会议中心规模宏大、富丽堂皇，是中埃人民友谊的象征。

埃及博物馆位于开罗市区的解放广场一侧，是世界闻名的大型博物馆之一，建于1858年，1902年迁至一座古老而豪华的双层石建筑内，珍藏着自古埃及法老时代到公元5～6世纪罗马统治时代的历史文物共10万多件。馆内文物反映了古埃及人的智慧、文明和生活面貌，有4000年前的石雕与木雕，历代古法老的宝座和遮阳伞，多层套棺和保存完好的木乃伊，古埃及王朝时期国王的内衣、手绢和当时制衣所用的木质模特，5000年前发明的纸莎草纸文稿，3400年前使用的笔、墨、笔筒和镇纸，玩具、五谷、针线、剪刀、化妆品等古埃及人的各种日常生活用品，当铺的单据和死亡证书等等。

开罗塔距埃及博物馆不远，在尼罗河中的一个岛上，高187米，在塔上可以尽揽开罗全城景色和尼罗河及其两岸风光。

古都孟菲斯遗址位于开罗西南约30公里处。孟菲斯博物馆内有法老拉姆希斯二世的巨型石像和完整无缺狮身人面像。由孟菲斯遗址西行约20公里有世界七大奇观之一的金字塔。

2. 金字塔

埃及的金字塔(Pyramids)建于4500年前，为古埃及法老（即国王）

和王后的陵墓,是用巨大石块修砌成的方锥形建筑,因形似汉字“金”字,故译为“金字塔”。埃及金字塔是从早期的王陵马斯塔巴墓发展而来的。建筑金字塔的历史从第三王朝到第十三王朝,跨越了10个朝代。金字塔规模宏大、建筑神奇、气势雄伟,留下许多未解之谜,吸引许多科学家、考古学家、历史学家前往探究,也是世界各地游客向往的旅游胜地。

现已发现的110座金字塔大多建于埃及古王朝时期,其中最大最有名的是位于开罗西南约10公里吉萨高地的祖孙三代金字塔,即胡夫金字塔、海夫拉金字塔、门卡乌拉金字塔,周围还有众多的小金字塔。

胡夫金字塔(大金字塔)是埃及现存规模最大的金字塔,被喻为“世界古代七大奇观之一”,建于埃及第四王朝第二位法老胡夫统治时期(约公元前2670年),被认为是胡夫为自己修建的陵墓。原高146.59米,因顶端剥落,现高136.5米,塔的四个斜面正对东南西北四个方向,塔基呈正方形,每边长约230米,占地面积5.29万平方米。塔身由230万块巨石组成,分别重达1.5～160吨。建造时共动用了10万人,花了20年时间。

海夫拉金字塔(第二大金字塔)是古埃及第四王朝(约公元前2575年至公元前2465年)的第四位法老海夫拉的陵墓,塔高143.5米。举世闻名的狮身人面像便紧挨着海夫拉金字塔,据传人面是海夫拉的模拟像。

门卡乌拉金字塔的底边边长108.5米,高66.5米。1839年,一名英国探险家首次打开这座金字塔,在墓室中发现一具花岗岩石棺及法老木乃伊。但装运这些文物的船只在返回英国途中遭遇意外,石棺和木乃伊都沉入大西洋。

3.狮身人面像

狮身人面像又译为“斯芬克斯”(Sphinx),位于开罗西南的吉萨大金字塔近旁,与金字塔同为古埃及文明最有代表性的遗迹。高21米,长57米,耳朵就有2米长。除了15米的狮爪是用大石块镶砌外,整座石像雕琢于一块巨石之上。面部是古埃及第四王朝法老(即国王)海夫拉的脸型。在古埃及,狮子是力量的象征,狮身人面像实际上是古埃及法老的写照。雕像坐西向东，蹲伏在哈夫拉的陵墓旁。由于该像状如希腊神话中的人面怪物斯芬克斯，因此西方人称之为“斯芬克斯”。

4. 古城卢克索

卢克索(Luxor)位于开罗以南七百多公里的尼罗河畔，是埃及文化古迹集中的旅游胜地，建于古代名城底比斯的南半部遗址上。底比斯是古埃及中王朝和新王朝时代的都城、距今已有4000年的历史。在第十八代王朝(约公元前1584～前1341)时，底比斯处于鼎盛时期，跨尼罗河两岸，后毁于公元前88年。卢克索古迹中最引人注目的是尼罗河东岸的卡纳克神庙和卢克索神庙。

卡纳克神庙又称阿蒙·赖神庙，是法老(古埃及国王)们献给太阳神、自然神、月亮神的庙宇建筑群，规模宏大，全部用巨石修建。庙门高38米，主殿雄伟壮观，面积约5000平方米，有16行共134根巨石圆柱，其中最高的12根，每根高20米以上，柱上残留有描述太阳神故事的彩绘，庙内尖顶石碑如林，巨石雕像随处可见。在神庙的石壁上刻有古埃及人用象形文字。卡纳克神庙是世界上最壮观的古建筑物之一，也是埃及最大的神庙。

卢克索神庙距卡纳克神庙不到1公里，是公元前14世纪修建的，包括庭院、大厅和侧厅。庭院三面有双排纸草① 捆扎状的石柱，柱顶呈伞形花序状。神庙围墙外是第十九王朝法老拉美西斯二世时期修建的另一庭院，在这里可看到高大的、有浮雕的塔门和当时流行的方尖碑。

卢克索西岸是著名的帝王谷，即古埃及第十八、十九、二十王朝历代法老们的陵墓集中谷地，已发现的陵墓近70座，大都依岩开凿，墓内有出色的浮雕和生动的壁画等。

5. 苏伊士运河

苏伊士运河(Suez Canal)处于埃及东北部、西奈半岛西侧，贯通苏伊士地峡，北起地中海沿岸的塞得港，经提姆萨湖、大苦湖，南到红海苏伊士湾沿岸的苏伊士，长162.5公里，若包括两端伸入海中的航道则长195公里。苏伊士运河使大西洋、地中海与印度洋联结起来，大大缩短

① 纸草是古埃及人制纸的一种水草。

了东西方航程，是沟通欧、亚、非三洲的主要国际水道，大大缩短了欧洲到印度洋和西太平洋的水上航程。

苏伊士运河开凿于1859年至1869年，之后不断拓宽、加深，以增加过河船只的通过能力。1869年运河开通后，英法两国就垄断苏伊士运河公司96%的股份。1882年后由英国控制，1956年埃及宣布将运河收归国有。

苏伊士以北17公里处的苏伊士运河之下有一条海底隧道，连接亚、非两洲，隧道本身长1.64公里，加上两边进口，总长5.9公里，隧道内公路宽7.5米，来往车辆可并行。

塞德港以南约45公里的苏伊士运河大桥为钢箱梁斜拉桥，全长730米，主跨404米，桥塔高155.5米，通航净空70米。

苏伊士运河是埃及仅次于侨汇和旅游的第三大外汇收入来源。

二、苏丹

（一）概况

苏丹共和国（The Republic of the Sudan），面积250.58万平方公里，人口3539.2万（2005年估算），有19个种族，597个部落，其中黑人占52%，阿拉伯人占39%，贝贾人占6%，其他人种占3%。南方地区人口约占总人口的20%。通用英语，阿拉伯语为官方语言，使用者占总人口的60%。居民70%以上信奉伊斯兰教，多属逊尼派，主要居住在北方；南方居民多信奉原始部落宗教及拜物教；仅有5%的人信奉基督教，多居住在南方和首都喀土穆。首都喀土穆（Khartoum），总人口570万（2003年）。

行政区划：全国设26个州，辖132个县。重要节日：独立日暨国庆日是1月1日（1956年），救国革命日是6月30日（1989年）。

（二）自然与人文环境

苏丹位于非洲东北部、红海西岸，为非洲面积最大的国家。北邻利比亚、埃及，西邻乍得、中非共和国，南邻刚果（金）、乌干达、肯尼亚，东邻厄立特里亚、埃塞俄比亚，东北濒红海，海岸线长约720公里。境内大部为盆地，南高北低。中部为苏丹盆地；北部为沙漠台地，尼罗河以东为努比亚沙漠，以西为利比亚沙漠；西部是科尔凡多高原和达富尔高原；东部为东非高原和埃塞俄比亚高原的西斜坡。南部边境的基涅提山海拔 3187 米，为全国最高峰。全国气候差异很大，自北向南由热带沙漠气候向热带雨林气候过渡，是世界上最热的国家之一，全国年平均气温 21℃，最热季节气温可达 50℃，长年干旱，年平均降雨量不足 100 毫米。极易遭受旱灾、水灾和沙漠化。尼罗河南北纵贯全境。

苏丹是联合国宣布的世界最不发达国家之一。经济以农牧业为主，基础薄弱，对自然及外援依赖性强。主要矿产资源有铁、铜、铬、银和石油。森林覆盖率23.3%；在林业资源中，阿拉伯树胶占重要地位。水力资源丰富。

由于南部长期战乱，资金严重短缺及遭受安理会制裁，旅游业发展受到严重影响。1991 年接待外国游客约 2 万人次。

（三）喀土穆

喀土穆位于青、白尼罗河的交汇处，地形与我国武汉很相像，由喀土穆、北喀土穆、恩图曼三镇组成，三镇之间有桥相连，是全国政治、经济、文化中心。

喀土穆意为“大象鼻子”，历史悠久，最初是一个小渔村，1822 年成为埃及兵营，次年成为埃属苏丹首府。1834 年土耳其奥斯曼帝国占领苏丹，定都喀土穆。1898 年起为英埃属苏丹首府，1956 年苏丹独立后定为首都。

喀土穆有“世界火炉”之称，气候炎热干燥，年平均气温为28.7℃，最高气温达47.2℃。青、白尼罗河在喀土穆合二为一，称为尼罗河。由于两河上游水情及流经地区的地质条件不同，河水各自呈青色和呈白色，汇合时泾渭分明，平行奔流，是喀土穆一大景观。

喀土穆是棉、粮集散地，有制革、纺织、食品等工业。主要建筑物有政府大厦、伊斯兰清真寺、博物馆和动物园等。

恩图曼是喀土穆主要平民生活区，有具有浓郁阿拉伯风情的几大自由市场，出售象牙、黑木、鳄鱼皮等民间工艺品。1885 年至 1898 年恩图曼曾是马赫迪王国的都城，市内有著名的马赫迪陵墓、阿卜杜拉·哈里发纪念馆及清真寺等名胜古迹，还有国家民族剧场、议会大厦、古兰经大学等。

北喀土穆是工业区，它集中了全国的大工厂，其中有全国最大的纺织厂、船舶厂、汽车修配厂等。

青尼罗河滨河大道南侧矗立着白色三层楼总统府，始建于1834年土耳其奥斯曼统治时期，原称呼克姆达里亚宫。尼罗河大道往西北，有中国20世纪70年代初援建的友谊宫，是非洲第三大国际会议中心，面积达2.47万平方米，是总统办公和政府召开重要会议及庆祝活动的场所。

三、利比亚

（一）概况

大阿拉伯利比亚人民社会主义民众国（The Great Socialist People's Libyan Arab Jamahiriya），面积176万平方公里，人口567万（2006年），主要是阿拉伯人，其次是柏柏尔人。此外还有一二百万外来人口。阿拉伯语为国语，在主要城市也讲英语和意大利语。绝大多数居民信仰伊斯兰教，逊尼派穆斯林占97%。首都的黎波里（Tripoli），人口120万（2005年）。

行政区划：全国划分成28个人民省及2个地区。重要节日：独立日是12月24日（1951年），革命节暨国庆日是9月1日（1969）。

（二）自然与人文环境

利比亚位于非洲北部，东邻埃及，东南邻苏丹，南邻乍得、尼日尔，西邻阿尔及利亚、突尼斯，北濒地中海，海岸线长约1900公里。全境95%为沙漠和半沙漠，大部分地区平均海拔500米，北部沿海有平原。北部沿海属亚热带地中海型气候，冬暖多雨，夏热干燥，1月平均气温12℃，8月平均气温26℃。夏季常受来自南部撒哈拉沙漠干热风（吉卜利风）的侵害，气温可高达50℃以上；年平均降水量为100～600毫米。内陆广大地区属热带沙漠气候，干热少雨，季节和昼夜温差均较大，年平均降水量100毫米以下。中部的塞卜哈是世界上最干燥的地区。境内无常年性河流和湖泊。井泉分布较广，为主要水源。

利比亚是北非重要的石油生产国，石油是经济命脉和主要支柱。石油生产占国民生产总值的50%～70%，石油出口占出口总值的95%以上。主要农作物有小麦、大麦、玉米、花生、柑桔、橄榄、烟草、椰枣、蔬菜等。畜牧业在农业中占重要地位。牧民和半牧民占农业人口一半以上。

（三）的黎波里

的黎波里位于利比亚的西北部、地中海南岸，是利比亚政治、经济、文化中心，也是全国最大的城市和最大的港口，工业占全国总产值的一半以上，有食品、水泥、地毯、制革、纺织、化工等企业。1月气温8℃～16℃，8月气温22℃～30℃。

的黎波里自古以来就是贸易中心和战略要地，公元前11世纪由腓尼基人创建，后来长期被罗马人、阿拉伯人、土耳其人统治。7世纪阿拉伯人来此定居，1951年利比亚独立后成为首都，享有“地中海的白色新娘”之誉。

公元前7世纪，腓尼基人在的黎波里一带建立了三个市镇，统称“的黎波里斯”，意为“三市”，公元365年的大地震损毁了两市镇，居中的奥耶市得以存续，发展成为现今的的黎波里。

的黎波里有古罗马的斗技场遗址和其他朝代的古堡、宫苑、清真寺等名胜古迹，是夏季游览和疗养胜地。的黎波里的旧城称为“红堡”，靠近港口；新城在西南部。

利比亚国家博物馆在的黎波里市中心的红堡博物馆内，收藏有从石器时代到利比亚1969年革命后各个历史时期和不同文明遗留下的文物上万件。

塞布拉塔考古遗址位于的黎波里东60公里的地中海岸边，1982年被列入《世界遗产目录》。

从腓尼基时期一直到罗马帝国衰退时期，塞布拉塔是北非和地中海地区的贸易中心。这里曾经是努米底亚王朝的组成部分，腓尼基人曾经在这里建立非洲内陆地区产品加工的基地，公元2～3世纪曾经被并入罗马版图，是一处珍贵的文化遗产。塞布拉塔的主要建筑物多建于鼎盛的公元2～3世纪，邻海而建的大剧院是这些建筑中的杰作，一共有三层，每层都用巨大的圆柱支撑，剧场内还饰有白色和粉色大理石浮雕。

四、突尼斯

(一)概况

突尼斯共和国(The Republic of Tunisia),面积16.2155万平方公里,人口 1001 万(2005 年),其中 90%以上为阿拉伯人,其余为柏柏尔人。阿拉伯语为国语,通用法语。伊斯兰教为国教,主要是逊尼派;少数人信奉天主教、犹太教。首都突尼斯市(Tunis),人口 225 万(2004 年)。

行政区划:全国划分为 24 个省,下设 254 个县,240 个市镇。重要节日:独立日暨国庆日是 3 月 20 日(1956 年)。

(二)自然与人文环境

突尼斯位于非洲北端,西邻阿尔及利亚,东南邻利比亚,北、东濒地中海,隔突尼斯海峡与意大利相望,海岸线长 1300 公里。地形复杂,北部多山,中西部为低地和台地,东北部为沿海平原,南部为沙漠。最高峰舍阿奈比山海拔 1544 米。北部属亚热带地中海型气候,夏季炎热干燥,冬季温暖湿润。中部属热带草原气候,南部属热带大陆性沙漠气候。8 月为最热月,日均温21℃～33℃;1 月为最冷月,日均温6℃～14℃。境内水系不发达。最大河流迈杰尔达河,流域面积约2.4万平方公里。

突尼斯经济以农业为主,但粮食不能自给。资源主要有磷酸盐、石油、天然气、铁、铝、锌等。工业以石油和磷酸盐开采、制造业、加工工业为主。旅游业较发达,在国民经济中占重要地位。纺织业在轻工业中居首位。突尼斯是橄榄油主要生产国,产量占世界橄榄油总产量的4%～9%,是其主要的出口创汇农产品。

旅游业在国民经济中居重要地位,是第一大外汇来源。2005 年接待游客 650 万人次,旅游收入为24.95亿第纳尔,居非洲和阿拉伯国家前列。旅游设施主要分布在东部沿海地带,有五大旅游中心,苏斯"康达维"中心是全国最大的旅游基地。著名的旅游地有突尼斯市、苏斯、莫纳斯提尔、崩角、杰尔巴岛等。

(三)突尼斯市

突尼斯市(Tunis)位于突尼斯东北部,临地中海南岸的突尼斯湾,是全国政治、经济、文化中心和交通枢纽。

公元前1000年以前，腓尼基人在突尼斯海边建立迦太基城，并发展成为历史上有名的奴隶制的迦太基帝国，当其盛时，突尼斯是迦太基城近郊的一个海滨村镇。迦太基城后被罗马人焚毁。公元698年，倭马亚王朝总督诺马拉下令拆除迦太基残余城墙和建筑物，在今突尼斯城地址建麦地纳城，并兴建港口、船坞，令居民迁移至此。在当时成为仅次于凯鲁万城的第二大城。强盛的哈夫斯王朝时期（1230～1574），正式定都突尼斯城，并大兴土木，修建巴尔多宫殿，扩建扎古旺—迦太基水渠工程，把水引入皇宫和居民区，整修阿拉伯市场，建立政府区"卡斯巴"，文化艺术亦有相应发展。突尼斯城一时成为马格里布地区的文化中心。1937年遭法国殖民者占领，1957年突尼斯共和国成立后，定为首都。

突尼斯城的市区由民族传统的旧城麦地纳和欧化的新城组成。旧城麦地纳具有古色古香的阿拉伯东方色彩，有近十座城门保存尚好，其中有新旧城相接的海门，以及旧城与郊区相接的苏卡门等。卡斯巴区是总理府和执政党党部所在地。新城又称"低城"，位于麦地纳通向海边的低洼地带。市中心繁华的布尔吉巴大街，两旁绿树浓荫，书亭、花摊点缀其间；大街东端是共和国广场，矗立着布尔吉巴总统的铜像；西端为独立广场，有突尼斯古代名历史学家卡尔敦的铜像。

市中心往东不远是火车站和海港，往北有市内风景区贝尔维黛公园。东北郊有著名古迹迦太基城遗址、民族传统建筑形式的西迪·布·赛义德镇、马尔萨海滨浴场和通向大海的门户古莱特港等。总统府濒临地中海，座落在咖太基城遗址旁，富丽堂皇。巴尔多古皇宫位于西郊3公里处，是国民议会和巴尔多国家博物馆所在地。西北郊是大学城。南郊和西南郊是工业区。著名的古罗马水渠渡槽从西郊农业区通过。

五、阿尔及利亚

（一）概况

阿尔及利亚民主人民共和国（The People's Democratic Republic of Algeria)，面积238.1741万平方公里，人口3380万（2006年），大多数是阿拉伯人，其次是柏柏尔人（约占总人口20%），少数民族有姆扎布族和图阿雷格族。官方语言为阿拉伯语，通用法语。伊斯兰教为国教，穆斯林占人口的99.9%，全部属逊尼派。首都阿尔及尔(Alger)，人口256万(2004年)。

行政区划：全国共分为48个省。重要节日：独立日是7月5日(1962年)，国庆日是11月1日(1954年)。

(二)自然与人文环境

阿尔及利亚位于非洲西北部，北邻地中海，东邻突尼斯、利比亚，南邻尼日尔、马里、毛里塔尼亚接壤，西邻摩洛哥、西撒哈拉，海岸线长约1200公里。阿尔及利亚全境大致以东西向的泰勒阿特拉斯山脉、撒哈拉阿特拉斯山脉为界；泰勒阿特拉斯山脉以北为地中海岸的滨海平原；两山脉之间为高原地区；撒哈拉阿特拉斯山脉以南属撒哈拉大沙漠，约占全国面积的85%。北部沿海地区属地中海气候，中部为热带草原气候，南部为热带沙漠气候，炎热干燥。每年8月最热，最高气温29℃，最低气温22℃；1月最冷，最高气温15℃，最低气温9℃。年降水量150毫米以下，有的地方终年不雨。

阿尔及利亚的经济规模在非洲仅次于南非和埃及，居第三位。石油和天然气资源非常丰富，被誉为"北非油库"。石油和天然气工业是阿尔及利亚的经济支柱，天然气与石油出口收入占国家外汇收入的90%以上。主要农产品有小麦、大麦、燕麦、豆类、蔬菜、葡萄、柑橘、椰枣。软木产量居世界第三位。

阿尔及利亚旅游业比较发达，2004年接待外国游客160万人次，2005年旅游收入1.74亿美元。丰富的旅游资源适合各个季节不同形式的旅游，有7处自然、文化景观被列入《世界遗产名录》，北部沿海有众多的海滨浴场，北部山区可发展登山旅游，中南部撒哈拉大沙漠和绿洲充满神秘色彩。

(三)阿尔及尔

阿尔及尔位于阿尔及利亚北部沿海，濒临地中海的阿尔及尔湾，是地中海南岸最大海港城市之一。城市依山建筑，背靠丘陵坡地，平均海拔59米，属地中海气候。1月平均气温12℃，8月平均气温25℃。年平均降水量712毫米，以冬雨为主。935年由柏柏尔人、阿拉伯人所建。1526

年并入奥斯曼帝国。1830年被法国占领，成为法属北非殖民地统治中心。1880年后逐渐发展为西北非最大海港之一。“二战”中曾为北非盟军指挥部所在地，一度为法国临时首都。1962年阿尔及利亚独立，定阿尔及尔为首都。工业有炼油和石油化工、机械、水泥、纺织、酿酒、食品、制革、汽车装配等部门。捕鱼业发达。

阿尔及尔旧城喀士巴区建在山坡上，有石头垒砌的一二层高的古老房子，中间夹着许多狭窄的、铺着石子的小巷，富有阿拉伯民族特色；新城沿海滨扩展，多欧式建筑和街头公园。市内有阿尔及尔大学(1879年建)、巴尔多史前人类博物馆。附近多古罗马时代古迹。西郊的“松树俱乐部”是国际会议中心。

六、摩洛哥

(一)概况

摩洛哥王国(The Kingdom of Morocco)，面积45.9万平方公里(不包括西撒哈拉)，人口3005万人(2006年)，其中阿拉伯人约占80%，柏柏尔人约占20%。阿拉伯语为国语，通用法语。信奉伊斯兰教。首都拉巴特(Rabat)，人口62.8万(2005年)。

行政区划：全国划分为17个大区，49个省和12个省级市，1547个市镇。重要节日：独立日是3月2日(1956年)，国庆日(登基日)是7月30日(1999年)。

(二)自然与人文环境

摩洛哥位于非洲西北端。东、东南邻阿尔及利亚，南邻西撒哈拉，西濒大西洋，北隔直布罗陀海峡与西班牙相望，扼守大西洋进入地中海的门户，海岸线长约1700公里。地形复杂，中部和北部为峻峭的阿特拉斯山脉，东部和南部是上高原和前撒哈拉高原，仅西北沿海一带为狭长低缓的平原。最高峰图卜加勒山脉海拔4165米。北部为地中海型气候，夏季炎热干燥，冬季温和湿润，1月平均气温12℃，7月22℃～24℃，年降水量为300～800毫米。中部属副热带山地气候，温和湿润，气温随海拔高度而变化，山麓地区年平均温约20℃，降水量从300～1400毫米。东部、南部为沙漠气候，年平均气温约20℃，年降水量在250毫米以下，南部不足100毫米。夏季常有干燥炎热的“西洛可风”。乌姆赖比阿河是第一大河，长556公里。德拉河是最大的间歇河，长1150公里。主要河流还有木卢亚河、塞布河等。

由于斜贯全境的阿特拉斯山挡住了南部撒哈拉沙漠的热浪的侵袭，加之濒临大西洋和地中海，使摩洛哥气候温和宜人，四季花木繁茂，有“烈日下的清凉国土”之誉，也有“北非花园”的美称。

摩洛哥素有“磷酸盐王国”之称，其储量为1100亿吨，占世界总储量的75%，出口量居世界第一。工业不发达，农牧业是摩洛哥经济的重要支柱，农业在国内生产总值中占1/5，占出口收入的30%。主要农作物有大麦、小麦、玉米、水果、蔬菜等，其中柑橘、橄榄、蔬菜大量向欧洲和阿拉伯国家出口。渔业资源极为丰富，是非洲第一大产鱼国，沙丁鱼出口居世界首位。主要出口产品有食品、矿产品、服装和皮革制品等。

摩洛哥旅游业发达，2006年接待外国游客660万人次，旅游收入约60亿美元。反映摩洛哥各个历史时期艺术、建筑、文学、科学等方面辉煌成就的遗迹遍布全国，主要旅游城市有拉巴特、非斯、马拉喀什、卡萨布兰卡、阿加迪尔、丹吉尔等。拉巴特有公元1～5世纪时期罗马人建筑的乌达亚城堡，还有著名的哈桑清真寺遗址。非斯、马拉喀什是举世闻名的阿拉伯古城。

（三）主要旅游地

1. 拉巴特

拉巴特位于摩洛哥西北部的布赖格赖格河口，濒大西洋。12世纪穆瓦希德王朝在河口左岸的海角建立军事要塞，取名里巴特—法特赫，简称里巴特(阿拉伯语意为“营地”)。12世纪90年代开始建城，后又多次扩建。“拉巴特”是从“里巴特”演变而来。1912年法国殖民者侵占古都非斯后，把首都从非斯迁至拉巴特。1956年摩洛哥独立定都于拉巴特。

拉巴特由拉巴特新城和萨勒旧城组成。新城拉巴特内西式楼房和阿拉伯民族风格的精巧住宅掩映在花树丛中，街道两旁绿树成荫，多街心花园，有王宫、政府机关、全国高等学府等建筑。旧城萨勒周围有红色城墙，城内多古老的阿拉伯建筑和清真寺，商业繁荣，后街小巷是一些手工艺品作坊，居民的生活和生产方式依然存留着浓厚的中世纪风采。哈桑清真寺原是北非最大的清真寺，后毁于15世纪一次大地震，保存至今的哈桑塔（宣礼塔）是用玫瑰色石块砌成的，占地16平方米，高44米，加上塔顶高69米。

海角上的军事要塞遗址乌达亚城堡，还保存有城门、瞭望岗楼等遗迹，城堡中间是一花园，多奇花异草。新城东南的萨拉废墟，传说是穆瓦希德王朝时期建造的皇陵，周围建有城堡。现在废墟上还保存着门楼、墓碑、清真寺、放生池、花园等。

拉巴特王宫建于1785年，占地2平方公里，是一座典型的阿拉伯宫殿建筑，大门上用黄铜雕成图案，绿玻璃瓦屋顶，宫内多式样各异的宫殿，其中哈桑二世用于接见宾客的里亚德宫尤为宏丽，还有哈桑二世的父王穆罕默德五世的陵墓。拉巴特有公元859年创办的卡拉威英大学和1917年创建的古物博物馆。拉巴特南的大西洋海岸，海滩细软，是夏季旅游胜地。

2. 非斯（Fès）

非斯位于摩洛哥北部中阿特拉斯山麓海拔410米的高地上，西距首都拉巴特190公里，人口约40万，是摩洛哥北部重要的农牧产品集散地，工业有面粉、木材加工、纺织等工厂，交通也便利。

非斯是摩洛哥最早的阿拉伯城市和穆斯林宗教文化中心，也是公元808年伊德里斯二世在摩洛哥建立的第一个伊斯兰教王朝的都城。非斯从建城到1912年法国占领摩洛哥期间，除有100年以外，是历代王朝的首都，名胜古迹众多，是伊斯兰世界的圣城之一，也是摩洛哥历史的缩影。非斯的现代化新城始建于1912年法国占领时期。城内古老的王宫和麦地那老城被列入《世界文化遗产名录》。

非斯以精湛的伊斯兰建筑艺术著称于世界。古城建于公元前808年，占地300公顷，街道狭窄弯曲，两旁店面、作坊毗邻连片，街区只能步行，主要运输工具是马、驴或平板车。城区的建筑风格、居民的风俗习惯和生活方式仍表现出浓厚的中世纪的风貌。古城内到处是保护完好的历史古迹。在城内数百座清真寺中，以拥有270根圆柱的卡拉万纳清真寺和摩洛哥最古老的寺院之一的昂达吕西昂清真寺最为著名。还有众多反映伊斯兰建筑艺术特色的古城堡、宫殿、博物馆等。城内的卡鲁因大学建于公元 859 年，是伊斯兰教的高等学府，最初是一座清真寺，图书馆藏有各类伊斯兰教书籍几十万册，其中珍贵的手抄本八千多册，是世界上最古老的高等学府。非斯城的创建者伊德里二世国王的陵墓建于 11 世纪。非斯城内处处可见到泉水，这些泉水被视为“圣水”。

新城区建于 1276 年，欧式建筑风格突出，景色与老城区迥然不同，街道宽阔笔直，浓荫覆盖，高层建筑鳞次栉比、雄伟壮观，市区热闹繁华。

非斯周围的名胜古迹很多，南面和北面山坡上的两座城堡，修建于公元 16 世纪的萨阿德王朝时期，保存完好。北面山坡上的城堡已改建成兵器博物馆。郊外多果园和油橄榄树，满目翠绿，景色迷人。

第三节 东部非洲

一、埃塞俄比亚

（一）概况

埃塞俄比亚联邦民主共和国（The Federal Democratic Republic of Ethiopia），面积110.36万平方公里，人口 7740 万（2005 年），全国约有 80 个民族，其中奥罗莫族占 40%、阿姆哈拉族占 20%、提格雷族占 8%、索马里族占 6%、锡达莫族占 4%。阿姆哈拉语为联邦工作语言，通用英语，主要民族语言有奥罗莫语、提格雷语等。居民中 45%信奉埃塞正教，40%～45%信奉伊斯兰教，少数人信奉新教、天主教和原始宗教。首都亚的斯亚贝巴（Addis Ababa），人口约 300 万（2004 年）。

行政区划：除首都亚的斯亚贝巴市外，全国按民族分 9 个州。重要节日：独立日是 3 月 1 日（1896 年），阿杜瓦大捷纪念日是 3 月 2 日，埃塞俄比亚人民革命民主阵线执政纪念日是 5 月 28 日，埃历新年是 9 月 11 日，国庆日是 9 月 12 日（1974 年）。

（二）自然与人文环境

埃塞俄比亚位于红海西南的东非高原上，北邻厄立特里亚，西邻苏丹，东邻吉布提、索马里，南邻肯尼亚，海岸线长 1013 公里。境内以山地高原为主，大部属埃塞俄比亚高原，中西部是高原的主体，占全国面积的 2/3，东非大裂谷纵贯全境，平均海拔近 3000 米，素有“非洲屋脊”之称。年平均温度13℃。

埃塞俄比亚是世界最不发达国家之一，农牧业是国民经济和出口创汇的支柱。矿产资源和水资源丰富，有石油、天然气、煤、金、铂、铜、钾盐、锌、铁、镍等，大部分未开发；境内河流湖泊较多，是青尼罗河的发源地，有“东非水塔”之称。埃塞俄比亚还是地热资源最丰富国家之一。由于盲目砍伐，森林破坏，水土流失严重。工业基础薄弱，主要粮食作物有大麦、小麦、玉米、高粱和埃塞俄比亚独有的苔麸。苔麸颗粒微小，富含淀粉，是当地人最喜爱的食物。经济作物有咖啡、恰特草、鲜花、油料等。埃塞俄比亚多草原，适合放牧的草地占国土面积的一半以上，牲畜存栏总数居非洲国家之首，产值约占国内生产总值的 20%。埃塞俄比亚盛产咖啡，是世界咖啡 10 大生产国之一，产量居非洲第三位，出口额占出口总收入的 2/3。

埃塞俄比亚咖法地区是“咖啡的故乡”。大约在公元 900 年左右，当地一位牧羊人在山间放牧时，发现羊群在争吃一种红色浆果，食后群羊欢蹦乱跳，反应异常，第二天群羊又会安然无恙。这一意外发现促使牧羊人采集这种野果煮汁解渴。他感到这种果汁淳香无比，饮用后精神异常兴奋。于是他开始栽种这种植物，由此发展起今天的大规模咖啡种植。咖啡的名就是由咖法演变而来。

埃塞俄比亚旅游资源丰富，文物古迹及野生动物公园较多。2005 年全国旅游收入1.34亿美元，接待外国游客22.7万人次。政府已采取扩建机场、简化签证手续等措施促进旅游业发展，计划使埃到 2020 年成为非洲 10 大旅游国之一。

（三）亚的斯亚贝巴

亚的斯亚贝巴位于埃塞俄比亚中部高原的山谷中，海拔 2350 米，是非洲海拔最高的大城市，也是非洲联盟总部所在地。亚的斯亚贝巴也是埃塞俄比亚的经济中心，全国半数以上的企业集中于城市的西南部，南郊为工业区，城内有咖啡贸易中心。

城市周围峰峦起伏，虽然接近赤道，但气候凉爽，四季如春，年平均气温15℃。市区街道随山势起伏，到处可见苍郁修长的尤加利树。

市中心革命广场一带，街道宽阔整齐，多高层办公楼和公寓，昔日的皇宫离广场不远。附近一条林荫大道两旁分布着议会大厦、政府各部大楼、博物馆、非洲大厦、亚的斯亚贝巴大学、大议会等著名建筑。在孟尼利克二世大街的广场上，矗立着孟尼利克二世身跨战马的高大铜像。广场西南角有市政大厅。市政大厅和火车站间的大街是繁华的商业区。

二、厄立特里亚

（一）概况

厄立特里亚国（The State of Eritrea），面积12.432万平方公里（包括达赫拉克群岛），人口 450 万（2004 年估计），共由 9 个民族组成，提格雷尼亚约占总人口的 50%，提格雷和库纳马占 40%，阿法尔占 4%，萨霍占 3%，还有希达赖伯、比伦、纳拉、拉沙伊达各族。每个民族使用自己的语言，主要语言有提格雷尼亚语、提格雷语，通用英语、阿拉伯语。信奉基督教和伊斯兰教的居民各约占一半，另有少数信奉天主教和传统拜物教。首都阿斯马拉（Asmara），人口约 50 万（2002 年估计）。

行政区划：全国分为 6 个区。重要节日：独立日是 5 月 24 日（1993年）。

（二）自然与人文环境

厄立特里亚位于东非及非洲之角最北部，西邻苏丹，南邻埃塞俄比亚，东南邻吉布提，东北隔红海与沙特阿拉伯和也门相望，海岸线（包括达赫拉克群岛和其他一百多个岛屿）长 1200 公里。境内中心地带高原占国土面积的 1/3，海拔 1800～2500 米；西部靠苏丹边境为海拔 487 米的低地，东部为海岸平原。高原地区气候宜人，年均气温17℃，年均降水量 900 毫米。5～6 月的热季平均气温为25℃，12 月至来年 2 月的凉季平均气温为15℃。东部和西部低地气候炎热干燥，年平均气温分别为30℃和28℃，年均降水量不到 400 毫米。红海沿岸地区呈沙漠状态。境内最大的河流马雷布河全长 440 公里。

厄立特里亚是一个农业国，全国 80%的人口从事农牧业生产。农产品占出口收入的 70%。畜牧业在国民经济中占有相当比重。石油、铜、金、铁、食盐、天然气和沿海渔业资源丰富。

旅游业是厄立特里亚唯一赚取外汇的服务行业。地形多样，自然景观丰富，尚存不少阿克苏姆王国的遗迹，主要旅游地有阿斯马拉、马萨瓦、阿萨布、达赫拉克群岛等。

（三）阿斯马拉

阿斯马拉位于非洲之角北部的哈马森高原上，海拔 2400 米，是一座美丽的花城，四季气候凉爽。1889 年被意大利占领，1897 年后逐渐建成一座新兴城市。"二战"后，成为埃塞俄比亚的一个省府，为商业和工业中心。市内的阿斯马拉皇宫是一金黄色间以白色的传统建筑，原为意大利总督建造。皇宫附近有过去皇帝对外接见和举行宴会的建筑。市内还有以抵抗意大利侵略战争中著名英雄拉斯·戴维塔·达姆图的名字命名的大街，有 1922 年建立的罗马天主教教堂，1937 年建立的人清真寺以及属于科普特教派的圣玛利教堂。

阿斯马拉是农牧产品贸易中心，有纺织、食品、皮革、水泥、钢铁、机器制造、化工日用品、卷烟等工厂。附近有铜矿开采。

三、索马里

（一）概况

索马里联邦共和国（The Federal Republic of Somalia），面积 63.766万平方公里，其中陆地面积62.734万平方公里，水域面积1.032万平方公里。人口 1040 万（2004 年估计），绝大部分是索马里人。全国分萨马莱和萨布两大族系。萨马莱族系占全国人口的 80%以上，分为达罗德、哈维耶、伊萨克和迪尔四大部族。萨布族系分为迪吉尔和拉汉文两大部族。这六大部族又分为几十个次部族。官方语言为索马里语和阿拉伯语，通用英语和意大利语。伊斯兰教为国教。首都摩加迪沙（Mogadishu），人口 80 万（2004 年估计）。

行政区划：全国分为 18 个州，下设 87 个区，区下辖镇和村。重要节日:独立日是 6 月 26 日,国庆节是 7 月 1 日(索马里共和国成立)。

(二)自然与人文环境

索马里位于非洲大陆最东部的索马里半岛,西邻肯尼亚和埃塞俄比亚,西北邻吉布提,北濒亚丁湾,东濒印度洋,海岸线长 3200 公里。东部沿海为平原,沿岸多沙丘;亚丁湾沿岸低地为吉班平原,中部为高原,北部多山;西南部为草原、半沙漠和沙漠。苏拉德山海拔 2408 米,为全国最高峰。大部地区属热带沙漠气候,西南部属热带草原气候,终年高温,干燥少雨。主要河流有谢贝利河和朱巴河。

索马里是世界上最不发达国家之一。经济以畜牧业为主,工业基础薄弱。1991 年后由于连年内乱,工农业生产和基础设施遭到严重破坏,经济全面崩溃。渔业资源丰富,森林覆盖率为 13%。主要农作物有高粱、玉米、大米、豆类、芝麻、棉花、甘蔗和香蕉等。畜牧业主要经济支柱,其产值约占国内生产总值的 40%。主要养殖牛、羊、骆驼,是世界饲养骆驼最多的国家。传统出口商品为活畜、香蕉、乳香、没药、皮革。

(三)摩加迪沙

摩加迪沙是索马里的重要港口和历史古城,位于索马里东南部,濒临印度洋,虽然距赤道仅有 200 公里,但气候凉爽,热季平均气温 26℃～32℃,凉季平均气温23℃～28℃。林木苍翠,是索马里的风景胜地。

摩加迪沙波斯语意为“国王所在地”,建于 9～10 世纪,如同许多东非城市一样,充满着浓郁的东方情调,许多世纪以前阿拉伯人和波斯人曾在索马里沿海一带进行频繁贸易和居住。中世纪初期,伊斯兰教开始传入摩加迪沙一带,并向索马里全国传播。摩加迪沙有清真寺 150 座,其中最古老的始建于 1182 年。市内其他著名建筑还有建于 1269 年的法克尔亚丁清真寺、团结清真寺、19 世纪起为桑给巴尔苏丹代表驻地的加勒萨宫,独立后建的议会大厦、人民会堂、体育场、博物馆、剧院和多座纪念反帝反殖民斗争的纪念碑等。海滨一带有许多用礁石垒建的房屋,平顶白墙,带有盾形护沿,是当年阿拉伯商人后裔的住所。

摩加迪沙是一座以白色为主要色调的城市,市区海滨大道宽阔笔直,两旁生长着茂密的热带树木、花草。海岸上有高耸的清真寺尖塔和古老的阿拉伯城堡。市内两条十字交叉的主要街道，是繁华的商业区，具有阿拉伯建筑风格的楼宅彼此相连。最繁华的地方是市区的大集市。

摩加迪沙既保持着许多阿拉伯人的风俗习惯，又富有鲜明的非洲特色，在市区大街上，见不到用黑纱蒙面的妇女。

公元 15 世纪，中国明代著名航海家郑和，曾两次远航到“木骨都束国”，即现在的摩加迪沙。

四、吉布提

（一）概况

吉布提共和国(The Republic of Djibouti)，面积2.32万平方公里，人口71.2万(2005 年估计)，其中伊萨族占全国人口的 50%，阿法尔族约占 40%，另有少数阿拉伯人和欧洲人。官方语言为法语和阿拉伯语，伊萨族讲索马里语，阿法尔族讲阿法尔语。伊斯兰教为国教，居民 94%为穆斯林伊斯兰教逊尼派，其余为基督教徒。首都吉布提市(Djibouti)，人口约62.4万(2005 年估计)。

行政区划：全国共分 4 个县和 1 个市及郊区。重要节日：独立日暨国庆日是 6 月 27 日(1977 年)。

（二）自然与人文环境

吉布提位于非洲东北部亚丁湾西岸，扼红海进入印度洋的要冲曼德海峡，东南邻索马里，北邻厄立特里亚，西部邻与埃塞俄比亚。陆地边界线长 520 公里，海岸线长 372 公里。境内地形复杂，大部地区为海拔不高的火山高原，沙漠和火山占全国面积的 90%，间有低洼平原和湖泊。南部地区多为高原山地，一般海拔 500～800 米。东非大裂谷经过中部，裂谷带北端的阿萨勒湖湖面低于海平面 153 米，为非洲最低点。北部的穆萨·阿里山海拔 2020 米，是全国最高点。沿海为平原和高原主要属热带沙漠气候，终年炎热少雨。内地以高原和山地属热带草原气候。全年分凉、热两季。4～10 月为热季，平均气温37℃，最高气温达45℃以上；11 月至来年 3 月为凉季，平均气温27℃。境内无固定河流，只有季节性的小溪流。

吉布提是世界上最不发达国家之一。自然资源贫乏，主要有盐、石灰岩、珍珠岩和地热资源。工农业基础薄弱，农业以畜牧业为主，渔业资源较丰富，港口和铁路运输在国民经济中占重要地位。

每年接待游客2.5万人，主要旅游地有阿萨尔湖、阿贝湖、古拜特·阿尔·卡拉卡魔渊、阿尔都巴火山、达依原始森林、朗达兴奔古瓦莱瀑布、塔朱拉海上乐园等。

（三）吉布提市

吉布提市位于亚丁湾西岸，面对红海南大门的曼德海峡，地处欧、亚、非三大洲的交通要冲，是全国最大的城市，全国政治、经济、文化和交通中心，也是东非最大的海港之一。人口占全国总人口的一半以上。吉布提市属热带沙漠气候，终年炎热少雨，年平均降水量在150毫米以下，热季平均气温31℃～41℃，凉季平均气温23℃～29℃，被称为世界最热的都城。

1887年法国殖民者把总督府设在吉布提市，1895年还是人口很少的小镇。19世纪末随着吉布提—亚的斯亚贝巴铁路的修建，人口逐渐增加。

吉布提市是全国的工业中心，主要有修船厂、铁路工厂、炼油厂、制革厂和发电厂，吉布提市附近沿海有大面积的盐田，以港口、铁路和机场为基础的交通运输服务业，是吉布提市主要的经济来源和创汇渠道。

吉布提市是一座整洁、美丽的城市。东北部是繁华的商业区，西部是政府机关所在地和住宅区，由于吉布提处在火山地震带上，所以没有高层建筑物。市内林荫大道的两侧，阿拉伯式和西方式的楼房别墅掩映在绿树之中。市中心是为了纪念1977年6月27日吉布提独立的日子而建立的"六·二七"广场。市内的一些大街以世界名城命名的，如罗马大街、巴黎大街、莫斯科大街等。街道两旁，绿树成荫。总统府位于海滨大道，格外引人注目。

阿萨尔湖位于吉布提市西北，方圆十多平方公里，是一个天然大盐田，含有丰富的钾盐、溴。天然盐层构成一片银色的世界。

吉布提市郊有天然国家动物园、阿贝湖、阿尔都科巴火山、达依原始森林、朗达兴吉瓦莱瀑布等。境内山高谷深，景物奇异，有地质学"活标本"之誉。

五、肯尼亚

(一)概况

肯尼亚共和国(The Republic of Kenya),面积58.2646万平方公里,人口3426万(2006年),共有42个民族,要有基库尤族(占21%)、卢希亚族(14%)、卢奥族(13%)、卡伦金族(12%)和康巴族(11%)等,还有少数印巴人、阿拉伯人和欧洲人。斯瓦希里语为国语,和英语同为官方语言。居民45%信奉基督教新教,33%信奉天主教,10%信奉伊斯兰教,其余信奉原始宗教和印度教。首都内罗毕(Nairobi),人口约300万(2004年)。

行政区划:全国分为7个省和1个省级特区(内罗毕特区),省以下设区、乡、村。重要节日:独立日暨国庆日是12月12日(1963年)。

(二)自然与人文环境

肯尼亚位于非洲东部,东邻索马里,北邻埃塞俄比亚、苏丹,西邻乌干达,南邻坦桑尼亚,东南濒印度洋,海岸线长536公里。赤道横贯中部,东非大裂谷纵贯南北。沿海为平原地带,其余大部分为平均海拔1500米的高原。东非大裂谷东支纵切高原南北,将高原分成东、西两部分。大裂谷谷底在高原以下450～1000米,宽50～100公里,分布着深浅不等的湖泊,并屹立着许多火山。北部为沙漠和半沙漠地带,约占全国总面积的56%。中部高原的肯尼亚山海拔5199米,是全国最高峰、非洲第二高峰,峰顶终年积雪;瓦加加伊死火山海拔4321米,以巨大的直径达15公里的火山口而驰名。境内受东南信风与东北信风的影响,大部属热带草原气候。西南部高原区除大裂谷谷底地区干热外,都属亚热带森林气候。气候温和,各月平均温度都在14℃～19℃之间,年降水量750～1000毫米。东部沿海平原区炎热湿润,年平均温度24℃,年均降水量500～1200毫米,主要集中在5月;北部和东半部半沙漠区,气候干热少雨,年降水量250～500毫米。3～6月为长雨季,10～12月为短雨季,其余各月为旱季。河流、湖泊众多,最大的河流为塔纳河、加拉纳河。

肯尼亚是撒哈拉以南非洲经济基础较好的国家之一。农业、服务业、工业是国民经济三大支柱，茶叶、咖啡、花卉是农业三大创汇项目。森林覆盖率15%，林木储量9.5亿吨。工业门类比较齐全，是东非地区工业最发达的国家，农业是国民经济的支柱之一，主要农作物有玉米、小麦、咖啡等。主要出口是咖啡、茶叶。

肯尼亚是非洲的旅游大国，旅游业是肯尼亚的支柱产业，也是主要创汇行业之一。2004年接待游客132万人，酒店预订率达80%～90%。旅游业职工占全国职工总数的9.1%。

肯尼亚拥有赤道雪山、广袤草原、美丽湖泊、茂密森林、迷人的海滨沙滩等独特的自然风光。59个国家级天然野生动物园和自然保护区占国土面积11%，是众多野生动物和鸟类的天堂。肯尼亚的四十多个部族有着多姿多彩的传统文化。主要旅游地有内罗毕、察沃、安博塞利、纳库鲁、马赛马拉等地的国家公园、湖泊风景区，东非大裂谷、肯尼亚山、蒙巴萨海滨等。

（三）主要旅游地

1.内罗毕

内罗毕位于肯尼亚中部高原上，海拔1680米，是肯尼亚最大城市，东南距第一大港蒙巴萨约480公里。内罗毕年最高气温很少超过27℃，年降雨量约760～1270毫米。季节分明，12月至来年3月多东北风，天气晴暖；3～5月为雨季；6～10月多东南潮湿季风和阴云。四季如春，被誉为“阳光下的花城”。

1891年英国殖民者为了加速掠夺东非内地的物资，开始修建从蒙巴萨海港直达乌干达的铁路。当铁路修到一半路程时，他们在阿西草原的一条小河边建立了一个营地。这条小河当地的肯尼亚马赛族称为内罗毕，意即“冷水”。之后，这个营地逐步发展成小市镇。随着大批移民的到来，英国的殖民地中心也在1907年从蒙巴萨移到内罗毕。1963年肯尼亚宣布独立，内罗毕成为首都。内罗毕是全国政治、经济和文化的中心。工业有制革、制鞋、水泥、造纸、机械修配等。

内罗毕拥有“东非小巴黎”的美誉，是个生动、有趣的世界性都市。是联合国环境规划署和人类住区规划署的驻地。市中心的肯雅塔国际会议中心是内罗毕的标志性建筑。国家博物馆、《走出非洲》作者卡伦故居、自由广场、长颈鹿公园等，是市内著名的游览地。内罗毕国家公园距内罗毕市中心区约 8 公里。

内瓦莎湖位于内罗毕西北 90 公里，邻近东非大裂谷，是一个很大的淡水湖。在这里，游客可泛舟湖上观赏水鸟、河马及水边食草动物。这里还是肯尼亚种植鲜花的基地。

2. 国家公园

(1)察沃国家公园　肯尼亚全国有数十个国家公园，野生动物资源非常丰富。察沃国家公园是肯尼亚最大的野生动物园，也是非洲最大的野生动物园之一。该公园位于首都内罗毕东南 160 公里，分布在内罗毕—蒙巴萨公路中段两侧，占地2.072万平方公里。公园中环境多变，有高山、平原、岩石、沙壤、热带草原、灌木林等多种景观。以公路为界，分为东察沃和西察沃两部分。西察沃国家公园位于察沃河与蒙巴萨高速公路之间的狭长地带。园内已设犀牛栖息保护地，游客在这里还可以看到狮子、猎豹、金钱豹、大象、长颈鹿、野牛、斑马、羚羊等野生动物。西察沃公园内荒原莽莽，有熔岩、峻岭，还有著名的姆齐马涌泉。公园辟有专门的狩猎场，设有便于游客观赏野生动物的旅馆。

(2)纳库鲁湖国家公园　纳库鲁湖国家公园位于肯尼亚裂谷省首府纳库鲁市南部、内罗毕西北约 150 公里，面积 200 平方公里，其中湖泊面积占 52 平方公里，自然风光优美，动物种类繁多。纳库鲁湖国家公园内的火烈鸟最多时有近 200 万只，占世界火烈鸟总数的 1/3。

1960 年，纳库鲁湖连同附近草地、沼泽、树林和山地被划为鸟类保护区，1968 年正式辟为国家公园，是非洲地区为保护鸟类最早建立的国家公园之一。

纳库鲁湖及其附近的几个小湖，地处东非大裂谷谷底，湖水中盐碱质长期沉积。这种盐碱质和赤道线上的强烈阳光，为藻类孳生提供了良好的条件。几个湖的浅水区生长的一种暗绿色水藻是火烈鸟赖以为生的主要食物。因此，纳库鲁湖及其周围地区，成为火烈鸟聚居的地方，被称为“火烈鸟的天堂”。水藻还含有一种叶红素，可以使火烈鸟周身粉红。

除火烈鸟外，这里还栖息着四百多种、数百万只珍禽。在湖边密林中,居住着褐鹰、长冠鹰等食肉鸟,也有滨鹬、矶鹞等候鸟,还有杜鹃、翠鸟、欧椋鸟、太阳鸟等。

六、坦桑尼亚

(一)概况

坦桑尼亚联合共和国(The United Republic of Tanzania),面积94.5087万平方公里,其中桑给巴尔2657平方公里,人口3700万,其中桑给巴尔岛近100万(2004年估计),分属126个民族,人口超过100万的有苏库马、尼亚姆维奇、查加、赫赫、马康迪和哈亚族;另有一些阿拉伯人、印巴人和欧洲人后裔。斯瓦希里语为国语,与英语同为官方通用语。坦噶尼喀(大陆)居民中35%信奉天主教和基督教,45%信奉伊斯兰教,其余信奉原始拜物教;桑给巴尔99%的居民信奉伊斯兰教。首都达累斯萨拉姆(Dares Salaam),人口300万(2004年);新首都多多马(Dodoma)尚在建设中,人口170万(2002年)。

行政区划:全国设26省,114县。其中大陆21省,桑给巴尔5省。重要节日:独立日是12月9日(1961年),国庆日(又称坦噶尼喀和桑给巴尔联合日)是4月26日(1964年)。

(二)自然与人文环境

坦桑尼亚由大陆、桑给巴尔岛及二十多个小岛组成,位于非洲东部、赤道以南,大陆东濒印度洋,南邻赞比亚、马拉维、莫桑比克,西邻卢旺达、布隆迪、刚果(金),北邻肯尼亚、乌干达。大陆海岸线长840公里。地势西北高,东南低,呈阶梯状。东部沿海为低地,西部内陆高原面积占内陆总面积的一半以上,东非大裂谷从马拉维湖分东西两支纵贯南北。东北部的乞力马扎罗山海拔5895米,是非洲最高峰。东部沿海地区和内陆的部分低地属热带草原气候,西部内陆高原属热带山地气候,凉爽而干燥。大部分地区平均气温21℃~25℃。桑给巴尔的二十多个岛屿属热带海洋性气候,终年湿热,年平均气温26℃。主要河流有鲁菲季(长1400公里)、潘加尼、鲁伏、瓦米等。湖泊众多,有维多利亚湖、坦噶尼喀湖和马拉维湖等。

坦桑尼亚是联合国宣布的最不发达国家之一。经济以农业为主,工业落后。矿藏资源丰富，有钻石、金、煤、铁、磷酸盐、天然气等。除金外，其他矿藏尚待充分开发。森林和林地面积约占国土面积的45%，出产安哥拉紫檀、乌木、桃花心木、栲树等。水力资源丰富，发电潜力为4亿千瓦。农业以种植业、林业、渔业、牧业为主，是坦桑尼亚主要经济支柱。主要农作物有玉米、小麦、稻米、高粱、小米、木薯等，主要经济作物有咖啡、棉花、剑麻、腰果、丁香、茶叶、烟叶、除虫菊等。

坦桑尼亚旅游资源丰富，非洲三大湖泊——维多利亚湖、坦噶尼喀湖、马拉维湖均为坦桑尼亚与邻国的界湖。坦桑尼亚拥有世界闻名的非洲第一高峰——乞力马扎罗山，还有恩戈罗戈罗火山口、东非大裂谷、马尼亚纳湖等自然景观，另有桑岛奴隶城、世界最古老的古人类遗址、阿拉伯商人遗址等历史人文景观。

坦桑尼亚1/3的国土为国家公园、动物和森林保护区。全国有12个国家公园、19个野生动物保护区和50个野生动物控制区。主要旅游地有塞伦盖提国家公园、恩戈罗戈罗国家公园、马尼亚拉湖、米库米动物园和乞力马扎罗山、东非大裂谷等。

2004年度接待游客58.2万人次，旅游收入7.46亿美元。

（三）主要旅游地

1.达累斯萨拉姆

达累斯萨拉姆位于东部滨海平原上，是坦桑尼亚最大的城市，全国政治、经济、文化中心。海拔8～15米。达累斯萨拉姆意为“和平之港”，是一个优良的天然海港，是东部非洲重要的国际贸易港口。

达累斯萨拉姆地处低纬度，受印度洋季风影响，气候湿热，年平均气温为25.8℃。气温的日较差（10℃）大于年较差（4℃）。雨量充沛，年平均降水量1100毫米，地表水很丰富。10月至来年5月是雨季，其中3～5月降雨最多，全年雷电日为32～48天。

达累斯萨拉姆原为渔村，1862年建城，1887年德国的东非公司在此建立锚地，1891年至1916年为德属东非的首都。1961年至1964年为坦噶尼喀首都，后来为坦桑尼亚首都。第二次世界大战后城市迅速扩展。工业产值占全国一半以上，以轻纺工业为主，有大型纺织厂和卷烟、食品、制革、腰果加工、炼油、机车修理、农机具修造和水泥等企业。中央铁路、坦赞铁路的起点，全国最大的港口。

达累斯萨拉姆有著名的国家博物馆和热带动物园。城市呈同心圆结构，中心是商业区，其东面是政府机关和使馆区，北面和西面是住宅区和文化区，南面是港区和铁路站场，外围是西北和西南两片工业区。市区东部和东北部为海滨旅游区。

2. 桑给巴尔

桑给巴尔由桑给巴尔岛(温古贾岛)、奔巴岛两个较大的珊瑚岛，及其邻近的二十多个小岛组成，与大陆最近距离为36公里，除极少部分地区海拔高于100米外，大部分地区海拔在46米以下。桑给巴尔岛除西海岸为砂岸外，其余90%是珊瑚海岸，南北长85公里，东西宽40公里，面积1658平方公里。首府桑给巴尔城位于桑给巴尔岛(温古贾岛)西岸。奔巴岛位于桑给巴尔岛以北40公里，面积984平方公里。通巴岛位于桑给巴尔岛西北2公里，面积15平方公里。在桑给巴尔岛东南的拉桑姆汗岛，长27米，宽155米，高出海面潮汐线3米。距桑给巴尔市深水码头西北方向大约5公里的"龟岛"，面积不到0.2平方公里。

桑给巴尔邻近赤道，气候终年温热，最高温度约34℃，最低温度21℃，全年气候分为凉热两季，12～3月为热季，平均气温25℃～28℃；6～10月为凉季，平均气温23℃～25℃。桑给巴尔雨水丰沛，年降水量1500～2000毫米，主要集中在两个雨季。4～5月为大雨季，降水量占全年总降水量的40%以上，11～12月为小雨季，降水量占全年降水量的20%。虽然气候湿热，但在海洋的调节作用下，环境非常和煦宜人。

桑给巴尔盛产的丁香，色泽好，质地优良，颗粒均匀，气味醇郁芬芳，因此桑岛享有"丁香之国"的美誉，成为世界丁香主要产地和出口大国，丁香出口收入占桑给巴尔外汇收入的80%，成为其经济支柱之一。桑给巴尔是世界上最美的岛屿之一，环绕桑岛的印度洋是罕见的绿松石色，东海岸以日出盛名。旅游业是其另一大支柱产业。

3. 塞伦盖蒂国家公园

塞伦盖蒂国家公园位于坦桑尼亚北部的塞伦盖蒂，面积1.4763万平方公里，是坦桑尼亚最著名的国家公园，有三百多万只大型哺乳动物，食草动物包括大量的角马和二十多万只斑马，还有大象、长颈鹿等；

食肉动物有狮子、猎豹、鬣狗等;河边有鳄鱼藏匿。塞伦盖蒂充分展示了非洲的美丽和狂野。

七、乌干达

(一)概况

乌干达共和国(The Republic of Uganda),面积24.1038万平方公里,陆地面积19.7096万平方公里,水面和沼泽地为4.3942万平方公里,人口 2721 万(2005 年统计),约有 65 个部族,按语言划分为班图人、尼罗人、尼罗—闪米特人和苏丹人四大族群,每个族群由若干民族组成。班图族群占总人口的 2/3 以上。官方语言为英语和斯瓦希里语,通用卢干达语等地方语言。居民 45%信奉天主教,40%信奉基督教新教,11%信奉伊斯兰教,其余信奉东正教和原始拜物教。首都坎帕拉(Kampala),人口约 130 万。

行政区划:全国分为 56 个地区。重要节日:独立日暨国庆日是 10 月 9 日(1962 年)。

(二)自然与人文环境

乌干达是非洲东部的内陆国家,横跨赤道,东邻肯尼亚,南邻坦桑尼亚、卢旺达,西邻刚果(金),北邻苏丹。全境大部位于中非高原,平均海拔 1000~1200 米,多湖泊,有“高原水乡”之称。东非大裂谷的西支纵贯西部国境,谷底河湖众多。裂谷带与东部山地之间为宽阔的浅盆地,多沼泽。东部边界有埃尔贡山,海拔 4321 米。西南部与刚果(金)接壤处有鲁文佐里山脉,玛格丽塔峰海拔 5109 米,是全国最高峰,非洲第三高峰。有塞塞群岛等十多个岛屿。大部地区属热带草原气候,年平均气温22℃左右,气候温和、雨量充沛。从埃尔贡山到维多利亚湖沿岸,有热带森林气候的特点。

乌干达境内多河湖沼泽,其面积约占全国面积的17.8%。维多利亚尼罗河与艾伯特尼罗河水量丰沛,沿河多险滩瀑布。维多利亚湖是世界第二、非洲最大的淡水湖,有42.8%在乌干达境内,为著名的尼罗河源头之一。另外还有艾伯特湖、爱德华湖、基奥加湖、乔治湖等。

乌干达是联合国公布的世界最不发达国家之一,由于连年战乱,经济一度濒临崩溃。森林覆盖率为12%，产硬质木材。水产资源丰富，维多利亚湖是世界上最大的淡水鱼产地之一。水力发电潜力约 2000 兆瓦。

乌干达自然条件较好，农牧业在国民经济中占主导地位，主要粮食作物有饭蕉、小米、木薯、玉米、高粱、水稻等。主要经济作物有咖啡、棉花、烟草、茶叶等。工业落后。渔业资源较丰富，渔业是经济的重要组成部分，渔产品是重要出口产品。

旅游业是仅次于咖啡的第二大外汇来源，2005 年接待外国游客约 64 万人次。主要旅游地有尼罗河源头、伊丽莎白国家公园、基代坡河谷国家公园等。

（三）坎帕拉

坎帕拉位于乌干达中南部高地上，海拔 1190 米，在维多利亚湖北岸，城区距离湖岸 11 公里，是全国最大的城市，全国政治、经济、商业、交通、文化中心。全城建在 7 个山头上，虽然临近赤道，但是因地势较高，气候并不炎热。年平均气温23℃左右，4、5、9、10 月份为雨季，其余为旱季。

坎帕拉是非洲著名的旅游城市，也是非洲的一座历史悠久的古老城市。10～19 世纪中叶一直是乌干达王国的都城。城内各个山头上，仍然保留着雄伟的古代宫殿、寺庙、教堂、陵墓等建筑。圣保罗大教堂坐落在纳米伦贝山头上，建于 1913 年，是一座红色穹顶的基督教新教的教堂，宏伟壮观。卢巴加教堂坐落在基本利山头上，建于 1925 年的，是整体为白色建筑的罗马天主教徒的祈祷场所，巍峨典雅。还有卡苏比山上的卡苏比陵墓、麦克勒里山上的麦克勒里学院、恩萨姆比亚教堂，以及一些印度的寺庙等。

在全城最高的克洛洛山上，可将全城景色尽收眼底。城区街道宽阔，建筑雄伟，树木葱郁。纳卡塞罗山上有宏伟壮观的议会大厦、国际会议中心、政府各机关办公大楼，近处山脚下有乌干达国家博物馆、独立广场、独立纪念碑等。东南郊的维多利亚湖，湖滨棕榈树摇曳，湖面碧波荡漾，湖滨山坡上森林茂密。

坎帕拉还有“芭蕉城”之称，大街上到处都是绿色的芭蕉树，而且种类繁多，姿态各异，茎粗叶阔。

八、卢旺达

(一)概况

卢旺达共和国(The Republic of Rwanda)，面积2.6338万平方公里，人口910万(2005年)，由胡图(占85%)、图西(占14%)和特瓦(占1%)三个部族组成。官方语言为卢旺达语、英语和法语，国语为卢旺达语，部分居民讲斯瓦希里语。居民45%信奉天主教，44%信奉原始宗教，10%信奉基督教新教，1%信奉伊斯兰教。首都基加利(Kigali)，人口75万(2002年)。

行政区划：全国分为东、南、西、北4个省和基加利市，下设40个县市、416个乡镇。重要节日：独立日暨国庆日是7月1日(1962年)。

(二)自然与人文环境

卢旺达是位于非洲中东部赤道南侧的内陆国家。西和西北邻刚果(金)，北邻乌干达，东邻坦桑尼亚，南邻布隆迪。全境多山地和高原，有“千丘之国”之称。大部地区属热带草原气候，气候温和凉爽，年平均气温18℃。

卢旺达是落后的农牧业国家，被联合国确定为世界最不发达国家之一。由于人口增长过快和战争的影响，粮食自给不足。1994年的内战和大屠杀使卢经济崩溃，财政枯竭。新政府成立后，实行一系列恢复经济的措施，经济逐年增长，国家重建初见成效。

尼亚卡班戈钨矿是非洲最大的钨矿之一，卡吕吕马锡冶炼厂是非洲最大锡厂之一。森林覆盖率24%。主要经济作物有咖啡、茶叶、棉花、除虫菊、金鸡纳等，大部分供出口。1994年内战前，畜牧业发展情况较好，天然牧场占全国总面积1/3。

(三)基加利

基加利位于卢旺达中部高原，卡盖拉河上游，海拔约1700米，是全国政治、经济、交通中心，咖啡、牲畜、皮革、粮食的重要集散地。附近多锡矿和黑钨矿开采。有制革、制鞋、金属加工、食品等小型工业。城市建筑散布在十多个山头上，房屋、道路依山而筑，层层叠叠，逶迤交错。市中心为商业区,有浓厚民族色彩的露天大市场。新市区位于与基加利山遥对的卡丘鲁山,有政府各部的大楼。

基加利距离赤道 240 公里,但因地势较高,雨量充沛,年降雨 1200～1600 毫米,气候清爽宜人,年平均温暖为摄氏20.5℃,被称为"非洲的避暑胜地"。

九、布隆迪

(一)概况

布隆迪共和国(The Republic of Burundi),面积2.7834万平方公里,人口 740 万(2005 年),由胡图(占总人口的 84%)、图西(15%)和特瓦(1%)三个部族组成。官方语言为基隆迪语和法语,国语为基隆迪语,部分居民讲斯瓦希里语。居民中 75%信奉天主教,15%信奉基督教新教,2%信奉伊斯兰教,其余信奉原始宗教。首都布琼布拉(Bujumbura),人口 40 万(2000 年)。

行政区划:全国分为 16 个省。重要节日:独立日暨国庆日是 7 月 1 日(1962 年)。

(二)自然与人文环境

布隆迪是位于非洲中东部赤道南侧的内陆国,北邻卢旺达,东、南邻坦桑尼亚,西邻刚果(金),西南濒坦噶尼喀湖。境内多高原和山地,大部由东非大裂谷东侧高原构成,全国平均海拔 1600 米,有"山国"之称。西部刚果尼罗山脉贯穿南北,形成中央高原,海拔大多在 2000 米以上,为尼罗河和刚果河(扎伊尔河)的分水岭;裂谷带地势比较平缓。西部湖滨与河谷及东部为热带草原气候,中西部属热带山地气候。年平均气温为20℃～24℃,最高可达33℃。3～5 月为大雨季,10～12 月为小雨季,其他月份为旱季。境内河网稠密,较大的河流有鲁齐齐河和和马拉加拉西河,鲁武武河是尼罗河的源头。

布隆迪是最不发达国家之一,经济以农牧业为主。发展经济的主要障碍是国家小,人口多,资源贫乏,无出海口。近 10 年来,布隆迪战争频仍,局势动荡,加之难民问题和气候因素,经济形势严重恶化。2005 年后新政府致力于经济重建,改善人民生活。

工业基础薄弱，主要农作物有玉米、大米、高粱、薯类、芭蕉、咖啡、茶叶、棉花、烟草等。咖啡出口占国家出口总收入的80%左右。

（三）布琼布拉

布琼布拉旧名乌松布拉，位于坦噶尼喀湖东端北岸，是全国最大城市，全国政治、经济、文化中心。布琼布拉海拔756米，年平均气温22℃～26℃。19世纪末布琼布拉曾为德国殖民者侵略非洲中部的基地，后又为德国和比利时统治卢安达（今卢旺达）—乌隆迪（今布隆迪）的据点。布琼布拉是咖啡、棉花、畜产品等的贸易中心，湖滨淡水渔业重要。有农产品加工、食品、纺织、水泥、皮革等小型工业，产值占全国大半。布琼布拉是重要水陆联运枢纽，全国进出口门户。主要文化设施有布隆迪大学和非洲文明博物馆。

十、塞舌尔

（一）概况

塞舌尔共和国（The Republic of Seychelles），陆地面积455.39平方公里，领海面积40万平方公里，专属海洋经济区面积100万平方公里，人口8.5万（2005年），主要是班图人、克里奥尔人（欧洲人和非洲人混血）、印巴人后裔、华裔、法裔等。克里奥尔语为国语，通用英语和法语。居民90%信奉罗马天主教，8%信奉新教，其余信奉伊斯兰教、印度教或其他宗教。首都维多利亚（Victoria），人口2.5万。

行政区划：全国分为25个区。重要节日：独立日是6月29日（1976年），国庆日是6月18日（1977年）。

（二）自然与人文环境

塞舌尔是位于印度洋西南部的群岛国家，由115个大小岛屿组成，最大岛屿马埃岛面积148平方公里，西距肯尼亚蒙巴萨港1593公里，西南距马达加斯加925公里，南与毛里求斯隔海相望，距印度2813公里，是亚、非两洲交通要冲。塞舌尔群岛分为4个密集的岛群，包括马埃岛及其周围的卫星岛、锡卢埃特岛和北岛、普拉斯兰岛群、弗里吉特岛及其附近的礁屿。花岗岩岛多山地丘陵，马埃岛的塞舌尔山海拔905米，为全国最高点。珊瑚岛地势低平。塞舌尔属热带雨林气候，终年高温多雨。热季平均气温30℃,凉季平均气温24℃。全境无河流。

旅游业和渔业为两大经济支柱,工农业基础薄弱,粮食和日用品主要依赖进口。金枪鱼等渔业资源丰富。主要种植椰子、肉桂、茶叶等经济作物。主要出口鱼、椰干、肉桂皮等,金枪鱼罐头和对虾分别为第一、第二大出口商品。

塞舌尔风景秀丽,气候宜人,全境50%以上地区被辟为自然保护区,享有"旅游者天堂"之美誉。旅游业为塞第一大经济支柱,直接或间接创造了约72%的国内生产总值,每年外汇收入1亿多美元,约占外汇总收入的70%,并创造了30%的就业。目前每年接待外国游客约13万人,主要来自法、英、德、意、瑞士、美国、南非等。主要旅游地有马埃岛、普拉兰岛、拉迪格岛、伯德岛等。

(三)维多利亚

维多利亚是位于马埃岛东北角的港口城市,街道整洁,建筑典雅,小巧玲珑。市内乳白色的楼宇掩映在绿树繁花之中,幽静而秀丽。市中心的钟塔建于1903年。主要街道独立大街上,有由3只黑、黄、白色海鸥组成的大型雕塑,象征着克里奥尔人二百多年前从欧、亚、非三洲漂洋过海来此的历史。岛上的非洲人、马达加斯加人、欧洲人、华人、马来人、印度人的后裔早已通姻,维多利亚城也就形成了具有独特的多民族特色的城市风貌。

维多利亚既是国际海运重要的中继站,是印度洋上重要的航空枢纽,也是重要的渔港和椰子、肉桂、香草和腌鱼的集散地。

维多利亚植物园是市内主要的游览区。园内集中了塞舌尔群岛上的各种珍奇植物,包括八十余种世界上独一无二的植物,包括高大的阔叶硬木、两种兜树、白色的凤尾状兰花、奇特的瓶子草、极为稀罕的海蜇草,塞舌尔国宝海椰子树等。其中,已濒于灭绝的国花凤尾状兰花。植物园内还饲养着一些珍奇动物,有从龟岛阿尔达布拉岛运来的巨龟,还有塞舌尔特有的胸部呈橘色的飞狐等。

在维多利亚街头,四处可见颇具当地特色,用海椰子和贝壳雕刻而成的工艺品。

第四节　西部非洲

一、毛里塔尼亚

（一）概况

毛里塔尼亚伊斯兰共和国（The Islamic Republic of Mauritania），面积 103 万平方公里，人口 308 万（2005 年），总体上分为摩尔族和黑非民族（非洲黑人）两大类。摩尔族中白摩尔人（阿拉伯—柏柏尔血统）占 30%，具有阿拉伯文化语言传统的哈拉廷人（又称黑摩尔人）占 40%。非洲黑人占 30%，主要部族是图库勒族、颇尔族、索尼盖族、乌洛夫族和班巴拉族。阿拉伯语为官方语言，法语为通用语言。民族语言有哈桑语、布拉尔语、索尼盖语、乌洛夫语。居民约 96%信奉伊斯兰教（国教）。首都努瓦克肖特（Nouakchott），人口 80 万（2005 年）。

行政区划：全国划为 13 个省、53 个县，县下设区。全国有 216 个市镇。重要节日：独立日暨国庆日是 11 月 28 日（1960 年）。

（二）自然与人文环境

毛里塔尼亚位于非洲撒哈拉沙漠西部，北邻阿尔及利亚、西撒哈拉，东、东南邻马里，西南邻塞内加尔，西濒大西洋，海岸线长 667 公里。全国 3/5 以上地区为沙漠和半沙漠，大部分地区为海拔约 300 米的低高原。东南边境和沿海地区为平原。最高峰为弗德里克以东的山峰，海拔 915 米。毛里塔尼亚属热带沙漠性气候，高温少雨，年平均气温约25℃。塞内加尔河下游为毛里塔尼亚与塞内加尔的界河。属热带大陆性气候。

毛里塔尼亚是世界最不发达国家之一，经济以农牧渔业为主，基础薄弱。渔业资源丰富，毛里塔尼亚海域是西非渔场重要组成部分。主要农作物有小米、高粱、玉米、小麦、水稻、花生、椰枣等，粮食自给率较低，每年需大量进口，并要求国际援助。畜牧业在国民经济中占重要地位，牲畜主要为羊、牛、骆驼。主要出口铁矿砂和渔产品。

（三）努瓦克肖特

努瓦克肖特位于毛里塔尼亚西部广阔的沙漠地带，仅隔一条狭窄的沿海沙丘与大西洋相望，距海岸 5 公里。受热风侵袭，四季干旱，最热的 9 月气温约24℃～34℃；最冷的 12 月气温约13℃～28℃。年降雨量仅 53 毫米。人口约占全国人口 1/4。

努瓦克肖特原来是个仅有 200 人的村落，村民以渔牧为生，1957 年 7 月 24 日被定为毛里塔尼亚首都。努瓦克肖特是全国的政治、文化、商业、金融中心。有三十多家中小型轻工业和手工艺品厂。主要公共设施有中国援建的国际会议中心、奥林匹克体育场、国家博物馆和青年之家、日本援建的鱼市。中国援建的友谊港是毛里塔尼亚最大的深水港，年吞吐量 90 万吨，承担全国 90％的进口任务。

二、塞内加尔

（一）概况

塞内加尔共和国（The Republic of Senegal），面积19.6722万平方公里，人口 1085 万（2005 年），有二十多个部族，主要是沃洛夫族（占43％）、颇尔族（24％）、谢列尔族（15％）、图库列尔族，迪乌拉族、曼丁哥族。官方语言为法语，80％的人通用沃洛夫语。居民 90％信奉伊斯兰教，5％信奉拜物教，其余信奉天主教。首都达喀尔（Dakar），人口235.2万（2005 年）。

行政区划：全国分为 10 个行政区，30 个省，90 个县。重要节日：独立日是 8 月 20 日（1960 年），国庆日是 4 月 4 日（1960 年）。

（二）自然与人文环境

塞内加尔位于非洲西部凸出部位的最西端，北与毛里塔尼亚以塞内加尔河为界，东邻马里，南邻几内亚和几内亚比绍，西濒大西洋，海岸线长约 500 公里，冈比亚在塞西南部形成一块飞地。塞内加尔东南部为丘陵区，中、东部为半沙漠地带。地势自东向西略倾斜。属热带草原气候，年平均气温29℃，最高气温可达45℃。11 月至来年 6 月为旱季，7～10 月为雨季。河流均流入大西洋主要河流有塞内加尔河和冈比亚河。湖泊有盖尔湖等。

塞内加尔是个农业国，是联合国公布的最不发达国家之一。经济门类较齐全，具备一定的工业基础。渔业、花生、磷酸盐出口、旅游业是四大传统创汇产业。农业以种植花生、棉花、小米、高粱、玉米、木薯等为主。畜牧业以饲养牛、羊、猪、马、家禽为主。渔业是经济主要支柱之一，也是第一大创汇产业。

旅游业是经济的四大支柱之一，为第二大创汇产业。2004 年旅游收入为 1280 亿西非法郎，接待游客41.5万人次，主要来自法国、比利时、瑞士、德国。旅游地主要集中在达喀尔、捷斯、济金朔尔、圣路易地区。12 月至来年 2 月为旅游旺季。

（三）达喀尔

达喀尔是塞内加尔最大的港口城市，西非第二大港，位于佛得角半岛顶端，非洲大陆最西部，濒临大西洋，是大西洋航线要冲及西非重要门户，也是欧洲至南美、南部非洲至北美间来往船舶的重要中途站。达喀尔是全国的政治、经济、文化、交通中心，全国最大工业基地，集中了全国 80％的工业，有大型榨油、炼油、鱼肉罐头厂，还有食品、纺织、船舶修造、化学、汽车装配等工业。达喀尔是西非商业、金融中心，西非货币联盟和西非国家银行总部所在地。市区设有海洋、历史、人种学研究机构和考古博物馆及大学等文化教育机构，还有海滨浴场和宏伟的清真寺。9～10 月气温最高，平均为24℃～32℃，1 月气温最低，平均为18℃～26℃。

三、冈比亚

（一）概况

冈比亚共和国(The Republic of the Gambia)，面积1.038万平方公里，人口 150 万(2005 年)，其中曼丁哥族占 42％、富拉族(又称颇尔族)占 16％、沃洛夫族占 16％、朱拉族占 10％、塞拉胡里族占 9％。官方语言为英语，民族语言有曼丁哥语、沃洛夫语以及无文字的富拉语(又称颇尔语)和塞拉胡里语等。居民 90％信奉伊斯兰教，其余信奉基督教新教、天主教和拜物教。首都班珠尔(Banjul)，人口 52 万(2003 年)。

行政区划：全国分为 2 个市(班珠尔市和卡尼芬市)和 5 个区，区以下分35个县,村为基层单位。重要节日:独立日是2月18日(1965年),国庆日是2月18日(1965年)。

(二)自然与人文环境

冈比亚位于非洲西部,为一狭长平原嵌入塞内加尔共和国境内。西濒大西洋,海岸线长48公里。冈比亚属热带草原气候,内地平均气温约27℃。

冈比亚是农业国,工业基础薄弱,被联合国列为世界最不发达国家之一。主要粮食作物有玉米、小米、谷子、高粱、大米等,粮食不能自给。耕地半数种植花生。主要出口花生及花生制品、棉花制品、鱼及鱼制品。

旅游业是冈比亚外汇主要来源之一,旅游收入约占国内生产总值的10%。通常每年接待国外游客10万人次左右,主要来自英国、瑞典、德国等国家。

(三)班珠尔

班珠尔位于冈比亚河口圣玛丽岛东岸,最高气温40℃,最低气温15℃。原名巴瑟斯特,始建于1816年,为英殖民者的军事要塞,后为英殖民地保护首府,1965年成为独立后冈比亚首都,1973年改名班珠尔。班珠尔是冈比亚商业、工业和交通中心,是全国最大的港口,有纺织、粮油加工等工业,木刻首饰著名。旅游业日益发展。市内旅游景点有冈比亚国家博物馆、艾伯特市集、班珠尔市议事厅、班珠尔法院,还有两座大教堂和数座主要的清真寺。

四、马里

(一)概况

马里共和国(The Republic of Mali),面积124.1238万平方公里,人口1390万(2006年),有23个民族,主要有班巴拉(占全国人口的34%)、颇尔(11%)、塞努福(9%)和萨拉考列族(8%)等。官方语言为法语,通用班巴拉语(1972年形成文字)。各民族均有自己的语言。居民80%信奉伊斯兰教,18%信奉传统拜物教,2%信奉天主教和基督教新教。首都巴马科(Bamako),人口129.7万(2005年)。

行政区划:全国划分为8个大区和1个中央直辖管区(首都巴马

科），区下设 50 个省。重要节日：独立日暨国庆日是 9 月 22 日（1960 年）。

（二）自然与人文环境

马里是位于非洲西部撒哈拉沙漠南缘的内陆国，西邻毛里塔尼亚、塞内加尔，北、东邻阿尔及利亚、尼日尔，南邻几内亚、科特迪瓦、布基纳法索。境内大部为海拔约 300 米较平缓的台地，最东部和中、西部有一些砂岩低山和高原。最高峰洪博里山海拔 1155 米。北部为热带沙漠气候，干旱炎热。中、南部为热带草原气候。全年分为三个季节，3～5 月为热季，6～10 月为雨季，11 月至来年 2 月为凉季。热季最高气温达50℃，凉季最低气温为14℃。

马里是联合国公布的世界最不发达国家之一。经济以农牧业为主，粮食不能自给，是非洲主要产棉国和产金国。水力资源丰富。主要农作物有小米、玉米、稻谷、花生、棉花等。

马里旅游资源丰富，杰内古城、通布图古城、多贡遗迹、加奥阿斯基亚王陵被列入《世界遗产名录》。主要旅游城市有首都巴马科、古城通布图、水城莫普提，最佳旅游季节为 11 月至来年 1 月。近年旅游业发展迅速，2004 年接待外国游客11.3万人次。交通不便是限制旅游业发展的重要因素。

（三）巴马科

巴马科位于马里西南部，是马里第一大城市，跨尼日尔河两岸，北倚库鲁巴山，南部有巴马科大桥连接对岸，地势平坦，海拔 320～340 米。气候炎热，年平均气温28℃，绝对最高气温达43.7℃；4 月气温最高，平均为34℃～39℃，1 月气温最低，平均为16℃～33℃。年均降水量 1000 毫米，分为雨季和旱季，6～9 月为雨季。

“巴马科”在马里巴拉语中意为“有鳄鱼河”或“鳄鱼背”。法国殖民主义入侵前，这里已经成为马里货物集散的商镇。19 世纪 80 年代被法国侵占，1908 年为法属苏丹首府，第二次世界大战后成为“法属”西非民族解放运动的中心之一。1960 年马里独立后，巴马科在西非地区和世界事务中仍然起着重要作用。

巴马科市区狭长，掩映在热带的绿树丛中。城南的尼日尔河宽阔宁静,河水清冽。横跨尼日尔河的巴马科大桥长800米。大桥北面是以刚果民族英雄卢蒙巴命名的广场和通往市中心的大道。桥南是新建区。市内以自由广场为中心,街道两旁,芒果树郁郁葱葱。市中心的商业区,有现代化商店,也有非洲的传统市场。房屋建筑具有阿拉伯艺术风格,也有西非本地区的特色,小巧美观。还间有欧式楼房。市内最高建筑是塔尖高耸的清真寺和17层的友谊旅馆。库罗巴小山位于城区西北,高约480米,曾是法国总督府所在地,也是现总统府和国家机构所在地。山下有动植物园,有奇异花木及珍贵动物。

巴马科是全国主要交通、工商业、文化中心,尼日尔河流域农畜产品在此集散。工业主要有食品、机械、家具、纺织、发电、食品等工厂等。当地的工艺品如木雕、象牙雕、金银细工等,驰名西非。

五、布基纳法索

(一)概况

布基纳法索(The Burkina Faso),面积27.42万平方公里,人口1320万(2005年估计),共有60多个部族,分为沃尔特和芒戴两大族系。沃尔特族系约占全国人口的70%,芒戴族系约占全国人口的28%。在北部地区还有一些从事游牧业的颇尔人和经商的豪萨人。官方语言为法语,主要民族语言有莫西语、迪乌拉语和颇尔语。居民50%信奉原始宗教,30%信奉伊斯兰教,20%信奉天主教。首都瓦加杜古(Ouagadougou),人口112万(2006年估计)。

行政区划:全国分为45省。重要节日:独立日是8月5日(1960年),国庆日是12月11日(1958年)。

(二)自然与人文环境

布基纳法索是位于非洲西部沃尔特河上游的内陆国。东北邻尼日尔,东南邻贝宁,南邻科特迪瓦、加纳、多哥,西、北邻马里。全境大部地区为内陆高原,地势平坦,自北向南徐缓倾斜,平均海拔低于300米。北部接近撒哈拉沙漠,西南部奥罗达拉地区地势较高。纳库鲁峰海拔749米,为全国最高点。主要河流有穆温河、纳康伯河、纳齐农河,原名黑、红、白沃尔特河,1986年8月改为现名。布基纳法索属热带草原气候,年平均气温27℃。

布基纳法索是联合国公布的最不发达国家之一，资源贫乏，工业基础薄弱。国民经济以农牧业为主。主要粮食作物有稻米、小米、玉米、木薯，主要经济作物有棉花、花生、芝麻、卡利特果等。主要出口产品为棉花、畜产品、黄金。

布基纳法索共有旅馆四十多家，旅游业从业人员1.5万人，年平均收入超过 4000 万美元，主要旅游地有阿尔利、波城、W 区国家公园等。

（三）瓦加杜古

瓦加杜古位于布基纳法索中部莫西高原上，是全国最大的城市，地势平坦，海拔 300 米左右。属热带草原气候，年平均气温26℃～28℃，年降水量 890 毫米，降水集中于 5～9 月。

瓦加杜古始建于 15 世纪，曾长期作为莫西族所建王国的都城。自 1897 年以来长期由法国人进行殖民统治，1960 年 8 月国家独立后，瓦加杜古迅速发展，成为全国政治、经济、文化、交通中心。全国约有一半左右的工业企业集中在瓦加杜古，主要有食品、饮料、啤酒、火柴、榨油、轧棉、皮革、农具修配、畜产品加工等。这里也是全国农牧产品的重要集散地。

瓦加杜古热带风光浓郁，有各种热带林木花卉，高大挺拔的椰子树、迎风摇曳的棕榈树、灿若朝霞的火焰树、硕果满枝的芒果树、翠绿欲滴的木瓜树。街道两旁白色低层建筑造型独特，掩映在绿树红花丛中的别墅风格各异。市区以联合国广场为中心，附近有伟岸壮丽的西非经济共同体总部大厦。市内还有总统府、人民宫、议会大厦、“8 月 4 日”体育场等现代化建筑。市内的“非洲人大市场”热闹繁华，出售驰名西非的传统金、银、铜首饰工艺品以及刺绣、织毯、编织与雕刻等传统工艺品，这些工艺品集观赏与实用于一体。

瓦加杜古作为古都，还有摩尔霍·纳巴的王宫、国家博物馆、古林荫道等人文景观。从瓦加杜古出发，还可观赏波城附近的天然动物园和萨布的鳄鱼。布基纳法索有六十多个部族，其古朴神秘的传统习俗与遒劲奔放的土风歌舞也极具特色。

瓦加杜古是非洲电影艺术中心，自 1969 年起定期举办泛非电影节，享有“非洲影都”之称。

六、几内亚

（一）概况

几内亚共和国（The Republic of Guinea），面积24.5857万平方公里，人口940万（2005年），有二十多个民族，其中富拉族（又称颇尔族）约占全国人口的40%，马林凯族约占30%，苏苏族约占16%。官方语言为法语。各民族均有自己的语言，主要语种有苏苏语、马林凯语和富拉语（又称颇尔语）。居民87%信奉伊斯兰教，5%信奉天主教，其余信奉拜物教。首都科纳克里（Conakry），人口约200万。

行政区划：全国划分为首都科纳克里和7个行政区，下辖33个专区，专区下再分为分区。重要节日：独立日是10月2日（1958年）。

（二）自然与人文环境

几内亚位于西非西岸，北邻几内亚比绍、塞内加尔、马里，东邻科特迪瓦，南邻塞拉利昂、利比里亚，西濒大西洋，海岸线长352公里。全境地形复杂，分为4个自然区，西部的下几内亚，为狭长的沿海平原；中部的中几内亚，为平均海拔900米的富塔贾隆高原，西非3条主要河流，尼日尔河、塞内加尔河、冈比亚河均发源于此，被称为“西非水塔”。东北部的上几内亚，为平均海拔约300米的台地。东南部为几内亚高原，有海拔1752米的宁巴山，为全境最高峰。沿海地区为热带季风气候，内地为热带草原气候。年平均气温为24℃～32℃。

几内亚是个农业国，为世界最不发达国家之一。矿产资源丰富，有“地质奇迹”之称，铝矾土储量估计为240亿吨，占世界总储量的2/3，已探明储量180亿吨，其品位高达58%～62%。铁矿石储量为100亿吨，品位高达70%。钻石储量为2500～3000万克拉。此外还有黄金、铜、铀、钴、铅、锌等。水力资源极为丰富，开发后年发电量估计可达630亿度。沿海渔业资源也较丰富。沿海大陆架已发现有石油。东南部有大片原始森林，盛产红木、黑檀木等贵重木材。

工业基础薄弱，主要农作物有稻米、玉米、福尼奥（饿稻）、木薯、花生、咖啡、可可、棉花。主要出口产品有铝矾土、氧化铝、钻石、黄金、咖啡等。

(三)科纳克里

科纳克里是全国最大城市,位于几内亚西南沿海,濒大西洋,由罗斯群岛、卡卢姆半岛和与半岛相连的沿海陆地组成,是几内亚的最大海港,也是西非的最大海港之一。属热带雨林气候,1月盛行北风,7月为南风。最高气温32℃,最低气温22℃。5～11月为雨季,年均降雨量约3000毫米。

19世纪中叶科纳克里还是一个小渔村,1884年法国殖民者开始在这里建城,1893年成为法属几内亚殖民地首府。1958年成为独立后几内亚首都,为全国政治、经济、文化中心和水陆交通枢纽。

科纳克里三面环海,背枕终年常青的冈岭,市内热带林木遮天蔽日,四季鲜花遍地。主要建筑物有国家宫、人民宫、纪念碑、非统村、科纳克里大学、9·28体育场等。市中心的国家博物馆收藏有象牙雕刻、金器、木器、陶器等几内亚的珍贵艺术品。

科纳克里主要工业有炼油、车辆修配、纺织、水果罐头、肉类加工、榨油及卷烟等。

七、几内亚比绍

(一)概况

几内亚比绍共和国(The Republic of Guinea-Bissau),面积3.6125万平方公里,人口159万(2006年),有27个部族,其中富拉族、巴兰特族、曼丁哥族占全国人口的80%。通用克里奥尔语(无文字),官方语言为葡萄牙语。居民45%的信奉伊斯兰教,其余信奉拜物教、天主教、基督教新教和其它宗教。首都比绍(Bissau),人口42万(2006年)。

行政区划:全国划分为8个省和1个自治区,36个县。重要节日:独立日暨国庆日是9月24日(1973年)。

(二)自然与人文环境

几内亚比绍位于非洲西部,包括比热戈斯群岛等岛屿。大陆部分北邻塞内加尔,东、南邻几内亚,西濒大西洋,海岸线长约300公里。境内除东南多丘陵外,其他地区均为海拔低于100米的平原。几内亚比绍属热带海洋性季风气候,全年高温,年平均气温约25℃。境内河流纵横,湖泊众多，主要河流科鲁巴尔河由东北向西南注入大西洋，水量较大。

几内亚比绍是个农业国，是联合国公布的最不发达国家之一。森林覆盖率约为38%。渔业资源丰富。工业基础薄弱，以农产品和食品加工业为主。主要粮食作物有水稻、木薯、豆类、马铃薯、甘薯等。海产品出口和向外国人发放捕鱼许可证是几内亚比绍外汇收入的重要来源。主要出口产品为腰果、冻虾、冻鱼、花生米、原木等。农产品出口占出口总额的90%以上。

（三）比绍

比绍位于几内亚比绍西部热巴河入海口的比绍岛上，濒临大西洋，有堤道与大陆连接，是全国政治、经济、文化中心。"比绍"在巴兰特语中意为"前面就是村子"。

比绍历史悠久，中世纪已达到较高的经济和文化水平，1446年遭葡萄牙人入侵，1879年成为葡萄牙殖民者贩运奴隶的主要基地，1941年取代博拉马成为首府，1973年几内亚比绍独立后，定为首都。

比绍市内热带森林郁郁葱葱，河流纵横，湖泊棋布，街道整洁，住宅小巧别致，宅墙色彩艳丽。主要大街两旁有天主教堂、外国公司、银行、邮电局等建筑物。市区散布有葡萄牙统治时期的城堡和炮台，市郊多民族风格的圆顶茅草屋和低矮的清真寺。热巴河入海口的比基吉迪港是全国最大海港，有宽广的大街直通总统府。

八、佛得角

（一）概况

佛得角共和国（The Republic of Cape Verde），面积4033平方公里，人口48.71万人（2006年），其中黑白混血的克里奥尔人占人口总数的71%，黑色人种占28%，欧洲人占1%。官方语言为葡萄牙语，民族语言为克里奥尔语。居民98%信奉天主教，少数人信奉基督教新教和复临派教。首都普拉亚（Praia），人口12.14万（2007年）。

行政区划：全国分为22个市。重要节日：独立日是7月5日（1975年）。

(二)自然与人文环境

佛得角意为"绿色海角",在北大西洋的佛得角群岛上,东距非洲大陆的最西点塞内加尔境内的佛得角 500 多公里,地扼美、非、欧、亚 4 大洲海上交通要冲。在 1869 年埃及苏伊士运河开通前,它是从欧洲绕道非洲去亚洲海上航线的必经之地。迄今仍是各洲远洋船只及大型飞机过往的补给站,被称为连接"各大洲的十字路口"。佛得角群岛由 18 个火山岛屿组成,海岸线长912.5公里,北部圣安唐等 9 个岛屿常年迎着东北方向吹来的海风,被称为向风群岛;南部的布腊瓦等 9 个岛屿如同躲在避风港里,被称为背风群岛。岛上地形几乎全为山地,全国最高峰福戈山海拔 2829 米。佛得角属热带干燥气候,终年盛行干热的东北信风,年平均温度20℃~27℃。河流稀少,水源匮乏。

佛得角是个农业国,是联合国公布的世界最不发达国家之一。工业基础薄弱,可耕地大部分集中在圣地亚哥和圣安唐两岛,主要农产品有玉米、豆类、薯类、甘蔗、香蕉、咖啡等。渔业资源较丰富,捕鱼业在国民经济中占重要地位。出口产品主要有食盐、罐装金枪鱼、冻鱼、虾、咖啡、香蕉。服务业在国民经济中占有相当重要位置,约占国内生产总值的70%。

旅游业已成为佛得角经济增长和就业的主要来源,旅游基础设施发展迅速。2005 年旅游业总收入约为95.66亿埃斯库多,占国内生产总值的10.4%。2006 年接待游客 28 万人次,主要来自意大利、葡萄牙、德国和其他欧洲国家。

(三)普拉亚

普拉亚位于佛得角群岛最大的圣地亚哥岛南端、海拔 30 米的台地上,西经 23°31′、北纬 14°55′。南濒大西洋,东、北、西三面为高地。

普拉亚在葡萄牙语中意为"海滩",因为这里有一千多米长的海滩,城市由此得名。在葡萄牙殖民统治时期,佛得角的首府设在距今普拉亚市约 15 公里的一个城镇,17 世纪初该城被海盗摧毁后,才迁至普拉亚。从 19 世纪开始,普拉亚镇的贸易日益繁荣,人口不断增加,城市初具规模,1858 年正式建成普拉亚市。1975 年佛得角获得独立定都于普拉亚。

普拉亚市区中心区东西长五百多米，南北宽二百多米。市内有摩天大厦和尖顶的天主教堂，主要建筑物具有浓厚的西方建筑风格，整齐的石头街道两旁绿树成荫。市中心的"九·一二"广场，是人们喜欢聚集的地方。城西有总统府、总理府、政府各部和银行大楼等。普拉亚普拉亚的港口设施良好，港湾水深达13米，可停靠万吨级轮船。普拉亚市的海滨是佛得角的主要旅游胜地，有著名的金色海滩和海滨旅馆。

九、塞拉利昂

（一）概况

塞拉利昂共和国（The Republic of Sierra Leone），面积7.2326万平方公里，人口570万（2006年），有二十多个部族。南部的曼迪族最大，北部和中部的泰姆奈族次之，两者各占全国人口的30%左右；林姆巴族占8.4%；由英、美移入的"自由"黑人后裔克里奥尔人占10%。官方语言为英语，部族语言主要有曼迪语、泰姆奈语、林姆巴语和克里奥尔语。居民60%信奉伊斯兰教，30%信奉基督教，少数人信奉拜物教。首都弗里敦（Freetown），人口78万（2004年）。

行政区划：全国分为北方、南方、东方3个省和1个区（弗里敦所在的西区），3个省之下设有12个行政区，行政区以下设150个酋长领地。重要节日：独立日是4月27日（1961年），国庆日是4月19日（1971年）。

（二）自然与人文环境

塞拉利昂位于非洲西部，北、东北邻几内亚，东南邻利比里亚，西、西南濒大西洋，海岸线长约485公里。地势东高西低，呈梯状倾斜。境内大部是丘陵和高原。东北部宾蒂马尼山海拔1945米，为全国最高峰。西部为平原，沿海为沼泽地。塞拉利昂属热带季风气候，高温多雨，年平均气温约26℃。5～10月为雨季，11月至来年4月为旱季。

塞拉利昂是联合国公布的世界最不发达国家之一，经济以农业和矿业为主，粮食不能自给。长期内战使国家的基础设施毁坏严重，国民经济濒于崩溃。2002年内战结束后，随着政局趋稳，经济稳步增长。渔业资源丰富，主要有邦加鱼、金枪鱼、黄花鱼、青鱼和大虾等。盛产红木、红铁木等，木材储量 300 万立方米。采矿业是主要工业部门。主要农作物有可可、木薯、咖啡、稻米、甘薯、花生、玉米等。畜牧业以饲养牛、羊、猪、鸡为主。

塞拉利昂海滨地区风光秀丽，十分适宜发展旅游业。2004 年接待外国游客约4.4万人次。主要旅游地有长 50 公里未被污染的原始沙滩、宾图玛尼山脉、铁吉山脉等。

(三)主要旅游地

弗里敦位于塞拉利昂西北部沿海狮山丘陵滨海尾端，是全国最主要的港口和最大城市。1821 年为英国西非领地的行政中心，1961 年塞拉利昂独立后成为首都。弗里敦为天然良港，建有深水码头，是全国商业和交通运输中心。工业有钻石、食品加工、涂料、制鞋业。市内有几座清真寺和教堂，包括建于 1852 年的英国圣公会圣乔治大教堂。国家博物馆设在以前的棉花树火车站内，收藏有历史文物以及传统的木雕和石雕。

十、利比里亚

(一)概况

利比里亚共和国(The Republic of Liberia)，面积11.137万平方公里，人口 348 万(2005 年)，有 22 个部族，较大的有克佩尔、巴萨、丹族、克鲁、格雷博、马诺、洛马、戈拉、曼丁哥、贝尔，以及 19 世纪自美国南部移居来的黑人后裔。较大部族均有自己的语言，官方语言为英语。居民40%信奉拜物教，40%信仰基督教，20%信仰伊斯兰教。首都蒙罗维亚(Monrovia)，人口 130 万。

行政区划：除首都蒙罗维亚外，全国划分为 15 个州。重要节日：独立日是 7 月 26 日(1847 年)。

(二)自然与人文环境

利比里亚位于非洲西部，北邻几内亚，西北邻塞拉利昂，东邻科特迪瓦，西南濒大西洋，海岸线长 537 公里。全境北高南低，从沿海向内陆大致可分三级阶梯，沿海为 30～60 公里宽的狭窄平原，中部为平均海拔 300～500 米的平缓丘陵，内地为平均海拔 700 米的高原。最高峰是西北部的武蒂维山，海拔1381米。利比里亚属热带季风气候，年平均气温25℃，5～10月为雨季，11月至来年4月为旱季。最大河流卡瓦拉河，全长516公里。较大的河流还有塞斯托斯河、圣约翰河、圣保罗河、马诺河等。

利比里亚是个农业国，工业不发达，是联合国公布的世界最不发达国家之一。自然资源丰富，铁矿砂储量估计为18亿吨，森林覆盖率58%，是非洲一大林区，盛产红木等名贵木材。林姆巴山区因其独特的动植物群被列入《世界遗产名录》。天然橡胶、木材、铁矿砂的生产为其国民经济的主要支柱，均供出口，是外汇收入的主要来源。主要农作物是水稻和木薯，曾为大米出口国，但由于政局持续动荡，生产受到严重影响，内战后粮食不能自给，主要依靠粮援。主要经济作物有橡胶、咖啡、可可、油棕榈。主要出口木材、天然橡胶、可可豆、咖啡等。

利比里亚是全球第二大方便旗船籍国，目前世界上有约1800艘船只悬挂利比里亚国旗，2002年船籍注册收入达1800万美元。

(三)蒙罗维亚

蒙罗维亚位于利比里亚西北部大西洋沿岸圣保罗河入海口，是西非重要的出海门户。1821年，"美国殖民协会"在此建立黑人移民区。1847年7月26日成立利比里亚共和国时定都蒙罗维亚。蒙罗维亚属热带季风气候，年平均气温为25℃，分旱季和雨季两个季节，年均降水量逾5000毫米，为西非海岸乃至全球降雨最多的地区之一，有"非洲雨都"之称。

蒙罗维亚市区由梅苏拉多角(半岛)和布什罗德岛组成，濒大西洋。岛上各种热带林木花草苍翠欲滴，整座城市掩映在绿林与花海之中，一派热带风光。市中心梅苏拉多角是繁华的商业区。市区北部的布什罗德岛是为新兴工业区和西非唯一自由港——蒙罗维亚自由港。市区东部的首都山是政府机关的所在地，有行政大厦、国会大厦、市政大厅等建筑，还有建于1862年的利比里亚大学、博物馆、国立图书馆等。国会大厦前的广场上有一座高大的纪念碑，顶端屹立着一位肩扛国旗、手持冲锋号的非洲妇女青铜塑像，是利比里亚自由独立的象征。

蒙罗维亚是全国的经济、交通、金融中心，集中了全国70%以上的工业企业，主要有炼油、橡胶、食品、啤酒、饮料、碾米、服装、水泥、化工等。在布什罗德岛上建有“自由工业区”。蒙罗维亚的捕捞业与鱼类加工业也相当发达。

十一、科特迪瓦

（一）概况

科特迪瓦共和国(The Republic of Cote d'ivoire)，面积32.2463万平方公里，人口1840万(2006年)，有69个部族，分为4大族系，其中阿肯族系约占42%，曼迪族系约占27%，沃尔特族系约占16%，克鲁族系约占15%。官方语言为法语。各部族均有自己的语言，全国大部分地区通用迪乌拉语(无文字)。居民38.6%信奉伊斯兰教，30.4%信奉基督教，16.7%无宗教信仰，其余信奉原始宗教等。政治首都为亚穆苏克罗(Yamoussoukro)，人口29.9万(2006年)，经济首都是阿比让(Abidjan)[①]，人口287.8万(2006年)。

行政区划：全国划为19个大区，下设58个省、阿比让和亚穆苏克罗2个省级直辖市，243个县。重要节日：国庆日是8月7日(纪念1960年8月7日获得独立)。

（二）自然与人文环境

科特迪瓦位于非洲西部，西邻利比里亚、几内亚，北邻马里、布基纳法索，东邻加纳，南濒几内亚湾，海岸线长约550公里。地势由西北略向东南倾斜。西北部为海拔500～1000米的芒达山和丘里山地，北部为海拔200～500米的低高原，东南部为海拔50米以下的沿海泻湖平原。位于科特迪瓦和几内亚边境的宁巴山，海拔1752米，是全国最高峰。科特迪瓦属热带气候，北纬7°以南为热带雨林气候，年平均气温25℃；北纬7°以北为热带草原气候，年平均气温略高于南部。主要河流有邦达马河、科莫埃河、萨桑德拉河和卡瓦利河。

科特迪瓦工业产值约占国内生产总值的21%，食品加工业是主要

① 1983年3月12日，科特迪瓦决定将首都迁往亚穆苏克罗，但政府机构及外交使团至今仍留在阿比让。

工业部门，其次是棉纺织业。农业产值约占国内生产总值的30%。农产品出口占出口总收入的66%。经济作物占重要地位，可可和咖啡是两大主要经济作物，种植面积占全国可耕地面积的60%。可可生产和出口居世界第一位，出口收入占全国出口总额的45%。咖啡生产现居世界第四位、非洲第一位。籽棉产量居非洲第三位，棕榈产量居非洲第一、世界第三。粮食不能自给，主要有玉米、小米、高粱、稻米、木薯、山药等。热带水果主要有香蕉、菠萝、木瓜等。森林资源丰富，木材曾是第三大出口产品。主要出口可可、原油、咖啡、木材、金枪鱼、棕榈油、棉花、橡胶等。

重视发展旅游业和开发旅游资源。1997 年接待游客约27.4万人次。从业人员1.5万。

(三)阿比让

阿比让位于科特迪瓦南部，濒几内亚湾，是西非最大的天然良港和黑非洲最大的集装箱码头，也是布基纳法索、马里等西非内陆国家的主要出海口和进出口货物的集散地。

阿比让是1903年法国殖民者建立的，作为上沃尔特—象牙海岸铁路的终点站。1950年深水港工程竣工后，阿比让得到迅速发展。阿比让的主要商业为面粉、咖啡、可可的加工和出口。历史上阿比让以象牙贸易著名，有一个巨型的贩卖象牙的市场，15世纪欧洲殖民者就在这里贩卖象牙，象牙海岸由此而得名。法国人在20世纪50年代设计建造的豪华的欧洲区，居民大都是法国人，建筑物是用混凝土、玻璃、塑胶构成。非洲区的建筑物都是木屋和铁皮屋。市区内有漂亮的政府大厦、医院、大酒店，还有国家图书馆和博物馆。拥有750个房间的象牙旅馆是非洲大陆最大的旅馆。

十二、加纳

(一)概况

加纳共和国(The Republic of Ghana)，面积23.8537万平方公里，人口2200万(2005年估计)，有4个主要部族，其中阿肯族占总人口的49.1%、莫莱—达戈巴尼族占16.5%、埃维族占12.7%、加—阿丹格贝族占8%。官方语言为英语,另有埃维语、芳蒂语和豪萨语等民族语言。居民69%信奉基督教,15.6%信奉伊斯兰教,8.5%信奉传统宗教。首都阿克拉(Accra),人口约200万(2005年估计)。

行政区划:全国共设10个省,下设有138个县。重要节日:独立日暨国庆日是3月6日(1957年),共和国日是7月1日(1960年)。

(二)自然与人文环境

加纳位于非洲西部、几内亚湾北岸,西邻科特迪瓦,北邻布基纳法索,东邻多哥,南濒大西洋,海岸线长约562公里。全境大部地区为平原,东部有阿克瓦皮姆山脉,南部有夸胡高原,北部有甘巴加陡崖。最高峰杰博博山海拔876米。沿海平原和西南部阿散蒂高原属热带雨林气候,沃尔特河谷和北部高原地区属热带草原气候。4～9月为雨季,11月至来年4月为旱季。各地降雨量差别很大,西南部平均年降雨量2180毫米,北部地区为1000毫米。最大河流为沃尔特河,在加纳境内长1100公里,下游筑有阿科松博水坝,在境内形成巨大的沃尔特水库,面积8482平方公里。

加纳经济以农业为主,工业基础薄弱,矿产品、可可、木材为三大支柱产业。矿产资源丰富,主要有黄金、钻石(探明储量居世界第四位)、铝矾土、锰(探明储量居世界第三位)等,黄金开采等采矿业是最有活力的部门。粮食作物主要分布在北部,主要作物为玉米、薯类、高粱、大米、小米等。可可为主要经济作物,种植于北部省以南所有省份,是传统出口产品。其他经济作物有油棕、橡胶、棉花、花生、甘蔗、烟草等。森林覆盖率10%左右,主要用材林在西南部。渔业资源丰富,分为海上渔业、泻湖渔业和内河渔业,海上渔业居主导地位,金枪鱼和虾类为主要出口产品。

加纳是非洲十大旅游国之一,旅游业已成为增速最快的产业,成为继黄金、可可之后的第三大创汇产业。2004年旅游从业人数18万人,共接待游客65万人次,收入约8亿美元。游客主要来自美国、英国、德国、荷兰,主要旅游地有阿布里植物园、阿科松博、库马西文化中心、海岸角、埃尔米纳奴隶堡、金矿带等。

(三)阿克拉

阿克拉位于加纳南部,濒几内亚湾。气候干热,3～4月气温最高,为23℃～31℃;8月气温最低,为22℃～27℃。年降水量723毫米。

阿克拉最初为加族人一村落,1650年至1680年欧洲人在村边修筑城堡,1876年成为英属黄金海岸首府,城市得到较大发展,20世纪初成为黄金、金刚石和可可销售市场。20世纪20年代对城市进行了系统规划,加纳独立后阿克拉即成为首都。有金属加工、炼铝、炼钢、水泥、炼油、橡胶、木材加工、纺织等工业。阿克拉是国内重要交通枢纽,全国重要的文化中心,有国家博物馆、中央图书馆等。市内建有有独立拱门的黑星广场,为仪典举行地。

十三、多哥

(一)概况

多哥共和国(TheRepublic of Togo),面积5.6785万平方公里,人口615万(2005年中期估计),有41个部族,南部以埃维族和米纳族为主,分别占全国人口的22%和6%;中部阿克波索、阿凯布等族占33%;北部卡布列族占13%。官方语言为法语,埃维语和卡布列语是较通用的民族语言。居民约70%信奉拜物教,20%信奉基督教,10%信奉伊斯兰教。首都洛美(Lome),人口80万。

行政区划:全国有30个省和4个专区,省下设镇(乡)、村。重要节日:解放日是1月13日,独立日暨国庆日是4月27日(1960年)。

(二)自然与人文环境

多哥位于非洲西部,南濒几内亚湾。西邻加纳,东邻贝宁,北邻布基纳法索,海岸线长53公里。全境南北狭长,一半以上为丘陵和沟谷地带。南部为滨海平原,沿海有沼泽、泻湖和沙洲;中部为高原,有南北向山地纵贯,还有海拔为500～600米的阿塔科拉山高地;北部为奥蒂河平原。主要山脉为多哥山脉,鲍曼峰海拔986米,为全国最高点。南部属热带雨林气候,北部属热带草原气候。年平均气温沿海地区为27℃,北部为30℃。主要河流有莫诺河和奥蒂河。

多哥是联合国公布的世界最不发达国家之一。农产品、磷酸盐和转口贸易是多哥的三大支柱产业。主要矿业资源是磷酸盐,是撒哈拉以南非洲第三大生产国。粮食作物主要为玉米、高粱、木薯、稻米,经济作物主要为棉花、咖啡、可可。

20 世纪 80 年代以来，多哥旅游业发展较快。1989 年旅游业达到最高峰，接待游客达12.355万人，后由于社会动乱，旅游业十分不景气。1994 年后，随着社会渐趋稳定，旅游业开始好转。2005 年由于政局不稳，接待游客人数降为9.4万人，但旅游收入达 1500 万美元。主要旅游地有洛美、多哥湖、帕利梅风景区、卡拉市。

（三）洛美

洛美位于多哥西南部，南濒几内亚湾，整个城市南端被连绵十多公里的平坦沙滩所环绕。洛美还是西非著名的天然良港，也是西非主要的出海口和货物集散地。"洛美"一词源于当地一种名叫"阿洛"的树名。洛美是一座美丽的海滨城市，年平均气温约27℃。幢幢白楼掩映在热带树木和花卉丛中，市区街道有新奇巨大的雕塑。洛美有"西非的日内瓦"之称，许多非洲和国际性会议在这里举行。独立广场中央位于洛美市中心，面积 3 万平方米，广场上矗立着多哥独立纪念碑。附近有一座具有热带风格的大厦——多哥人民联盟之家，是多哥元首和内阁成员的办公所在地。

十四、贝宁

（一）概况

贝宁共和国(The Republic of Benin)，面积11.2622万平方公里，人口 870 万(2006 年)，有芳、约鲁巴、阿贾、巴利巴、颇尔、松巴等六十多个部族。官方语言为法语。全国使用较广的语言有芳语、约鲁巴语和巴利巴语。居民 65％信奉传统宗教，20％信奉基督教，15％信奉伊斯兰教。首都波多诺伏(Porto-Novo)是国民议会所在地，人口 30 万；科托努(Cotonou)是政府所在地，人口 70 万。

行政区划：全国可分为共 12 个省，77 个县(市)(67 个县、10 个市)，下设镇、村。重要节日：独立日暨国庆日是 8 月 1 日(1960 年)。

（二）自然与人文环境

贝宁位于西非中南部，东邻尼日利亚，西北邻布基纳法索，东北邻尼日尔，西邻多哥，南濒大西洋，海岸线长 125 公里。全境南北狭长，南窄北宽。南部沿海为宽约100公里的平原。中部为海拔200～400米波状起伏的高原。西北部的阿塔科拉山海拔641米，为全国最高点。沿海平原为热带雨林气候，常年气温在20℃～34℃之间，最高可达42℃；中部和北部为热带草原气候，年平均温度26℃～27℃。韦梅河是全国最大河流。

贝宁经济落后，是联合国公布的最不发达国家之一。农业和转口贸易为国民经济两大支柱。渔业资源丰富，森林覆盖率为26.6%。工业基础薄弱，主要粮食作物有木薯、山药、玉米、小米等，经济作物有棉花、腰果、棕榈、咖啡等。

旅游业是贝宁的新兴产业，是仅次于棉花的第二大创汇产业。近年来政府对旅游业的投入不断加大。2004年接待游客17.35万人，收入270亿非郎。主要旅游地有冈维埃水上村、维达古城、维达历史博物馆、阿波美古都、野生动物园、埃维埃旅游公园、海滩等。

（三）波多诺伏和科托努

波多诺伏是以文化为主的都城，位于贝宁南部沿海泻湖——诺奎湖的东北岸，濒临几内亚湾，是贝宁国民议会所在地。年平均气温26℃～27℃，年降水量约1000毫米，雨季长达8个月。这里的油棕林极为稠密，也是当地的重要财富，因而波多诺伏有“油棕之城”的美称。

波多诺伏建于16世纪末，曾是波多诺伏王国的首邑，1580年成为葡萄牙殖民者在贝宁沿海地区贩买奴隶的据点。波多诺伏原称“阿加塞—霍格布努”，葡萄牙人入侵后，发现它同葡萄牙重要海港波尔图相似，就把这个城市命名为波多诺伏，即“新波尔图”之意。1960年8月1日成为达荷美共和国（1975年底改名为“贝宁共和国”）的首都。

波多诺伏是贝宁最古老的城市之一，现在仍保留着十分浓厚的古非洲城市的风貌，市内有古老的非洲宫殿、殖民地时期的建筑物和葡萄牙大教堂。波多诺伏至今还保留着一些古老的建筑，如人种博物馆、民俗学博物馆、国立图书馆、国家档案馆等。当地出产的铜器、木刻、骨雕、编织等手工艺品，独具风格，驰名国内外。

科托努位于波多诺伏西南35公里的几内亚湾沿岸，北面是诺奎大泻湖，为全国最大的港口和第一大城市，是贝宁的政治、经济、交通和外贸中心，也是贝宁政府和各国驻贝宁外交机构的所在地。

19 世纪科托努曾为法国殖民主义者入侵和掠夺的重要据点，后在港口贸易活动的基础上逐步发展起来。1965 年建成人工深水港。科托努是贝宁的主要贸易港，也是西非中南部地区的内陆国家尼日尔、布基纳法索、马里东部和尼日利亚的出海口。

科托努是贝宁工业较集中和较发达的城市，有电力、纺织、水泥、机械、食品、榨油、酿酒、日用化工、建筑材料等企业。

科托努附近有被称为“非洲威尼斯”的著名水上村庄，具有发展旅游业的巨大潜力。

十五、尼日尔

（一）概况

尼日尔共和国（The Republic of Niger），面积126.7万平方公里，人口 1140 万（2006 年估计），在 5 个主要部族中，豪萨族占全国人口 56%、哲尔马—桑海族占 22%、颇尔族占8.5%、图阿雷格族占 8%、卡努里族占 4%。官方语言为法语，各部族均有自己的语言，豪萨语可在全国大部分地区通用。居民 88%信奉伊斯兰教，11.7%信奉原始宗教，其余信奉基督教。首都尼亚美（Niamey），人口 100 万。

行政区划：全国现划分为 7 个省、1 大区级市（尼亚美市）、36 个县、265 个镇。重要节日：独立日是 8 月 3 日（1960 年），国庆日是 12 月 18 日（1958 年）。

（二）自然与人文环境

尼日尔位于非洲中西部，是撒哈拉沙漠南缘的内陆国，北邻阿尔及利亚、利比亚，南邻尼日利亚、贝宁，西邻马里、布基纳法索，东邻乍得。全国大部地区属撒哈拉沙漠，地势北高南低。东南部乍得湖盆地，西南部尼日尔河盆地，地势均较低平，为农业区；中部多高原，海拔500～1000 米，为游牧区；东北部为沙漠区，占全国面积 60%。北部的格雷本山海拔 2000 米，为全国最高点。北部属热带沙漠气候，南部属热带草原气候，全年分旱、雨两季，年平均气温30℃，是世界上最热国家之一。尼日尔河在境内长约 550 公里。

尼日尔经济以农牧业为主，是联合国公布的最不发达国家之一。2006年在全球人文发展指数排名中列倒数第一位。工业基础薄弱，粮食生产不稳定，主要粮食作物有小米、高粱、薯类、豆类等。牲畜主要有牛、羊、骆驼等，畜产品是第二大出口产品，出口收入仅次于铀。

尼日尔的旅游业自20世纪80年代起步。主要旅游地有南部有W自然保护区、尼日尔河谷，北部有阿伊尔高地、贾多高原、阿加德兹图阿雷格族城、泰内雷沙漠等。巴黎—达喀尔汽车拉力赛穿越尼日尔国境，带动了旅游业的发展。1997年以来陆续开办了“狩猎旅游”、“博物馆旅游”等特色旅游项目。

（三）尼亚美

尼亚美位于尼日尔西南部尼日尔河左岸，是全国政治、经济、文化、交通中心和最大城市。尼亚美在当地哲尔马语中意为“母亲汲水的河岸”。最高气温41℃，最低气温14℃，年平均气温28.9℃。年降水量350～750毫米，6～9月为雨季。

尼亚美原系一小渔村，1926年成为尼日尔首府后迅速发展，1960年尼日尔独立时成为首都。尼亚美主要工业有农牧产品加工、纺织、水泥、制鞋、铝制品、电力、农业机械、制药和饮料等。

尼亚美虽地处撒哈拉沙漠南沿，气候干燥炎热，但因尼日尔河流贯其间，市内林木参天、花草茂盛，乳白色的建筑和雅致的别墅相互掩映，热带风情浓郁，堪称沙漠绿洲。市中心有两座闻名遐迩的非洲市场，出售各式充满异域情调的手工艺品和各种非洲传统草药。

尼日尔国家博物馆建于1959年，是非洲著名的博物馆之一，极具民族特色和伊斯兰风格，集历史文物的展览和民族风情的介绍于一体，有分生物进化馆、史前馆、民族服装馆、石雕馆等展厅。游客在尼亚美野生动物园可以狩猎。布邦岛是尼日尔河上专供游览的河心岛，岛上热带林木葱郁，建有非洲茅顶旅店和饭馆。

十六、尼日利亚

（一）概况

尼日利亚联邦共和国（The Federal Republic of Nigeria），面积

92.3768万平方公里，人口1.44亿(2007年)，有约250个部族，其中最大的是北部的豪萨—富拉尼族(占全国人口29%)、西部的约鲁巴族(占21%)和东部的伊博族(占18%)。官方语言为英语，主要民族语言有豪萨语、约鲁巴语、伊博语。居民50%信奉伊斯兰教，40%信奉基督教，10%信仰其他宗教。首都阿布贾(Abuja)，人口约300万(2007年)。

行政区划：全国划分为1个联邦首都区、36个州、774个地方政府。重要节日：独立日暨国庆日是10月1日(1960年)。

(二)自然与人文环境

尼日利亚位于西非东南部，西邻贝宁，北邻尼日尔，东北隔乍得湖与乍得相望，东和东南邻喀麦隆，南濒大西洋几内亚湾，海岸线长800公里。地势北高南低。沿海为宽约80公里的带状平原；南部低山丘陵，大部地区海拔200～500米；中部为尼日尔—贝努埃河谷地；北部豪萨兰高地超过全国面积1/4，平均海拔900米；东部边境为山地，西北和东北分别为索科托盆地和乍得湖湖西盆地。属热带季风气候，全年分为旱季和雨季，年平均气温为26℃～27℃。河流众多，尼日尔河及其支流贝努埃河为主要河流，尼日尔河在境内长1400公里。

尼日利亚原为农业国，20世纪70年代起成为非洲最大的产油国，80年代后随着国际市场油价下跌，经济陷入困境。目前经济发展还面临结构单一、农业落后、工业基础薄弱、债务负担沉重等挑战。

矿产资源主要有石油、天然气、锡、煤、石灰石等，是非洲第一、世界第十大产油国，也是西非唯一产煤国。森林覆盖率为17%。石油工业是国民经济的支柱。目前尼外汇收入的95%、联邦政府财政收入的80%、国内生产总值的20%～30%来源于石油行业。主要农作物有木薯、甘薯、高粱、玉米、小米、大米、花生、豆类。

尼日利亚旅游资源丰富，但尚未很好开发。主要旅游地有夸拉州和高原州的瀑布、博尔诺州的乍得湖寺院、十字河州的大牧牛场、伊莫州的奥古塔湖、翁多州的温泉和包奇州的野生动物园。

(三)阿布贾

阿布贾是尼日利亚的首都，又称联邦首都区，位于中部尼日尔河支流古拉拉河畔，是全国的地理中心。原为国家锡矿开采地、中部公路网中心和农畜产品集散地。为加强联邦政府与各地区、各民族之间联系，并解决拉各斯规模过分膨胀所带来的问题，1975 年穆罕默德军政府提出了兴建新首都的建议。1979 年 10 月沙加里文官政府正式批准新首都阿布贾的设计蓝图，并开始第一期建设工程。1991 年 12 月，政府正式从拉各斯迁入。约至 1996 年，各大部门的搬迁工作才渐渐收尾。

联邦首都区地处中央高原，一般海拔 688 米，地理位置适中，地形开阔。属热带稀树草原气候，凉爽宜人，水源丰富。市区规划为新月形，位于首都区东北部瓜瓜平原上。市中心为国家政府机关和商业区，建有总统府、国会大厦和立法、司法部门等高层建筑。市中心以南为主要居民区，市南端规划为工业区。

阿布贾市区整体规划由日本著名建筑师丹下健三负责设计，整体形状是新月形，代表对伊斯兰教的信仰。

第五节　中部非洲

一、乍得

（一）概况

乍得共和国(The Republic of Chad)，面积128.4万平方公里，人口 980 万，有大小部族 256 个。北部、中部和东部居民主要是阿拉伯血统的柏柏尔族、图布族、瓦达伊族、巴吉尔米族等，约占全国人口的 45%；南部和西南部的居民主要为萨拉族、马萨族、科托科族、蒙当族等，约占全国人口的 55%。南方居民通用苏丹语系的萨拉语，北方通用乍得化的阿拉伯语。法语和阿拉伯语同为官方语言。居民 44%信奉伊斯兰教，33%信奉基督教，23%信奉原始宗教。首都恩贾梅纳(N'djamena)，人口 72 万。

行政区划：全国划分为 18 个大区（含恩贾梅纳市），下辖 57 个省级单位（含首都的区）。重要节日：独立日是 8 月 11 日（1960 年），国庆日是 6 月 7 日(1982 年)。

(二)自然与人文环境

乍得位于非洲中北部的内陆国家,撒哈拉沙漠南缘,北邻利比亚,南邻中非、喀麦隆,西邻尼日尔、尼日利亚,东邻苏丹。地势较平坦,平均海拔 300～500 米,仅北、东、南部边境地带为高原山地。北部地区属撒哈拉沙漠或半沙漠,占全国面积 1/3 强;东部是高原地区;中西部为辽阔的准平原;西北部提贝斯提高原平均海拔 2000 米。库西山海拔 3415 米,是全国、中部非洲地区的最高峰。北部属热带沙漠气候,中部属热带草原气候,南部属热带雨林气候,全年高温炎热。除北部高原山地外,大部分地区年平均气温27℃以上,北部可达29℃。主要河流有沙里河、洛贡河等。乍得湖为非洲中部最大的内陆淡水湖,由于水位随季节变化,面积在1～2.5万平方公里之间。

乍得是农牧业国家,经济落后,被联合国列为世界上 47 个最不发达国家之一。资源矿产资源较丰富,但大多尚未开采。工业主要为农、牧产品加工企业,其中以棉花加工为主。主要粮食作物有高粱、玉米和小米,还有少量稻米和小麦等。主要经济作物为棉花,其他经济作物还有烟草、花生、芝麻、甘蔗和阿拉伯树胶等。畜牧业中部非洲地区主要畜产国。主要出口商品是畜产品和皮棉。

(三)恩贾梅纳

恩贾梅纳位于西部边境洛贡、沙里两河汇合处东北侧,是乍得首都和第一大城市。热带草原气候,1 月平均气温23.9℃,7 月平均气温27.8℃。年平均降水量 744 毫米。历史上系撒哈拉沙漠南缘商队贸易要站。1900 年法国在此建立军事据点,命名为拉密堡,1920 年起成为殖民首府,1960 年乍得独立后定为首都,1973 年改今名。

恩贾梅纳是全国最大工业中心、交通枢纽,集中全国大部分新建工业企业,有规模较大的榨油、面粉、纺织和肉类加工,还有制糖、制鞋、自行车装配等中小企业。有全国最大的恩贾梅纳电厂。市中心区为政府机关所在地,街道布局规整,多欧式建筑,为西方人居住区,有豪华宾馆和别墅。东区为文教区,有乍得大学和各类技术学校,以及博物馆、体育场和医院等。北区范围最大,是本地人聚居地和商业区。西北部为工厂区。

二、中非

（一）概况

中非共和国（The Central African Republic），面积62.2984万平方公里，人口389.5万（2005 年），有大小六十多个部族，按居住区域可划分为 10 个较大的部族区，其中巴雅族人数最多，班达族分布最广。官方语言为法语、桑戈语。居民 60%信奉原始宗教，20%信奉天主教，15%信奉基督教新教，5%信奉伊斯兰教，其余信原始宗教。首都班吉（Bangui），人口约62.27万（2005 年）。

行政区划：全国划分为 16 个省、1 个直辖市（首都班吉），省以下设 69 个县，另设 11 个行政检查站。重要节日：独立日是 8 月 13 日（1960 年），国庆日是 12 月 1 日（1958 年）。

（二）自然与人文环境

中非共和国是位于非洲大陆中央的内陆国家，东邻苏丹，南邻刚果（布）、刚果（金），西邻喀麦隆，北邻乍得。境内多丘陵，大部为海拔700～1000 米的高原。高原大体可分东部邦戈斯高原，西部印德高原；中部脊状高地，多缢口，为南北交通要道。东北边境的恩加亚山海拔 1388 米，是全国最高点。北部属热带草原气候，南部属热带雨林气候，年平均气温26℃，5～10 月为雨季，11 月至来年 4 月为旱季。主要河流有乌班吉河、沙里河。

中非是联合国公布的世界最不发达国家之一，经济以农业为主，工业基础薄弱，钻石、咖啡、棉花、木材是中非经济四大支柱。矿产资源主要是钻石，分布地区占全国面积的 1/2。森林覆盖率约 16%，盛产热带名贵木材。水力资源丰富。北部和东部有较多的大象、犀牛等野生动物资源。出口行业主要为农产品及木材加工。主要出口钻石、咖啡、木材、棉花、烟草。

（三）班吉

班吉位于中非西南边境，南隔乌班吉河与扎伊尔相望，是中非首都和第一大城市。最炎热的 2 月，气温21℃～34℃。最凉爽的 7～8 月，气温21℃～29℃。原为小村落，1889 年法国殖民军在此建立了河港和兵站，修筑了城堡，成为统治中非的中心。全国政治、经济、文化和交通中心。集中了全国主要工业部门，市内有较大纺织厂和屠宰场，还有食品、制革、轧花、水泥、锯木、化学日用品生产等工厂。班吉也是咖啡、木材、棉花等的重要集散地。市内有班吉大学、国家艺术学校、博物馆等文化设施。

三、喀麦隆

（一）概况

喀麦隆共和国（The Republic of Cameroun），面积47.565万平方公里，其中陆地面积46.605万平方公里，海域面积0.96万平方公里，人口1632万（2005年），约有200个部族，主要有富尔贝族、巴米累克族、赤道班图族（包括芳族和贝蒂族）、俾格米族、西北班图族（包括杜阿拉族）。法语和英语为官方语言。约有200种民族语言，但均无文字。南部及沿海地区信奉天主教和基督教新教（约占全国人口的40%），内地及边远地区信奉拜物教（占40%），富尔贝族和西北部一些部族信奉伊斯兰教（占20%）。首都雅温得（Yaounde），人口约160万（2004年）。

行政区划：全国划分为10个省，58个州，268个区，54个县。重要节日：独立日是1月1日（1960年），统一日是10月1日（1961年），国庆日是5月20日（1972年）。

（二）自然与人文环境

喀麦隆位于非洲中西部，西邻尼日利亚，东北邻乍得，东邻中非共和国，东南邻刚果，南邻加蓬、赤道几内亚，西南濒几内亚湾，海岸基准线长360公里。境内大部地区为高原，平原仅占全国面积的12%。西南沿海为平原，南北纵长；东南为喀麦隆低高原，有大片的沼泽和湿地；北部贝努埃河—乍得湖平原，平均海拔300～500米；中部阿达马瓦高原是中非高原的核心部分，平均海拔约1000米；中西部喀麦隆火山山地多锥形火山体，一般海拔2000米。沿海北部的喀麦隆火山海拔4070米，是全国和西非地区的最高峰。西部沿海和南部地区属典型的赤道雨林气候，终年湿热，往北过渡到热带草原气候。年平均气温24℃～28℃。喀麦隆火山西麓年降水量1万毫米，是世界雨量最多的地区之一。萨纳河是第一大河，还有尼昂河、洛贡河、贝努埃河等河流。

喀麦隆资源丰富。农业和畜牧业为国民经济主要支柱。矿产资源较丰富，主要矿产有铝矾土、铁、金红石（钛含量92%～95%）。森林覆盖率约占全国总面积的42%，木材蓄积总量40亿立方米。水力资源丰富，可利用的水力资源达2080亿立方米，占世界水力资源的3%。工业有一定基础和规模，工业水平居黑非洲前列。

喀麦隆素有“中部非洲粮仓”之称，主要粮食作物有小米、高粱、玉米、稻谷、薯类、芭蕉等，主要经济作物有可可、咖啡、棉花、油棕、菠萝、香蕉、橡胶、花生等。林业是国民经济支柱产业之一，是第二大创汇产品。渔产品自给不足。北部地区畜牧业较发达，主要牲畜有牛、山羊、绵羊、猪等。

喀麦隆旅游资源丰富，有“微型非洲”之称。政府重视发展旅游业。2004年喀接待外国游客30万人次，旅游收入14亿美元。全国有381个旅游景点，各类保护区45处。主要旅游地有贝努埃、瓦扎、布巴恩吉达等天然动物园。

（三）雅温得

雅温得位于喀麦隆中部高原偏南的丘陵地区，萨纳加河和尼昂河市区的两侧蜿蜒流过，西距大西洋岸的杜阿拉港约200公里。年均气温24.9℃，降雨量1299毫米，降雨期133天。

雅温得历史悠久，原是土著埃旺多族聚居的小村落。“雅温得”就是由“埃旺多”的读音演化而来。雅温得市始建于1880年，1889年德国侵入喀麦隆，在此建起了第一个军事哨所。1907年德国人在这里建立起行政机构，城市初具规模。1960年喀麦隆独立后，雅温得被定为首都。

雅温得市内岗峦重叠，有海拔700米以上的山头7座，其中蒙菲贝山最高，海拔950米。市中心有许多高层建筑，造型奇特。中国援建的文化宫是市内大型建筑之一，位于钦加山巅，被称为“友谊之花”。新建的总统府位于文化宫西北角的另一山头上，两座建筑遥遥相对，是雅温得的著名路标。市内的“妇女市场”因大部分商贩为妇女而得名。

统一纪念塔是为纪念喀麦隆联合共和国成立而建造的，是市内著名的纪念性建筑，整个建筑呈螺旋锥体状，塔身高十多米。纪念塔的底层是一个大厅，其中的陈列室陈列着反映国家重大历史事件的雕刻、绘画。大厅的两边各有一螺旋形阶梯可登上顶端。

市内还有国家博物馆，市郊还有著名的可可种植园、有瀑布和岩洞的风景旅游区。

四、赤道几内亚

（一）概况

赤道几内亚共和国（The Republic of Equatorial Guinea），面积2.8051万平方公里，大陆部分2.6017万平方公里，岛屿0.2034万平方公里，人口101.4万（2002年），主要部族有分布在大陆的芳族（约占人口的75%）和居住在比奥科岛的布比族（约占人口的15%）。官方语言为西班牙语，法语为第二官方语言，民族语言主要为芳语和布比语。居民82%信奉天主教，15%信奉伊斯兰教，3%信奉新教。首都马拉博（Malabo），人口26.5万（2002年）。

行政区划：全国共划为7个省，17个县和9个市。重要节日：独立日暨国庆日是10月12日（1968年）。

（二）自然与人文环境

赤道几内亚位于非洲中西部几内亚湾，由大陆上的木尼河地区和几内亚湾内的比奥科、安诺本、科里斯科等岛屿组成。木尼河地区西濒大西洋，北邻喀麦隆，东、南邻加蓬，海岸线长482公里。沿海为狭长平原，岸线平直，少港湾。内陆为高原，一般海拔500～1000米。中部山脉把木尼河地区分成北面贝尼托河和南部乌塔姆博尼河流域。各岛都是火山岛，为喀麦隆火山在几内亚湾的延伸。比奥科岛多死火山，中部的斯蒂贝尔峰海拔3007米，为全国最高点。赤道几内亚属赤道雨林气候，年平均气温24℃～26℃。主要河流有姆比尼河。

赤道几内亚是世界最不发达国家之一，经济长期困难。林业资源丰富，森林覆盖率达80%，木材蓄积量约3.74亿立方米，主要分布在大陆地区。石油工业在工业总产值和国内生产总值中所占的比重很大，其他工业部门较落后。主要粮食作物有木薯、芋头、玉米等，主要经济作物有可可、咖啡等。渔业资源丰富，拥有30万平方公里的海上专属捕鱼区，盛产金枪鱼、非洲黄鱼、大虾等。主要出口产品为石油、木材。

(三)马拉博

马拉博位于比奥科岛北端,为全国政治、商贸、金融、文化中心。年平均气温约25℃,年降水量1900毫米。马拉博也是可可、咖啡等热带农产品的集散和加工中心,也有粮食及木材加工等小型工厂,全国最大的进出口贸易港口。

五、加蓬

(一)概况

加蓬共和国(The Gabonese Republic),面积26.7667万平方公里,人口一百五十多万(2005年),属班图种族的有四十多个部族,主要有芳族(占全国人口31%)、巴普努族(占22%)等,俾格米种族三千多人。官方语言为法语,民族语言有芳语、米耶内语、巴太凯语。居民50%信奉天主教,20%信奉基督教新教,10%信奉伊斯兰教,其余信奉原始宗教。首都利伯维尔(Libreville),人口四十多万(1999年)。

行政区划:全国划分为9个省,下辖44个州、8个县、12个市,州以下有5230个村庄。重要节日:独立日暨国庆日是8月17日(1960年)。

(二)自然与人文环境

加蓬位于非洲中西部,赤道横贯其中部,东、南邻刚果(布),北邻喀麦隆、赤道几内亚,西濒大西洋,海岸线长800公里。沿海为平原,南段多沙丘、泻湖和沼泽,北段间有山崖临海。内地为高原,海拔500~800米。伊本吉山高1575米,是全国最高点。加蓬属典型的赤道雨林气候,全年高温多雨,年平均气温26℃。奥果韦河自东向西横贯全境。

加蓬被列为法语非洲唯一"中等收入"国家。独立后经济一度发展迅速。以石油为主的采掘业发展较快,加工业和农业基础薄弱。石油、锰、铀和木材曾为经济四大支柱。石油、锰、铀、铌等矿产资源丰富,是黑非洲第三大石油生产国,石油出口收入占国内生产总值的50%以上。锰矿蕴藏量2亿吨,占世界储量25%,居第四位,为世界第三大生产和出口国,素有"黑金之国"的美誉。铀矿品位较高,储量约3.6万吨,居非洲第二位。铌矿储量约40万吨,占世界总储量5%。森林覆盖率85%,

原木储量约4亿立方米，居非洲第三位，主要树种有奥库梅木和奥齐戈木，其中奥库梅木的蓄积量为1.3亿立方米，年产250万立方米，居世界第一位。

工业主要有石油冶炼、木材加工、食品加工等。农牧业发展缓慢，主要农产品有木薯、芭蕉、玉米、山药、芋头、可可、咖啡、蔬菜、橡胶、棕榈油等。主要出口石油、木材、锰、铀。

加蓬不仅拥有阳光充足的海岸沙滩，还有丰富的动植物资源，为发展旅游业奠定了良好的基础。政府重视开发旅游资源，将旅游业列为重点发展产业。2000年接待国外游客15.5万人次。

（三）利伯维尔

利伯维尔位于加蓬西北部加蓬河口北岸，濒几内亚湾，南距赤道四十多公里，是全国政治、经济、文化中心。西面是南北延伸的海滨，东面是起伏的丘陵，市区沿海滨延伸。1839年法国殖民者在此设据点。1849年在此安置被释黑人，取名利伯维尔，意为自由城。1960年加蓬独立后将这里定为首都。利伯维尔有木材加工、食品、纺织、水泥、船舶修造、可可加工等工业和热带森林技术中心。港口依靠驳运，输出可可、木材、精选铀矿等。奥文多位于利伯维尔南16公里，是深水港，主要输出原木、木材。

利伯维尔是一座美丽的海滨旅游城市，市内丘陵起伏、道路弯曲，街道两旁椰树茂密，有许多富有浓厚阿拉伯民族色彩和非洲古貌的建筑。海滨椰林茂盛，有开阔的沙滩和清澈的浴场。独立大道是首都行政和商业中心。民族博物馆、综合性的体育场闻名全国。

六、刚果（金）

（一）概况

刚果民主共和国（The Democratic Republic of Congo），简称刚果（金），面积234.4885万平方公里，人口5751万（2005年），有254个部族，较大的部族有六十多个，分属班图、苏丹、俾格米三大族系。其中班图人占全国人口的84%，主要分布在南部、中部和东部，包括刚果、班加拉、卢巴、蒙戈、恩贡贝、伊亚卡等部族；苏丹人多数居住在北部，人口最多的是阿赞德和孟格贝托两个部族;俾格米人主要集中在赤道密林里。官方语言为法语,主要民族语言有林加拉语、斯瓦希里语、基孔果语、契卢巴语。居民45%信奉天主教,24%信奉基督教新教,17%信奉原始宗教,13%信奉金邦古教,其余信伊斯兰教。首都金沙萨(Kinshasa),人口778.6万(2005年)。

行政区划:全国划分为10个省和金沙萨1个直辖市。重要节日:独立日是6月30日(1960年)。

(二)自然与人文环境

刚果(金)位于非洲中西部,赤道横贯其中北部,东邻乌干达、卢旺达、布隆迪、坦桑尼亚,北邻苏丹、中非共和国,西隔刚果河(原名扎伊尔河)与刚果(布)相邻,南邻安哥拉、赞比亚,海岸线长37公里。地形分五个部分:中部刚果盆地区,东部南非高原大裂谷区,北部阿赞德高原区,西部下几内亚高原区,南部隆达—加丹加高原区。马格丽塔山位于东部与乌干达的交界处,海拔5109米,为全国最高点。南纬5°以北属热带雨林气候,以南属热带草原气候,年平均气温27℃,年降水量1500～2000毫米。扎伊尔河(刚果河)全长4640公里,自东向西流贯全境,重要支流有乌班吉河、卢阿拉巴河等。东部边界自北向南有阿尔伯特湖、爱德华湖、基伍湖、坦噶尼喀湖、姆韦鲁湖等。其中坦噶尼喀湖水深1435米,为世界第二深水湖。

刚果(金)自然资源丰富,素有"世界原料仓库"、"中非宝石"和"地质奇迹"之称。全国蕴藏多种有色金属、稀有金属、非金属矿,其中铜、钴、锌、锰、锡、钽、锗、钨、镉、镍、铬等金属和工业钻石储量很可观。森林覆盖率为53%,约1.25亿公顷,占非洲热带森林面积的一半。盛产乌木、红木、花梨木、黄漆木等22种贵重木材。水力资源丰富,估计蕴藏量为1.06亿千瓦,占非洲总储量的40%,世界的13%。

矿业是刚果(金)经济的重要支柱,近年来矿业产值占国内生产总值的25%,出口值占出口总值的2/3以上。农业落后,主要粮食作物有玉米、稻米、木薯、豆类等,主要经济作物有棕榈、可可、橡胶、咖啡、甘蔗、棉花、烟草、茶叶等。主要出口铜、钴、钻石、咖啡、石油、黄金。

（三）金沙萨

金沙萨原名利奥波德维尔，位于刚果民主共和国西部扎伊河南岸，与北岸的刚果共和国首都布拉柴维尔一水之隔，扼守着刚果盆地的进出口，是中非地区最大的水陆交通枢纽和货物集散中心，也是中部非洲最大的城市。金沙萨属于热带雨林气候带，年平均气温26℃。全年分为两季，10 月至来年 5 月为雨季，气温较高，多阵雨；6～9 月为旱季，较凉爽，多云少雨。

金沙萨原为一个小渔村，1881 年比利时在此建殖民点，并以其国王的名字命名为利奥波德维尔。1966 年，前扎伊尔共和国政府将其更名为“金沙萨”。

金沙萨东部为商业区，中西部为行政和高级住宅区，东南部和西端为工业区，北部马莱博湖沿岸为港口区，南部老城区为普通居住区，附近有恩吉和金波科两座卫星城。主要工业有纺织、印染业以及一些加工产业。西北角刚果河畔的恩加利埃马山上，有前总统官邸“大理石宫”和现总统府所在地“非统城”。市中心的人民宫是由中国援建的白色雄伟建筑，是会议和群众集会的中心。人民宫附近还有中国援建的 8 万人座体育场。市内还有民族宫、矿业贸易大厦等建筑。“6 月 30 日”大街是金沙萨最宽敞、繁华的大街，沿街高楼大厦林立，有许多政府机构、银行、公司、商店。金沙萨是罗马天主教和基督教在非洲中部的活动中心，设有一个“基督教内部宗教派协会”。

金沙萨市曾被誉为“黑非洲的花城”，异树奇花种类繁多。但近几年由于受战乱的影响，经济萧条，该市基础设施也遭到严重破坏，市容显得脏乱差。

七、刚果（布）

（一）概况

刚果共和国（The Republic of Congo），简称刚果（布），面积34.2万平方公里，人口 386 万（2004 年），有属班图语系的大、小 56 个部族。最大的部族是南方的刚果族，约占总人口的 45%；北方的姆博希族占16%；中部太凯族占 20%；北方原始森林里还生活着少数俾格米人。南方讲刚果语、莫努库图巴语，北方讲林加拉语，官方语言为法语。居民50%以上信奉原始宗教，26%信奉天主教，10%信奉基督教，3%信奉伊斯兰教。首都布拉柴维尔(Brazzaville)，人口124万(2004年)。

行政区划：全国共划分10个省，6个直辖市，83个县。重要节日：独立日是8月15日(1960年)，国庆日是8月13日(1963年)。

(二)自然与人文环境

刚果(布)位于非洲中西部，赤道横贯中部，东、南两面邻刚果(金)、安哥拉，北邻中非、喀麦隆，西邻加蓬，西南濒大西洋，海岸线长约150公里。东北部为海拔300米的平原，是刚果盆地的一部分；南部和西北部是高原，海拔500～1000米；西南部是沿海低地；高原同沿海低地之间为马永贝山地。南部属热带草原气候，中部、北部为热带雨林气候，气温高，湿度大。年平均气温在24℃～28℃之间。刚果河(扎伊尔河)及其支流乌班吉河的部分地段是同刚果金的界河。境内刚果河支流有桑加河、利夸拉河等。

石油和木材是刚果(布)经济两大支柱。20世纪80年代初因大规模开采石油，经济迅速发展，曾进入非洲中等收入国家行列。1985年后，历经国际市场石油价格下跌、多党民主化浪潮和非郎贬值等因素的冲击，经济连年滑坡，陷入严重困境。1997年内战使经济几陷瘫痪。

刚果(布)是黑非洲第五大石油生产国。木材是第二大自然资源，可供出口的有铁木、刺果美等四十余种，木材出口收入仅次于石油。农业落后，主要粮食作物有木薯、玉米、稻谷等，主要经济作物有甘蔗、可可、咖啡、马铃薯、花生、香蕉、油棕、烟草等。粮食、肉类、蔬菜等均不能自给。主要出口产品为石油、木材、可可、咖啡。

(三)布拉柴维尔

布拉柴维尔位于刚果共和国刚果河西北岸，与刚果(金)首都金沙萨隔河相望，是全国第一大城市，也是中部非洲的一座名城。为刚果—大西洋铁路和水运的连接点，刚果河重要港口，世界卫生组织地区总部所在地。

布拉柴维尔西面是海拔约300米微微倾斜的台地，东面是海拔270～280米湿润的河岸平原。市区属于热带雨林气候带，气温高，雨量多,湿度大,日照短。年平均降雨量为1400毫米。

布拉柴维尔始建于1880年,曾为法属中央刚果及法属赤道非洲首府。1934年通铁路后成为水陆运输枢纽,现为全国政治、经济和文化中心。主要工业部门有纺织、食品、啤酒、制糖、榨油、卷烟、木材加工、金属加工、化工、水泥、电力等。

市区沿刚果河两岸延伸,东部是商业区,西部台地为行政机关所在地,工厂多沿河分布。市中心有恩古瓦比博物馆建筑群。

八、圣多美和普林西比

(一)概况

圣多美和普林西比民主共和国(The Democratic Republic of Sao Tome and Principe),简称圣普,面积1001平方公里,其中圣多美岛859平方公里,普林西比岛142平方公里,人口约15万(2006年),其中90%为班图人,其余为混血种人。官方语言为葡萄牙语。居民90%信奉天主教。首都圣多美(Saotomc),人口约5.5万(2006年)。

行政区划:全国分为7个县。重要节日:独立日暨国庆日是7月12日(1975年),建军节(9月6日)。

(二)自然与人文环境

圣普是位于非洲西部几内亚湾东南部的岛国,距非洲大陆201公里,由圣多美、普林西比两个大岛及附近的卡罗索、佩德拉斯、蒂尼奥萨什、罗拉斯等14个小岛组成。东与加蓬、东北与赤道几内亚隔海相望,海岸线长220公里。圣多美、普林西比两岛均属火山岛,地势崎岖,多山峰,除沿海平原外,岛上大部分为玄武岩山地。圣多美峰海拔2024米。圣普属热带雨林气候,终年湿热,两岛平均气温27℃。1～5月为大雨季,6～9月为旱季,10～12月为小雨季。年均降雨量1000～2500毫米。

圣普是联合国公布的世界最不发达国家之一,是以种植可可等经济作物为主的农业国。森林资源丰富,原始热带雨林覆盖率28%。渔业资源丰富。主要经济作物有可可、椰干、咖啡、棕榈仁等,其中可可产值占国内生产总值的20%以上。

圣普有比较丰富自然景观旅游资源,但交通不便及基础设施落后影响了旅游业的发展。20 世纪 90 年代以来旅游设施有了较大改观。2005 年旅游外汇收入约为 1340 万美元。

(三)圣多美

圣多美位于圣多美岛东北部,地处赤道,濒大西洋几内亚湾,是全国政治、经济、文化中心和主要港口。气候湿润,最热月 3 月气温23℃~31℃,最低月气温 78 月21℃~28℃。圣多美是一美丽幽静的花园城市。街道整洁,多是掩映在椰林之中带有庭院的平房或环海而筑、红顶白墙的二层小楼,极少有高楼大厦。独立广场位于市中心,是举行庆典的地方。纯白色的圣母大教堂是城内有名的建筑,上覆红顶,正面双塔耸立。

第六节 南部非洲

一、赞比亚

(一)概况

赞比亚共和国(The Republic of Zambia),面积75.2614万平方公里,人口 1055 万(2005 年),大多属班图语系黑人,共有 73 个部族,其中通加族约占全国人口的 12%,奔巴族占 8%,洛兹族占 6%,还有恩戈尼族、隆达族等民族,欧亚人约 7 万。官方语言为英语,另有 31 种部族语言。居民 30%信奉基督教和大主教信奉,农村居民大多原始宗教。首都卢萨卡(Lusaka),人口一百多万。

行政区划:全国分为 9 省 68 县。重要节日:青年节是 3 月 12、13 日,非洲解放日是 5 月 25 日,独立日是 10 月 24 日(1964 年)。

(二)自然与人文环境

赞比亚是非洲中南部的内陆国家,东邻马拉维、莫桑比克,南邻津巴布韦、博茨瓦纳、纳米比亚,西邻安哥拉,北邻刚果(金)、坦桑尼亚。地势大致从东北向西南倾斜,大部分地区海拔 1000~1500 米。全境按地貌分为东北部东非大裂谷区、北部加丹加高原区、西南部卡拉哈里盆地区、东南部卢安瓜—马拉维高原区、中部卢安瓜河盆地区五个区。东北边境的马芬加山海拔2164米，为全国最高点。赞比亚属热带草原气候，年平均气温21℃，5～8月为干凉季，气温为15℃～27℃；9～11月为干热季，气温为26℃～36℃；12月至来年4月为雨季。赞比西河流经西部和南部，河上有著名的莫西奥图尼亚大瀑布（维多利亚大瀑布）。卢阿普拉河是刚果河（扎伊尔河）的上游。

赞比亚经济结构较单一，以矿业为主，其次为农业和旅游业。矿产资源以铜为主，铜蕴藏量1900万吨，约占世界铜总蕴藏量的6%，素有“铜矿之国”之称。钴是铜的伴生矿，储量约35万吨，居世界第二位。森林覆盖率45%。采矿业较发达，是国民经济主要支柱之一。其主体是铜矿和钴矿的开采和冶炼。主要农作物是玉米，另有花生、棉花、烟草等。正常年景玉米可自给。主要出口铜、钴、锌、木材、烟草、食糖、咖啡等，其中铜出口是主要外汇来源。

赞比亚有世界著名的莫西奥图尼亚瀑布（维多利亚瀑布）和19个国家级野生动物园，其中卡富埃国家公园占地面积最大。辟有32个狩猎管理区。2006年接待国外游客67万人次，创汇1.77亿美元。

（三）主要旅游地

1.卢萨卡

卢萨卡位于赞比亚中南部高原上，平均海拔1280米，是赞比亚最大的城市，有“铜都”之称，始建于1905年，1913年建城，1935年起取代利文斯通为全国首府，1964年赞比亚独立后成为首都。

卢萨卡气候宜人，四季如春，多热带花草，有“花园城市”之称。10月为最热月，日平均最高气温31℃，最低18℃；7月为最凉月，日平均最高气温23℃，最低9℃。卢萨卡是全国工商业中心，农产品的重要集散地。市中心纵贯南北的开罗路是主要的商业中心，绿荫夹道，繁花似锦。城西主要是工业区，有纺织、水泥、装配加工等工厂。城东为行政文化区，有政府机关、赞比亚大学等。市内的大公园有罗得斯公园和奥林比亚公园，园中有适宜多铜质土壤的铜花。沿大东公路两侧，有著名的齐夸夸露天剧场、赞比亚大学、穆隆古什大厦、国民议会大厦等。附近的蒙达万加植物园，是游览胜地。市区西南二十多公里，有卡富埃大型水电站，发电能力60万千瓦。

赞比亚为产铜国，市内有很多铜制品建筑，城市的议会大厦外墙用铜皮包成，独立广场中央有铜铸的第三次不结盟国家首脑会议纪念碑，市区西面的自由广场上有铜铸的大型雕刻。铜器店里的各式铜铸艺术品及铜制用品。

2.莫西奥图尼亚瀑布（维多利亚瀑布）

莫西奥图尼亚瀑布旧名维多利亚瀑布，位于赞比亚与津巴布韦之间，赞比西河上、中游交界处。由于赞比西河在此切割南非高原边缘，河床陡落，河水跌落至深窄的结晶岩裂缝中。瀑布带成“之”字形峡谷，绵延97公里。主瀑布最高122米，宽约1800米。岩岛将整个瀑布分割成五股，泻入宽仅400米的深潭。飞雾和声响可远及15公里。瀑布年平均流量1400立方米/秒，雨季时可达5620立方米/秒。水力资源丰富，赞比亚一侧建有水电站。瀑布区建有维多利亚瀑布城，辟有维多利亚瀑布国家公园。

英国传教士利文斯敦1855年11月16日发现这个瀑布，并以当时英国女王的名字，将其命名为维多利亚瀑布。1964年10月24日赞比亚独立后，恢复了原名——莫西奥图尼亚瀑布。在当地洛兹语中，莫西奥图尼亚意为“雷霆翻滚的雨雾”。

瀑布倾注的深潭下方的刀尖桥，建于1905年，是一座连结两岸的铁路公路两用铁桥，宽约2米，全长约197米，距水面102米。桥中央有一道白线，为赞比亚和津巴布韦的国界线。刀尖桥是观看瀑布最好的地方，因为巨瀑激起的浪花和蒸腾般的烟雾，时刻都在沐浴看铁桥。若有阳光透过，雨雾就折散成绚烂的彩虹。若在雨季晴朗的满月之夜，月光则将其折射为“月虹”。

大瀑布本身十分宽广。由于其地势不同，且有岩岛分隔，在津巴布韦一侧，可以顺着幽径欣赏莫西奥图尼亚各个段落的不同景色，从西到东依次为魔鬼瀑布、主瀑布、马蹄瀑布、彩虹瀑布、扶手椅瀑布、东瀑布，东瀑布在旱季经常涸干。每逢雨季，各段瀑布都倾注如练，极为壮观。

二、安哥拉

(一)概况

安哥拉共和国(The Republic of Angola),面积124.67万平方公里,人口1590万(2005年),主要有奥温本杜(约占总人口38%)、姆本杜(25%)、巴刚果(14%)、隆达等三十多个部族。官方语言为葡萄牙语,各主要部族有自己的民族语言。居民49%信奉天主教,13%的人信奉基督教新教,其他大部分居民信奉拜物教。首都罗安达(Luanda),人口约450万(2005年)。

行政区划:全国分为18省,省下设立县。重要节日:独立日暨国庆日是11月11日(1975年)。

(二)自然与人文环境

安哥拉位于非洲西南部,北邻刚果、刚果(金),东邻赞比亚,南邻纳米比亚。西濒大西洋,海岸线长1650公里。全国大部是海拔1000米以上高原,地势东高西低,大西洋沿岸为平原区。中西部的莫科山海拔2620米,为全国最高点。主要河流有库邦戈河、宽扎河、库内内河和宽多河。北部的刚果河(扎伊尔河)是安哥拉与刚果金(原扎伊尔)之间的界河。全国大部分地区属热带草原气候,年平均气温22℃;南部属亚热带气候。

安哥拉属最不发达国家,连年战乱使基础设施遭到毁坏,经济发展受到严重影响。盛产石油和钻石。出产乌木、非洲白檀木、紫檀木等名贵木材。水力、海洋资源较丰富。石油和钻石开采是国民经济的支柱产业,是撒哈拉以南非洲地区第二大石油生产国,石油出口收入占出口总额的90%。石油生产占安哥拉国内生产总值的45%,国家财政收入的85%～90%来自石油业。原钻年产值占世界市场的12%,居世界第四位。北部为经济作物产区,主要种植咖啡、剑麻、甘蔗、棉花、花生等作物。中部高原和西南部地区为产粮区,主要种植玉米、木薯、水稻、小麦、土豆、豆类等作物。渔业资源丰富。

(三)罗安达

罗安达位于安哥拉西北沿海、宽扎河下游地带,濒临大西洋本戈湾，东经 13°30′，南纬 8°50′。地处热带地区，但由于地势较高，加之受本格拉寒流的影响，气候温和，年平均气温24℃，有“热带春城”之称。全年分旱季和雨季，11 月至来年 4 月为雨季，气温较高，雨量较多，经常阴雨连绵；5～10 月为旱季，气候凉爽宜人。

罗安达是撒哈拉以南欧洲殖民者兴建的最古老的城市之一，1576 年葡萄牙人狄亚斯建立罗安达市，1627 年成为葡萄牙殖民地的一个行政区和殖民地首府，是南部非洲最早的殖民据点和向巴西贩卖奴隶的主要口岸。19 世纪以来，随着安哥拉黄金、钻石、石油的勘探与开采，罗安达的经济得到了迅速发展。1975 年安哥拉独立后，罗安达成为首都。

罗安达作为全国政治、经济、文化中心，工业产值占全国的一半左右，有炼油、纺织、食品加工、酿酒、水泥、铝制品、制糖、造纸等工业部门。罗安达港是安哥拉最大港口，也是非洲西海岸的天然良港。

城中高地一带多为居住区，低地一带为工商区。市内多公园和花园，在宫殿广场上的纳萨·塞尼奥拉·多卡莫教堂和耶稣会教堂是 17 世纪的古建筑。安哥拉博物馆内收藏着大量的动植物标本、艺术品和历史文物。城市南部的圣米格尔古堡建于 1575 年，耸立于山脊之上，四周由雄伟的不规则多边形围墙环绕。市内还有建于 16 世纪的那沙勒礼拜堂等古欧洲式建筑。市郊有良好的海滩，高级旅馆和俱乐部林立，绿树繁花与金沙碧浪交相辉映。

姆苏鲁岛(Mussulo)位于安哥拉首都罗安达以南，是安哥拉著名的旅游景点和国内外游客周末休闲度假的胜地，拥有全国最好的沙滩，部分地段的海滩呈银白色。岛上植物茂密，椰树、木瓜和芒果树果实累累，一片热带风光。沿岛遍布各色建筑，既有现代化的度假别墅，也有造型各异的非洲茅草小屋。附近还有月亮谷和奴隶博物馆等旅游景点。

三、津巴布韦

（一）概况

津巴布韦共和国(The Republic of Zimbabwe)，面积39.058万平方公里，人口 1310 万，其中黑人占人口的 99%，主要有绍纳族（占 79%）和恩德贝莱族（占 17%），白人占0.5%，亚裔约占0.41%。英语、绍纳语、恩德贝莱语同为官方语言。居民40%信奉原始宗教，58%信奉基督教，1%信奉伊斯兰教。首都哈拉雷(Harare)，人口187万。

行政区划：全国分为10个省，下设区和市镇。重要节日：独立日暨国庆日是4月18日(1980年)，英雄日是8月11日，团结日是12月22日。

(二)自然与人文环境

津巴布韦是位于非洲东南部的内陆国家。东邻莫桑比克，南邻南非，西南邻博茨瓦纳，西北邻赞比亚。东部边境为山地，其他分属三级阶梯状高原，海拔800～1500米。东部伊尼扬加尼山海拔2592米，为全国最高点。属热带草原气候，年均气温22℃，10月份温度最高，达32℃；7月份温度最低，约13℃～17℃。主要河流有西北部边境的赞比西河和南部边境的林波波河，分别是与赞比亚和南非的界河。

津巴布韦自然资源丰富，工农业基础较好，正常年景粮食自给有余，曾为世界第三大烟草出口国。进入20世纪90年代，经济连年下滑。2000年以来，经济缩水40%。2006年津GDP负增长约5.1%。外汇、燃油和生活必需品短缺，通货膨胀率激增，津元加速贬值，大量人口涌入邻国。

自然资源丰富，煤、铁、铬、石棉储量很大。农业主要生产玉米、烟草、棉花、花卉、甘蔗、茶叶等，畜牧业以养牛为主。主要出口烟草、黄金、铁合金。

旅游业曾发展较快，成为主要创汇部门2003年上半年，接待外国游客约109万。最著名的旅游地是维多利亚瀑布，还有26个国家公园和野生动物保护区。

(三)主要旅游地

1.哈拉雷

哈拉雷位于津巴布韦东北部高原，海拔1470米。9～11月气温16℃～32℃，4～8月气温为7℃～21℃。城市建于1890年，初为英国殖民者侵占马绍纳兰而建的城堡，并以英国前首相索尔兹伯里勋爵的名字命名。1935年起，重新修建该城，逐步形成如今的现代化城市。1982年4月18日，津巴布韦政府决定把索尔兹伯里改名为哈拉雷。“哈拉雷"在肖纳语中意为"不眠之城"。

哈拉雷气候宜人,终年草木葱郁,百花盛开。市内林荫大道宽阔整洁而幽静,多公园、花园,其中有名的索尔兹伯里公园中有模拟"维多利亚大瀑布"的人工瀑布。

市区的中南部为商业区,北部和东部是高级住宅区;西南部的哈拉雷区是过去殖民者划为黑人居住的地方,街道狭窄,房屋低矮。市东南郊和西郊是工业区,也是世界最大的烟草集散市场之一。市内的维多利亚博物馆,藏有早年土著人的绘画以及从"大津巴布韦遗址"出土的珍贵文物。另外还有大教堂、大学、鲁法罗体育场和美术馆等。林木苍翠的科彼山座落在市区西部,从山顶上可以眺望哈拉雷全景。

哈拉雷城西南 30 公里有国家公园,那里丛林密布,湖水澄碧,是游泳、泛舟和观赏非洲动植物的良好场所。

2. 维多利亚瀑布

维多利亚瀑布即莫西奥图尼亚瀑布,位于津巴布韦与赞比亚交界处,见本书第 432 页的相关介绍。

四、马拉维

(一)概况

马拉维共和国(The Republic of Malawi),面积 11.9 万平方公里,人口 1260 万(2004 年),其中绝大多数为班图语系黑人,主要有尼昂加族、契瓦族和瑶族等 8 个部族,约有 0.8 万欧洲人,1.2 万亚洲人。官方语言为英语和奇契瓦语。居民约 75%信奉基督教新教和天主教,20%信奉伊斯兰教,其余信奉原始宗教。首都利隆圭(Lilongwe),人口 47.1 万(2003 年估计)。

行政区划:全国分为北部、中部、南部 3 个区,区下设立 27 个县。重要节日:烈士纪念日是 3 月 3 日,劳动节是 5 月 7 日,自由日是 6 月 14 日,独立日暨国庆日是 7 月 6 日(1964 年),母亲节是 10 月 8 日。

(二)自然与人文环境

马拉维是非洲东南部内陆国家,西邻赞比亚,东北邻坦桑尼亚,东部和南部邻莫桑比克。东非大裂谷纵贯全境,境内多高原,3/4 国土海拔 1000～1500 米。北部高原海拔 1400～2400 米；南部姆兰杰山的萨皮图瓦峰海拔 3000 米，为全国最高点；姆兰杰山以西为希雷河谷地，形成带状平原。马拉维属热带草原气候，气候温和，雨量适中，年平均气温约 20℃，分凉干（5～8 月）、热（9～11 月）、雨（12 月至来年 4 月）三季。热季最高温度29℃，凉干季最低温度7℃。年平均降水量 1000～1500 毫米。马拉维湖位于马拉维、坦桑尼亚、莫桑比克三国之间。

马拉维为农业国，是联合国宣布的世界上最不发达国家之一。长期以来，由于基础薄弱并受自然灾害和国际经济因素的影响，经济十分困难。工业主要是初级产品加工业，农业是国民经济支柱产业，主要作物有玉米、高粮、小米、豆类、水稻、木薯等，主要经济作物有烟草、茶叶、甘蔗等，是非洲最大烟草生产国之一。畜牧业以饲养牛、羊为主。马拉维湖和希雷河上游为主要产鱼区。主要出口烟草、茶叶、蔗糖、咖啡。

近年来马拉维大力改进旅游设施，旅游业发展较快。2004 年接待游客 47.5 万人次，主要来自英国、南非、津巴布韦、赞比亚等国。主要旅游胜地有马拉维湖、国家公园、狩猎区、自然保护区等。

（三）主要旅游地

1.利隆圭

利隆圭位于马拉维中部，跨利隆圭河两岸，始建于 1968 年，1975 年 1 月首都从松巴迁此。利隆圭是全国政治中心和第二大城市，全国公路中心，马拉维中部地区的农产品集散中心。城市分新城和旧城两部分：新城为政府机构、使馆、警察总部、银行和法庭的集中区；旧城为传统服务业和零售业集中区。工业以烟草加工为主，还有肉类加工、服装、家具等工业。附近建有水电站。周围是富庶的烟草、花生、玉米产区和养牛区。

2 马拉维湖

马拉维湖面积 3.08 万平方公里，南北长 560 公里，东西宽 24～80 公里，湖面海拔 472 米，平均水深 273 米，北端最深处达 706 米，是非洲第三大淡水湖，世界第四深湖。整个湖区位于裂谷地段，北、东、西三面群山环抱，湖东面有利文斯敦山，西面有维皮亚山地，青翠挺拔的山峰相对耸立在狭长的湖面两岸，形成两道壁障，景色极为壮观，特别是北部湖区,被誉为中南非洲最壮丽的湖光山色。周围有14条常年有水的河流注入,湖水由南面的希雷河流出,汇入赞比西河。湖区大部分水域位于马拉维共和国境内,只有东部和北部一小部分属于坦桑尼亚和莫桑比克。沿湖有卡龙加、恩卡塔贝、恩科塔科塔、奇波卡等湖港。

马拉维湖是非洲游览胜地,1984年马拉维湖国家公园被列入《世界自然遗产名录》。

五、莫桑比克

(一)概况

莫桑比克共和国(The Republic of Mozambique),面积80.16万平方公里,人口2020万(2006年),有六十多个部族,其中马库阿—洛姆埃族约占总人口的40%。官方语言为葡萄牙语,各大部族有自己的语言,绝大多数属班图语系。居民45.6%信奉基督教,31.9%信奉原始宗教,19.7%信奉伊斯兰教,2.8%信奉印度教和其他教。首都马普托(Maputo),人口250万。

行政区划:全国划分为10个省和1个市(马普托),下辖128个县。重要节日:独立日暨国庆日是6月25日(1975年),莫桑比克人民解放力量建军节与革命节是9月25日。

(二)自然与人文环境

莫桑比克位于非洲东南部,南邻南非、斯威士兰,西邻津巴布韦、赞比亚、马拉维,北邻坦桑尼亚,东濒印度洋,隔莫桑比克海峡与马达加斯加相望,海岸线长2630公里。高原、山地约占全国面积3/5,其余为平原。地势从西北至东南大致分为三级台阶:西北部是高原山地,平均海拔500～1000米,其中宾加山高达2436米,为全国最高点;中部为台地,高度在200～500米之间;东南部沿海为平原,平均海拔100米,是非洲最大平原之一。属热带草原气候,年平均气温20℃,10月至来年3月为暖湿季,4～9月为凉干季。赞比亚、林波波、萨韦是三条主要河流。马拉维湖是莫桑比克与马拉维之间的界湖。

莫桑比克是农业国,被联合国列为世界最不发达国家之一。独立后因受连年内战、自然灾害等因素的影响,经济长期困难。1992年实现和平以来,经济恢复性增长较快,2006 年首次实现各领域全面增长。森林覆盖率约 25%。水利资源丰富,赞比西河上的卡奥拉巴萨水电站装机容量 207.5 万千瓦。主要粮食作物有玉米、稻谷、大豆、木薯等。渔业资源丰富,盛产对虾及贝类等水产品。主要出口产品是铝材、对虾、棉花、腰果、糖、剑麻、椰干、柑橘、电力、木材等。

莫桑比克拥有极为丰富的旅游资源,2630 公里长的海岸线蕴藏着无数个美丽的海滩,拥有多种多样的热带动植物。近年来旅游业增长迅速,成为第三大创汇产业。

(三)马普托

马普托位于莫桑比克南端,临印度洋马普托湾,是莫桑比克首都、马普托省行政中心,全国最大的港口城市,旧名洛伦索—马贵斯。城市始建于 1544 年,1887 年建镇,1907 年成为葡属东非首府。莫桑比克独立后定为首都,现为全国政治、经济中心,有较大的炼油厂和面粉厂,还有锯木、制糖、轧棉、水泥、烟草加工等工业。马普托是东非主要港口之一,以转运南非、津巴布韦、斯威士兰的过境运输为主。

马普托火车站建于 1910 年,是由法国著名土木工程师埃菲尔设计的,是马普托市内最典雅的建筑之一。还有自然历史博物馆、动物园、植物园等设施,马普托海滩是莫桑比克著名的旅游胜地。

六、博茨瓦纳

(一)概况

博茨瓦纳共和国(The Republic of Botswana),面积 58.173 万平方公里,人口 164 万(2005 年),其中班图语系的茨瓦纳人占总人口的 90%,有 8 个主要部族,其中恩瓦托族最大,约占总人口的 40%,欧洲人和亚洲人约 1 万人。官方语言为英语,通用语言为茨瓦纳语和英语。多数居民信奉基督教新教和天主教,农村地区部分居民信奉传统宗教。首都哈博罗内(Gaborone),人口约 18.6 万(2001 年)。

行政区划:全国划分为 10 个行政区。重要节日:新年是 1 月 1 日,劳动节是 5 月 1 日,塞莱茨·卡马爵士日是 7 月 1 日,独立日暨国庆日是 9 月 30 日(1966 年),圣诞节是 12 月 25 日。

（二）自然与人文环境

博茨瓦纳是非洲南部内陆国家，东邻津巴布韦，西邻纳米比亚，北邻赞比亚，南邻南非。地处南非高原中部的卡拉哈里沙漠，平均海拔约1000米，西北部为奥卡万戈三角州沼泽地，东南部和弗朗西斯敦周围是丘陵。大部地区属热带干旱草原气候，西部为沙漠、半沙漠气候。年均气温21℃，年均降水量400毫米。

博茨瓦纳是非洲经济发展较快，经济状况较好的国家之一。矿产资源丰富，主要矿藏为钻石，钻石储量和产量均居世界前列。采矿业国民经济的主要部门。博茨瓦纳是非洲第二大矿产品生产国，世界主要毛坯钻石生产国之一，钻石出口收入约占政府收入的50%和国内生产总值的30%。铜镍也是重要的出口矿产品。传统轻工业以畜产品加工为主，有现代化的大型屠宰厂和肉类加工厂。农业较落后，主要农作物为高粱和玉米。畜牧业占农业产值的80%，是国民经济传统支柱产业之一，以养牛为主，养羊为辅。

博茨瓦纳近年来旅游业发展较快，成为新兴产业，是非洲主要旅游国之一，旅游业为第二大外汇收入来源。2004年接待游客22.6万，收入约28亿普拉。旅游资源丰富，是非洲野生动物种类和数量较多的国家。全国38%的国土面积被划为野生动物保护区，设立了3个国家公园，5个野生动物保护区。主要旅游地有乔贝国家公园和奥卡万戈内陆三角洲野生动物保护区。

（三）主要旅游地

1.哈博罗内

哈博罗内位于博茨瓦纳的东南边境、林波波河上游的高地上，距南非边界仅18公里。地势平坦，年均最高气温为28.3℃，年均最低气温为12.9℃。过去是一片荒无人烟的丛林，始建于1964年，以特洛克瓦部族酋长、同南非殖民主义者英勇斗争的民族英雄哈博罗内的名字命名。1965年初建成第一批政府办公楼后，政府机构从南非的马弗京迁往哈博罗内。

哈博罗内市区环境优美，布局协调，街道整齐清洁，以位于西部的议会大厦为起点，呈扇形向北、东、南三面伸展。议会大厦以东是宽阔的林荫大道是商业中心区。市政厅隔商业中心与议会大厦遥遥相望。国家博物馆离闹市区不远，陈列着历史文物，各种艺术珍品及非洲动物标本。市内主要建筑还有国家图书馆、艺术馆、体育场、教堂等。住宅区里是一幢幢白色花园洋房。哈博罗内也是羊毛、皮革的重要集散地，周围地区牧草茂盛，是重要的农牧区之一。

2. 乔贝国家公园

乔贝国家公园位于博茨瓦纳北部，赞比西河的主要支流乔贝河两岸，面积一万多平方公里，约占整个乔贝区的 60%，是博茨瓦纳第二大国家公园。该园建于 1920 年，最初是贝专纳保护地殖民者的狩猎区。1967 年被正式辟为国家公园。该园分为东北部乔贝河水域的草场森林区、西部湿地、西北部沼泽地、干旱腹地四大生态区。园内植物生长非常茂密，林中有狮子、犀牛、大象、斑马、豹子、羚羊、野牛、鬣狗、猴子、黑貂等众多兽类栖息。乔贝河和沼泽地里有鳄鱼、河马和鱼鹰、小蓝翠鸟、鸵鸟、野鸭、火烈鸟等。5～9 月是旅游的黄金季节。游客可乘坐有安全设备的汽车或小摩托艇入园，观赏生动丰富的野生动物世界。

七、纳米比亚

（一）概况

纳米比亚共和国（The Republic of Namibia），原称西南非洲，面积为 82.4269 万平方公里，人口 203 万（2005 年），其中 88%为黑人。奥万博族是最大的民族，占总人口的 50%；白人和有色人约占总人口的 12%。官方语言为英语，通用南非荷兰语（阿非利卡语）、德语、广雅语、纳马语、赫雷罗语。居民 90%信仰基督教，其余信奉原始宗教。首都温得和克（Windhoek），人口 23 万（2005 年）。

行政区划：全国划分为 13 个行政区。重要节日：元旦是 1 月 1 日，独立日暨国庆日是 3 月 21 日（1990 年），劳动节是 5 月 1 日，非洲日是 5 月 25 日，英雄日是 8 月 26 日，人权日是 12 月 10 日，家庭日是 12 月 26 日。

（二）自然与人文环境

纳米比亚位于非洲西南部，北邻安哥拉、赞比亚，东、南邻博茨瓦纳、南非，西濒大西洋，海岸线长1600公里。地处南非高原西部，全境大部分地区海拔1000～2000米。中部为中央高地，海拔1800～2400米。西部沿海和东部内陆地区为沙漠，北部为平原。西北部的布兰德山海拔2610米，为全国最高点。属热带沙漠气候，因地势较高，终年温和，温差变化不大。年平均气温18℃～22℃，分春(9～11月)、夏(12月至来年2月)、秋(3～5月)、冬(6～8月)四季。主要河流有奥兰治河、库内内河和奥卡万戈河。

纳米比亚是世界上海洋渔业资源最丰富的国家之一，矿产资源十分丰富，主要矿产有钻石、铀、铜、铅、锌、金等，铀、钻石等，矿产资源和产量居非洲前列，素有“战略金属储备库”之称，90%矿产品的出口。矿业、渔业、农牧业为三大传统支柱产业。制造业不发达，80%的市场由南非控制。种植业一直较落后，主要粮食作物有玉米、高粱、小米等，粮食不能自给。畜牧业较发达，收入占农牧业总收入的88%，以养牛、羊为主，大部分出口南非和欧洲。所产紫羔羊皮驰名世界。渔业资源丰富，捕鱼量位居世界前十名，主产鳕鱼、金枪鱼、沙丁鱼、荚鱼、龙虾和蟹，其中90%供出口。

纳米比亚的旅游业较发达，产值占国内生产总值的7%左右。2001年旅游外汇收入约2亿纳元。海滩、自然保护区等旅游地集中在北部和南部地区，其中北部的艾淘沙公园闻名世界。

(三)温得和克

温得和克位于纳米比亚的中央高地上，海拔1728米，南纬22°34′，东经17°06′。地处干旱地区，年最高气温30℃，最低气温7℃。温得和克原称埃甘斯，意为温泉。

温得和克是纳米比亚最大的城市，也是全国的政治、经济、文化、交通中心。温得和克地处卡拉库尔羊(波斯羊)放牧区，是畜产品的生产、贸易中心，城内建有牛羊肉加工厂、乳制品厂，还有纺织、化工日用品、机械修配等工业。市内有行政机关大楼、国家博物馆，还有德国殖民地时代的各式建筑物。

伊多夏国家公园位于温得和克北部，是世界最大狩猎区之一，建于1907年，占地2.2万平方公里。园内属内陆平原和半干旱的沼泽地带，植物多为灌木、荆棘丛、草和古湃香脂树林，还有野生无花果、枣椰树及狼棘。动物种类繁多，园中还有伊多夏盐池特有的大洼地。

八、南非

（一）概况

南非共和国（The Republic of South Africa），面积有121.909万平方公里，人口4740万（2006年8月），其中黑人占总人口的79.4%、白人占9.3%、有色人占8.8%、亚裔占2.5%，黑人主要有祖鲁、科萨、斯威士、茨瓦纳、北索托、南索托、聪加、文达、恩德贝莱9个部族，主要使用班图语。白人主要是荷兰血统的阿非利卡人（约占57%）和英国血统的白人（约占39%），语言为阿非利卡语（南非荷兰语）和英语。有色人是殖民时期白人、土著人和奴隶的混血人后裔，主要使用阿非利卡语。亚裔人主要是印度人（约占99%）和华人。共有11种官方语言，英语和阿非利卡语为通用语言。白人、大多数有色人和60%的黑人信奉基督教新教或天主教；亚裔人约60%信奉印度教，20%信奉伊斯兰教；部分黑人信奉原始宗教。行政首都比勒陀利亚（Pretoria）是南非中央政府所在地，人口约200万；立法首都开普敦（Cape Town）是南非国会所在地，人口约290万；司法首都布隆方丹（Bloemfontein）为全国司法机构的所在地，人口约65万（2001年）。

行政区划：全国分为9个省，设284个地方政府，包括6个大都市、47个地区委员会、231个地方委员会。重要节日：新年是1月1日，人权日是3月21日，家庭日是复活节后的星期一，自由日是4月27日（1994年），劳动节是5月1日，独立日暨国庆日是5月31日（1961年），青年节是6月16日（纪念1976年索韦托惨案），妇女节是8月9日，遗产日暨传统节是9月24日，和解日是12月16日（阿非利卡人的节日，祖鲁人称之为和解日），友好日是12月26日。

（二）自然与人文环境

南非位于非洲大陆最南部，北邻纳米比亚、博茨瓦纳、津巴布韦、莫桑比克、斯威士兰，另有莱索托为南非领土所包围。东、南、西三面濒印度洋和大西洋，海岸线长3000公里。其西南端的好望角航线，历来是世界上最繁忙的海上通道之一，有“西方海上生命线”之称。全境大部分为海拔 600 米以上高原。德拉肯斯山脉绵亘东南，卡斯金峰高达 3660 米，为全国最高点；西北部为沙漠，是卡拉哈里盆地的一部分；北部、中部和西南部为高原；沿海是窄狭平原。大部分地区属热带草原气候，东部沿海为热带季风气候，南部沿海为地中海式气候。全境气候分为春夏秋冬四季。12 月至来年 2 月为夏季，最高气温可达32℃～38℃；6～8 月是冬季，最低气温为－10℃～－12℃。全年降水量由东部的 1000 毫米，逐渐减少到西部的 60 毫米。奥兰治河和林波波河为两大主要河流。

南非自然资源丰富，是世界五大矿产国之一。金融、法律体系比较完善，通信、交通、能源等基础设施良好。矿业、制造业、农业、服务业是经济四大支柱，深矿开采等技术居于世界领先地位。但国民经济各部门发展水平、地区分布不平衡，城乡、黑白二元经济特征明显。

南非属于中等收入的发展中国家。国内生产总值约占全非洲国内生产总值的 20％，是非洲经济最发达的国家。矿产资源丰富，是世界五大矿产资源国之一。黄金、铂族金属、锰、钒、铬、钛、硅铝酸盐的储量居世界第一位，蛭石、锆居第二位，氟石、磷酸盐居第三位，锑、铀居第四位，煤、钻石、铅居第五位，锌居第六位，铁矿石居第九位，铜居第十三位。

制造业、建筑业、能源业和矿业是南非工业四大部门。制造业门类齐全，技术先进。钢铁工业是南非制造业的支柱。矿产品是南非出口的重要构成部分。南非是世界最大的黄金生产国和出口国，铂族金属已逐渐取代黄金成为最主要的出口矿产品。南非还是世界第四大钻石生产国。

农业较发达，玉米是最重要的粮食作物，盛产花卉、水果，葡萄酒享有盛誉。各类罐头食品、烟、酒、咖啡和饮料畅销海外。畜牧业较发达，牲畜主要有牛、绵羊、猪、山羊等，所需肉类的 85％自给。水产养殖业产量占全非洲 5％，主要捕捞淡菜、鳟鱼、牡蛎、开普无须鳕。南非养蜂业年产值约 2000 万兰特。

旅游业是当前南非发展最快的行业，产值约占国内生产总值的 8％，是南非第三大外汇收入来源和就业部门，从业人员达 120 万人。旅游设施完善，资源丰富，旅游地主要集中于东北部和东、南沿海地区。生态旅游和民俗旅游是两大最主要的增长点。2005 年接待外国游客达 752 万人次，是接纳游客最多的非洲国家。但高犯罪率对旅游业的发展有较大负面影响。

（三）首都

南非是世界上唯一同时存在三个首都的国家。行政首都比勒陀利亚是南非中央政府所在地；立法首都开普敦是南非国会所在地，是全国第二大城市和重要港口，位于西南端，为重要的国际海运航道交汇点；司法首都布隆方丹为全国司法机构的所在地。

1. 比勒陀利亚

比勒陀利亚位于南非东北部高原的马加莱斯堡山谷地，海拔 1300 米以上，跨林波波河支流阿皮斯河两岸，气候凉爽，1 月最热，平均气温 20℃；7 月最凉，平均气温11℃。年降水量 700 毫米，集中于夏季（11 月至来年 4 月）。城市建于 1855 年，以布尔人领袖比勒陀利乌斯名字命名，其子马尔锡劳斯是比勒陀利亚城的创建者，市内立有其父子的塑像。1860 年该市成为布尔人建立的德兰士瓦共和国的首都，1900 年被英国占领，1910 年起成为白人种族主义者统治的南非联邦（1961 年改为南非共和国）的行政首府。

比勒陀利亚为矿业城市，工业主要有钢铁、机械、采矿、纺织、金属加工、水泥、化肥、食品等部门，近郊为金刚石、白金、黄金、锡、铁、铬、煤等矿的开采中心。

城市中心位于阿皮斯河西岸，布局整齐，街道呈方格状，两旁蓝花楹树成行。每年 10～11 月间鲜花盛开时，举行 1 周的盛大狂欢节。商业区和政府机构集中于中心区东部。

市内有保罗·克留格尔故居、国立历史文化博物馆、露天博物馆、纪念馆和纪念碑、塑像、天文台，还有共和国大厦梯形花园、韦宁公园、国家动物园和 3 处市立自然保护区。

市中心教堂广场四周耸立着一组摩天大楼。教堂广场上立有德兰士瓦（南非）共和国的首任总统保罗·克鲁格的雕像，其旧居现为国家纪念馆。广场一侧的议会大厦，为省政府所在地。教堂大街全长 18.64

公里，为世界最长的街道之一，两侧摩天高楼林立。联邦大厦位于俯瞰全城的小山上，是中央政府所在地。德兰士瓦博物馆位于保罗·克鲁格大街上，收藏着自石器时代以来的各种地质、考古文物和标本。

市内公园众多，其中以国家动物园和文宁公园最为有名。先驱者纪念碑耸立在南郊的小山上，建于1949年，是为纪念南非历史上著名的“牛车大行进”的民族大迁徙而建。市郊的喷泉山谷、旺德布姆自然保护区和野生动物保护区也都是旅游胜地。

2.开普敦

开普敦位于南非西南端，西临大西洋桌湾(Table Bay)，是南非立法机关所在地，开普敦省首府，也是南非第二大城市和重要港口。开普敦始建于1652年，是西欧殖民者在南部非洲最早建立的据点，曾长期是荷兰、英国殖民者向非洲内陆扩张的基地。城市背山面海，风光绮丽，文物众多，旅游业兴盛，工商业发达。城市有大型纺织、酿酒、烟叶、炼油等工业，还有化工、皮革、造纸等企业。港口优良，主要出口皮革、水果、纺织品等。城市有著名的开普敦大学、南非博物馆等。

开普敦有“小欧洲”之称，有多种风格的建筑，尤以爱德华式与维多利亚式的房舍最多。在桌湾附近，保存着完善的18世纪荷兰建筑。圣乔治街是开普敦政府刻意为保存古迹建筑而辟建的步行街，全长四百多米，是具有欧式建筑风格的商业街。圣乔治街的尽头便是林荫密布的政府大道。南非博物馆处在政府大道上，陈列有哺乳类、爬虫类、鸟类、昆虫类的标本，还有南非各土著文化及生活形态。与政府大道平行的长街有饰有锻铁花边与角楼风格的维多利亚式建筑。

开普敦城堡位于大广场附近，建于1666年，是市内最古老的建筑，其建筑材料多来自荷兰，后用作总督官邸和政府办公处。位于阿德利大街的大教堂，钟楼保存完好。国会大厦和美术馆位于政府街公共公园的对面，是1886年竣工，又于1910年增建的。西面的公共图书馆建于1818年，城中的国家历史博物馆建于1964年。

城西的特布尔山，海拔1082米，“特布尔”在英语中意为桌，因山顶平整如桌而得名，山峰绵延平展，其余脉有狮子头、信号山、魔鬼峰诸峰。国家植物园位于特布尔山的斜坡上，其上方有建于1825年的最古老的博物馆，山脚下是开普敦大学。

海滩附近，设有娱乐和休养设施，是南非主要的旅游地，尤宜于冬季休养。南郊有天文台。近年来，开普敦利用这里的独特景观和自然条件大力发展生态旅游，以吸引更多的世界游人。

好望角是非洲大陆最西南端的著名岬角。在南非的西南端，北距开普敦48公里，西濒大西洋，北连开普半岛，这是一条细长的岩石岬角，长约4.8公里。苏伊士运河未开通之前，是欧洲通往亚洲的海上必经之地。

3. 布隆方丹

布隆方丹位于南非中部高原，为全国的地理中心，是南非最高司法机关所在地，自然邦省首府，四周有小丘环绕，夏热，冬寒有霜。它最初为一堡垒，1846年正式建城。现为重要交通枢纽。"布隆方丹"一词，原意为"花之根源"。市内丘陵起伏，风景秀丽。

布隆方丹的主要建筑物有市政厅、上诉法院、国家纪念馆、体育场、大教堂等。市内的古堡建于1848年，是最古老的建筑。旧省议会建于1849年，是全国性的纪念建筑物，只有一个房间。国家纪念碑是为纪念在第二次南非战争中死去的妇女和儿童，碑下为南非历史著名人物的埋葬地。市内有奥兰治自由邦大学，建于1855年。国家博物馆内有著名的恐龙化石。

布隆方丹市内多花园，其中国土公园占地120公顷。这里天气晴朗，为观测天文提供优越条件。附近的富兰克林野生动物保护地，是南非的旅游胜地之一。

九、斯威士兰

（一）概况

斯威士兰王国(The Kingdom of Swaziland)，面积1.7363万平方公里，人口100万(2005年估计)，其中斯威士兰族占90%，祖鲁族和通加族占6%，白人占2%，其余为欧洲混血人种。官方语言为英语和斯瓦蒂语。居民约60%以上信奉基督教新教和天主教，其余信奉原始宗教。首都姆巴巴内(Mbabane)，人口6万(2005年估计)。

行政区划:全国分为希塞尔韦尼、卢邦博、曼齐尼、霍霍4个区。重要节日:英联邦日是3月9日,国王姆斯瓦蒂三世的生日是4月19日,芦苇舞节是7～8月间的约一周时间,独立日是9月6日(1968年)。

(二)自然与人文环境

斯威士兰是位于非洲东南部为内陆国家,北、西、南邻南非,东邻莫桑比克,地处南非高原东南边缘德拉肯斯山脉的东坡,地势西高东低,海拔100—1800米的低、中、高三级梯状地带,面积大致相等。斯威士兰属亚热带气候,年平均气温西部为16℃,东部为22.2℃。境内多河流。

斯威士兰奉行自由市场经济,人均国内生产总值居黑非洲国家前列,被世界银行列为中等偏下收入国家。经济严重依赖南非,自身回旋余地小,出口商品单一,发展不均衡,社会贫富悬殊。农牧业在国民经济中占重要地位,主要作物有甘蔗、玉米、棉花等。甘蔗种植是就业人口最多的行业。草地牧场面积约占国土总面积的67%。主要出口产品有软饮料浓缩液、糖、纸浆、蔬菜、水果、石棉、煤油、纺织品等。

斯威士兰的旅游业较发达,但基本由南非财团控制。2004年接待游客51.54万人次,创汇2.8亿埃马兰吉尼。博彩业是主要旅游项目,外国游客中约60%为赌客。近年来,通过开发野生动物园和展示斯威士兰丰富多姿的礼仪文化招揽游客。礼仪文化包括王宫内的各种庆祝活动、斯威士兰传统婚礼以及各种民族舞蹈等。

(三)姆巴巴内

姆巴巴内位于斯威士兰西北部高地上,东经31°6′,南纬26°18′,海拔1800米,是全国第一大城市。这里森林茂密,雨量适中,气候温和,最热的1～2月,气温15℃～25℃;最冷的6月,气温5℃～19℃。姆巴巴内是一座四季如春的山城,1902年成为英国人统治斯威士兰的行政中心。姆巴巴内是斯威士兰两个最大的城市之一,是斯威士兰的工业集中地,有纺织、皮革加工、水果加工、纸浆加工等企业,纸浆、蔗糖和糖浆是重要的出口产品。姆巴巴内商业发达,是全国牲畜、皮革和玉米的重要集散地。

姆巴巴内建有豪华的王宫和富丽堂皇的国王别墅。周围风光优美,旅游业较发达。

十、莱索托

（一）概况

莱索托王国（The Kingdom of Lesotho），面积3.0344万平方公里，人口220万（2006年），其中绝大多数为黑人，属班图语系的巴苏陀族和祖鲁族。通用英语和塞苏陀语。居民约90%信奉基督教新教和天主教，其余信奉原始宗教与伊斯兰教。首都马塞卢（Maseru），人口38.5万。

行政区划：全国分为10个行政区。重要节日：莫舒舒日是3月11日，英雄日是4月4日；国王生日是7月17日；独立日暨国庆日是10月4日（1966年）。

（二）自然与人文环境

莱索托是非洲南部的内陆国家，四周为南非所环抱，地处南非高原东缘德拉肯斯山西坡。东部为海拔1800～3000米的山地；北部是海拔约3000米的高原；西部为丘陵；沿西部边界有一条宽约40公里的狭长低地，全国70%的人口集中于此。莱索托属大陆性亚热带气候，5～9月为旱季，10月至来年4月为雨季，最高气温33℃，最低－7℃。奥兰治河和土格拉河均发源于东部。

莱索托自然资源贫乏，经济基础薄弱，被联合国列为最不发达国家之一。目前国民收入主要来源于成衣业、关税收入、侨汇、建筑业、制造业和服务业。成衣业是国民经济第一大支柱产业。矿业以钻石开采业为主。畜牧业占重要地位，全国66%的土地可供放牧，以养羊业为主，是非洲著名马海毛产地。

境内的高原水利工程于1991年动工，是非洲最大的水利工程之一，由莱索托和南非共同出资兴建。目前，该工程第一阶段已竣工，莱索托通过向南非输水每年创造可观收入，并可解决自身的电力需求。

政府鼓励发展旅游业，近年修建了一些旅馆、山区度假村、一座国家公园，游客多来自南非。高原水利工程极大地促进了山区旅游业的发展，滑雪成为新兴旅游项目。

（三）马塞卢

马塞卢位于莱索托西部高原边境，隔卡莱敦河与南非交界，为一东西长南北窄的长方形城市，海拔1554米，全年最高气温33℃，最低气温－3℃，是全国唯一的城市，也是南部非洲历史悠久的城市之一，建于1869年。市内主要大街国王路，从西北贯穿东南，两侧有商店、旅馆、银行等，首相府设在路北，路南是国家博物馆。市中心的北面有故宫、皇宫、八角形议会大厦。城东南约90公里有著名的莱比汉瀑布。

城南小山的山顶竖立着民族英雄、部落酋长莫舒舒一世的全身像。莫舒舒是马塞卢城的创建人之一，曾为统一国家，多次击败英国和布尔人的侵略。

十一、马达加斯加

（一）概况

马达加斯加共和国（The Republic of Madagascar），面积59.075万平方公里（包括周围岛屿），人口1644万（2005年）。马达加斯加人占总人口的98%以上，由18个部族组成，其中伊麦利那占总人口的26.1%，贝希米扎拉卡占14.1%，贝希略占12%，还有少数科摩罗人、印度人、巴基斯坦人和法国人，另有华侨和华裔约1.5万人。民族语言为马达加斯加语（属马来—波利尼西亚语系），官方通用法语。居民70%信奉基督教（天主教和新教），20%信奉传统宗教，8%信奉伊斯兰教。首都塔那那利佛（Antananarivo），人口139万（2004年）。

行政区划：全国共有6个自治省、22个地区、111个县。重要节日：独立日暨国庆日是6月26日（1960年）。

（二）自然与人文环境

马达加斯加位于印度洋西南部，隔莫桑比克海峡与非洲大陆相望，是世界第四大岛，海岸线长5000公里。全岛由火山岩构成。中部为海拔800～1500米的中央高原，察拉塔纳纳山主峰马鲁穆库特鲁山海拔2876米，为全国最高点。东部为带状低地，多沙丘和泻湖。西部为缓倾斜平原，从500米低高原逐渐下降到沿海平原。东南沿海属热带雨林气候，终年湿热，季节变化不明显，年平均气温24℃；中部为热带高原气候，温和凉爽，年平均气温18℃；西部为热带草原气候，干旱少雨，年平均气温26℃。有贝齐布卡、齐里比希纳、曼古基、曼古鲁四条较大河流。

马达加斯加是联合国认定的最不发达国家之一，贫困人口占总人口的70%。经济以农业为主。石墨储量居非洲首位，还有较丰富的宝石、半宝石资源以及大理石、花岗岩和动植物化石。河流湍急，水力发电潜力大。森林覆盖率21%，珍稀动植物种类繁多，一些动植物为马达加斯加独有。

马达加斯加工业基础十分薄弱，一半以上的企业设在塔那那利佛省。土地肥沃，气候适合各种热带、温带粮食和经济作物生长。2/3以上的耕地种植水稻，其他粮食作物有木薯、甘薯、玉米等，粮食不能自给。主要经济作物有甘蔗、香草、丁香、胡椒、咖啡、可可、棉花、花生、棕榈等。其中香草生产和出口量居世界首位。全国牧场面积占国土面积的58%。沿海以及河流、湖泊盛产各类鱼虾、海参、螃蟹等。主要出口商品为咖啡、虾、铬矿石、香草、丁香、棉纺织品等。

旅游资源丰富，但服务设施不足。2004年接待游客23万人次，游客主要来自法国（50%以上）、留尼汪、美国、英国、瑞士、德国、意大利等。主要旅游地是努西贝岛、圣玛丽岛。

（三）塔那那利佛

塔那那利佛位于马达加斯加中部高原一个马蹄形的山脊上，海拔1000～2000米之间，是马达加斯加政治、经济、文化、交通中心，全国最大的城市，也是一座具有亚、非、欧三大洲混合风格的城市。塔那那利佛是全国的枢纽，工业主要集中在城市的西半部，有棉纺联合企业及水泥、面粉、木材加工、制革、车辆装配、化工、食品等。

全城的布局大体上可分为高、中、低三部分。最高处是阿杜拉鲁山，王宫位于山顶，其主体宫殿高达40米，内有一根两抱粗的檀香木支柱。中部是呈马蹄形的山坡，坡上建有高而尖的双斜面屋顶砖瓦房。最低处是两座山峰间的阿努西湖，湖两侧耸立着总统府和政府各部的办公楼。

市中心的独立大街宽阔平直，是全市最繁华的地方，设在这条大街的广场上“佐马”（星期五集市），是马达加斯加人民的传统集市，每到周五，市场上商贾云集。

昔日的王宫现已改建为纪念马达加斯加人民反抗外来侵略斗争的博物馆。总统府位于塔那那利佛近郊，依山势而建。津巴巴札自然公园以饲养世界上珍奇的狐猴而闻名。市内建有天文台。

十二、科摩罗

(一)概况

科摩罗联盟(Union of Comoros),面积 2236 平方公里(包括马约特岛)[①],人口 78 万(2006 年),主要由阿拉伯人后裔、卡夫族、马高尼族、乌阿马查族和萨卡拉瓦族组成。通用科摩罗语,官方语言为科摩罗语、法语和阿拉伯语。居民 98%以上信奉伊斯兰教。首都莫罗尼(Moroni),人口约 6 万(2000 年)。

行政区划:共分为 3 个自治岛(不含马约特),岛下设县、乡、村,全国共有 15 个县、24 个乡。3 个岛为大科摩罗岛(7 个县)、昂儒昂岛(5 个县)和莫埃利岛(3 个县)。马约特岛目前仍被法国占领。重要节日:国庆节是 7 月 6 日(1975 年)。

(二)自然与人文环境

科摩罗是印度洋上的岛国,位于非洲东南莫桑比克海峡北端入口处,东、西距马达加斯加和莫桑比克各约 500 公里。由大科摩罗、昂儒昂、莫埃利、马约特四个主岛和一些小岛组成。科摩罗群岛是一组火山岛群,岛上大部分为山地,地势崎岖,广布森林。科摩罗属热带雨林气候,终年湿热,年平均气温23℃～28℃。

科摩罗是联合国宣布的世界最不发达国家之一。经济以农业为主,严重依赖外援。无矿藏资源。水力资源匮乏。森林覆盖率 15%。农牧渔业产值占国内生产总值的一半,农产品出口占出口总额的 99%。主要粮食作物为水稻、玉米和薯类,粮食不能自给。经济作物丁香、鹰爪兰、香草的出口是科外汇收入的主要来源。渔业资源较丰富,主要鱼种为金枪鱼、红鱼和青鱼。主要出口香料等农产品,香草、丁香、鹰爪兰为科三大出口香料。

旅游资源丰富,海岛风光秀美,伊斯兰文化引人入胜,但旅游资源尚待充分开发。外国游客中 68%来自欧洲,29%来自非洲。近年因政局

① 马约特岛面积 374 平方公里,人口 16.0265 万(2002 年)。

动乱，旅游业受到严重影响。

(三)莫罗尼

莫罗尼位于大科摩罗岛西南沿海地带，热季 11 月至来年 5 月，平均气温24℃～31℃，凉季 6～10 月，平均气温19℃～27℃。莫罗尼是科摩罗第一大城市，全国政治、经济和海、空交通的中心，印度洋到南非、欧洲、南美远洋航线的中继港。莫罗尼港口承运香料、咖啡、可可、椰干和石油产品，是香草精和丁香的加工地和出口港。工业品有饮料、香精油、金属制品、木制品和水泥等。

莫罗尼的城市建设具有阿拉伯城市的风格，城内有许多清真寺和朝圣中心。主要旅游点有伊扎恩德拉附近的海滨、密扎米欧里码头的预言者洞穴及火山形成的盐湖等。

十三、毛里求斯

(一)概况

毛里求斯共和国(The Rcpublic of Mauritius)，面积 2040 平方公里(包括属岛面积 175 平方公里)，人口 124.8 万(2005 年估计)，印度和巴基斯坦人后裔占 68.4%、克里奥尔人(欧洲人和非洲人混血)占 27%、华裔占 2.9%、欧洲人后裔占 1.7%。官方语言为英语，多数人讲印地语和克里奥尔语，法语也普遍使用。居民 51%信奉印度教，31.3%信奉基督教，16.6%信奉伊斯兰教，还有少数人信奉佛教。首都路易港(Port Louis)，人口 14.4 万(2004 年)。

行政区划：全国分为 4 个大区和 5 个直辖市，区下设 126 个村。重要节日：独立日暨国庆日是 3 月 12 日(1968 年)。

(二)自然与人文环境

毛里求斯是位于印度洋西南部的岛国，包括主岛毛里求斯岛及罗德里格岛、圣布兰群岛、阿加莱加群岛、查戈斯群岛(现由英国管辖)和特罗姆兰岛(现由法国管辖)等属岛，海岸线长 217 公里。毛里求斯岛西距马达加斯加约 800 公里，距肯尼亚的蒙巴萨港 1800 公里，西南距留尼汪 160 公里，东离澳大利亚 4827 公里。沿海多狭窄平原，中部为高原山地。小黑河峰海拔 827 米，为全国最高点。毛里求斯属亚热带海洋性气候，分夏、冬两季，终年湿热。沿海地区年平均气温25℃，中央高原20℃。

毛里求斯经济以糖业、出口加工业、旅游业、金融服务业为支柱产业。工业以制糖业和出口加工业为主。制糖是毛里求斯的传统工业，其外汇收入占总收入45%。农作物有甘蔗、茶叶、烟草、洋葱、水果等。畜牧业主要饲养牛、羊、猪、鹿、鸡等。毛里求斯有渔业专属经济区120万平方公里，水产资源丰富。主要出口蔗糖和出口加工区产品。

旅游业是毛里求斯第三大创汇产业。2005年接待游客76万人次，旅游收入收入257亿卢比，游客主要来自法国、德国、南非、英国、意大利、瑞士等国。

（三）路易港

路易港位于毛里求斯岛西北海岸，是全国的政治、文化和经济中心，也是最大海港。西北临印度洋，依山傍海。夏季平均气温27℃，冬季平均气温18℃。市内建筑风格多样，议会大厦、市政厅、都市剧院、银行、天主教堂等是具有西方特点的建筑，还有阿拉伯式的清真寺、印度式的寺院、中国式的庙宇。市内居住着各种肤色的居民，除非洲人、欧洲人、混血的克里奥尔人外，还有阿拉伯人、巴基斯坦人、印度人和相当多的华裔和华侨。一些街道东方色彩浓厚，有像北京天坛祈年殿式的传统建筑，还有醒目汉字招牌字号的店铺，华人到此岛已有二百多年的历史。

路易港始建于1735年，由法国总督布唐奈斯主持修建，以法国国王路易十四命名。市中心面对港口的一座古老大厦，是法国殖民主义者于1738年兴建的毛里求斯最古老的建筑物。在海边赫德公园的沿海短墙上，保留有当年法国殖民者的铜炮。在港口附近，还有英国殖民者以乔治和威廉等命名的炮台，以及古老的城堡、炮楼等遗迹。登上炮台上，可俯视路易港全景。

思考题

1. 比较埃及和突尼斯的自然与人文环境特点和主要旅游地的基本情况。

2. 比较埃塞俄比亚、肯尼亚、坦桑尼亚自然与人文环境特点和主要旅游地的基本情况。

3. 比较西部非洲各国的自然与人文环境特点和主要旅游地的基本情况。

4. 简述赞比亚、津巴布韦、莫桑比克的自然与人文环境特点和主要旅游地的基本情况。

5. 简述南非的自然与人文环境和主要旅游地的基本情况。

参考资料

张绪明主编:《走遍世界・世界名港》,长春:长春出版社,1995

李树藩,王德林主编:《最新各国概况》,长春:长春出版社,2005

《环球》杂志网,www. globe. xinhua. org

http://culture. people. com. cn/

http://ffff. diy. myrice. com/

http://hr. mofcom. gov. cn/aarticle/ddgk/

http://info. datang. net/

http://songtaoge. spaces. live. com/blog/

http://world. travel. sohu. com/

http://www. chinamap. com/world/

http://www. cme. gov. cn/dongtai/

http://www. e7321. com/v/

http://www. englishchina. com/custom/

http://www. globrand. com/onlinebook/yishu/

http://www. hebiic. gov. cn/

http://www. islamcn. net/system/xyh/

http://www. lotour. com

http://www. tahitinui. cn/index. htm

www. ggoto. com

www. XINHUANET. com

澳大利亚旅游资讯网,http://www. aubest. com/index1. htm

巴基斯坦经济情况,http://www. cistc. gov. cn/embassymember/

巴勒斯坦问题,联合国,http://www. un. org/chinese/peace/palestine/backgrounds/history1. htm

百度百科,http://baike. baidu. com/

博狐中国,http://cn. bohuw. com/

非常新加坡,http://www. visitsingapore. com/

非洲旅游网,http://af.bytour.cn/
非洲投资网,http://www.invest.net.cn/
各国概况,新华网,http://news.xinhuanet.com/ziliao/
国家概况,中华人民共和国外交部,http://www.fmprc.gov.cn/
海上列国,http://www.coi.gov.cn/question/
互动百科,http://www.hoodong.com/wiki/
刻印百科 http://wiki.keyin.cn/index.php/
莱拓欧洲旅游网,http://www.leitour.com/andorra.htm
刘经纬. 简说"跨洲国家". 地理教学,2000 年 7 期:4～5 页
旅行家大堂,http://worldtrip.blogtt.com/
马来西亚旅游促进局,http://www.tourismmalaysia.cn/
马涛:莫雷诺冰川,http://www.wzrb.com.cn/2006－09－05/
美洲古文明,http://maya.go2c.info/mx/
孟加拉国,2006 第三届国际旅游博览会,http://www.cnceo.com/zt/lbh/picqiye/mengjiala.htm
欧洲旅游网,http://eur.bytour.cn/
人民网,http://www.people.com.cn/
商旅在线,http://www.airtofly.com/index7/Romania/index.htm
神秘的复活节岛,http://aslxx.vicp.net/aslxx/
世界地名索引,http://www.xzqh.org/suoyin/sjdm/
世界各国,http://www.uzz.edu.cn/dlx/bookba/tour/world/
世界自然和文化遗产—中国网,http://www.china.org.cn/chinese/
斯里兰卡基本信息,http://www.embserbia.cn/slemb/CHINESE/fact.htm
所罗门群岛,http://military.people.com.cn/
所罗门群岛,http://www.51chuguo.cn/
淘游网,http://www.taoyo.cn/sight/Argentina/
维客(wiki),http://www.wiki.cn/
西南旅游,http://www.tour110.com/chongqing/note/
夏威夷地区介绍,http://www.17u.com/destination/

行政区划网站,http://www.xzqh.org/waiguo/

雅虎财经各国资料,cn.biz.yahoo.com/

也门宏观经济简况,http://ye.mofcom.gov.cn/aarticle/ddfg/zwjingji/

一起上路,http://astour.1736.cn/

一图览天下,http://www.ppmap.com/ppmap.htm

智利复活节岛,国际资讯,http://www.gjok.com/life/fscl/qs/

中国通用旅游,http://www.51766.com/

中国网,http://www.china.org.cn/chinese/zhuanti/dmhy/

中华人民共和国外交部,http://ffff.diy.myrice.com/

中华人民共和国外交部,http://www.fmprc.gov.cn/chn/gjhdq/default.htm

中华人民共和国驻印度大使馆,http://in.china-embassy.org/

中穆网,http://www.2muslim.com/

众信旅游网 http://www.utschina.com/consultation/